임제어록 역주

선어록총서

4

임제어록 역주

臨濟語錄
譯註

임제의현 저,
강승욱 역주

운주사

역자 서문

무위진인無位眞人,

살불살조殺佛殺祖,

수처작주 입처개진隨處作主 入處皆眞

불교佛敎를, 선禪을, 임제臨濟를 잘 몰라도, 절 집안에 조금의 인연이라
도 있는 이라면 적어도 한두 번쯤은 들어 본 적이 있는 말일 것이다.
또한 아무런 인연이 없다고 해도 어디선가 일필휘지一筆揮之로 한번쯤
은 눈에 닿았던 경험이 있는 글귀이기도 할 것이다. 바로 이 말들의
창고가 『임제록(臨濟錄, 임제어록)』이다. 이를 일러 선어록의 백미·어
록의 왕이라고 한다. 그 이유는 과연 무엇일까?

 선사는 그 어떤 절대적 권위나 차별적인 대상을 부정한다. 오직
본래의 자기 자신을 믿고, 진정견해眞正見解를 갖출 것을 강조 또
강조한다. 이러한 진정의 자기 자신을 무위진인無位眞人이라고 한다.
 선사는 그 어떤 언어나 문자에도 머물거나 집착하는 것을 단호하게
거부한다. 심지어 부처니 여래니, 보리니 해탈이니, 진여니 열반이니
하는 말까지도 그때그때 때에 따라 몸에 걸치는 옷일 뿐이라고 한다.
그래서 부처를 만나면 부처를 죽이고, 조사를 만나면 조사를 죽여야
한다고 한다.

선사는 또한 그 어떤 경계에도 끄달려서는 안 된다고 주장한다. 가는 곳마다 주인이 되어야 하고, 그래야 서 있는 바로 그곳이 모두 참되게 된다고 한다. 그래서 부처를 만나면 부처에게 설하고, 조사를 만나면 조사에게 설한다고 한다.

선사는 닦을 것도 없고 증득할 것도 없으며, 얻을 것도 없고 잃을 것도 없다고 한다. 배고프면 밥 먹고 졸리면 잘 뿐이니, 여기에 도대체 부족한 것이 무엇이냐며 모두를 향해 반문한다. 그리고는 남악나찬南嶽懶瓚의 말로 자기 자신을 말한다.

愚人笑我   어리석은 사람은 나를 비웃겠지만
智乃知焉   지혜로운 사람은 알 것이다.

선사는 밖을 향해 공부하는 이들에게 거침없이 "어리석은 놈들아!", "눈먼 놈들아!", "민둥머리 놈들아!"라고 하면서 옆집이나 기웃거리는 이들을 가차 없이 질타한다. 또한 땅을 걷는 신통(地行神通)이야말로 불법 중의 최고 불법임을 재삼 강조하면서, 지금 하고 있는 것에 부족한 것이 무엇인지, 스스로를 돌이켜 보게 한다.

젊은 날, 선사는 깨닫겠다는 일념으로 거침없이 절 문안으로 힘차게 발걸음을 내딛었다. 밤낮을 잊고 보고 또 보면서 왜일까, 왜일까? 한 글자 한 글자 따져가며, 검은 콩을 화촉 삼아 저 멀리 꺼지지 않는 부처의 등불을 향해 잰걸음을 걸었다.

그러던 어느 날, 애지중지하며 보았던 말씀들이 하루아침에 불쏘시

개가 되고, 부처도 노주露柱도 흔적 없이 사라지는 것을 목격하였다. 목불木佛은 영롱한 사리舍利 하나도 남기지 않고, 황권적축黃券赤軸은 그 어떤 빛도 뿜어내지 않았다. 그 어떤 위대함도, 그 어떤 신비함도, 한 인간의 한 생각 마음에서 나온 한마디 말에 순식간에 무너져 내려갔다. 이것이 바로 임제 선사가 겪은 역사의 현장이요, 불교의 모습이었다. 성·주·괴·공의 생생하고도 적나라한 모습, 그 자체였다.

이제 눈앞에 아무것도 없다. 기로에 섰다. 어디로 가야 하나? 뒤도 돌아보지 않고 발길을 돌렸다. 그러자 경전 넘어, 문자 넘어 펼쳐지는 세상, 바로 그 세상에 드디어 무위진인이 인도하기 시작하였다. 한 생각 마음이 천하를 무너뜨렸듯, 한 생각 마음으로 자신의 천하를 다시 세웠다. 목불의 사리가, 황권적축의 영롱한 빛이 없어진 것이 아니라, 그 잔해 속에 숨어 있었다. 다만 보지 못하였을 뿐이었다.

선사는 거침없는 말과 파격적인 언어로 당대 중국불교에 새로운 한 획을 그었다. 그리고 이후 1,200여 년이 넘도록 전등되어 왔다. 또한 지금 이 순간, 이름 모를 눈 밝은 이를 기다리고 있다.

"가자, 임제臨濟가 있다.
어서 가자, 혜조慧照가 있다."

불기 2565(2021)년 7월
삼각산 아래에서 덕우 강승욱 씀

구성과 해제

본서는 2016년 중화전자불전협회中華電子佛典協會에서 전산화한『대정신수대장경大正新修大藏經』47책(No. 1985),『진주임제혜조선사어록鎭州臨濟慧照禪師語錄』을 저본底本으로 삼았다.[1]

저본은 서문序文 4편과 상당上堂·시중示衆·감변勘辨·행록行錄으로 이루어졌는데, 본서에서는 이 외에 다른 전적에서 전하는 것들을 보유補遺라는 제목 하에 실었으며, 부록으로『조당집祖堂集』제19권과『경덕전등록景德傳燈錄』(이하 전등록) 제12권에서 전하는 임제 선사의 기연어구機緣語句를 모두 번역, 수록하였다.

삼성혜연(三聖慧然, 생몰연대 미상)이 편집하고, 홍화존장(興化存獎, 830~888)이 교감(校勘, 교정)한 최초본[2]은 그 편찬 연도를 정확하게

---

1 선사의 제자 삼성혜연이 편집한 것으로, 당시 홍화존장이 교감을 한 것이며, 영향(永享, 에이쿄) 9년(1437) 법성사法性寺 동경소東經所에서 판각한 것이라고, 간기刊記에 기록하고 있다.

2 저본의 행록行錄 가운데 선사의 전기傳記 부분은 제자인 진주鎭州 보수寶壽 소(沼, 연소延沼)가 쓴 것으로 기술하고 있다. 다만 전기의 저자가 풍혈연소(風穴延沼, 896~973)라는 주장도 있는데, 이는 역사적으로 맞지 않는다. 풍혈이 쓰고 홍화가 교감을 볼 수가 없다.

알 수는 없지만,[3] 대략 빠르면 867년 선사 입멸 후 시호諡號가 내려진 바로 뒤이거나,[4] 아무리 늦어도 888년 이전임이 분명하다.[5] 하지만 이 최초본은 원형 그대로 전해지는 것이 없다.

이후 몇 차례의 판각(간행)이 이루어졌는지 정확히 알 수는 없지만, 오늘날 접할 수 있는 선사의 어록은 송나라 때(1120년) 원각종연圓覺宗演[6]이 중간重刊한 것(이하, 종연본宗演本이라 함)을 기본으로 한다.[7]

---

3 최초본(원본)이 송대 초기에 단행본으로 출간한 것이라는 일본 학자들의 주장(전기 말기에 적힌 '住鎭州保壽嗣法小師延沼'를 풍혈연소로 해석한 오류이다)은 설득력이 떨어진다. 선사는 867년에 입적하였고, 송대의 시작은 960년부터인데, 만약 원본이 송대에 출간한 것이라면 삼성혜연(생몰연대 미상)이 편집하고 홍화존장이 교정을 본 것은 무엇인가 라는 의문이 드는 것은 당연할 것이다.

4 혜조慧照라는 시호는 야마다무몬(山田無文)에 의하면 당나라 의종(懿宗, 재위 859~873) 때 내려진 것이라고 한다. (이기영 저,『임제록 강의』하권, p.395, 1999, 한국불교연구원 / 정성본 역주,『임제어록』, p.16, 2003, 한국선문화연구원)

5 교감자 홍화존장의 입멸 연도가 888년이기 때문이다.

6 원각종연(圓覺宗演, 생몰연대 미상): 송나라 때 승려. 은주恩州 최崔씨. 원풍 만元豊滿 선사의 법을 이음. 처음에 장흥사長興寺에서 출가하여 운문雲門의 도를 주창함. 정화政和 8년(1118) 조칙으로 상도上都 천령사(天寧)의 주지가 됨. 선화宣和 연간에 휘종徽宗의 조칙으로 입내설법(入內庭說法)을 하여 자색 가사(紫方袍)를 하사받고 영복永福 능인사能仁寺의 주지가 됨. 민閩의 장수가 청하여 이산怡山의 주지가 되었고, 얼마 지나지 않아 고산鼓山으로 옮겼으며, 마지막으로 운봉雲峰의 주지가 되었으며, 전후 합해서 13개 사찰의 주지를 역임함. 법제자로 봉산도서鳳山道沼 선사, 서선혜순西禪慧舜 선사가 있음. (宋僧. 恩州崔氏. 元豊滿禪師法嗣. 初出世長興寺 唱雲門之道. 政和八年(1118) 詔住上都天寧. 宣和中 徽宗詔入內庭說法 賜紫方袍 住永福能仁寺. 閩帥延住怡山 未幾遷鼓山 末住雲峰 前後凡住十三院. 法嗣有鳳山道沼禪師 西禪慧舜禪師,「인명규범검색」)

7 원각종연이 중간한 어록의 기본 자료는 송나라 초기 황룡파에서 간행한 『사가어록

또한 이때 「마방馬防의 서문(序)」을 함께 수록하게 되는데, 아마도 선사의 어록에 대한 서문 가운데 이보다 더 뛰어난 것이 없기 때문에 이후 그 어떤 중간본에서도 빠짐없이 이를 수록한 것으로 추정된다.

본서가 저본으로 삼은 것 또한 종연본을 토대로, 원나라(성종 재위 시절, 1298년) 때 설당雪堂[8] 선사가 재차 중간,[9] 이후 바다를 넘고 세월을 거치며 1437년에 판각 보존되어 온 것이다.[10]

四家語錄』 전6권 가운데, 제6권 '진주임제혜조선사어록鎭州臨濟慧照禪師語錄'이라고 한다. (정성본 역주, 『임제어록』, p.12)

참고로 오늘날 전하고 있는 사가어록은 명나라 때의 판각본이며, 그 순서는 다음과 같다.

제1권, 『강서마조도일선사어록江西馬祖道一禪師語錄』

제2권, 『홍주백장산대지선사어록洪州百丈山大智禪師語錄』

제3권, 『백장광록百丈廣錄』

제4권, 『균주황벽산단제선사전심법요筠州黃檗山斷際禪師傳心法要』

제5권, 『황벽단제선사완릉록黃檗斷際禪師宛陵錄』

제6권, 『진주임제혜조선사어록鎭州臨濟慧照禪師語錄』

8 서문 편, '4. 오봉보수의 서문'에서 임제종 18대 손(낭야혜각 파)으로 전하지만 정확한 전기는 알려진 것이 없다.

9 임천 노인, 곽천석, 오봉보수의 서문을 참조.

10 이 판각본이 1912~1925년 사이에 『대정신수대장경大正新修大藏經』에 편입되었고, 이후 중화전자불전협회에서 2016년에 전산화하여 오늘에 이른 것이다. 다만 설당 선사의 중간본 그 자체가 그대로 오늘에 이른 것인지, 아니면 명대明代를 거치며 또 몇 번의 판각이 이루어졌는지는 정확히 단정할 수는 없으나, 명대의 그 어떤 누구의 서문이나 또 다른 간기가 실려 있지 않은 것으로 보아 설당의 중간본이 보존되어 온 것이라는 추측이 가능하다.

본서는 저본을 네 개의 또 다른 전적典籍, 『선문염송집禪門拈頌集』·
『조당집祖堂集』·『전등록傳燈錄』·『천성광등록(天聖廣燈錄, 이하 광등
록)』과 대조하였다. 4서는 모두 저본보다 시대적으로 앞서 편찬된
것으로써 내용의 가감加減과 내용 자체를 달리 전하는 것들이 있어
최초본 또는 선사의 생생한 말씀에 다가가고자 하는 마음에 대조하였
다. 다만 제시하고 비교만 하였을 뿐, 그 어떤 단언도 하지 않았음을
밝혀둔다. 옳고 그름의 판단은 독자에게 맡겼다. 네 전적의 편찬자와
편찬 연도, 그리고 현존하는 판본은 다음과 같다.

전적	편찬자	편찬 연도	현존 본(국내)
선문염송집	혜심慧諶	1226년	고려대장경(1251)
조당집	정靜·균筠	952년	고려대장경(1251)
전등록	도원道原	1004년	해인사(1614)
천성광등록	이준욱李遵勗	1029년	

또한 4서[11] 중에 광등록은 내용의 양적인 측면에서는 저본과 가장
유사한데(수록 순서는 다름), 뜻은 같지만 사용하는 기본적인 글자나
단어들이 저본과 다른 것들은 대조에서 생략하였을 밝혀둔다. 그
대표적인 예는 대략 다음과 같다.

---

[11] 선문염송집은 역대 선사들의 공안公案과 이에 대한 염拈과 송頌을 고려의 진각혜
심眞覺慧諶이 편집한 공안집이며, 조당집·전등록·광등록은 중국에서 편집한
일련의 전등서傳燈書로써 선사들의 약전略傳과 주요한 기연어구機緣語句의 모음
집이다. (광등록의 원문은 김태완의 『임제어록』을 참조하였다.)

저본	광등록	뜻
這	者	이
這箇	者箇	이것
裏	裡	~안, ~속
却	卻	도리어. 물리치다.
回	廻	돌아오다
這裏	者裡	이렇게
爾	汝, 你	너

　본서는 구성 순서를 원문 – 단어 풀이 – 번역 순으로 하였다. 단어 풀이는 사전에서 그 뜻을 옮긴 것으로, 번역에서는 문장에 따라 표현을 달리한 것도 있음을 밝혀둔다.[12] 또한 번역에 주註를 달면서 보다 더 상세한 설명이 필요하거나 내용이 긴 것은 각각의 단락 말미에 【참조】로 게재하였다. 또한 원문의 단락과 방점, 인용부호는 번역에 맞춰 역자가 임의로 한 것임을 밝혀둔다.

　선사禪師가 인용한 것으로 추정되는 선사先師들의 게송, 『대승찬大乘讚』・『초암가草庵歌』・『일발가一鉢歌』・『심왕명心王銘』・『남악나찬화상가南嶽懶瓚和尙歌』・『완주음玩珠吟』 등은 전체를 모두 번역, 독자의 이해를 돕고자 하였다. 다만 『신심명信心銘』과 『증도가證道歌』 두 편은 상당한 장편이어서 관련된 부분만 번역 게재하였음을 양해 바란다.

　또한 선사의 어록은 특히 상당上堂과 시중示衆 편에서 경전과 논서

---

12 단어 풀이에 한자 사전과 중국어 사전이 상이한 경우, 중간에 ' / ' 표시를 하였다.

의 말씀들을 다양하게 인용하고, 나아가 기존의 해석들과는 차원을 달리하는 말씀으로 언어를 뛰어넘는 진리의 세계를 자유자재로 설명한다. 가령 대승 경전의 경우 『화엄경』·『법화경』·『금강경』·『유마경』·『열반경』·『능엄경』·『능가경』 등을 인용, 자유자재로 그 뜻을 설명하고, 논서의 경우 『조론』·『대승기신론』·『신화엄경론』·『중론』·『화엄합론』·『대승성업론』 등을 다양하게 인용해서 학인들로 하여금 진정견해를 얻도록 하고 있다. 그래서 역자는 이 또한 하나하나 주註를 달아서 그 출처를 분명히 함과 동시에, 선사가 인용하는 경·론 상의 내용들을 좀 더 구체적으로 원문과 함께 직접 번역하여 수록하였음을 밝혀둔다.

어록의 왕으로 불리는 『임제어록』을 통해 독자 제현의 깨달음의 길에 조금이나마 도움이 되길 바라며, 혹 명경明鏡에 쓸데없는 티를 붙인 것이 있다면 이는 전적으로 역자의 허물이니, 가차 없는 질책을 바란다. 이후 개정으로 답할 것을 약속한다.

선사의 생애[13]

선사는 법명이 의현義玄이고, 시호는 혜조慧照이다. 속성은 형邢씨이고, 조주曹州 남화南華에서 태어났다.[14] 선사의 출생연대는 전하는 것이 없어 정확히 알 수는 없으나, 당唐 원화元和 연간(806~820)에 태어난 것으로 추정된다.[15]

---

13 선사의 출생 연도에 관해 정확히 알려진 것이 없다. 다만 역자는 무종에 의해 자행되었던 당시의 법난이 선사에게는 시기적으로 가장 중요한 전환점이 되는 것으로 판단, 선사의 나이와 생애를 가늠하는 기준으로 삼았다. 또한 구체적인 내용들은 본서의 '선사의 전기' 편과, '시중'과 '행록' 편 등을 참조해서 선사의 생애를 기술한 것임을 밝혀둔다. (특히 조당집에서 전하는 내용 가운데는 기존의 일반적으로 알려진 것과 상당 부분 차이가 나는 점이 몇몇 있는데, 여기서는 단지 참고만 하였음을 밝혀둔다. 그 내용은 부록 '1. 조당집에서 전하는 임제 선사' 편을 참조하기 바란다.)

14 행록 '23. 선사의 전기' 편, 부록 1과 2 참조. 두 편 모두 동일하게 전한다. 조주 남화는 현 산동성山東省에 위치한다.

참고로 동시대 인물인 조주종심趙州從諗 또한 조주 사람이다.

15 원화元和는 당나라 헌종憲宗 재위 시절(806년 1월~821년 1월) 사용한 연호이다.

①원화 연간에 출생하여 50여 세의 비교적 짧은 생애를 살다 867년에 열반에 드셨다. (원택 정리, 『성철스님의 임제록 평석』, p.22, 2018, 장경각)

②임제의 출생 연도는 정확하지 않지만, 대략 원화 연간(806~820)으로 보고 있다. (석지현 역, 『임제록』, p.11, 2019, 민족사 / 정성본 역주, 『임제어록』, p.372,

먼저, 선사의 출가와 득도는 "커서도 효성이 자자했다(長以孝聞)"[16]
는 표현으로 미루어 볼 때, 20세 전후가 아닐까 싶다. 또한 "어려서부터
남달리 빼어났다(幼而穎異)"[17]는 말과 "어려서부터 티끌 같은 번뇌를
벗어나고자 하는 뜻을 가지고 있었다(幼負出塵之志)"[18]는 등의 말들을
통해 볼 때, 선사는 어린 시절 儒·佛·仙의 전적들을 탐독하면서
불법에 대한 열정이 날이 갈수록 샘물 솟듯 솟고 용광로처럼 끓어올라,
이에 낳아 준 부모를 뒤로 한 채, 본래면목을 찾아 약관의 나이에
구도의 길에 나선 것이 분명하다.

선사가 어느 사찰에서 출가를 하고, 누구를 의지해 구족계를 받았는
지 또한 전하는 바가 없어 정확히 알 수는 없다. 하지만 "강원에 머물면
서 비니(毘尼, 계율)를 정밀하게 연구하였고, 경론에도 두루 심오하였
다(居於講肆 精究毘尼 博賾經論)"[19]는 말을 통해 볼 때, 구도의 시작은
여타의 선사들과 유사한 행보를 보였음을 짐작할 수 있다. 다만 선사의
경론에 대한 심오함은 타의 추종을 불허하는데, 이는 그의 上堂과
示衆, 그리고 이에 대한 역자의 註를 통해서 다시금 분명하게
확인할 수 있다.[20]

2003, 한국선문화연구원)

16 행록 '23. 선사의 전기' 편 참조.
17 행록 '23. 선사의 전기' 편 참조.
18 부록 '2. 전등록에서 전하는 임제 의현 선사' 편 참조.
19 행록 '23. 선사의 전기' 편 참조.
20 선사가 인용한 대승경전으로 『금강경』, 『화엄경』, 『유마경』, 『능가경』, 『능엄경』,
   『열반경』 등을 들 수 있고, 논서로는 『조론』, 『대승기신론』, 『화엄합론』, 그리고
   유식唯識 관련 논서 등이 있다. 이 외에 여러 선사들의 게송 또한 인용을 하고

다만 "삭발을 하고 구족계를 받고는 바로 선종을 흠모하였다(落髮進
具 便慕禪宗)"[21]는 전등록의 말은 임제종 종조에 대한 극진한 예우를
위한 편찬자의 과감한 생략이 아닌가 싶다. 아마도 선사가 선종으로
발길을 옮긴 것은 "이것은 세상을 구제하는 처방이지, 교외별전의
뜻이 아니다'고 하고, 곧장 옷을 갈아입고 행각을 하였다(此濟世之醫方
也 非教外別傳之旨 卽更衣游方)"[22]는 말이 선사의 구도 과정에 대한 가장
일반적인 지침일 것이다. 또한 이와 관련한 역사적 상황은 아래에서
밝혔다.

선사가 그간의 모든 공부를 던져버리고, 새롭게 구도의 행각을
시작하면서 처음으로 찾아갔던 곳은 바로 스승인 황벽희운黃檗希運이
주석하고 있던 종릉鐘陵의 용흥사龍興寺이다.[23] 이곳에서 선사는 3년을
말없이 공부에 전념하였고, 여기서 함께하던 수좌(목주도명睦州道明
이라는 설[24]도 있음)의 권유로 일대사인연을 점검받았다. 이때의 일을

있다.

21 부록 '2. 전등록에서 전하는 임제 의현 선사' 편 참조.

22 행록 '23. 선사의 전기' 편 참조.

23 무종의 법난은 842년에 시작되었고, 역자는 이때 선사의 대전환이 시작된
   것으로 추정한다. 한편, 황벽희운(黃檗希運, ?~850)은 배휴(裴休, 裴相國, 791~870)
   의 청으로 842년에 용흥사, 848년에 개원사(開元寺, 현 안휘성 소재)에 주석,
   3년 뒤 입적한 것으로 전한다. 참고로, 황벽과 임제가 만난 곳이 홍주洪州
   대안사大安寺라는 주장도 있다.

   홍주와 종릉은 현, 강서성 남창에 위치한다. 홍주는 부府급 또는 주州급이며,
   종릉은 그 아래 현懸급이다. 또한 홍주는 예장豫章·풍성豐城·종릉鐘陵 3현三縣을
   거느렸다. (당나라의 행정구역은 상당 편, '1. 왕상시의 청법' 편, 註1 참조)

24 선문염송집 제15권(N.607) 참조.

'삼도발문 삼도피타(三度發問 三度被打)'라고 한다. 그런데 선사는 여기서 바로 깨닫지 못하고, 고안高安 탄두灘頭의 대우를大愚를 만나, 세 번 묻고 세 번 맞은 것이 황벽의 간절한 노파심 때문이라는 말에 대오大悟, 마침내 "원래 황벽의 불법은 간단명료하다(元來黃蘗佛法無多子)"는 말을 당당하게 드러냈다. 그리고 대우의 옆구리를 세 번 쿡쿡 쥐어박고(脅下築三拳) 돌아와, 황벽의 수염을 잡아당기며(捋虎鬚)[25] 그의 이름을 세상에 내놓기 시작하였다.[26]

선사가 어느 해에 황벽을 찾아갔는지는 정확히 알 수 없으나, 계를 받고 강원에서 공부를 하다 처음 황벽 회하에 들어가 3년 동안 수행한 것은 아마도 대략 30대 초·중반이었을 것이다. 왜냐하면 "나는 12년을 하나의 업성業性을 구해보았지만, 겨자씨만큼도 얻을 수가 없었다"[27]는 말로 미루어 볼 때, 20세를 전후로 출가하여 구족계를 받고 강원을 거쳐 황벽 회하에 이르러 깨닫기까지가 대략 12년에서 15년[28] 정도 경과한 것으로 추정되기 때문이다.[29] 결론적으로 선사의 출가 이후

---

25 행록 '1. 대오 인연' 편 참조.

26 조당집 제19권에서 황벽과 대우의 인연, 임제와 대우의 인연, 황벽과 임제의 인연은 본서나 전등록 등 여타의 책에서 전하는 선사의 대오 인연과는 전혀 다르게 전한다(부록 1 참조). 조당집의 기록에 대한 사실의 진위나 그 연유는 차후 다른 방법으로 논해보려 한다.

27 시중 '5. 자기 자신을 믿어라' 참조.

28 12년을 기준으로 ① 강원 9년+황벽 회하 3년, ② 강원 12년+황벽 회하 3년으로 볼 수 있다(강원 10년+황벽 회하 3년으로 보아도 무방하다).

29 선사는 무종의 법난(842년)을 전후해서 교종 사찰에서 나와, 배휴의 후원 아래 용흥사에 주석하며(842~847) 선종의 종지를 떨치던 황벽희운에게 갔으며, 이 기간 함께하다가 스승 황벽이 개원사로 옮길 때 "하남 아니면 하북으로 가겠다는

대오하기까지의 과정은 선사 스스로 시중示衆에서 밝힌 다음의 말로
정리하는 것이 마땅할 것이다.

"도류여! 출가한 사람은 무엇보다 도를 배워야 한다. 가령 산승의
경우, 지난날 비니(毘尼, 율장)에 마음을 둔 적이 있었고, 또한 경론을
깊이 탐구한 적도 있었다. 나중에서야 이것들(율장과 경론)은 세상을
구제하는 약(처방)이요, 표현의 말이라는 것을 알고, 마침내 한꺼번
에 던져버리고 바로 도를 찾아 참선을 하였다. 뒤에 대선지식(＝황벽
희운)을 만나고 나서야 도안(道眼, 도를 보는 안목)이 분명하게 되었
고, 비로소 천하의 노화상들을 변별하게 되었다. (그런데) 그 삿됨과
바름을 안 것은 어미에게 나서 바로 안 것이 아니라, 몸소 연구하고
갈고 닦다가 하루아침에 스스로 깨달은 것(體究練磨 一朝自省)이었
다." (시중 '5. 자기 자신을 믿어라' 중 두 번째 물음과 답 중에서)

선사가 출가한 이래 치열했던 구도의 열정을 통해 마침내 결실을
맺게 된 시기는 대략 840년대 중후반으로 당나라의 역사에 있어 이른바
만당晩唐의 시기에 해당한다. 이때 황제의 권한은 나날이 축소되고,
황실을 장악한 환관들의 권력은 하늘 높은 줄 모르고 증대하였으며(황
제 시해, 대리 청정 등), 번진(藩鎭, 절도사 또는 관찰사) 등의 반란이
수시로 일어나 전국은 혼란의 연속이었고, 농민과 병사들의 반란
또한 빈번하게 일어나 일반 대중의 삶은 극도로 궁핍하였다. 급기야는

말'을 하고 하북 진주로 자리를 옮겨, 마침내 임제원에서 종지를 떨치기 시작하였
다는 것이 역자가 추정하는 결론이다.

무종武宗 때 법난(法難, 沙汰, 842년)[30]을 맞아 불교 전반에 걸쳐 어마어
마한 큰 피해를 입게 되는데, 바로 이때 이러한 회오리 같은 역사의
한가운데에 임제 선사가 있었던 것이다.

바로 이 시기에 일어났던 여러 역사적 상황들, 특히 무종의 법란(=회
창의 법난)은 임제라는 선사 한 개인에게는 그간의 수행과 깨달음에
대한 새로운 대전환의 밑거름이 되었고, 나아가 이후에 임제종이라
불리는 선종의 한 종파가 새로운 시대(5대10국, 송나라)와 발을 맞춰
중국 불교의 새로운 패러다임을 만들며 번창하게 되는 시발점이 되

---

30 회창의 폐불: 당唐 무종武宗의 회창會昌 연간에 있었던 불교 탄압. 중국 역사상
세 번째의 대규모 폐불이다. 불교교단의 내부적 퇴폐와 면세의 특권을 갖는
사찰 승니僧尼의 증가로 인하여 국가재정이 어려워진 것 등도 폐불을 가져
오게 한 배경이 되었으나, 직접적으로는 무종이 도사道師 조귀진趙歸眞을 신임하
여 재상 이덕유李德裕와 함께 그의 의견을 전적으로 받아들인 데서 비롯되었다.
842년 이후 승니의 환속이 적극 권장되었으며, 특히 845년에는 대탄압 명령이
내려져 사찰 4,600개소, 작은 절 4만여 개소가 폐쇄되고, 승니 환속 26만여
명, 사전寺田 몰수 수십만 경頃, 그리고 사찰 노비의 해방이 15만 명에 이르렀다.
다만 장안長安·낙양洛陽의 양경兩京에 각각 사찰 4, 승려 30명, 각 주에는 사찰
1, 승려 5~20명을 두도록 허락하였다. 수·당 때에 번영했던 불교의 제 종파에
심각한 타격을 주었다. 다음해 무종이 죽고 선종宣宗이 즉위하자 부불復佛의
조서詔書를 내렸다. (『두산백과』)
참고로 중국 역사상 네 번의 대표적인 법난法難이 있었는데, 이를 삼무일종三武一
宗이라고 한다.
① 북위北魏 태무제太武帝 때 위무魏武의 법난.
② 북주北周 무제武帝 때 주무周武의 법난.
③ 당나라 무종武宗 때 회창會昌의 법난.
④ 오대五代 후주後周 세종世宗 때의 후주後周의 법난.

었다.[31]

대략 당나라의 역사와 선종의 발자취를 묶어서 살펴보면 아래 도표와 같다.

구분	기간	주요 왕명과 연호	동시대 선사	주요 사건
초당 初唐	618~712	태종: 정관貞觀	육조혜능 (638~713)	정관의 치 측천무후의 무주시대 (690~705)
성당 盛唐	713~761	현종: 개원開元	마조도일 (709~788)	개원의 치 안사의 난 ·안록산의 난(755)

31 선사가 출가할 당시의 중국 불교는 측천무후(則天武后, 624~705) 시대를 전후로 한 화엄학華嚴學이 청량징관(淸凉澄觀, 738~838)과 규봉징밀(圭峰宗密, 780~841)에 의해 최고의 전성기를 누릴 때였다. 이후 842년 무종武宗의 폐불로 불교 전체가 큰 피해를 입게 된다(당시는 교종과 율종의 사찰이 절대 다수였다. 선종 자체의 사찰은 백장회해 때 이루어지기 시작하므로 피해 입은 사찰이 거의 없었다. 특히 자급자족을 원칙으로 하였다). 이후, 846년 무종이 죽고 선종宣宗이 즉위하면서부터 불교는 새롭게 부흥의 길을 걷게 된다. 그 부흥의 중심에 선종禪宗 일종一宗이 정면에 나서게 되며, 그때 황제 선종宣宗의 후원을 받게 된다. 바로 이 선종이 향엄지한(香嚴智閑, ?~898) 회상에서 사미가 되고, 이후 염관제안(鹽官齊安, ?~842) 회하에서 황벽희운을 만나 뺨을 맞는 인연(황벽형의화黃檗形儀話)으로 유명한 대중천자大中天子이다. 이때부터 선종의 획기적인 발전이 시작되며, 그 중심에 황벽의 제자 임제, 그리고 임제종이 있다.

앞서 위앙종이 발현되어 임제종의 출현에 불을 당기고, 이후 동산양개(洞山良价, 807~869)·운문문언(雲門文偃, ?~949)·법안문익(法眼文益, 885~958) 등의 출현으로 마침내 5대10국을 거치면서 임제종·위앙종·조동종·운문종·법안종의 5엽五葉이 만들어지고, 송대宋代에 이르러 선종이 불교의 중심이 된다.

				·사사명의 난(759) 토번의 침략
중당 中唐	762~835	덕종: 정원貞元 헌종: 원화元和	백장회해 (720~814) 황벽희운 (?~850)	환관의 권력 증대 황제들의 시해 ·경종(826) 시해 ·문종(840) 시해 번진들의 반란
만당 晩唐	836~937	무종: 회창會昌 선종: 대중大中 의종: 함통咸通	임제의현 (?~867)	절도사들의 반란 회창의 폐불(842) 농민들의 반란

*당의 역사는 618~907년을 기준으로 한다.

*당의 네 구분은 당시唐詩를 기준으로 한 것이다.

*황벽희운은 중당과 만당의 시대를 함께한다.

선사는 대략 나이 40대 후반에 황벽 회하를 떠나, 하북河北 진주鎭州
에서 임제원臨濟院을 열고,[32] 앙산혜적仰山慧寂이 예언했던 진주보화鎭
州普化의 도움을 받으며 교화를 펼쳤다.

이후 난리가 나서[33] 떠나게 되었는데, 당시 태위太尉 묵군화默君和[34]

---

[32] 전등록 제12권에서는 상기上記와 달리 "선사가 뒤에 고향으로 돌아와 조인趙人의
간청에 성문 안 남쪽 임제선원臨濟禪苑에 머물렀는데, 배우는 이들이 모여들었다
(師後還鄕薰 俯徇趙人之請 住子城南臨濟禪苑 學侶奔湊)"고 전한다. (『송고승전宋高僧
傳』 제12권, 「임제전臨濟傳」에서도 동일하게 전한다. 정성본 역주, 임제어록, p.371,
p.393) 하지만 이는 본서와는 다소 위치적으로 일치하지 않는다. 왜냐하면
선사의 고향은 조주 남화이고, 이 지역은 산동성에 위치하면서 하북성 남쪽
끝과 밀접하고 있는 지역이고, 호타강은 하북 북쪽에 위치하고 있기 때문이다.

[33] 정확한 기간은 알 수 없으며, 또한 난리는 '병혁(兵革, 전쟁)'이라고 전할 뿐,

가 성안에 있는 자기 집을 희사해 절로 만들고, 임제臨濟로 현액懸額을 하여 선사를 맞이하여 주석토록 하였다. 후에 다시 옷소매를 떨치며 남쪽을 지나 하부河府에 이르렀는데, 부주府主 왕상시王常侍가 스승의 예로 모셨다.[35] 머문 지 얼마 되지 않아 대명부大名府[36] 홍화사興化寺[37]로 와서 동당東堂에 머물렀다. 얼마 지나지 않아, 병도 없는데 어느 날 갑자기 옷깃을 여미고 자리에 앉아 삼성(三聖, 삼성혜연)과 문답을 마치고 입적하였다. 그때가 당나라 함통咸通 8년, 정해(867년) 음력 정월 10일이었다.[38]

이로 미루어 짐작컨대, 선사는 50 중후반의 나이를 살다가 입적한 것으로 판단된다.

구체적인 것은 알 수가 없다. ('선사의 전기' 편 참조)

34 묵군화默君和에 관한 알려진 내용이 없다.

35 역자의 견해로는 첫째 호타강가의 작은 절, 둘째 묵군화가 희사해 만든 절, 셋째 하부 관청에 있던 절을 통틀어 임제원이라고 하는 것이 맞을 것 같다.

36 하북성 한탄邯鄲에 위치한다.

37 註35의 세 곳 임제원으로부터 대명부 홍화사에 이르기까지 이를 지도상에서 보면, 점차로 남진南進, 즉 고향 가까이 다가간 것임이 분명하다.

당시 주지가 바로 제자 홍화존장興化存獎이다. 홍화사는 원래 이름이 홍화사인지, 홍화존장이 주석하였기 때문에 이후에 붙인 이름인지는 정확히 알 수 없다. 임제종의 계보는 이로부터 시작된다. 임제종의 계보에 관해서는 역대 서문 '4. 오봉 보수의 서문' 편을 참조하기 바란다.

38 "이후 난리가 나서~음력 정월 10일이었다"까지는 행록 '23. 선사의 전기' 편을 그대로 수록하였다.

전등록과 조당집, 그리고 송고승전에서는 모두 '당 함통 7년 병술년(866) 4월 10일(唐咸通七年丙戌四月十日)로 전한다.

선사 입멸(867년) 후, 의종懿宗 함통咸通 연간(860~874)에 혜조慧照라는 시호諡號와 징허澄虛라는 탑명塔銘이 내려진다. 이는 한 번도 입내설법入內說法을 한 적 없는 선사에게 그 어떤 선사들보다 빠른 것으로(867~874, 빠르면 당해 연도이고 늦어도 7년 안이 됨), 당시 왕상시의 권력이 그만큼 막대하였다는 것을 충분히 짐작하고도 남음이 있지만, 무엇보다도 무종의 법난 이후 황제가 된 선종(宣宗, 대중천자)으로부터 시작된 불교의 증흥에 바로 교종이 아닌 선종이 그 중심에 있었던 것이고, 나아가 그 안에 바로 황벽의 제자 임제 선사가 있었음을 증명하는 것이다.[39]

선사는 10여 년의 짧은 교화를 통해 문인 22명을 배출하였는데, 전등록에 의하면 다음과 같다.

기연 어구가 없는 제자

제용 대사齊聳大師, 탁주 수 선사涿州秀禪師,
절서 선권 철 선사浙西善權徹禪師, 금사 선사金沙禪師,
윤성 선사允誠禪師, 신라국 지리산 화상新羅國智異山和 (이상 6인)

---

39 초조달마가 양나라 무제와 함께 법담을 나눈 이래, 이조혜가로부터 육조혜능, 마조도일, 임제의현 선사에 이르기까지 생전에 입내설법(황궁에 초청 받아 황궁 안의 법당에서 황제를 상대로 설법하는 것)을 한 적이 거의 전무하다. 왜냐하면 이때까지는 교종의 위세가 매우 컸기 때문이다. 선사들의 시호는 마조도일 선사의 제자(장경회운章敬懷惲, 아호대의鵝湖大義, 홍선유관興善惟寬) 등이 입내설법을 하면서부터 내려졌다.

참고로 마조도일의 경우, 정원(貞元, 덕종의 세 번째 연호) 4년(788)에 입멸하였으며, 원화元和 10년(815)에 대적 선사大寂禪師라는 시호와 대장엄大莊嚴이라는 탑명이 내려졌다. (졸역, 『마조어록 역주』, p.47, 2019, 운주사)

기록에 보이는 제자
악주 관계 지한 선사鄂州灌谿志閑禪師, 유주 담공 화상幽州譚空和尙,
진주 보수 소 화상鎭州寶壽沼和尙, 진주 삼성 혜연 선사鎭州三聖慧然禪師,
위부 대각 선사魏府大覺禪師, 위부 흥화 존장 선사魏府興化存奬禪師
정주 선최 선사定州善崔禪師, 진주 만세 화상鎭州萬歲和尙,
운산 화상雲山和尙, 동봉 암주桐峯菴主,
삼양 암주杉洋菴主, 탁주 급의 화상涿州級衣和尙,
호계 암주虎谿菴主, 복분 암주覆盆菴主,
양주 역촌 화상襄州歷村和尙, 창주 미창 화상滄州米倉和尙 (이상 16인)

이후 임제종은 흥화존장興化存奬 - 남원혜옹南院慧顒 - 풍혈연소風穴延昭 - 수산성념首山省念 - 분양선소汾陽善昭 - 석상초원石霜楚圓을 거쳐 양기방회楊岐方會와 황룡혜남黃龍慧南에 이르러, 이른바 중국 선종의 오가칠종五家七宗을 완성하게 된다.

일러두기

1. 본서는 중화전자불전협회中華電子佛典協會에서 전산화한 신수대장경 47책(No. 1985)의 『진주임제혜조선사어록鎭州臨濟慧照禪師語錄』을 저본底本으로 삼았다.

2. 『조당집祖堂集』과 『선문염송집禪門拈頌集』은 고려대장경연구소의 전산본(동국대학교 불교기록문화유산아카이브 제공)을 참고로 하였다.

3. 『경덕전등록景德傳燈錄』은 중화전자불전협회의 전산본을 참고로 하였다.

4. 『천성광등록天聖廣燈錄』은 김태완의 『임제어록 역주』 인쇄본을 참고하였다.

5. 『선문염송집』의 고칙 번호는 김월운의 『선문염송·염송설화』를 따랐다.

6. 원문(註에서 인용한 원문 포함)의 단락과 방점, 인용부호는 역자가 편집하였다.

7. 제목과 소제목은 역자가 임의로 정하였다.

8. 원문의 한자(어) 설명은 네이버NAVER와 다음DAUM에서 제공하는 한자사전과 중국어사전을 사용하였으며, 漢韓大字典(민중서림)을 참조하였다. (한자사전과 중국어사전의 뜻이 다를 경우, '/'표기하여 분류하였다.)

9. 각주에 페이지 표기가 없이 인용도서명만 있는 것은 포털사이트 네이버와 다음에서 제공하는 '지식백과'의 각종 사전을 참조한 것이다.

10. 도서명의 꺽쇠(『 』)는 처음 나올 때만 표시하고 뒤에서는 생략하였다.

11. 각주에 출처를 표시하지 않은 것은 역자의 번역이다.

역대 서문

1. 마방의 서문(序)[1]

黃檗山頭   황벽산에서[2]

---

[1] 저본에서는 서문 네 편 가운데 맨 마지막에 수록되어 있다. 하지만 역사적으로 이 서문이 가장 앞설 뿐만 아니라, 가장 유명한 문장이기 때문에 맨 앞으로 옮겨 실었음을 밝혀둔다.

본 서문은 마방馬防이 찬술한 것으로 원문 제목은 '鎭州臨濟慧照禪師語錄序' 이다.

鎭州(진주): 현, 중국 하북성河北省 석가장시石家莊市 정정현正定縣이다.

臨濟(임제): 호타강(滹沱河)에 있던 작은 절이라는 뜻에서 이름 붙인 것이다.

慧照(혜조): 당나라 17대 의종懿宗이 내린 시호諡號.

제목 아래 자신을 다음과 같이 소개하고 있다.

연강전학사·금자광록대부·진정부로안무사·겸, 마보군도총관·겸, 지성덕군 부사 마방 찬술(延康殿學士 金紫光祿大夫 眞定府路安撫使 兼馬步軍都總管 兼知成德軍 府事 馬防撰).

마방이라는 인물에 대해 알려진 것이 없다. 다만 본 서문을 선화宣和 경자(庚子, 2년, 1120)에 쓴 것으로 전하는 바, 북송北宋 휘종徽宗 때의 인물임이 분명하다.

[2] 전등록 제9권에 다음과 같이 전한다.

洪州黃檗希運禪師閩人也. 幼於本州黃檗山出家 額間隆起如肉珠 音辭朗潤志意 沖澹. (중략) 後居洪州大安寺 海衆奔湊. 裴相國休鎭宛陵 建大禪苑 請師說法. 以師酷愛舊山 還以黃檗名之.

34

曾遭痛棒　　일찍이 매서운 몽둥이를 맞았기에

大愚肋下　　대우의 옆구리를

方解築拳　　쥐어박을 수 있었네.[3]

饒舌老婆　　말 많은 (대우) 노인네는[4]

尿床鬼子　　"이 오줌싸개 녀석아!"라고 하고,

這風顚漢　　(황벽은) "이 미치광이가 다시 와서

再捋虎鬚　　호랑이 수염을 잡아당기는구나!"라고 하였네.[5]

巖谷栽松　　바위 골짜기에 소나무를 심어

홍주洪州 황벽 희운 선사는 민(閩, 복건성 일대) 사람이다. 어려서 고향 황벽산에서
출가하였는데, 이마 사이에 우뚝 솟은 것이 마치 살에 구슬이 있는 것과 같았으며,
음성은 또랑또랑하고 부드러웠으며, 의지가 깊고 담백하였다. (중략)
뒤에 홍주洪州 대안사大安寺에 머물렀는데, 바다 같은 대중이 분주히 모여들었다.
(그때) 상국 배휴가 완릉宛陵을 다스렸는데, 대선원을 세우고 선사께 설법을
청하였다. 선사가 옛 산(舊山, 조상의 무덤이 있는 곳=고향)을 몹시 그리워하였기
때문에 황벽이라는 이름으로 바꿨다.

황벽산은 홍주(현, 강소성) 일대 완릉 지역에 위치한 산이지, 고향(복건성)의
황벽산을 말하는 것은 아니다. 또한 황벽스님이 주석하던 일대의 통칭이기도
하다.

3 築(쌓을 축): 쌓다. 다지다. 짓다. 날개를 치다. (절구, 방아의) 공이(절구나 방아확에
　든 물건을 찧거나 빻는 기구). 건축물. 악기의 이름. 비파(琵琶: 악기의 하나).
4 饒舌(요설): 말이 많다.
5 '黃檗山頭~再捋虎鬚'은 행록 '1. 대오 인연' 편에 해당하는 마방의 게송이다.

後人標榜　　뒷사람들에게 표방이 되고,[6]

钁頭劚地　　괭이로 땅을 찍어[7]

幾被活埋　　(황벽과 유나는) 하마터면 생매장할 뻔하였네.[8]

肯箇後生　　(황벽은) 후생을 인가하고

驀口自摑　　맥연히 스스로 입을 치고,[9]

辭焚机案　　하직함에 궤안을 불사르라 하여

坐斷舌頭　　혀끝을 꺾어버리고는[10]

不是河南　　하남 아니면

便歸河北　　하북으로 돌아가리라 하였네.[11]

院臨古渡　　절(임제원)은 옛 나루터에 있어

運濟往來　　오고 가는 이들을 건네주며,

6　標榜(표방): 어떠한 명목을 붙여 주의, 주장을 앞에 내세움. 남의 선행을 칭찬하고 기록하여 여러 사람에게 보임.
　　'巖谷栽松 後人標榜'은 행록 '2. 소나무를 심다' 편에 해당하는 게송이다.

7　劚(괭이 촉): 괭이. 베다. 찍다.

8　'钁頭劚地 幾被活埋'는 행록 '4. 황벽을 넘어뜨리다' 편에 해당하는 게송이다. '幾'에 '하마터면'의 뜻이 있다.

9　'肯箇後生 驀口自摑'은 행록 '5. 황벽이 자신의 입을 치다' 편에 해당하는 게송이다.

10　坐斷(좌단)은 挫斷(좌단, 꺾어버리다)으로 해석하였다.

11　'辭焚机案~便歸河北'은 행록 '10. 황벽이 선판과 궤안을 건네다' 편에 해당하는 게송이다.

把定要津 　중요한 나루터를 장악하고

壁立萬仞 　만 길 절벽처럼 우뚝 섰네.

奪人奪境 　사람을 빼앗고 경계를 빼앗으며

陶鑄仙陀 　총명한 사람을 연마하고[12]

三要三玄 　삼현과 삼요로

---

12 선타바(仙陀婆): saindhava, sindhava의 음사어. 지시하는 본래의 뜻을 상황에
따라 잘 알아맞히는 사람. 부처님의 말씀에 담긴 본질을 잘 파악하는 지혜로
운 사람을 비유한다. 선타객先陀客·선타바(儒陀婆)·선타바(仙陀婆)·선타禪陀·
선타先陀 등이라고도 음사한다. 본래 '신도에서 생산되는(信度所産)'이라는 뜻의
형용사이다. 고대 인도의 신도(信度 Sindhu) 지방에서 '소금·그릇·말·물' 등
네 종류의 명산품(四實)을 생산한 데서 유래한다. 그 뒤 뜻이 바뀌어 네 종류의
명산품을 통칭하는 말이 되었다. 곧 구체적인 상황에 따라서 네 가지 중 어느
하나를 지시하는 뜻이 된다.
『대반열반경大般涅槃經』권9에 "부처님의 은밀한 말씀은 대단히 심오하여 이해
하기 어렵다. 비유하자면 대왕이 여러 신하들에게 선타바를 가져오라는 것과
같다. 선타바란 하나의 이름에 들어 있는 네 가지 실물을 말한다. 첫째는 소금,
둘째는 그릇, 셋째는 물, 넷째는 말이다. 이와 같은 네 가지 사물의 이름이
하나로 같지만 지혜로운 신하는 이 이름이 무엇을 지칭하는 것인지 잘 안다.
왕이 몸을 씻을 때 선타바를 찾으면 물을 바치고, 왕이 음식을 먹을 때 선타바를
찾으면 소금을 바치고, 왕이 식사를 마치고 무언가 마시고 싶어 할 때 선타바를
찾으면 그릇을 바치고, 왕이 유람하고자 할 때 선타바를 찾으면 말을 바친다.
이와 같이 지혜로운 신하는 대왕이 내린 네 가지 은밀한 말을 잘 이해한다"라고
하였다. (『가산불교대사림伽山佛敎大辭林』)
陶鑄(도주): 도기 또는 주물로 만들다. 인재를 양성하다. 연마하다.
'奪人奪境 陶鑄仙陀'는 시중 '1. 사료간' 편에 해당하는 게송이다.

鈐鎚衲子　　납자를 단련하였네.[13]

常在家舍　　늘 가사에 있으면서도

不離途中　　도중을 떠나지 않아[14]

無位眞人　　무위진인이

面門出入　　얼굴로 드나들었네.[15]

兩堂齊喝　　양당 수좌가 동시에 "할!"을 하니

賓主歷然　　빈주가 역연 (하다) 하고,[16]

照用同時　　비춤과 작용을 함께하니

本無前後　　본래 앞뒤가 없네.[17]

菱花對像　　거울은 형상(＝만상)을 비추고[18]

虛谷傳聲　　텅 빈 골짜기가 소리를 전하며

妙應無方　　묘하게 방위(＝처소) 없이 응하니[19]

不留朕跡　　(어떤) 흔적도 남기지 않았네.[20]

---

13 '三要三玄 鈐鎚衲子'는 상당 '9. 삼구와 삼현삼요' 편에 해당하는 게송이다.

14 '常在家舍 不離途中'은 상당 '8. 도중과 가사' 편에 해당하는 게송이다.

15 '無位眞人 面門出入'은 상당 '3. 무위진인' 편에 해당하는 게송이다.

16 '兩堂齊喝 賓主歷然'은 상당 '4. 빈주역연' 편에 해당하는 게송이다.

17 '照用同時 本無前後'는 보유 '1. 사조용' 편에 해당하는 게송이다.

18 菱花(능화): 마름꽃. 거울. 마름꽃 그림이 새겨진 거울을 뜻한다.

19 머묾, 집착이 없다는 뜻이다.

20 "菱花對像~不留朕跡"은 선사의 전반적인 법 쓰는 방법을 찬탄한 게송이다.

拂衣南邁　옷자락을 떨치며 남쪽으로 가

戾止大名　대명에 이르니[21]

興化師承　흥화가 법을 이어받고[22]

東堂迎侍　동당에 맞이하여 모셨네.[23]

銅瓶鐵鉢　구리 물병과 쇠 발우만을 갖고

掩室杜詞　방을 잠그고 입을 닫아버리니,[24]

松老雲閑　늙은 소나무에 구름은 한가롭고

曠然自適　툭 트여 유유자적하였네.[25]

---

21 戾止(여지): 도착하다. 이르다.

　대명大名이라는 지역 또한 하북성 한단邯鄲에 위치한다.

22 흥화존장(興化存獎, 830~888): 당대唐代의 스님. 임제종. 흥화는 주석 사명. 속성은
　공孔씨. 위부 흥화사에 머물며 종풍을 선양함. 임제록의 교감자校勘者로 알려짐.
　문하에 남원혜옹이 있음. 시호는 광제廣濟 선사. (이철교 외, 『선학사전』, p.759,
　1995, 불지사)

23 '拂衣南邁~東堂迎侍'는 행록 '23. 선사의 전기' 편의 일부분에 대한 게송이다.

24 승조의 『조론肇論』, 「열반무명론涅槃無名論」에 다음과 같이 전한다.

　(중략) 然則言之者失其眞 知之者反其愚 有之者乖其性 無之者傷其軀 所以釋
　迦掩室於摩竭 淨名杜口於毘耶 須菩提唱無說以顯道 釋梵絶聽而雨華.

　(중략) 그러므로 말하는 사람은 참됨을 잃게 되고, 아는 사람은 어리석게 된다.
　있다고 하는 사람은 그 성품을 어기게 되고, 없다고 하는 사람은 그 몸을
　상하게 된다. 그런 까닭에 석가는 마갈타국에서 방문을 걸어 잠갔고, 정명(유마)
　은 비야리에서 입을 다물었으며, 수보리가 말없음으로 도를 드러내자 범천이
　들음 없음으로 꽃비를 내렸다.

25 自適(자적): 무엇에도 속박됨이 없이 마음 내키는 대로 생활함.

面壁未幾   면벽한 지 얼마 되지 않아[26]

密付將終   은밀히 전수하고 임종하려 할 때

正法誰傳   정법을 누구에게 전할까 하니

瞎驢邊滅   눈먼 나귀에서 멸각되었다 하셨네.[27]

圓覺老演   원각 노연이

今爲流通   지금 (세상에 널리) 유통시키려 하는데

點撿將來   점검해 보니

故無差舛   일부러 달리 하거나 틀린 것은 없다.[28]

唯餘一喝   오직 "할!" 하나만이 남았더라도

尙要商量   더욱 따져봐야 할 것이니,

具眼禪流   안목 갖춘 선류여!

冀無賺擧   바라건대, 속임 없이 거론해 보시오.

선화宣和 경자庚子(1120년) 중추일中秋日에 삼가 씀

悠悠自適(유유자적): 여유가 있어 한가롭고 걱정이 없는 모양이라는 뜻으로, 속세에 속박됨이 없이 자기가 하고 싶은 대로 마음 편히 지냄을 이르는 말. '銅瓶鐵鉢~曠然自適'은 동당으로 자리를 옮긴 후, 선사의 행록에 관한 게송이다.

26 未幾(미기): 머지않아. 얼마 안 되어.

27 '面壁未幾~瞎驢邊滅'는 행록 '22. 임종과 부촉' 편에 해당하는 게송이다.

28 舛(어그러질 천): 어그러지다. 틀리다. 어지럽다. 섞이다.

2. 임천 노인林泉老人[29]의 서문[30]

"曹溪派列 淘涌而流注無窮 南嶽岐分 巍峨而聯綿不盡 雲仍曼衍 枝葉滋榮 非止蔭覆人天 抑亦光揚祖道 無說之說 須知意不在言 無聞之聞 果信言非有意" 此皆理極無喩之道 緒餘影響者也.

"조계는 종파로 나뉘어졌지만
가려내고 솟구치면서 흘러 다함이 없고,
남악은 갈래가 나뉘어졌지만
우뚝 솟아 이어져 다함이 없다.[31]

먼 후손까지[32] 멀리 퍼져
가지와 잎이 우거지고 무성하며,
사람과 하늘을 덮어 가리기를 그치지 않고

---

29 종륜從倫: 원나라 초기 조동종의 선승. 호는 임천林泉이다. 연경燕京 보은사報恩寺 만송행수萬松行秀를 만나 깨달음을 얻고 법사法嗣가 되었다. 투자의청投子義靑의 『송고일백칙頌古一百則』과 단하자순丹霞子淳의 『송고일백칙』에 모두 착어著語와 평창評唱을 붙였다. 저서에 『공곡집空谷集』과 『허당집虛堂集』이 있다. (『중국역대불교인명사전中國歷代佛敎人名辭典』)

30 원문에는 '臨濟慧照玄公大宗師語錄序'로 전한다. 이하 곽천석의 서문과 오봉보수의 서문 또한 같은 제목으로 전한다.

31 巍峨(위아): 산·건물이 높고 큰 모양. 우뚝 솟은 모양.
   聯綿(연면): 그치지 않다. 끊이지 않다. 이어지다.

32 雲仍(운잉): 운손雲孫과 잉손仍孫이라는 뜻으로, 먼 후손.

또한 그 빛은 조사의 도를 드날린다.

설하는 것 없이 설하니
모름지기 뜻이 말에 있지 않고,
듣는 것 없이 들으니,
과연 진실로 말에 뜻이 있는 것이 아니라는 것을 알아야 한다."

이것은 모두 이치가 극에 이르러 도를 비유할 만한 것이 없음을
말한 것이니, 그 나머지[33]는 그림자와 메아리 같다.

❀

故臨濟祖師 以正法眼明涅槃心 興大智大慈 運大機大用 棒頭喝下 勦
絶凡情. 電掣星馳 卒難搆副 豈容擬議 那許追思. 非唯鷄過新羅 欲使
鳳趨霄漢 不留朕跡 透脫玄關 令三界迷徒歸一眞實際. 天下英流莫不
仰瞻 爲一宗之祖 理當然也.

그러므로 임제 조사께서는 정법안으로 열반심을 밝히셔서 대지혜와
대자비를 일으키고 대기와 대용을 쓰며, 방을 하고 할을 하며, 범정凡情
을 완전히 끊으셨다. (또한) 번개를 끌어당기고 별이 치달리듯 하니,
이에 부응하고 이해하기가 끝내 어렵다. (그런데) 어찌 머뭇거림을
용납하며, 어찌 이미 지나간 일을 돌이켜 생각하는 것을 허락하겠는가!

---

33 緖餘(서여): 나머지, 잔여.

닭이 신라로 넘어가는 것뿐만 아니라, 봉황으로 하여금 하늘로 날도록 하고자 하는 사람이 (어떠한) 조짐이나 자취도 남기지 않고 현관玄關을 꿰뚫고 벗어나서 삼계의 어리석은 무리들로 하여금 하나의 진실 경계로 돌아오게 한다.

천하의 영웅들이 우러러 쳐다보지 않는 이가 없으니, 한 종의 조사가 되는 것은 (그) 이치가 당연하다.

❀

今總統雪堂禪師乃臨濟十八代孫 河北江南遍尋是錄 偶至餘杭得獲 是本 如貧得寶 似暗得燈 踊躍歡呼 不勝感激 遂捨長財 繡梓流通 俵施 諸刹. 此一端奇事 寔千載難逢. 咦. 擲地金聲聞四海 定知珠玉價難酬. 元貞二年歲次丁未 大都報恩禪寺住持嗣祖. 林泉老人從倫盥手焚香 謹序.

지금 임제의 18대 손孫이신 총통總統 설당雪堂 선사께서 하북과 강남에서 이 기록을 두루 찾다가, 우연히 여항(餘杭, 현 절강성 항주)에 이르러 이 본(本, 책)을 얻으시니, 가난한 이가 보배를 얻은 것과 같고 어둠 속에서 등불을 얻은 것과 같아서 뛸 듯이 환호하였다.

감격을 이기지 못하고, 마침내 많은 재물을 희사하여 판목에 수를 놓아[34] (세상에) 유통하고 여러 사찰에 나누어 베푸시니, 이 하나의 기이한 일은 진실로 천 년에 한 번 만나기도 어렵도다.

---

34 繡梓(수재): 책을 박아 냄.

이(咦, 또는 아)!³⁵

"땅에 던져도 쇳소리가 사해에 들리니
주옥의 값으로도 갚기가 어려움을 결정코 알겠다."

원정元貞³⁶ 2년(1296) 정미년
조사의 법을 이은 대도大都³⁷ 보은선사 주지
임천 노인 종륜이 손 씻고³⁸ 향 사루며 삼가 서문을 씀

---

35 咦(크게 부를 이): 크게 부르다. 웃다. 놀라다. / 아이, 아이구(놀람을 표시함).

36 원정元貞: 원元 성종成宗 때의 연호(1295~1297년)로 3년간 사용됨.

37 대도大都는 燕京(연경), 지금의 북경을 뜻한다.

38 盥手(관수): 손을 씻음.

3. 곽천석郭天錫의 서문

薄伽梵 正法眼藏涅槃妙心 付摩訶迦葉 是爲第一祖 逮二十八祖菩提
達磨提十方三世諸佛密印而來震旦 是時 中國始知佛法有敎外別傳
不立文字 直指人心 見性成佛. 厥後 優鉢羅花 於時出現 芬芳馥郁
一華五葉 香風匝地 寶色照天 各放無量光明 輝映大千世界.

부처의 정법안장·열반묘심을 마하가섭에게 부촉하는 것으로 제1조를
삼아, 28조 보리달마에 이르러 시방삼세 제불의 밀인을 들고 중국(震
旦)에 오니, 이때 중국은 비로소 불법에 교외별전·불립문자·직지인
심·견성성불이 있다는 것을 알게 되었다.

그 후 우발라화(優鉢羅花, 청련靑蓮)가 출현함에 향기롭고 그윽하
며,[39] 한 꽃에 다섯 잎은 향기로운 바람으로 온 땅에 가득하고, 보배로운
빛으로 하늘을 비추며 각기 무량광명을 놓아 대천세계를 밝게 비췄다.

其中一大苾芻, 爲一大事因緣 依棲黃檗山中 三度參請 三度被打 後
向高安灘頭大愚老師處 始全印證. 平生用金剛王寶劍 逢凡殺凡 逢聖
殺聖 風行草偃 號令八方 如雪色象王. 如金毛師子踞地哮吼. 狐狸野
干心破腦裂 百獸見之 無不股慄. 如驚濤嶮崖 壁立萬仞. 使途中之人
其行次 且不敢擧足下足 惟恐喪身失命 雖老子鉗槌者 見之無不汗下.

---

39 芬芳(분방): 꽃다운 향내. 향기롭다.
　　馥郁(복욱): 풍기는 향기가 그윽함. 향기가 짙다.

그 가운데 대비구(苾芻)[40] 한 사람이 일대사인연을 위해 황벽산에 의지해 살면서 세 번 참청하고 세 번 맞고는, 이후에 고안에 있는 여울가의 대우 노 선사 처소에서 비로소 온전하게 인증을 받았다.

평생을 금강왕보검을 사용하여 범부를 만나면 범부를 죽이고, 성인을 만나면 성인을 죽이고, 바람이 불면 풀이 눕듯 하면서 사방팔방을 호령하였으니, 마치 눈 같이 흰 코끼리 왕과 같았다. (또한) 금모사자가 두 발로 땅에 버티고 앉아 포효하는 것과 같으니, 여우와 야간의 심장이 터지고 뇌가 찢어져 온갖 짐승이 보고 무서워 다리를 떨지 않는 것이 없었다.[41] 거센 파도[42]가 치는 낭떠러지 험준한 벼랑처럼 홀로 만 길 절벽에 우뚝 섰다. 도중의 사람으로 하여금 그것을 행하게 하더라도 또한 감히 발을 들고 내리지 못하고, 오직 신명을 잃을까 두려워할 따름이니, 비록 노인이 집게와 망치로 단련하는 것이라 해도 식은땀을 흘리지 않을 수 없다.[43]

❀

若夫三玄三要奪境奪人 金章玉句 如風檣陣馬. 如迅雷奔霆 凌轢波濤 穿穴嶮固 破碎陣敵 天回地轉 七縱八橫 幾於截斷衆流 四海學徒莫不 望風披靡. 故門庭峻峭 孤硬難入 蓋妙用功夫不在文字 不離文字. 盡 大地作一隻眼者乃能識之 末後將正法眼藏却向瞎驢邊滅却.

---

40 苾芻(필추): 비구의 음사. 출가하여 구족계를 받은 남자 승려.

41 股慄(고율): 무서워서 다리가 떨리다. 몹시 두려워하다.

42 驚濤(경수): 무섭게 밀려오는 파도. 거센 파도. 경도.

43 汗下(한하): 땀을 흘리다, 땀을 내다. 부끄러워하다. 황송해하다.

46

삼현삼요·탈경탈인과 같은 것은[44] 황금 같은 문장이고 옥과 같은 구절
이니, 마치 돛이 바람을 타고 말이 적진에 선 것과 같다.[45] (또한)
번개처럼 신속하고 천둥처럼 내달려 파도를 능멸하고,[46] 험하고 단단한
구멍을 뚫고 적의 진지를 깨부수며, 천지를 돌며 자유자재하게 번뇌의
흐름을 끊어버리니, 사해의 배우는 무리들이 바람 앞에 쓰러지지
않는 이가 없었다.[47]

 그런 까닭에 문(門庭)은 깎아지른 듯 높고 험해서 홀로 들어가기
어려우니, 공부가 문자에 있지도 않고 문자를 떠나지도 않는다는
것을 오묘하게 써야 할 것이다. 온 대지에 일척안一隻眼을 이룬 이는
능히 알 것이니, 마지막에는 정법안장으로 눈 먼 나귀를 멸각해야
할 것이다.

 ❀

師之出處具載 傳燈等錄 玆不復贅. 自興化獎公而下 子孫雲仍最爲蕃
衍盛大 多大根器人 冠映河嶽 騰耀古今. 在在處處法席叢林 化俗談眞
重規疊矩 出廣長舌相爲人開堂演法. 如慈明圓公 琅瑯覺公 皆大法王
人天師也.

若夫(약부): …에 대하여는. …과 같은 것은. 그런데.

風檣陣馬(풍장진마): 행동이 빠르고 기세등등함을 이르는 말. 문장이 웅건하거나
 필체가 강하고 굳셈을 비유하여 이르는 말(두목杜牧의 말이다).

凌轢(능역): 업신여기다. 구박하다. 능멸하다.

望風披靡(망풍피마): 거센 바람의 기세에 초목이 쓰러지고 흩어지다. 적의 강력한
 기세에 압도당하여 투지를 잃고 흩어지다.

선사의 출처는 전등록 등의 기록에 모두 실려 있으니, 여기서는 다시 군더더기 같은 말을 하지 않겠다.

홍화 장 공(홍화존장)으로부터 내려온 자손과 후손들이 가장 많이 퍼졌고,[48] 많은 대근기의 사람들이 산하[49]를 뛰어나게 비추어 고금에 빛났다. 곳곳마다 법석이 총림을 이루고 세속을 교화하는 참된 말씀이 거듭 규범이 되어[50] 장광설의 모습을 드러내 사람들을 위해 개당을 하고 법을 설하였다. 예를 들면, 자명 원 공(자명초원), 낭야 각 공(낭야 혜각) 등은 모두 대법왕이요, 인천의 스승이다.

今雪堂大禪師 臨濟十八代嫡孫 琅瑘第十世的派. 王臣尊禮 緇素嚮慕 是亦僧中之龍象爾. 不忘祖師恩德 每恨 臨濟一言一句 一棒一喝 參承 諮決 升堂入室. 語錄未大發明 刻梓流行 用廣禪林觀聽 仍求北山居士 郭天錫爲作序引.

지금 설당雪堂 대선사는 임제 18대 적손이고, 낭야의 제10세다. 왕과 신하들이 우러르고 공경하며, 승과 속이 흠모하고 받드니, 이 또한

---

48 雲仍(운잉): 운손雲孫과 잉손仍孫이라는 뜻으로, 썩 먼 대代의 손자를 이르는
   말. 7대손을 '잉손仍孫', 8대손을 '운손雲孫'이라고 함.
   蕃衍(번연): 많이 퍼지다. 번영하다. 번성하여 뻗어 나가다.
49 河嶽(하악): 강산. 산하. 하악. 황허와 오악.
50 重規疊矩(중규첩구): 같은 종류의 규정이나 법도. 중복되거나 그대로 답습함을
   비겨 이르는 말.

48

승려들 가운데 용상龍象이다. 조사의 은덕을 잊지 않고, 항상 한탄하면서 임제의 일언과 일구·일방과 일할을 참구하고 받들어 물음을 결택하기 위해 법당에 오르고 방장실에 들어갔다.

어록은 아직 크게 밝히지 못한 사람들을 위해 판각을 해서(刻梓) 널리 퍼뜨리고, 선림에서 자세히 살피고 듣는 데 널리 쓰려는 것이거늘, 누차 이 북산 거사 곽천석을 불러 서문을 짓게 하였다.

❁

嗚呼 雪堂老師行從上祖師難能之事 愼終追遠 知恩報恩則不無 將五百年風顚老漢吐下唾團 重新拈出供養. 今代衲僧還肯咀嚼麼. 合浦還珠 固爲奇特 冷灰爆豆 亦自不妨. 大德二年八月 前監察御史郭天錫焚香九拜書.

오호라(嗚呼)! 설당 노사께서 예로부터 조사의 하기 어려운 일을 행하시니, 삼가 공경을 다해[51] 은혜를 알아야 은혜를 갚는다는 일이 없지 않을 것이다.

500년 미치광이 노인네가 토해낸 침 덩이를 가지고 거듭 새로이 꺼내서 공양을 하니, 요즘의 납승들이 도리어 씹으려고 하겠는가![52]

"합포에 구슬이 돌아와[53]

---

51 愼終追遠(신종추원): 양친의 상사에는 슬픔을 다하고, 제사에는 공경을 다함.
52 咀嚼(저작): 음식물을 씹음. (의미를) 음미하다.
53 合浦還珠(합포환주)=合浦珠還(합포주환): 합포에 구슬이 다시 돌아왔다는 뜻으

분명 기이하고 특이하니
찬 재와 볶은 콩이라도
역시 괜찮을 것이다."

대덕大德[54] 2년(1298) 8월
전 감찰어사 곽천석
향 사루어 절 아홉 번 하고 씀

로, 지방 장관이 선정을 베풂을 이르는 말. 잃어버렸던 물건을 다시 찾다.
떠난 사람이 다시 돌아오다.

54 대덕大德: 원元나라 성종成宗 때의 연호(1297~1307년)로 11년간 사용됨.

4. 오봉 보수의 서문

竊以 黃檗山高 便敢當頭捋虎 滹沱岸遠 亦能順水操舟. 旣露惡毒爪牙
仍顯慈悲手段 欄腮一掌 免煩著齒粘脣 劈肋三拳 可謂傾心吐膽. 三玄
在手 七事隨身 觸之則石裂崖崩 擬之則雷轟電製. 門庭孤峻 闔奧宏深
只可望崖 不可趣向.

삼가 생각하건대(竊以),[55]

"황벽산이 높은데
호랑이 당두 화상의 수염을 잡아당기고,
호타강 언덕이 먼 데도
능히 강물을 따라 배를 조종하여 나아갔다.

악독한 발톱과 어금니를 드러내면서
자비의 수단을 자주 드러내고,
(멱살을 잡고) 뺨을 후려갈겨[56]

---

[55] 竊(훔칠 절): 훔치다. 도둑질하다. 절취하다. 도둑. 도둑질. 살짝. 남몰래. 마음속
으로. 슬그머니. / (문어, 겸칭·겸손어) 저(의 의견). 크게 드러내지 않는다는
뜻으로 자신(의 의견)을 낮추어 하는 말.
竊以(절이)는 '삼가 생각하건대', '남몰래 (조심스럽게) 살펴보건대' 등의 뜻으로
해석하면 된다.

[56] '欄腮一掌'은 '攔腮一掌'으로 이해하였다. '攔(막을 란)'에 '(~을 향하다)'는 뜻이
있다.

이빨과 입술의 끈끈한 침이 번거롭게 달라붙은 것을 면하게 해주며,

주먹으로 옆구리를 쥐어박으니

가히 마음속의 말을 모두 다 드러낸 것이로다.[57]

삼현三玄은 손에 있고

칠사七事는 몸을 따르니

손에 닿기만 해도 바위가 찢어지고 벼랑이 무너지며

우물쭈물하면 천둥소리가 요란하고 번갯불을 끌어당긴다.

문정(＝종문)은 홀로 험준하고,

문지방 안의 심오함은 크고 깊으니

다만 벼랑을 멀리서 바라볼 수 있을 뿐,

앞으로 나아가지는 못한다."

❀

茲者總統雪堂和尙 憫巴歌唱而和寡 嗟雪曲彈而應稀. 語錄闕文 叢林
罕見 遂旁求釋子而再起斯文 欲鏤板以廣流通. 俾參玄而得受用 弘揚
祖道 垂裕後昆. 棒頭喝下須明石火電光 正案傍提要顧眉毛鼻孔. 其
他機緣備載前錄 不勞再擧. 噫.

여기에 총통總統이신 설당雪堂 화상께서 파가(巴歌, 세속의 노래)로

---

57 傾心吐膽(경심토담): 남에게 마음속의 말을 다 함을 이르는 말.

부르고 화답하는 것이 적은 것을 민망해 하고, 설곡(雪曲, 진제의 노래, 어려운 가락)으로 타고 답하는 것이 드문 것을 탄식하셨다. (또한) 어록에 자구가 빠진 것(闕文)은 총림에서 보기 드물다 하시면서, 마침내 석자(釋子, 석가의 제자)들을 널리 구해 이 글(임제록)을 다시 쓰게 하고, 판목에 새겨(鏤板) 널리 유통하고자 하셨다.

(이는) 현묘한 도리를 참구하는 사람들이 받아써서 조도祖道를 널리 떨치게 하고, 후손들에게 교훈을 주려는(垂裕後昆) 것이다. (그러므로) 방망이 끝과 할 아래 모름지기 전광석화처럼 밝혀야 하고, 정안(正案, 파주)과 방제(傍提, 방행)로 눈썹과 콧구멍을 살펴봐야 한다.

그 외의 기연은 앞의 어록에 실려 있으니 수고롭게 다시 거론하지 않겠다.

"억噫!"

❀

臨濟祖師六傳而至汾陽大宗師. 汾陽下傑出六大尊者 曰慈明圓 曰琅琊覺. 圓傳陽岐會 會傳白雲端 端傳五祖演 演傳佛果勤佛鑑天目齊. 佛果傳虎丘隆大慧杲 虎丘隆傳應菴華 華傳密菴傑 傑傳松源岳 岳傳無德通 通傳虛舟度 度傳徑山虎巖伏. 天目齊傳汝州和 和傳竹林寶 寶傳竹林安 安傳竹林海. 海傳慶壽璋 白澗一歸雲宣 宣傳平山亮 白澗一傳冲虛昉 懶牧歸. 慶壽璋傳海雲大宗師竹林彛 彛傳龍華惠 海雲傳可菴朗 龍宮玉 頤菴價. 可菴傳太傅劉文貞公 慶壽滿 龍宮玉傳大名海 頤菴傳慶壽安.

임제 조사는 6대에 전하여 분양汾陽 대종사에 이르렀다.[58] 분양 대종사 아래 걸출한 6대의 존자가 계셨으니, 이름하여 자명초원(慈明圓)과 낭야혜각(瑯琊覺) 등이다.

초원은 양기방회(陽岐會)에게 전하고,[59] 방회는 백운수단(白雲端)에게 전하고, 수단은 오조법연(五祖演)에게 전하고, 법연은 불과극근(佛果勤, 원오극근)·불감佛鑑[60]·천목제天目齊에게 전하였다.

불과는 호구소륭(虎丘隆)과 대혜종고(大慧杲)에게 전하였다.[61]

호구는 응암담화(應菴華)[62]에게 전하고, 담화는 밀암함걸(密菴傑)[63]에게 전하고, 함걸은 송원숭악(松源岳)[64]에게 전하고, 숭악은 무덕각통(無德通)[65]에게 전하고, 각통은 허주보도(虛舟度)[66]에게 전하고,

---

58 6대에 이르렀다는 것은 임제의현臨濟義玄—흥화존장興化存奬—남원혜옹南院慧顒—풍혈연소風穴延昭—수산성념首山省念—분양선소汾陽善昭로 법통이 이어진 것을 뜻한다.

59 여기서는 초원의 또 다른 제자인 황룡혜남과 그 계파(황룡파)에 대해서는 기술하지 않는다.

60 혜근慧懃·불감佛鑑·불감혜근佛鑒慧懃·불감佛鑿·불감근佛鑑懃·태평혜근太平慧懃·근공懃公 등으로 불린다.

61 여기서는 대혜종고로 이어지는 법맥은 기술하지 않는다.

62 응암담화應菴曇華·천동담화天童曇華·응암화應庵華·천동화天童華 등으로 불린다.

63 밀암함걸密菴咸傑·밀암걸密庵傑·천동함걸天童咸傑·천동걸天童傑·천동밀암天童密菴·함걸感傑·조거烏巨 등으로 불린다.

64 송원숭악松源崇嶽·운은악雲隱嶽·송원악松源嶽·영은악靈隱嶽·송원松源·숭악崇嶽·종악宗岳 등으로 불린다.

65 무득無得·무득각통無得覺通·무애無礙·무득통無得通·무애통無礙通 등으로 불린다.

66 허주보도虛舟普度·허주虛舟·허주도虛舟度·영은靈隱 등으로 불린다.

보도는 경산徑山의 호암정복(虎巖伏)[67]에게 전하였다.

천목제天目齊는 여주화汝州和[68]에게 전하고, 여주화는 죽림보竹林寶에게 전하고, 죽림보는 죽림안竹林安에게 전하고, 죽림안은 죽림해竹林海[69]에게 전하였다. 죽림해는 경수장慶壽璋[70]·백간일白澗一·귀운선歸雲宣에게 전하였다.

귀운선은 평산량平山亮에게 전하고, 백간일은 충허방冲虛昉·나목귀懶牧歸에게 전하였다.

경수장은 해운海雲 대종사大宗師 죽림이竹林彛에게 전하고, 죽림이는 용화혜龍華惠에게 전하였다.

해운은 가암랑可菴朗·용궁옥龍宮玉·이암현頤菴儇에게 전하였다.

가암랑은 태부太傅[71] 유문정공劉文貞公[72]·경수만慶壽滿에게 전하고, 용궁옥은 대명해大名海에게 전하고, 이암현은 경수안慶壽安에게 전하였다.

❀

琅琊覺傳泐潭月 月傳毘陵眞 眞傳白水白 白傳天寧黨 黨傳慈照純 純

---

67 호암정복虎岩淨伏·호암복虎岩伏·경산호암정복徑山虎岩淨伏·경산복徑山伏·호암휴虎巖伏·호암虎岩 등으로 불린다.

68 난우화嬾牛和라고도 한다.

69 용암해容庵海라고도 불린다.

70 중화장中和璋·중화노인中和老人이라고도 불린다.

71 태부太傅는 관직명을 뜻한다.

72 유간劉侃·유중회劉仲晦·장춘산인藏春散人·조국공趙國公·유문정劉文貞·문정文正·상산왕常山王·유자총釋子聰·승자총僧子聰 등으로 불린다.

傳鄭州寶 寶傳竹林藏 慶壽亨 少林鑑 慶壽亨傳東平汴 大原昭. 少林鑑
傳法王通 通傳安閑覺 覺傳南京智 西菴贇. 南京智傳壽峯湛 西菴贇傳
雪堂仁 雪堂乃臨濟十八世孫也. 莫不門庭孤峻 機辯縱橫 俱是克家子
孫 燈燈續焰 直至如今 可謂源淸流長 此之謂也.

낭야혜각은 늑담효월(泐潭月)[73]에게 전하고, 효월은 비릉진毘陵眞에게
전하고, 비릉진은 백수백白水白에게 전하고, 백수백은 천령당天寧黨에
게 전하고, 천령당은 자명순慈照純에게 전하고, 자명순은 정주보鄭州寶
에게 전하고, 정주보는 죽림장竹林藏·경수형慶壽亨·소림감少林鑑에
게 전하였다.

경수형은 동평변東平汴·태원소大原昭에게 전하였고, 소림감은 법
왕통法王通에게 전하였다.

법왕통은 안한각安閑覺에게 전하고, 안한각은 남경지南京智·서암
윤西菴贇에게 전하였다.

남경지는 수봉담壽峯湛에게 전하고, 서암윤은 설당인雪堂仁에게 전
하였으니, 설당이 바로 임제 18대 손이다.

(모두) 문정門庭에 고준하지 않은 자가 없고, 기변이 자유자재하였
으며, 모두 집안을 달 다스린 자손들이었다. 등과 등이 불꽃을 이어
지금에 이르렀으니, '근원은 맑고 흐름은 장구하다(源淸流長)'는 것은
이것을 말함이다.

---

73 축경쓰卿·늑담효월泐潭曉月·월공회月公晦·공회公晦·늑담월泐潭月 등으로 불린
다. 여기서부터는 임제종의 방계라 할 수 있다.

❀

雪堂禪師乃吾三世祖. 囑子爲序 率爾書之. 腦後見腮 頂門具眼者 大
發一笑 開泰退堂. 襲祖第二十世孫 五峯普秀 齋沐焚香拜書.

설당 선사께서는 나의 3대조이시다. 서문을 쓸 것을 분부하셔서 급작스
럽게[74] 쓰게 되었다.

    "머리 뒤로 뺨이 보이고
    정수리에 눈을 갖춘 자는
    한 번 크게 웃고
    문을 열고 승당에서 나갈 것이다."

                  조사를 이은(襲祖)[75] 제20세 손, 오봉 보수가
                       목욕하고 향 사루어 절하고 씀

---

74 率爾(솔이): 급작스러움.

75 襲(엄습할 습): 잇다. 물려받다.

I. 상당上堂

1. 왕상시의 청법

府主王常侍與諸官 請師升座. 師上堂云 "山僧今日 事不獲已 曲順人
情 方登此座. 若約祖宗門下 稱揚大事 直是開口不得 無爾措足處.
山僧此日 以常侍堅請 那隱綱宗. 還有作家戰將 直下展陣開旗麼. 對
衆證據看."

※ 升(승)은 陞(오를 승)과 同字.
※ 曲(굽을 곡): 굽다. 도리에 맞지 않다. 불합리하다. 정직하지 않다.
※ 稱揚(칭양) = 稱讚(칭찬): 찬양하다. 칭찬하다.

부주[1] 왕상시王常侍가[2] 여러 관원들과 함께 선사께 법좌에 오르기를

---

1 부주府主는 지방 장관에 대한 일상적인 호칭(부의 우두머리라는 뜻)으로, 공식적인
  관직 명칭은 아니다.
  당나라의 행정구역은 형식적으로는 전국을 도(태종, 10도 / 이후 15도)로 구분했고,
  실질적으로는 주(州, 책임: 자사刺史)·현(縣, 책임: 현령縣令)을 두었다. 부府는 도독
  부(都督府, 군사행정기구)를 뜻하는데, 이는 변방지역이나 중요한 지역에 설치한
  주州보다 상위 개념의 관청이다. 본래는 군사적 성격이 강했는데, 이후 소재지의
  자사를 겸하여 행정권까지도 장악하였다. 여기서의 부는 하북도河北道에 위치한

청하였다.

선사가 상당上堂[3]해서 말했다.

"산승[4]은 오늘 부득이 도리에 맞지는 않지만, 인정에 따라[5] 이 자리에

성덕부成德府를 뜻한다. 성덕부는 하북도의 주요한 세 곳, 범양(范陽, 유주幽州, 현 북경)·천웅(天雄, 대명부大名府 또는 天雄軍이라고도 함, 현 한탄시邯鄲市 대명현大名縣, 역사서에 이곳을 북경이라 불렀음)·성덕(成德, 항주恒州에 속함, 지금의 석가장시石家莊市─정정현正定縣)을 말한다. 이 세 곳을 하북삼진河北三鎭이라고 한다.

2 당나라 중앙기구는 중서성(안건 기안)·문하성(안건 심의)·상서성(행정 집행)으로 이루어졌는데, 상서성 아래 6부·9시·5감을 두었다. 상시常侍는 바로 상서성에 속하는 관직이다.

부주 왕상시는 왕 씨 성을 갖은 중앙 정부의 상시常侍이면서 하북 일대의 군사 기구 중 하나인 성덕부의 도독(절도사)을 겸하던 사람을 말한다. 하북의 3부(하북 삼진)를 모두 관장하였다고 할 수도 있다.

한편, 대중大中 12년(858)부터 함통咸通 7년(866)까지 성덕부의 절도사로 왕소의 王紹懿라는 사람이 있었다는 주장도 있다. (원택 정리, 『성철스님의 임제록 평석』, p.97, 2018, 장경각 / 정성본 역주, 『임제어록』, p.23, 2003, 한국선문화연구원)

3 상당上堂: 두 종류가 있다. 첫째는 법당에 오르는 것이니, 법을 연설하기 위해 법당에 오르는 것이다. 여기에는 단망상당(旦望上堂, 초하루와 보름날)·오참상당(五參上堂, 매월 음력 5일마다 설법하는 것. 5일, 10일, 20일, 25일)·구참상당(九參上堂, 매월 음력 3일마다 설법하는 것, 대략 월 9회) 등이 있으며, (이 외에도) 사병불상당謝秉拂上堂·사도사상당謝都寺上堂·출대상당出隊上堂·출향상당出鄕上堂 등이 있다. 둘째는 승당에 오르는 것이니, 죽과 밥(아침, 점심)을 먹기 위해 승당에 오르는 것이다. (上堂有二種 一上法堂 爲演法而上法堂也 此有旦望上堂 五參上堂 九參上堂 謝秉拂上堂 謝都寺上堂 出隊上堂 出鄕上堂等. 二上僧堂 爲喫粥飯而上僧堂也, 정복보, 『불학대사전佛學大辭典』)

4 산승山僧은 승려가 자신을 칭하는 대명사로 겸손의 말이다. (僧侶自稱之代名詞乃謙遜之語, 전게서)

올랐다. 만약 조종문하(祖宗門下, 조사의 문중)에 근거하여 대사(大事,
일대사인연)⁶를 찬탄한다면, 바로 (지금) 입을 열 수도 없고, 그대들이
발을 둘 곳도 없다.

　(하지만) 산승은 오늘 상시가 간곡하게 청하니, 어찌 강종(綱宗,
근본종지)을 숨기겠는가! 바로 이 자리에 진을 치고 깃발을 세워 법전法
戰을 펼쳐 볼 작가⁷(전장)이 있는가? (있으면 나와서) 대중에게 증명해
보라!"

❀

僧問 "如何是佛法大意" 師便喝 僧禮拜. 師云 "這箇師僧 却堪持論"

어떤 스님이 (대중 가운데서 나와) 물었다.
　"어떤 것이 불법의 대의입니까?"
　선사가 바로 "할(喝)!"⁸ 했다.

---

5 '事不獲已 曲順人情'은 앞의 註3, 상당의 규정을 통해 오늘의 상당이 법도에는
　맞지 않지만 부득이 올랐다는 뜻으로 이해하였다.

6 대사大事는 일대사인연一大事因緣을 뜻한다. 관련해서 아래 【참조】 1을 살펴보기
　바란다.

7 작가作家: 선종의 대단한 기용이 있는 사람을 칭한다(禪宗大有機用者之稱, 전게서).
　원래의 뜻은 시문을 잘 짓는 사람을 뜻하는데, 참선하는 이들 또한 시문으로
　선의 종지를 거양하거나, 스님이 되어 진실의眞實義를 체득하고 선교로 중생을
　잘 제도하면 또한 작가라고 칭한다. (原意指善作詩文者 禪者亦以詩文擧揚禪旨 爲師者
　若體得眞實義 能善巧度衆者 亦稱爲作家, 『불광대사전佛光大辭典』)

8 '할(喝)'과 관련해서 아래 【참조】 2를 살펴보기 바란다. 역자는 본 어록에서
　전하는 할(喝)은 모두 "할!"로 표기하였다.

(그러자) 스님이 절을 했다.

선사가 말했다.

"이 스님과는 논의를 해볼 만하구나."

🌸

問 "師唱誰家曲 宗風嗣阿誰" 師云 "我在黃檗處 三度發問 三度被打"
僧擬議. 師便喝. 隨後打云 "不可向虛空裏釘橛去也"

※誰家(수가): (조기백화) 누구. 어떤 사람.

물었다.[9]

"선사께서는 누구의 노래를 부르며, 종풍은 누구를 이으셨습니까?"

선사가 말했다.

"나는 황벽의 처소에 있을 때, 세 번 묻고 세 번 맞았다."[10]

---

9 물음의 주체를 ①앞에서 불법의 대의를 물었던 스님, ②상당 법문을 듣고 있던 또 다른 스님으로 나누어 생각해 볼 수 있다.

10 황벽희운(黃檗希運, ?~850): 당唐의 승려. 복건성福建省 복주福州 출신. 임제 의현의 스승. 복주 황벽산에 출가하고, 백장회해(百丈懷海, 749~814)에게 사사師事하여 그의 법을 이어받음. 강서성江西省 홍주洪州 대안사大安寺와 홍주 고안현高安縣 황벽산黃檗山에 머무름. 842년에 배휴(裴休, 797~870)가 강서성 종릉鍾陵 관찰사로 부임했을 때 그를 용흥사龍興寺에 모시고, 848년에 안휘성安徽省 완릉宛陵에 부임해서는 능양산陵陽山 개원사開元寺에 모시고 조석으로 그의 가르침을 받았는데, 그 가르침을 기록한 것이 『전심법요傳心法要』와 『완릉록宛陵錄』임. 시호는 단제선사斷際禪師. (곽철환 저, 『시공 불교사전』, 2003. 시공사)

임제 선사의 계보는 다음과 같다.

① 육조혜능(六祖慧能, 638~713) → ② 남악회양(南嶽懷讓, 677~744) → ③ 마조도일(馬祖道一, 709~788) → ④ 백장회해(百丈懷海, 720 또는 749~814) → ⑤ 황벽희운(黃蘗希運, ?~850) → ⑥ 임제의현(臨濟義玄, ?~867)

	선사	동시대 주요 선사
①	육조혜능	대통신수(大通神秀, 606, ?~706)
②	남악회양	청원행사(青原行思, 671~738) 영가현각(永嘉玄覺, 665~713)
③	마조도일	석두희천(石頭希遷, 700~790)
④	백장회해	남전보원(南泉普願, 748~834) 약산유엄(藥山惟儼, 745~828)
⑤	황벽희운	위산영우(溈山靈祐, 771~853) 조주종심(趙州從諗, 778~897)
⑥	임제의현	앙산혜적(仰山慧寂, 807~883) 덕산선감(德山宣鑑, 782~865)

※ 조주종심의 경우는 ⑤와 ⑥을 함께한다.
※ ⑥의 경우 조동종의 동산양개(洞山良价, 807~869)도 함께한다.

'三度發問 三度被打(삼도발문 삼도피타)'에 관한 내용은 상당 '5. 임제호지'와 행록 '1. 대오 인연' 편에서 전하고 있으니 살펴보기 바란다. 참고로 선문염송집, 조당집, 전등록에서는 다음과 같이 전한다.

① 선문염송집 제16권(N.614)

臨濟示衆云 "我於先師處 三度問佛法的的大義 三度喫六十棒 如蒿枝子拂相似. 如今更思一頓喫 誰爲吾下手" 時有僧出衆云 "某甲下手" 師拈棒與僧 僧擬接 師便打.

임제가 대중에게 말했다.

"내가 선사(황벽)가 계신 곳에서 세 번 불법의 분명하고 분명한 대의를 묻고 세 번 60방을 맞았었는데, 쑥대로 쓰다듬는 것 같았다. 지금 다시 한 번 맞고 싶은데, 누가 나를 위해 해주겠는가?"

그때 어떤 스님이 대중 가운데서 나와 말했다.

"제가 하겠습니다."

스님이 머뭇거렸다.[11]

(그러자) 선사가 바로 "할!" 했다.

그리고는 이어서 바로 (주장자로 선상을 내리) 치고, 말했다.

"허공에다 말뚝을 박아서는 안 된다."[12]

선사가 방망이를 들어 그 스님에게 건네주자, 스님이 받으려고 하였다. (그러자) 선사가 바로 쳤다.

②조당집 제19권에서는 삼도발문 삼도피타와 관련한 내용은 없고, 임제·황벽· 대우의 만남 자체를 달리 전한다(부록, '1. 조당집에서는 전하는 임제 선사' 편을 참조하기 바란다).

③전등록 제12권에서는 다음과 같이 전한다.

師上堂云 "大衆 夫爲法者 不避喪身失命. 我於黃蘗和尙處 三度喫棒 如蒿枝拂相似. 如今更思一頓喫 誰爲我下得手" 時有僧曰 "某甲下得手 和尙合喫多少" 師與拄杖 其僧擬接 師便打. (번역은 부록 '2. 전등록에서 전하는 임제 의현 선사' 편을 참조하기 바란다.)

11 선가의 문답은 잠시의 멈춤도 있어서는 안 된다. 왜냐하면 사량분별로 답을 하는 것이 아니기 때문이다. 그래서 '의의擬議'는 머뭇거림으로 번역하였다. (이하 모두 동일하게 번역하였다)

12 참고로 "허공에다 말뚝을 박아서는 안 된다"는 말은 전등록 제10권, '악주鄂州 수유茱萸 화상和尙' 편에서도 보이는데, 다음과 같다.

金輪可觀和尙問 "如何是道" 師云 "莫向虛空裏釘橛" 觀云 "虛空是橛" 師乃打之 觀捉住云 "莫打某甲 已後錯打人在" 師便休(雲居錫云 "此人具眼不具眼 因什麼 著打")

금륜가관 화상이 물었다. "어떤 것이 도입니까?"

수유가 말했다. "허공에 말뚝을 박지 말라."

가관이 말했다. "허공이 말뚝입니다."

❁

有座主問 "三乘十二分敎 豈不是明佛性" 師云 "荒草不曾鋤" 主云 "佛豈
賺人也" 師云 "佛在什麽處" 主無語. 師云 "對常侍前 擬瞞老僧 速退速
退 妨他別人諸問"

※鋤(호미 서) : 호미. 김매다. 없애다, 없애버리다. 어긋나다.
※荒草(황초) : 잡초. 야초. 거칠게 자라서 무성한 풀.
※밑줄 친 부분의 諸問은 '請問(청문)'의 誤字다.

어떤 좌주[13]가 물었다.

"3승12분교[14]가 어찌 불성佛性을 밝힌 것이 아니겠습니까?"

선사가 말했다.

"거친 풀밭에 호미질을 해 본 적이 없다."

좌주가 말했다.

"부처님께서 어찌 사람을 속이셨겠습니까?"

수유가 이내 치자, 가관이 잡고 말했다. "저를 치지 마십시오. 이후에 사람을
잘못 치게 됩니다."

수유가 바로 쉬었다(=그만두었다).

〔운거석이 말했다.

"이 사람이 안목을 갖추었는가, 갖추지 못하였는가? 어째서 맞은 것인가?〕

13 좌주座主와 관련해서는 아래 【참조】 3을 살펴보기 바란다.

14 3승은 성문승·연각승·보살승을 말하고, 12부경은 경전의 내용과 형식을 12가지
로 나눈 것을 뜻한다. 선종에서는 통상 3승12분교를 경전의 말씀, 즉 석존의
일대교설이라고 한다.

선사가 말했다.

"부처가 어디에 있지?"

좌주가 말이 없었다.

선사가 말했다.

"상시 앞에서 노승을 속이려는 것이냐? 빨리 물러나라, 빨리 물러나!
다른 사람들이 묻는 데 방해된다."

❀

復云"此日法筵爲一大事故 更有問話者麼. 速致問來. 爾纔開口 早勿
交涉也. 何以如此. 不見 釋尊云'法離文字 不屬因不在緣故'爲爾信不
及 所以今日葛藤. 恐滯常侍與諸官員 昧他佛性. 不如且退"喝一喝云
"少信根人 終無了日""久立珍重"

※法筵(법연): 예식을 갖추고 임금이 신하를 만나보는 자리. 부처 앞에 절하는
  자리. 불도를 설하는 자리. 법좌. 법석.

(그리고는 이어서) 또 말했다.

"오늘 법연(法筵, 법회)은 일대사一大事를 위한 것이니, 또 물을 사람
이 있는가? (있으면) 빨리 나와 물어라! (하지만) 그대들이 입을
열자마자 이미 관계없게 된다.[15] 어째서 그러한가?

보지 못했는가!

---

15 물교섭勿交涉=몰교섭沒交涉: 말과 뜻하는 것이 서로 관계가 없는 것, 앞사람의
  말을 부정하는 말. (言與所義不相干 否定前人之語之謂也, 전게서)

석존께서 이르시기를 '법은 문자를 떠났고, (또한 법은) 인因에 속하지도 않고 연緣에 있는 것도 아니기 때문이다'[16]고 하였던 것을!

그대들의 믿음이 미치지 못하였기 때문에,[17] 그래서 오늘 이러쿵저러쿵 말(葛藤)[18]을 하고 있는 것이다.

상시와 여러 관원들을 얽매이고, 불성을 어둡게 할까 걱정스럽구나! 물러나는 것만 못하다."

"할!"

그리고는, (계속해서) 말했다.

"믿음의 뿌리가 약한 사람은

---

16 '法離文字 不屬因不在緣故'에 관해서는 아래 【참조】 4를 살펴보기 바란다.
17 '信不及'은 단순히 믿음이 부족하다는 뜻이 아니다. 불법에 대한 믿음이고, 나아가 자기 자신이 본래 부처라는 믿음을 뜻한다.
18 전심법요에 다음과 같이 전한다.
   問 "如何是世諦" 師云 "說葛藤作什麼. 本來淸淨 何假言說問答. 但無一切心 卽名無漏智 汝每日行住坐臥一切言語 但莫著有爲法. 出言瞬目 盡同無漏.
   물었다.
   "어떤 것이 세속의 진리입니까?"
   황벽이 말했다.
   "언어문자(葛藤)를 해서 뭘 하려는가? 본래 청정하거늘, 어찌 말을 빌려 문답을 하려는 것인가? 다만 일체의 마음이 없으면 곧 무루지無漏智라고 이름하니, 그대는 매일 행주좌와와 일체의 말에서 다만 유위법에 집착하지 말라! 말을 하고 눈을 깜짝이는 것, 모두 무루無漏와 같은 것이다.

끝내 (일대사를) 마칠 날이 없다."[19]

"오랫동안 서 있느라 수고들 했다."[20]

---

19 광등록에서는 끝부분을 "~不如且退. 少信根人 終無了日. 喝一喝 便下座"로
전한다.

믿음(信)과 관련해서 『대방광불화엄경(大方廣佛華嚴經, 이하 화엄경, 80권 본)』
「현수품賢首品」에 다음과 같이 전한다.

信爲道元功德母　　믿음은 도의 으뜸이고, 공덕의 어머니이다.

長養一切諸善法　　일체의 모든 선법을 기르고,

斷除疑網出愛流　　의심의 그물을 끊고 삼독의 흐름에서 나오게 하며,

開示涅槃無上道　　열반과 무상도를 열어 보인다.

참고로 신근信根은 5근五根 가운데 하나이다.

①신근信根: 부처의 가르침을 믿음.

②정진근精進根: 힘써 수행함.

③염근念根: 부처의 가르침을 명심하여 마음 챙김.

④정근定根: 마음을 한곳에 모아 흐트러지지 않게 함.

⑤혜근慧根: 부처의 가르침을 꿰뚫어 봄.

이 오근의 구체적인 활동을 오력五力이라 함. (시공 불교사전)

20 진중珍重: 자중자애를 권하는 말.

『승사략僧史略』에 이르기를 "작별인사를 하고 떠날 때 진중이라고 하는 것은
무엇인가? 이는 바로 서로 만나서 마칠 때 정이 이미 통해 당부하는 말로,
진중하는 것은 선가보중善加保重·청가자애請加自愛·호장식好將息·의보석宜保
惜과 같은 말이다"고 하였다.

『석씨요람釋氏要覽』에 이르기를 "석씨(스님)들이 만나서 헤어질 때 진중이라고
하는 것은 여기 지방 풍속의 안치安置라고 말하는 것과 같다. 진중이라고 말하는
것은 당부하여 말하기를 '선가보중(몸조심하기를)'이라고 하는 것이다"고 하였
다. (勸自重自愛之詞也 僧史略曰 "臨去辭曰珍重者何 此則相見旣畢情意已通 囑曰珍重猶

言善加保重 請加自愛 好將息 宜保惜 同也"釋氏要覽中曰"釋氏相見將退 卽口云珍重
如此方俗云安置也 言珍重卽是囑云善加保重也", 전게서)

【참조】

1. 일대사인연一大事因緣

『묘법연화경妙法蓮華經』(이하 법화경) 제1권, 「방편품方便品」에 다음과 같이 전
한다.

佛告舍利弗 "如是妙法 諸佛如來 時乃說之 如優曇鉢華 時一現耳. 舍利弗 汝等
當信 佛之所說 言不虛妄. 舍利弗 諸佛隨宜說法 意趣難解 所以者何 我以無數方
便 種種因緣 譬喻言辭演說諸法. 是法非思量分別之所能解 唯有諸佛 乃能知之.
所以者何 諸佛世尊 唯以一大事因緣 故出現於世.

부처님께서 사리불에게 말씀하셨다.

"이와 같은 묘법妙法은 제불여래가 때가 이르러야 설하는 것으로, 마치 우담바
라꽃이 때가 되어야 한 번 드러내는 것과 같다.

사리불아! 그대들은 부처가 설한 것(佛之所說)을 믿어야 하느니, 말한 것이
허망하지 않기 때문이다.

사리불아! 모든 부처의 수의설법隨宜說法은 뜻을 이해하기 어렵다. 왜냐하면
내가 헤아릴 수 없이 많은 방편과 갖가지 인연과 비유의 말로 모든 법을 연설하였
기 때문이다. 이 법은 사량분별로 이해할 수 있는 것이 아니고, 오직 모든
부처님들만이 능히 아는 것이다. 왜냐하면 제불세존은 오직 일대사인연一大事因
緣 때문에 세상에 출현하시기 때문이다.

舍利弗 云何名諸佛世尊 唯以一大事因緣故 出現於世. 諸佛世尊 欲令衆生 開佛
知見 使得淸淨故 出現於世 欲示衆生 佛之知見故 出現於世 欲令衆生 悟佛知見
故 出現於世 欲令衆生 入佛知見道故 出現於世. 舍利弗 是爲諸佛 以一大事因緣
故 出現於世."

사리불아! 어째서 제불세존은 오직 일대사인연 때문에 세상에 출현한다고

말하는 것인가? 제불세존은 중생들로 하여금 불지견佛知見을 열어(開) 청정淸淨을 얻도록 하려는 이유로 세상에 출현하는 것이고, 중생들에게 불지견을 보이려는(示) 까닭에 세상에 출현하는 것이며, 중생들로 하여금 불지견을 깨닫게(悟) 하려는 이유로 세상에 출현하는 것이고, 중생들로 하여금 불지견의 도(佛知見道)에 들게(入) 하려는 이유로 세상에 출현하는 것이다.

사리불아! 이것을 모든 부처님들이 일대사인연 때문에 세상에 출현하신다고 하는 것이다."

佛告舍利弗 "諸佛如來 但敎化菩薩 諸有所作 常爲一事 唯以佛之知見 示悟衆生. 舍利弗 如來 但以一佛乘故 爲衆生說法 無有餘乘 若二若三. 舍利弗 一切十方諸佛 法亦如是."

부처님께서 사리불에게 말씀하셨다.

"제불여래가 다만 보살을 교화하면서 짓는 모든 것은 항상 하나의 일(一事, 일대사인연)을 위한 것이고, 오직 부처의 지견(佛之知見)으로 중생에게 보여서 깨닫게 하는 것이다.

사리불아! 여래는 다만 일불승一佛乘 때문에 중생을 위해 법을 설하는 것이지, 나머지 이승(二, 성문과 연각)이나 삼승(三, 성문과 연각과 보살)을 위한 것은 없다. 사리불아! 일체 시방의 모든 부처님 법 또한 이와 같다."

2. 할(喝)

선림의 용어. 꾸짖는 소리를 가리킨다. 당대 이후 선사들이 항상 대할(大喝, 큰 소리로 꾸짖음)로써 학인의 잘못된 견해와 삿된 집착을 깨뜨리거나, 언어와 사유로 미치지 못하는 경계를 일으켰다. 『고존숙어록古尊宿語錄』 제1권에 따르면, 백장百丈은 일찍이 마조대적馬祖大寂 선사에게 일할(一喝)을 받았는데, 그때 쓴 것이 할의 기원이라고도 한다. 그 후에 백장이 제창하고, 황벽黃蘗이 그 기용機用을 받아 방(棒, 주장자로 침)을 하고, 임제는 방과 할을 함께 썼다. 임제록 감변勘辨에 실려 있는 것에 따르면, "어떤 때는 일할이 금강왕보검과 같고(명상과 언구의 집착과 매임을 끊어버린다), 어떤 때는 일할이 두 발을 버티고 앉아 있는 금모사자와 같으며(낮은 근기와 좁은 소견을 깨뜨린다), 어떤 때는 일할이 탐간·영초와 같고(학인을 시험해 바로잡거나 스승을 감변한다), 어떤 때는 일할이 일할의 작용을 하지 않는다(일체를 거두어들이고, 여러 가지 작용과 작용하지 않는 향상의 일할을 모두 갖고 있는 것을 가리킨다)"고 하였다. 이것이 소위 임제사할(臨濟四喝)이다. 하지만 단지 그 작용을 모르고 할을 하면, 그것을 호할난할(胡喝亂喝)이라고 한다.〔禪林用語. 指叱咤之聲音. 唐代以後 禪師常以大喝 破除學人之謬見邪執 或發於言語思慮所不及之際. 據古尊宿語錄卷一載 百丈曾受馬祖大寂禪師一喝 或卽爲用 喝之起源. 其後百丈唱之 黃檗受其機用而行棒 臨濟則棒喝並用. 據臨濟錄勘辨載 臨濟之喝有四種作用 有時一喝如金剛王寶劍 (截破名相言句之執著拘泥) 有時一喝如踞地金毛獅子 (破小機小見) 有時一喝如探竿影草 (驗定學人或勘辨師家) 有時一喝則不作一喝用(指收歸一切 具有各種作用而未作用之向上一喝) 此卽所謂 臨濟四喝. 但若不知其用而喝 則稱爲 胡喝亂喝. 불광대사전〕

참고로 "할!"의 기원과 관련한 마조와 백장의 이야기는 다음과 같다.

百丈再參馬祖 祖豎起拂子. 師云 "卽此用 離此用" 祖挂拂子於舊處. 師良久 祖云 "你已後開兩片皮 將何爲人" 師遂取拂子豎起 祖云 "卽此用 離此用" 師亦挂拂子於舊處. 祖便喝. 師直得三日耳聾. (後黃檗到百丈 一日辭欲禮拜馬祖去. 丈云 "馬祖已遷化也" 檗云 "未審馬祖有何言句" 丈遂擧再參因緣云 "我當時被馬祖一喝直得三日耳聾" 黃檗聞擧不覺吐舌 丈云 "子已後莫承嗣馬祖否" 檗云 "不然 今日因師擧得見馬祖大機之用 且不識馬祖 若嗣馬祖 已後喪我兒孫")

백장이 마조를 두 번째 참례하자, 마조가 불자拂子를 세웠다.
선사(백장)가 말했다.
"이것은 용입니까, 용을 떠난 것입니까?"
마조가 불자를 원래 자리에 걸어두었다.
선사가 양구良久하자, 마조가 말했다.
"너는 이후에 두 입술을 나불거리며 뭘 가지고 사람을 위할 것인가?"
선사가 즉시 불자를 손에 쥐고 세웠다.
(그러자) 마조가 말했다.

"이것은 용인가, 용을 떠난 것인가?"

선사가 불자를 원래 자리에 걸어두었다.

마조가 바로 "할(喝)!" 했다.

(이로부터) 선사가 3일 동안 귀가 먹었다(三日耳聾).

〔후에 황벽黃檗이 백장에 이르렀는데, 하루는 하직인사를 하며 마조에게 인사드리러 간다고 하자, 백장이 말했다.

"마조께서는 이미 천화遷化하셨다."

황벽이 말했다.

"마조께서 무슨 말씀이 있으셨는지 잘 모르겠습니다."

백장이 두 번째 참례했던 인연(再參因緣)을 거론해 주고는, 말했다.

"나는 당시에 마조의 일할(一喝)에 3일 동안 귀가 먹었다."

황벽이 거론한 것을 듣고, 자기도 모르게 혀를 내밀었다.

백장이 말했다.

"그대는 이후 마조의 법을 잇는 것이 아니겠는가?"

황벽이 말했다.

"그렇지 않습니다. 선사께서 거론해 주신 것으로 인해 마조의 대기의 용을 보았지만, 마조를 모릅니다. 만약 마조를 잇는다면 이후 저의 자손을 잃을 것입니다."〕 (졸역, 『마조어록 역주』, pp.221~223, 2019, 운주사)

3. 좌주座主

가. 불학대사전(정복보)

(職位) 大衆一座之主也. 如言上座首座. 禪家云住持 教家云座主. 爲大衆一座之主 統理一山者 如天台山修禪寺座主道邃是也. 又由禪家名教家皆曰座主. 釋氏要覽上曰 "摭言曰 有司謂之座主 今釋氏取學解優瞻穎拔者名座主 謂一座之主. 古高僧呼講者爲高座 或是高座之主"

(직위) 대중 가운데 일좌의 주인으로, 예를 들면 상좌 가운데 맨 윗자리를 말한다. 선가에서는 주지住持라고 하고, 교가에서는 좌주座主라고 한다. 대중 가운데 일좌의 주인이기 때문에 한 산(一山)을 거느리고 다스리는데, 예를

들면 '천태산天台山 수선사修禪寺 좌주 도수道邃'가 그 예다.

또 선가로 말미암아 교가를 모두 좌주라고도 한다. 석씨요람 상권에 이르기를 "습득한 것에서 말하기를 유사有司를 좌주라고 하는데, 지금 석씨는 배움에 대한 이해가 뛰어나고 풍부하며 빠르고 빼어난 자를 좌주라고 하고, 일좌의 주인(一座之主)이라고 한다. 옛날 고승의 호칭을 고좌高座라고 하기도 하고, 고좌의 주인(高座之主)이라고도 한다"고 하였다.

나. 불광대사전

一卽一座之中 學德兼具 堪作座中之上首者 或指一山之指導住持者. 二禪林用語 又稱坐主 禪林中 每稱從遠方來參問之講經僧爲座主. 景德傳燈錄卷六江西道一禪師章 有一講僧來問云 "未審禪宗傳持何法" 師卻問云 "坐主傳持何法"

첫째는 대중(一座) 가운데 학덕을 겸비해서 대중 가운데 상수上首를 감당할 수 있는 사람이나, 혹은 한 산(一山)을 지도하며 주지하는 사람을 가리키기도 한다. 둘째는 선림의 용어로 역시 좌주라고도 칭하는데, 선림에서는 매번 멀리서 참례하러 와서 묻는 경전을 강의하는 승려를 칭한다. 전등록 권6, 강서도일 선사 장에서는, "어떤 강승(경전을 강의하는 스님)이 와서 묻기를 '선종에서는 어떤 법을 전하는지 잘 모르겠습니다'라고 하자, 마조가 도리어 묻기를 '좌주는 무슨 법을 전하는가?'라고 하였다"고 한다.

4. '법리문자 불속인부재인연고法離文字 不屬因不在緣故'

『유마힐소설경維摩詰所說經』(이하 유마경) 제3, 「제자품弟子品」에 다음과 같이 전한다.

佛告大目犍連 "汝行詣維摩詰問疾" 目連白佛言 "世尊 我不堪任 詣彼問疾. 所以者何 憶念我昔入毘耶離大城 於里巷中 爲諸居士說法. 時維摩詰 來謂我言 '唯大目連 爲白衣居士說法 不當如仁者所說. 夫說法者 當如法說.

부처님께서 대목건련大目犍連에게 말씀하셨다.

"그대가 유마힐에게 가서 문병을 하라!"

목련目連이 부처님께 말씀드렸다.

"세존이시여! 저는 그에게 가서 문병하는 일을 감당할 수 없습니다. 왜냐하면 제가 지난날 비야리 대성에 들어가 마을의 거리에서 여러 거사들을 위해 설법을 하던 것이 기억났기 때문입니다. 그때 유마힐이 와서 제게 말했습니다. 「대목련이여! 백의거사白衣居士를 위해 설법하는 것은 그대가 설하는 것처럼 해서는 안 됩니다. 무릇 설법說法이라는 것은 여법如法하게 설해야 합니다.

法無衆生 離衆生垢故. 法無有我 離我垢故. 法無壽命 離生死故. 法無有人 前後 際斷故. 法常寂然 滅諸相故. 法離於相 無所緣故. 法無名字 言語斷故. 法無有說 離覺觀故. 法無形相 如虛空故. 法無戲論 畢竟空故. 法無我所 離我所故.

①법에는 중생이 없으니 중생의 때(垢)를 떠났기 때문입니다. ②법에는 아我가 없으니 아의 때(我垢)를 떠났기 때문입니다. ③법에는 수명壽命이 없으니 생사 生死를 떠났기 때문입니다. ④법에는 인人이 없으니 전제前際와 후제後際가 끊어졌기 때문입니다. ⑤법은 항상 고요하니(法常寂然) 모든 상(諸相)을 떠났기 때문입니다. ⑥법은 상相을 여의었으니 인연되는 것(所緣)이 없기 때문입니다. ⑦법에는 이름(名字)이 없으니 언어言語가 끊어졌기 때문입니다. ⑧법에는 설함(有說)이 없으니 각관(覺觀, 의식)을 떠났기 때문입니다. ⑨법에는 형상形相 이 없으니 마치 허공虛空과 같기 때문입니다. ⑩법에는 희론戲論이 없으니 필경공畢竟空이기 때문입니다. ⑪법에는 내 것(我所)이 없으니 내 것(我所)을 떠났기 때문입니다.

法無分別 離諸識故. 法無有比 無相待故. 法不屬因 不在緣故. 法同法性 入諸法 故. 法隨於如 無所隨故. 法住實際 諸邊不動故. 法無動搖 不依六塵故. 法無去來 常不住故. 法順空 隨無相 應無作 法離好醜 法無增損 法無生滅 法無所歸 法過眼 耳鼻舌身心 法無高下 法常住不動 法離一切觀行.

⑫법에는 분별이 없으니 모든 앎(諸識)을 떠났기 때문입니다. ⑬법에는 비교할 것이 없으니 상대相待가 없기 때문입니다. ⑭법은 인因에 속하는 것도 아니고

연緣에 있지도 않기 때문입니다. ⑮법(법상法相)은 법성法性과 같으니 모든 법(諸法)에 들어가기 때문입니다. ⑯법은 여如를 따르니 따르는 것(所隨)이 없기 때문입니다. ⑰법은 실제實際에 머무니 제변(諸邊, 유무 등의 양변)에 흔들리지 않기 때문입니다. ⑱법에는 동요動搖가 없으니 6진六塵을 의지하지 않기 때문입니다. ⑲법에는 오고 감(去來)이 없으니, 항상 머물지 않기(不住) 때문입니다. ⑳법은 공空을 따르고 무상無相을 따르면서도 마땅히 지음이 없기에 법은 아름다움과 추함(好醜)을 여의었습니다. 법에는 더함과 덜함(增損)이 없고, 법에는 생멸生滅이 없으며, 법에는 돌아갈 곳(所歸)이 없고, 법은 안이비설신의(眼耳鼻舌身心)를 넘어섰으며, 법에는 높고 낮음(高下)이 없고, 법은 항상 움직이지 않고, 법은 일체의 관행觀行을 여의었습니다.

唯大目連 法相如是 豈可說乎. 夫說法者 無說無示 其聽法者 無聞無得. 譬如幻士 爲幻人說法. 當建是意 而爲說法. 當了衆生 根有利鈍 善於知見 無所罣礙 以大悲心 讚于大乘 念報佛恩 不斷三寶 然後說法'

대목련이여! 법상法相이 이와 같은데, 어찌 설할 수 있겠습니까? 무릇 법을 설한다는 것은 설하는 것도 없고 보이는 것도 없는 것이며(無說無示), 법을 듣는 것은 들은 것도 없고 얻을 것도 없는 것입니다(無聞無得). 비유하면 환술사(幻士)가 환인幻人을 위해 법을 설하는 것과 같습니다. (그러므로) 이런 뜻을 세워서 법을 설해야 합니다. 중생의 근기에는 영리함과 둔함(利鈍)이 있다는 것을 알아야 하고, (중생들의) 지견知見을 잘 알아서 걸리는 것이 없어야 하며, 대비심大悲心으로 대승大乘을 찬탄하고, 부처님의 은혜에 보답하는 것을 생각하며, 삼보三寶가 끊어지지 않도록 해야 합니다, 그런 다음에야 법을 설하는 것입니다.」

維摩詰說是法時 八百居士 發阿耨多羅三藐三菩提心 我無此辯. 是故不任 詣彼問疾"

유마힐이 이렇게 설법할 때 800명의 거사들이 아뇩다라삼먁삼보리심을 일으켰

는데, 저에게는 이러한 변재가 없습니다. 이런 까닭에 문병 가는 것을 맡을 수가 없습니다."

또한 『대승기신론大乘起信論』 상권에서는 다음과 같이 전한다.

(중략) 一切諸法 皆由妄念 而有差別. 若離妄念 則無境界 差別之相. 是故諸法 從本已來 性離語言. 一切文字不能顯說 離心攀緣 無有諸相 究竟平等 永無變異 不可破壞 唯是一心 說名眞如. (중략)

(중략) 일체제법은 모두 망념으로 말미암아 차별이 있는 것이다. 만약 망념을 떠나면 경계의 차별상이 없게 된다. 이런 까닭에 본래부터 성품은 언어를 떠난 것이다. 일체의 문자로는 드러내 설명할 수 없으니, 마음의 반연하는 상을 떠나면 모든 상이 없게 되어 구경에는 평등하여 영원히 변이하는 것이 없으며 파괴할 수도 없다. 오직 일심일 뿐인, 이것을 이름하여 진여라고 한다.

2. 대비천수천안의 진짜 눈[21]

師因一日到河府 府主王常侍 請師升座. 時麻谷出問 "大悲千手眼 那
箇是正眼" 師云 "大悲千手眼 那箇是正眼 速道速道" 麻谷拽師下座
麻谷却坐. 師近前云 "不審" 麻谷擬議. 師亦拽麻谷下座 師却坐. 麻谷
便出去. 師便下座.

선사가 하루는 하부(河府, 하북의 관청)[22]에 갔는데, 부주 왕상시가
(선사께) 자리(법좌)에 오르기를 청했다.

　그때 마곡麻谷[23]이 나와 물었다.

"대비천수천안(＝관세음보살)은 어느 것이 진짜 눈(正眼)입니까?"[24]

선사가 말했다.

"대비천수천안은 어느 것이 진짜 눈인가? 빨리 말해라, 빨리 말해!"

(그러자) 마곡이 선사를 법좌에서 끌어내리고, 도리어 (자신이 그 자리에) 앉았다.

선사가 가까이 다가와 말했다.

"안녕하십니까?"[25]

마곡이 머뭇거렸다.

선사 또한 마곡을 자리에서 끌어내리고, 다시 법좌에 앉았다.

마곡이 바로 나가버렸다.

선사가 바로 법좌에서 내려왔다.[26]

산명. 출가하여 마조도일에게 참학하고 그의 법을 이음. 산서성 마곡산에 머물면서 선풍을 고쳐시킴. (전게서, p.192)

[24] 대비천수천안과 관련한 또 다른 화두는 아래 【참조】 5를 살펴보기 바란다.

[25] 불심不審: (혼성어) 비구들이 만나서 하는 예절의 말. 예를 들면 불심존후여하不審尊候如何(건강은 어떠하신지요?) 등의 말이다. 승사략僧史略에 이르기를 "비구들이 서로 만나면 몸을 굽혀 합장하고 입으로 불심자하不審者何라고 하는데, 이는 삼업을 불도에 귀의하여 깊이 믿는 것이다"고 하였다. (몸을 굽혀 합장하는 것은 신업, 말로 '불심'하는 것은 구업인데, 마음이 만약 숭상하고 존중함을 내지 않으면 어떻게 몸과 입을 움직일 수 있겠는가.) 이를 일러 문신(問訊, 합장하고 인사하다)이라고 한다. 〔(雜語) 比丘相見之禮話也 如不審尊候如何等語是 僧史略曰 "如比丘相見, 曲躬合掌 口曰不審者何 此三業歸仰也"(曲躬合掌身也 發言不審 口也 心若不生崇重 豈能動身口乎) 謂之問訊. 불학대사전〕

[26] 조당집 제20권, '미 화상米和尙' 편에서는 관세음보살과 관련한 임제와 미 화상의 대화를 다음과 같이 전한다.

臨濟問師 "十二面觀音 豈不是聖" 師云 "是也" "作摩生是本來面" 臨濟一搊 師云 "長老且寬寬" 濟側掌.

임제가 미 화상에게 물었다. "12면관음이 어찌 성인이 아니겠습니까?"
미 화상이 말했다. "맞습니다만, 어떤 것이 본래면목입니까?"
임제가 한 대 쳤다.
미 화상이 말했다. "장로께선 좀 더 관대해지시죠."
임제가 다가와 손바닥으로 후려갈겼다.

【참조】
5. 천수천안(관세음보살)과 관련한 화두
벽암록 제89칙에서 전하는 본칙本則과 착어著語

擧, 雲巖問道吾 "大悲菩薩 用許多手眼作什麽" (當時好與本分草料 爾尋常走上走下作什麽 闍黎問作什麽) 吾云 "如人夜半背手摸枕子" (何不用本分草料 一盲引衆盲) 巖云 "我會也" (將錯就錯 賺殺一船人 同坑無異土 未免傷鋒犯手) 吾云 "汝作麽生會" (何勞更問 也要問過 好與一拶) 巖云 "遍身是手眼" (有什麽交涉 鬼窟裏作活計 泥裏洗土塊) 吾云 "道卽太殺道 只道得八成" (同坑無異土 奴見婢 慇懃 癩兒牽伴) 巖云 "師兄作麽生" (取人處分爭得 也好與一拶) 吾云 "通身是手眼" (蝦跳不出斗 換卻爾眼睛 移卻舌頭 還得十成也未 喚爹作爺)

운암(雲巖曇晟, 782~841)이 도오(道吾圓智, 769~835)에게 물었다.
"대비보살은 저 많은 손과 눈을 써서 뭘 하는 것입니까?"
〔당시 본분초료本分草料를 줬어야 했다. 그대(운암)는 늘 이리저리 다니면서 뭘 하는 것이오? 스님, 물어서 뭘 하려는 것이오?〕
도오가 말했다.
"마치 어떤 사람이 한밤중에 손으로 목침을 더듬어 찾는 것과 같다."
〔어째서 본분초료를 쓰지 않는가? 한 장님이 여러 장님을 끌고 간다.〕
운암이 말했다.
"나는 알았습니다."

〔잘못에 잘못을 더하고 있다. 한 배에 탄 사람들을 몹시 속이고 있다. 같은 구덩이에는 다른 흙이 없다. 칼끝이 상하고 손이 베이는 것을 면치 못한다.〕

도오가 말했다.

"그대는 어떻게 알았는가?"

〔어째서 수고스럽게 다시 묻는가? (하지만) 한번 묻고 넘어가야 한다. 한 방 잘 먹였다.〕

운암이 말했다.

"온몸에 두루 손과 눈이 있습니다."

〔무슨 관계가 있는가? 귀신 굴속에서 활발하게 계교부리고 있다. 진흙탕에서 흙덩이를 씻고 있다.〕

도오가 말했다.

"말은 아주 잘했으나, 단지 팔 푼(八分)을 말했을 뿐이다."

〔같은 구덩이에는 다른 흙이 없다. 사내종이 여자종을 은근히 쳐다보고 있다. 문둥이가 친구를 이끈다.〕

운암이 말했다.

"사형은 어떻습니까?"

〔다른 사람의 처분을 받아서 어찌 하겠는가? 한 대 잘 쳤다.〕

도오가 말했다.

"온몸 전체가 손과 눈이다."

〔새우는 말(斗)을 뛰어넘을 수 없다. 그대의 눈동자(眼睛)를 바꿔버렸고, 허끝을 옮겨 버렸는데 완벽하다고 할 수 있겠는가? 아버지(爹)를 아빠(爺)로 부르는 것과 같다.〕

3. 무위진인無位眞人

上堂云"赤肉團上 有一無位眞人 常從汝等諸人面門出入. 未證據者 看看"時有僧出問"如何是無位眞人"師下禪床 把住云"道道"其僧擬 議. 師托開云"無位眞人 是什麼乾屎橛"便歸方丈.

상당해서 말했다.

"붉은 고깃덩이에 하나의 무위진인[27]이 있어 항상 그대들 모두의 얼굴(面門)로 드나든다.[28] 아직 증명해보지 못한 사람들은 잘 살펴

---

[27] 적육단赤肉團은 육신을 뜻하는데, 선사의 직설적인 표현을 따라 '붉은 고깃덩어 리'로 직역하였다.

무위無位의 사전적인 뜻은 일정한 지위나 직위가 없다는 뜻이다. 임제 선사는 이를 무애자재, 무차별의 의미와 함께 기존(화엄경)의 수행 차제마저도 뛰어넘는 자유자재의 뜻으로 강조한 것이다.

진인眞人은 본래 장자에서 주장하는 이상적 인간의 표상으로 사용되는 말로써, 아래 【참조】 6을 살펴보기 바란다.

[28] 부대사傅大士의 『심왕명心王銘』에 다음과 같이 전한다. 심왕명 전문은 아래 【참조】 7을 살펴보기 바란다.

面門出入   얼굴로 드나들면서

應物隨情   대상(物)에 응하고, 정情을 따라

봐라!"

그때 한 스님이 나와서 물었다.

"어떤 것이 무위진인입니까?"

선사가 선상(禪床, 법좌)²⁹에서 내려와 그의 멱살을 꽉 잡고 말했다.

"말해, 말해!"

그 스님이 머뭇거렸다.

(그러자) 선사가 밀치며 말했다.

"무위진인이라니, 이 무슨 마른 똥 막대기인가?"³⁰

(그리고는) 바로 방장실로 돌아갔다.³¹

自在無礙　　자재하고 걸림이 없어
所作皆成　　짓는 것 모두 성취하며
了本識心　　본래의 마음(識心)을 알아
識心見佛　　마음으로 부처를 보네.

29 선상禪床: 선승이 앉는 평상을 뜻하며, 선문에서는 일반적으로 '삼조연하三條椽下 칠척단전七尺單前'이라는 말로 주로 표현한다. 하지만 여기서는 상당법문을 하는 과정에서 문답을 하고 있는 것이니, 법좌로 읽는 것이 더 좋다.

30 '간시궐乾屎橛'은 운문문언이 많이 쓰는 표현이기도 하다. 용례는 아래 【참조】 8을 살펴보기 바란다.

31 方丈(방장): 방장은 원래 사방으로 1장丈이 되는 방이란 뜻이다. 부처님 당시의 유마거사가 병이 들었을 때 그가 거처했던 사방 1장의 방에 문병 온 3만 2천 명을 모두 사자좌獅子座에 앉게 한 데서 방장이라는 말이 생겨났다. 그 뒤 그 뜻이 달라져, 주로 큰 절의 주지를 가리켜서 방장화상이라고 하였다. (『한국민족문화대백과』, 한국학중앙연구원)

이 이야기는 선문염송집 제16권(N.617)에서는 다음과 같이 전한다.

臨濟示衆云 "有一無位眞人 常從汝等諸人面門出入. 未證據者 看看" 時有僧出

問 "如何是無位眞人" 師下禪床 擒住云 "道道" 僧擬議. 師托開云 "無位眞人是什麼乾屎橛" 雪峰聞云 "林際大似白拈賊" (내용 동일, 번역 생략)

여기서는 ①상당을 시중이라 하고, ②赤肉團上이라는 표현 없이 무위진이라고 하고, ③끝에 '便歸方丈'이 없고, ④임제臨濟를 '林際'로 전한다(아래 조당집 또한 같은 표기를 하고 있다). ⑤설봉의존이 염한 것을 번역하면, 설봉이 (위의 이야기를) 듣고 말하기를 "임제는 마치 날도둑놈과 같다."

조당집 제19권에서는 다음과 같이 전한다.

師有時謂衆云 "山僧分明向你道 五陰身田內 有无位眞人 堂堂露現 无毫發許間隔 何不識取" 時有僧問 "如何是无位眞人" 師便打之云 "无位眞人是什摩不淨之物" 雪峰聞擧云 "林際大似好手" (내용 동일, 번역은 부록 '1. 조당집에서 전하는 임제 선사' 편을 참조할 것.)

여기서는 ①'赤肉團上'이라는 표현을 '五陰身田內'로 전하고, ②'乾屎橛' 대신 '不淨之物'로 전한다.

전등록 제12권에서는 다음과 같이 전한다.

一日上堂曰 "汝等諸人 赤肉團上 有一無位眞人 常向諸人面門出入. 汝若不識但問老僧" 時有僧問 "如何是無位眞人" 師便打云 "無位眞人是什麼乾屎橛" (내용 동일, 번역은 부록을 참조할 것.)

여기서는 무위진인을 모르면 "노승(老僧, 임제)에게 물어보라"고 전한다.

또한 전등록 제28권, 「제방광어 12인 견록諸方廣語一十二人見錄」 임제 선사 편에서는 다음과 같이 전한다.

(중략) 大德 四大身不解說法聽法. 虛空不解說法聽法. 是汝目前歷歷孤明 勿形段者解說法聽法. 所以山僧向汝道 "五蘊身田內有無位眞人 堂堂顯露 無絲髮許間隔" 何不識取.

대덕들이여! 4대로 이루어진 몸은 법을 설하거나 들을 줄 모른다. (또한)

허공도 법을 설하거나 들을 줄을 모른다. (하지만) 이는 그대들 눈앞에 역력하고
홀로 밝으며, 형체도 없는 것이 법을 설하고 법을 듣는 것이다. 그래서 산승은
그대들에게 말하기를, "오온의 몸 안(五蘊身田內)에 무위진인無位眞人이 당당하
게 드러나서 실 끝만큼의 간격도 허락하지 않는다"고 하였던 것이다. (그런데도)
어째서 알지 못하는 것인가?

전등록의 경우로 미루어 볼 때, 임제 선사는 '五蘊身田內 有無位眞人'과 '赤肉團
上 有一無位眞人'을 상황에 따라 혼용하였음을 알 수 있다.
광등록에서는 전체적으로 동일하게 전한다. 다만 단어 사용에 있어 '托開'를
'拓開'로 전하는 차이만 있다(단어 뜻은 동일).

【참조】
6. 진인眞人(『장자莊子』「내편內篇」'대종사大宗師' 편)
何謂眞人. 古之眞人 不逆寡 不雄成 不謨士. 若然者 過而弗悔 當而不自得也.
若然者 登高不慄. 入水不濡 入火不熱 是知之能登假於道者也若此. 古之眞人
其寢不夢 其覺無憂 其食不甘. 其息深深 眞人之息以踵 衆人之息以喉. 屈服者
其嗌言若哇 其嗜欲深者 其天機淺. 古之眞人 不知說生 不知惡死. 其出不訢
其入不距. 翛然而往 翛然而來而已矣. 不忘其所始 不求其所終. 受而喜之 忘而
復之. 是之謂 不以心捐道 不以人助天 是之謂眞人. 若然者 其心忘 其容寂 其顙
頯. 凄然似秋 煖然似春 喜怒通四時 與物有宜 而莫知其極.
어떤 사람을 진인眞人이라고 하는가?
예로부터 진인은 부족한 것을 거스르지 않고, 성공을 뽐내지 않으며, 억지로
일을 하지도 않는다. 그러한 사람은 허물이 있어도 후회하지 않고, 마땅히
스스로 얻으려고도 하지 않는다. (또한) 그러한 사람은 높이 올라도 두려워하지
않는다. 물에 들어가도 젖지 않고, 불에 들어가도 타지 않으니, 이는 진인의
지식이 도의 경지에 이르렀기 때문이다. 예로부터 진인은 잠을 자도 꿈을
꾸지 않고, 깨어 있어도 근심이 없으며, 먹는 것을 달가워하지 않는다. 호흡은

대단히 깊었으니 진인의 호흡은 발뒤꿈치까지 하고, 보통사람의 호흡은 목구멍으로 한다. 굴복한 사람은 목구멍에서 나오는 소리가 앙앙거리는 것 같고, 향락을 탐내는 것이 깊은 사람은 천기天機가 낮다. 옛날의 진인은 삶을 기뻐할 줄도 모르고 죽음을 싫어할 줄도 모른다. (세상에) 나오는 것을 기뻐하지도 않고 들어가는 것을 거부하지도 않는다. 유유히 갔다가 유유히 올 뿐이다. 시작을 잊지 않지만 끝을 구하지도 않는다. 받으면 기뻐하고 죽으면 돌아간다. 이를 일러 마음으로 도를 버리지 않고, 사람으로 하늘을 돕지 않는다고 하는 것이고, 이를 진인이라고 하는 것이다. 그러한 사람은 마음을 잊어 얼굴은 고요하고 이마는 높이 드러난다. 쓸쓸하기는 가을 같고, 따뜻하기는 봄과 같아서 희로애락이 사계절과 통하고 사물과 조화를 이루니, 그 끝을 수가 없다.

7. 부대사의 심왕명心王銘

觀心空王　　마음으로 공왕(空王, 부처)을 관하면
玄妙難測　　현묘해서 헤아리기 어렵지만,
無形無相　　형체도 없고 모양도 없는
有大神力　　대신력大神力으로
能滅千災　　능히 온갖 재앙을 없애고
成就萬德　　온갖 덕을 성취하네.

體性雖空　　체성(體性, 본체의 성품)은 비록 공해도
能施法則　　능히 법칙을 시행하니
觀之無形　　관해도 형체는 없지만
呼之有聲　　부르면 소리가 있나니,
爲大法將　　대법大法의 장수가 되어
心戒傳經　　마음의 계법으로 경을 전하네.

水中鹽味　　물속의 짠맛과
色裏膠清　　색 속의 아교는 분명해서

決定是有　결정코 있어도

不見其形　그 형체를 보지 못하니,

心王亦爾　심왕(心王, 마음) 또한 그러해서

身內居停　몸 안에 머물러 있네.

面門出入　얼굴로 드나들면서

應物隨情　대상(物)에 응하고, 정情을 따라

自在無礙　자재하고 걸림이 없어,

所作皆成　짓는 것 모두 성취하며

了本識心　본래의 식심(識心, 마음)을 깨달아

識心見佛　식심으로 부처를 보네.

是心是佛　이 마음이 부처고

是佛是心　이 부처가 마음이네.

念念佛心　생각생각 부처의 마음이니

佛心念佛　부처의 마음으로 부처를 생각하며

欲得早成　빨리 이루고자 하거든

戒心自律　마음의 계를 스스로 다스려라.

淨律淨心　청정한 계율로 마음을 청정하게 하면

心卽是佛　마음이 바로 부처이니

除此心王　이 심왕(心王, 마음)을 제외하고는

更無別佛　결코 다른 부처가 없다.

欲求成佛　부처가 되기를 바라면

莫染一物　한 물건(=어떤 것)에도 물들지 말라.

心性雖空　마음의 성품이 비록 공해도

貪瞋體實　탐·진·치의 근본은 실다우니

入此法門　이 법문에 들어와서는
端坐成佛　단정히 앉아 부처를 이루어야
到彼岸已　저 언덕에 이르러
得波羅蜜　바라밀을 얻게 된다.

慕道眞士　도를 흠모하는 참된 이는
自觀自心　스스로 자기의 마음을 관하고
知佛在內　부처가 (자기) 안에 있음을 알아
不向外尋　밖으로 찾지 않나니,
卽心卽佛　바로 마음이 곧 부처요
卽佛卽心　바로 부처가 곧 마음이다.

心明識佛　마음이 밝으면 부처를 알고
曉了識心　(부처를) 분명히 깨달으면 마음을 안다.
離心非佛　마음을 떠나서는 부처가 아니고
離佛非心　부처를 떠나서는 마음이 아니니,
非佛莫測　부처가 아니면 헤아리지 못해
無所堪任　감당할 수가 없다.

執空滯寂　공에 집착해서 고요함에 막히면
於此漂沈　여기에 떠다니고 잠기게 되지만,
諸佛菩薩　제불과 보살들은
非此安心　여기에 마음을 두지 않나니,
明心大士　마음을 밝힌 대사大士는
悟此玄音　이 현묘한 소리를 깨닫는다.

身心性妙　몸과 마음의 성품은 오묘해서
用無更改　쓰면서 다시 고치지 못하니

是故智者　이런 까닭에 지혜로운 이는
放心自在　마음을 (내려)놓아 자재하면서도
莫言心王　심왕(心王, 마음)이라 말하지 않나니
空無體性　공은 체성이 없기 때문이다.

能使色身　능히 색신을 부려
作邪作正　삿됨을 짓고 바름을 지어도
非有非無　있는 것도 아니고 없는 것도 아니어서
隱顯不定　숨었다 드러났다 하는 것은 정해진 것이 없으니
心性離空　마음의 성품이 공함을 떠나면
能凡能聖　능히 범부도 되고 능히 성인도 된다.

是故相勸　이런 까닭에 서로 권하고
好自防愼　스스로를 지키고 삼가야지,
刹邦造作　찰나라도 (멋대로) 조작을 하면
還復漂沈　다시 떠다니고 가라앉게 된다.

淸淨心智　청정한 마음의 지혜
如世黃金　세간의 황금과 같고
般若法藏　반야의 법장
並在身心　모두 몸과 마음에 있으며
無爲法寶　무위법보는
非淺非深　얕지도 않고 깊지도 않다.

諸佛菩薩　제불과 보살들
了此本心　이 본래의 마음을 알아
有緣遇者　인연으로 만나는 것이니
非去來今　과거도 마래도 현재도 아니다.

8. 간시궐乾屎橛(운문록)

① 問 "如何是釋迦身" 師云 "乾屎橛"

물었다. "어떤 것이 석가의 몸입니까?"

운문이 말했다. "마른 똥 막대기다."

② 운문의 상당 중에 다음과 같이 전한다.

"(중략) 如今諸方 大有出世紐揑 爾何不去彼中 在這裏覓什麼乾屎橛. 師便下地 以拄杖一時打趁下去."

"(중략) 요즘 제방에서는 세상에 나와 인연을 주워 모으는 사람들이 많은데, 그대들은 어째서 거기로 가지 않고 여기서 무슨 마른 똥 막대기를 찾고 있는가?"

스님이 바로 내려와서 주장자로 한꺼번에 쫓아내버렸다.

③ 또한 운문의 상당 중에 다음과 같이 전한다.

上堂云 "道卽道了也" 時有僧出禮拜 欲伸問次 師拈拄杖便打云 "識什麼好惡 這一般打野榸漢 總似這箇僧 爭消得施主信施 惡業衆生總在這裏 覓什麼乾屎橛 咬" 以拄杖一時趁下.

상당해서 말했다.

"말할 것을 다 말했다."

그때 어떤 스님이 나와 절을 하고는 물으려고 하는데, 운문이 주장자로 치고는 말했다.

"무슨 좋고 나쁨을 알겠는가? 이런 하나같이 들판에 나무뿌리나 치는 놈아! 모두 이런 중놈들과 같다면 어찌 신심 있는 시주의 보시를 녹일 수 있겠는가? 악업 중생이 모두 여기에 있으면서 무슨 마른 똥 막대기나 찾아 씹고 있는 것인가?"

그리고는 주장자로 한꺼번에 쫓아버렸다.

4. 빈주역연賓主歷然

上堂 有僧出禮拜. 師便喝. 僧云 "老和尙莫探頭好" 師云 "爾道 落在
什麽處" 僧便喝. 又有僧問 "如何是佛法大意" 師便喝 僧禮拜. 師云
"爾道 好喝也無" 僧云 "草賊大敗" 師云 "過在什麽處" 僧云 "再犯不容"
師便喝.

※探頭(탐두) : 머리를 내밀(고 엿보)다.
※草賊(초적)＝草寇(초구) : 산적. 비적.

(선사가) 상당하자,

　어떤 스님이 나와 절을 했다.[32]

---

[32] 상당한다는 것은 법문을 하겠다는 뜻인데, 여기서는 선사가 법문도 하기 전에
　　나와 절을 하고, 이에 선사는 "할!"로 답을 하고 있다. 여기서의 절은 단순한
　　절차상의 예의가 아니다. 이와 유사한(법문도 하기 전에 제자가 먼저 어떤 행동을
　　하는) 대표적인 경우를 선문염송집 제1권(N.6)에서는 다음과 같이 전한다.
　　世尊一日陞座. 大衆集定 文殊白槌云 "諦觀法王法 法王法如是" 世尊 便下座.
　　하루는 세존께서 법좌에 오르셨다. (그때) 대중들이 모여 입정을 하고 있었는데,
　　문수가 백추를 치고, 말했다. "법왕법을 자세히 관하라, 법왕법은 이와 같다."

(그러자) 선사가 바로 "할!" 했다.

스님이 말했다.

"노화상께서는 (저를) 떠보지 마십시오."

선사가 말했다.

"너는 말해보라, 어디에 떨어졌는가?"[33]

그 스님이 바로 "할!" 했다.

또 어떤 스님이 말했다.

"어떤 것이 불법의 대의입니까?"

선사가 바로 "할!" 했다.

(그러자) 스님이 절을 했다.

선사가 말했다.

"너는 말해보라, (이것이) 잘한 '할!'이냐?

스님이 말했다.

"초적이 대패했습니다."[34]

선사가 말했다.

"허물이 어디에 있는가?"

스님이 말했다.

(그러자) 세존께서 바로 자리에서 내려오셨다.

33 '落在什麼處'는 ①묻고 있는 스님의 수행 경지, ②선사가 앞에서 한 "할!"의 뜻이 무엇인지, 형식적으로는 이렇게 두 가지로 나눠 이해할 수 있지만, 뜻은 결국 하나이다.

34 초적대패草賊大敗와 관련한 용례는 아래 【참조】 9를 살펴보기 바란다.

"다시 범하는 것을 용납하지 않겠습니다."

(그러자) 선사가 바로 "할!" 했다.[35]

❀

是日 兩堂首座相見 同時下喝. 僧問師 "還有賓主也無" 師云 "賓主歷
然" 師云 "大衆 要會臨濟賓主句 問取堂中二首座" 便下座.

이 날 양당(兩堂, 전당과 후당, 또는 동당과 서당)의 수좌가 만나서,
동시에 "할!"을 했다.

어떤 스님이 (이를 거론하여) 선사에게 물었다.

"(둘이 동시에 '할!'을 했는데, 여기에도) 손님과 주인이 있습니까?"

선사가 말했다.

"손님과 주인이 분명하다."

---

35 이 이야기는 선문염송집 제16권(N.619)에서는 다음과 같이 전한다.

臨濟上堂 僧出禮拜 師便喝. 僧云 "者老和尚 莫探頭好" 師云 "落在什麼處" 僧便
喝. 又僧問 "如何是佛法大意" 師便喝 僧禮拜. 師云 "你道 好喝也無" 僧云 "草賊大
敗" 師云 "過在什麼處" 僧云 "再犯不容" 師云 "大衆 要會林際賓主句 問取堂中二
禪客" (내용 동일, 번역 생략)

여기서는 ① 마지막에 스님이 "다시 ~용납하지 않겠다"는 말에 임제 선사가
"대중들아, 임제의 빈주구(林際賓主句)를 알고 싶은가? 승당의 두 선객에게 물어
보라"는 말로 결말을 짓고 있다. ② 또한 여기서는 임제를 밑줄 친 것처럼
'林際(광등록은 臨濟)'로 전한다.

광등록에서도 상기 선문염송집과 동일하게 전한다. 다만 끝에 '便下座(변하좌)'
가 덧붙는다. 이 이야기는 조당집과 전등록에서는 전하지 않는다.

(그리고는 이어서) 선사가 말했다.

"대중들이여, 임제의 빈주구賓主句를 알고자 하는가?

당중(승당)의 두 수좌에게 물어라!"

그리고는 바로 법좌에서 내려왔다.[36]

---

36 선문염송집 제16권(N.616)에서는 앞의 두 스님과의 대화와는 별도로 하나의 고칙으로 전한다.

臨濟會下 兩堂首座 一日相見 齊下一喝. 有僧擧問師 "未審還有賓主也無" 師云 "賓主歷然"

임제 회하의 양당 수좌가 하루는 만나서, 똑같이 "할!" 하였다.

어떤 스님이 이 일을 선사께 거론하고, 물었다. "손님과 주인이 있는지 잘 모르겠습니다."

선사가 말했다. "손님과 주인이 분명하다."

여기서는 마지막에 "빈주구를 알고자 하는가? 양당 수좌에게 물어라"라는 선사의 말이 없이, '賓主歷然'으로 이야기의 끝을 맺는다.

이 이야기는 조당집, 전등록, 광등록에서는 전하지 않는다.

본 '빈주역연賓主歷然' 편은 편집자가 상당이라는 틀 속에서 "할!"이라는 공통의 소재를 가지고 하나로 엮은 것으로 보인다. 하지만 선문염송집의 경우처럼 앞부분은 상당 법문(고칙 N.619)의 하나로, 뒷부분은 별개의 문답(고칙 N.616)으로 구분하는 것도 무방하다.

【참조】

9. 초적대패草賊大敗의 또 다른 용례

① 방거사어록

居士到齊峰 纔入院. 峰曰 "箇俗人頻頻入院 討箇什麽" 士乃回顧兩邊曰 "誰恁麽 道 誰恁麽道" 峰便喝. 士曰 "在這裏" 峰曰 "莫是當陽道麽" 士曰 "背後底 聻"

峰回首曰 "看看" 士曰 "草賊大敗 草賊大敗"

거사가 제봉齊峰에게 갔다. 절에 막 들어서자마자 제봉이 말했다. "일개 속인이 뻔질나게 절에 와서 뭘 찾는 거야?"

거사가 양쪽을 돌아보며 말했다. "누가 이렇게 말하는 거야, 누가 이렇게 말하는 거야?"

(그러자) 제봉이 바로 "할(喝)!" 했다.

거사가 말했다. "여기 있었네요."

제봉이 말했다. "(혹시) 앞에 있는 것을 말하는가요?"

거사가 말했다. "(아니) 뒤에 있는 것, 이哪!"

제봉이 고개를 돌리며 말했다. "보시오, 봐!"

거사가 말했다. "초적이 대패로다, 초적이 대패했어(草賊大敗 草賊大敗)." (졸역, 『방거사어록·시 역주』, pp.69~74, 2020, 운주사)

② 운문록 하권〔선문염송집 제24권(N.1064)에서도 동일하게 전한다.〕

問新到 "爾是甚處人" 僧云 "新羅人" 師云 "將什麽過海" 僧云 "草賊大敗" 師云 "爾爲什麽在我手裏" 僧云 "恰是" 師云 "勃跳" 無對 代前語云 "常得此便" 又云 "一任勃跳"

새로 온 스님(新到)에게 물었다. "그대는 어디 사람인가?"

스님이 말했다. "신라 사람입니다."

운문이 말했다. "무엇으로 바다를 건너왔는가?"

스님이 말했다. "초적이 대패했습니다(草賊大敗)."

운문이 말했다. "그대는 어째서 내 손안에 있는가?"

스님이 말했다. "정말 그렇군요."

운문이 말했다. "날뛰는군."

(스님이) 대답이 없자, 앞의 말을 대신해서 말했다. "늘 이런 소식(便)을 얻고 있습니다."

또 말했다. "마음대로 날뛰어라."

5. 임제호지臨濟蒿枝

上堂 僧問 "如何是佛法大意" 師堅起拂子. 僧便喝. 師便打. 又僧問 "如何是佛法大意" 師亦堅起拂子. 僧便喝. 師亦喝. 僧擬議. 師便打.

상당하자, 어떤 스님이 물었다.

"어떤 것이 불법의 대의입니까?"

선사가 불자拂子를 세웠다.[37]

스님이 바로 "할!" 했다.

(그러자) 선사가 바로 쳤다.

또 어떤 스님이 물었다.

"어떤 것이 불법의 대의입니까?"

선사가 또 불자를 세웠다.

---

37 불자拂子는 원래 벌레를 쫓는 데 사용하는 생활 용구였는데, 선가에서 수행자가
마음의 티끌과 번뇌를 털어내는 상징적인 의미의 불구로 사용되고, 나아가
전법의 증표로도 사용된다.
수기불자堅起拂子와 관련해서는 아래 【참조】 10을 살펴보기 바란다.

스님이 바로 "할!" 했다.

(그러자) 선사 또한 "할!" 했다.

스님이 머뭇거렸다.

(그러자) 선사가 바로 쳤다.

❀

師乃云 "大衆 夫爲法者 不避喪身失命. 我二十年 在黃檗先師處 三度
問佛法的的大意 三度蒙他賜杖 如蒿枝拂著相似. 如今更思得一頓棒
喫 誰人爲我行得" 時有僧出衆云 "某甲行得" 師拈棒與他 其僧擬接.
師便打.

※蒿(쑥 호): 쑥, 사철 쑥.
※一頓(일돈): 한 끼. 한 번.

선사가 이어서 말했다.

"대중들이여! 무릇 법을 위하는 사람이라면 신명身命 잃는 것을
피하지 말라.[38] 나는 20년 전 황벽 선사先師[39]의 처소에 있으면서 세

---

38 불피상신실명不避喪身失命=위법망구爲法忘軀와 관련해서는 아래 【참조】 11을
살펴보기 바란다.

39 행록 '1. 대오 인연' 편에 선사가 수좌에게 황벽 회하에 3년 있었다고 답하는
내용이 있다. 이에 '我二十年'은 20년 전이라고 번역하였다. 또한 선사先師라는
표현을 쓰고 있는 것으로 볼 때, 황벽의 입멸(850년) 이후의 법문임을 알 수
있다.

번 불법의 명백한 대의(佛法的的大意)를 묻고 세 번 주장자로 맞았는데,[40] (그때) 마치 쑥대 가지로 쓰다듬는 것과 같았다.[41] 지금 다시한 번 방망이를 맞고 싶은데, 누가 나를 위해 해주겠는가?"[42]

그때 어떤 스님이 대중에서 나와 말했다.

"제가 하겠습니다."

선사가 방망이를 집어 스님에게 건네자,

그 스님이 받으려고 하였다.

(그러자) 선사가 바로 쳤다.[43]

---

40 '三度發問 三度被打'에 관해서는 상당 '1. 왕상시의 청법' 편의 註10과 행록 '1. 대오 인연' 편을 참조하기 바란다.

41 참고로 중국 도가(道家)에서는 쑥대 가지로 어린 아기의 머리를 쓰다듬어 아이의 성장을 축원하는 의식이 있었다고 한다.

42 관련한 원오극근과 설두중현의 촌평은 아래 【참조】 12를 살펴보기 바란다.

43 이 이야기는 선문염송집 제16권(N.614)에서는 (두 스님이 불법의 대의를 묻고, 불자를 들고 할을 하는 등의) 앞부분은 전하지 않고, 뒷부분의 말씀만을 본서와 동일하게 전한다.

조당집 제19권에서는 황벽·대우와의 만남 자체를 달리 전하고 있다(부록 '1. 조당집에서 전하는 임제 선사' 편을 참조하기 바란다).

전등록 제12권에서는 전하는 것은 행록 '1. 대오 인연' 편을 참조하기 바란다(부분마다 나누어서 차이점을 설명하였다. 전문은 부록 '2. 전등록에서 전하는 임제 의현 선사' 편을 참조하기 바란다).

광등록 또한 본서와 동일하게 전한다. 다만 단어 사용에 있어 '如蒿枝拂著相似'를 '如蒿枝拂箸相似'로 전하는데, '著(나타나 저, 붙을 착)'과 '箸(젓가락 저, 붙을 착)'는 같은 의미(문법상 조사)를 갖고 있다.

【참조】

10. 수기불자竪起拂子

① 『조당집』 제2권, 「제33조 혜능화상」 편에 다음과 같이 전한다.

六祖見僧 竪起拂子云 "還見麼" 對云 "見" 祖師抛向背后云 "見麼" 對云 "見"
師云 "身前見 身后見" 對云 "見時不說前后" 師云 "如是如是 此是妙空三昧"
有人拈問招慶 "曹溪竪起拂子意旨如何" 慶云 "忽有人回把柄到 汝作麼生" 學人
掩耳云 "和尚" 慶便打之.

육조가 어떤 스님을 보자. 불자를 세우고 말했다. "보는가?"

스님이 대답했다. "봅니다."

조사가 불자를 등 뒤로 던져버리고 말했다. "보는가?"

스님이 대답했다. "봅니다."

조사가 말했다. "몸 앞에서 보는가, 몸 뒤에서 보는가?"

스님이 대답했다. "볼 때는 앞뒤를 말하지 않습니다."

조사가 말했다. "그렇지, 그렇지. 이것이 묘공삼매妙空三昧다."

〔어떤 스님이 이 이야기를 들어 초경招慶에게 물었다. "조계가 불자를 세운
뜻이 무엇입니까?"

초경이 말했다. "홀연히 어떤 사람이 (불자를) 회수해 잡아 세운다면 너는
어떻게 하겠는가?"

학인이 귀를 막고 말했다. "화상!"

초경이 그를 바로 쳤다.〕

② 마조어록에서는 다음과 같이 전한다.

師問百丈 "汝以何法示人" 百丈竪起拂子對 師云 "只這个爲 當別更有百" 丈抛下
拂子. 僧拈問石門 "一語之中 便占馬大師兩意. 請和尚道" 石門拈起拂子云 "尋常
抑不得已"

마조가 백장에게 물었다. "그대는 어떤 법으로 사람들에게 보이겠는가?"

백장이 불자를 세우는 것으로 대답했다.

마조가 말했다. "다만 이것뿐인가? 달리 또 있는가?"

백장이 불자를 던져버렸다.

〔어떤 스님이 이것을 들어 석문石門에게 물었다. "한마디 말로 마 대사의 두 가지 뜻을 헤아려 볼 수 있도록 화상께서 말씀해 주십시오."

석문이 불자를 세우고 말했다. "대수롭지 않지만, (이것도) 부득이해서 하는 것이다."〕

11. 불피상신실명不避喪身失命=위법망구爲法忘軀

① 유마경 「부사의품不思議品」

維摩詰言 "唯 舍利弗 夫求法者 不貪軀命 何況床座. 夫求法者 非有色受想行識之求 非有界入之求 非有欲色無色之求. 唯 舍利弗 夫求法者 不著佛求 不著法求 不著衆求. (중략)

유마힐이 말했다.

"사리불이여! 무릇 법을 구하는 사람은 몸과 목숨(軀命)을 탐하지 않는데, 어찌 하물며 앉을 상(床座)이겠습니까! 무릇 법을 구하는 사람은 색·수·상·행·식이 있음을 구하지 않고, 계(界, 18계)와 입(入, 12처)이 있음을 구하지 않으며, 욕계·색계·무색계가 있음을 구하지 않습니다.

사리불이여! 무릇 법을 구하는 사람은 부처에 집착해서 구하지도 않고, 법에 집착해서 구하지도 않으며, 대중을 집착해서 구하지도 않습니다."

② 법화경 「권지품勸持品」

我等敬信佛	저희들이 존경하고 믿는 부처님이시여!
當著忍辱鎧	마땅히 인욕의 갑옷을 입고
爲說是經故	중생을 위하여 이 경을 설하는 까닭에
忍此諸難事	이 모든 어려운 일을 참으오리다.
我不愛身命	저희들은 신명을 사랑하지 않고
但惜無上道	다만 위없는 도를 아끼며
我等於來世	저희들은 앞으로 올 세상에

護持佛所囑　부처님께서 부촉하신 것을 보호하고 지키겠나이다.

12. '三度發問 三度被打'에 관한 촌평(원오극근의 『격절록擊節錄』 제24칙)
〔古則과 着語〕
擧, 臨濟示衆云 "我於先師處 三度喫六十棒 如蒿枝子拂相似 (貧兒思舊債) 如今
更思一頓棒喫 誰爲下手" (打云 已喫了也) 僧出衆云 "某甲下手" (莫茆廣) 濟拈棒
與 (棒頭有眼) 僧擬接 濟便打 (果然 何故 忠人無信)

임제가 대중에게 말했다. "내가 선사(先師, 황벽)의 처소에서 세 번에 걸쳐 60방을
맞았었는데, 마치 쑥대 가지로 쓰다듬는 것 같았다. 〔가난뱅이가 묵은 빚을
생각하고 있다.〕 지금 다시 한 방망이 맞고 싶은데, 누가 하겠는가?"
〔(선상을 치고) 말했다. "이미 맞았다."〕
어떤 스님이 대중 속에서 나와 말했다. "제가 하겠습니다."
〔경솔하게 굴지 말라.〕
임제가 방망이를 집어 건네주는데,
〔(아서라!) 방망이 끝에 눈이 있다.〕
스님이 받으려 하자, 임제가 바로 쳤다.
〔과연! 무슨 까닭인가? 성의는 다했지만 신의가 없다(忠人無信).〕

〔拈古와 着語〕
雪竇拈云 "臨濟放去較危 收來太速" (不得不恁麼 不恁麼時如何 棒下無生忍 臨
機不見師)

설두雪竇가 염拈해서 말했다.
"임제가 방망이를 내준 것은 조금 위험했지만, 방망이를 거둔 것은 아주 신속
했다."
〔부득불 이렇게 할 수밖에 없다. 이렇게 하지 않을 때는 어떻게 해야 하는가?
방망이 아래 무생인(無生忍, 무생법인)이 있거늘, 기연에 임해서 스승을 보지
못하고 있다.〕

6. 검인상사劍刃上事

上堂 僧問"如何是劍刃上事"師云"禍事禍事"僧擬議. 師便打. 問
"秖如石室行者 踏碓忘却移脚 向什麼處去"師云"沒溺深泉"

※沒溺(몰닉): 헤어날 수 없게 깊이 빠짐.

상당하자, 어떤 스님이 물었다.
"어떤 것이 검인상사(劍刃上事, 칼날 위의 일)입니까?"[44]
선사가 말했다.
"위험하다, 위험해!"
스님이 머뭇거렸다.
(그러자) 선사가 바로 쳤다.

(또 어떤 스님이) 물었다.
"석실石室 행자[45]가 디딜방아를 밟으면서 발을 바꾸는 것을 잊었다[46]

---

44 검인상사劍刃上事와 관련하여 아래 【참조】 13을 살펴보기 바란다.

45 석실행자는 석실선도를 뜻한다.

고 하는데, 어디로 간 것입니까?"

　선사가 말했다.

　"깊은 못에 빠졌다."[47,48]

❀

師乃云 "但有來者 不虧欠伊 總識伊來處. 若與麼來 恰似失却 不與麼

　석실선도石室善道=목평선도(木平善道, 생몰연대 미상): 당대의 스님. 청원 문하.
　석두희천의 제자. 담주(潭州, 호남성) 장자 광(長髭曠)의 법사法嗣. (전게서, p.211)
　참고로 스님은 당 무종(武宗, 814~846)의 폐불 정책으로 환속을 하였는데, 이후
　불교가 회복되고서도 승복을 입지 않은 채 행자의 신분으로 산 것으로 전한다.
　석실선도의 대오大悟와 관련한 이야기는 아래 【참조】14를 살펴보기 바란다.

46 '踏碓忘却移脚'과 관련해서는 아래 【참조】15를 살펴보기 바란다.

47 이 이야기는 선문염송집 제16권(N.621)에서도 하나의 고칙으로 동일하게 전한다
　(다만, 석실 선도와 관련한 문답은 전하지 않는다).
　조당집과 전등록에서는 전하지 않는다.
　광등록에서는 본서와 동일하게 전한다.

48 참고로 동안상찰 선사의 『십현담十玄談』「심인心印」편에 다음과 같이 전한다.

問君心印作何顏	그대에게 묻노니, 심인은 어떤 모습으로 된 것이기에
心印何人敢授傳	심인을 누가 감히 전해준다고 하는가.
歷劫坦然無異色	역겁토록 평온하고 분명하나 다른 색이 없으니
呼爲心印早虛言	심인이라 불러도 이미 공허한 말이다.
須知本自虛空性	본래 스스로 허공의 성품과 같다는 것을 알아야 하나니
將喩紅爐火裏蓮	붉게 달아오른 화로 속 연꽃에 비유한 것이다.
莫謂無心云是道	무심을 일러 도라고 말하지 말라.
無心猶隔一重關	무심도 오히려 한 겹의 관문에 막혀 있다.

　동안상찰(同安常察, ?~961): 오대五代의 스님. 청원 문하 6세. 동안은 주석 사명.
　구봉도건의 법을 이음. 봉서사鳳棲寺 동안원同安院에 머묾. (전게서, p.182)

來 無繩自縛 一切時中 莫亂斟酌. 會與不會 都來是錯. 分明與麼道
一任天下人貶剝. 久立珍重"

※虧欠(휴흠): 일정한 수효에서 부족이 생김. / 결핍하다. 부족하다. 부채.

※斟酌(짐작): 어림쳐서 헤아림. 겉가량으로 생각함.

※貶(낮출 폄): 낮추다. 폄하다(남을 나쁘게 말하다). 떨어뜨리다. 덜다. 떨어지
다. 물리치다. 줄다. 감해지다.

※剝(벗길 박): 벗기다. 깎다. 다치다. 상하다. 두드리다. 떨어뜨리다. 찢다.

(그리고는) 선사가 이어서 말했다.

"(찾아) 오는 사람이 있으면 (나는) 빠짐없이 그들이 온 곳을 모두
안다. 만약 이렇게 오면 (자신을) 잃은 것과 같고, 이렇지 않게 오면[49]
끈도 없이 자신을 묶는 것과 같으니, 일체시에 어지럽게 어림쳐서
헤아리지 말라![50] 아는 것과 모르는 것, 모두 잘못이다. 나는 분명
이렇게 말하나니, 헐뜯고 깎아내리는 것은 천하인에게 맡기겠다.
오랫동안 서 있느라 수고들 했다."[51]

---

49 여마與麼來·불여마不與麼來와 관련한 또 다른 용례는 아래 【참조】 16을 살펴보기
바란다.

50 짐작斟酌의 원래 뜻은 '술을 넘치지도 부족하지도 않게 따른다'는 뜻이다.

51 '久立珍重(구립진중)'은 앞의 註20을 참조하기 바란다.
이 이야기는 선문염송집 제16권(N.626)에서 하나의 시중으로 동일하게 전한다.
臨濟示衆云 "但有問訊 不虧欠伊 摠識伊來處. 恁麼來 恰似失却 不恁麼來 無繩
自縛 一切時中 莫亂斟酌. 會與不會 都來是錯. 分明恁麼道 一任天下人貶剝"
(내용 동일, 번역 생략)
여기서는 ①'與麼來'를 '恁麼來'로(뜻은 같다) 전하며, ②끝에 '久立珍重'이 생략

되었다.

조당집, 전등록에서는 전하지 않는다.

광등록에서는 본서와 동일하게 전한다. 다만 뒷부분의 선사가 이어서 한 말씀을
또 다른 하나의 상당 법문으로 기술한다.

【참조】

13. 검인상사劍刃上事(조당집 제18권,「앙산 화상」편)

問 "法身還解說法也无" 師云 "我則說不得 別有人說得" 進曰 "說得底人 在什摩
處" 師乃推出枕子. 僧后擧似潙山 潙山云 "寂子用劍刃上事"

물었다. "법신도 법을 설할 줄 압니까?"

앙산이 말했다. "나는 말하지 못하지만, 말할 수 있는 사람이 따로 있지."

말했다. "말할 수 있는 사람이 어디에 있습니까?"

앙산이 이내 목침을 밀어 내놓았다.

〔어떤 스님이 뒤에 위산에게 앞의 이야기를 전하자, 위산이 말했다.
"적자(앙산 혜적)가 검인상사를 썼구나!"〕

14. 석실선도의 대오大悟(전등록 제14권,「담주 석실 선도 화상」편)

潭州石室善道和尙 嗣攸縣長髭曠禪師 作沙彌時長髭遣令受戒 謂之曰 "汝迴日
須到石頭禮拜" 師受戒後迴參石頭. 一日隨石頭遊山次 石頭曰 "汝與我斫却面前
頭樹子礙我" 師曰 "不將刀來" 石頭乃抽刀倒與師 師云 "不過那頭來" 石頭曰
"爾用那頭作什麽" 師卽大悟便歸 長髭問 "汝到石頭否" 師曰 "到卽到不通號"
長髭曰 "從誰受戒" 師曰 "不依他" 長髭曰 "在彼卽怎麽 來我遮裏作麽生" 師曰
"不違背" 長髭曰 "太忉忉生" 師曰 "舌頭未曾點著在" 長髭咄曰 "沙彌出去" 師便
出 長髭曰 "爭得不遇於人"

담주 석실 선도 화상은 유현攸縣 장자 광(長髭曠) 선사의 법을 이었다.

사미가 되었을 때, 장자가 계를 받도록 보내면서 말했다. "네가 돌아오는 날
모름지기 석두에게 가서 인사를 드려라."

선도가 계를 받고 돌아오면서 석두를 참례했다.

하루는 석두를 따라 산을 돌아다니는데, 석두가 말했다. "너는 나와 함께 나를 가로막고 있는 눈앞의 나무를 베어버리자."

선도가 말했다. "칼을 가지고 오지 않았습니다."

석두가 이내 칼을 뽑아 선도에게 건넸다.

선도가 말했다. "그곳을 지나지 못합니다."

석두가 말했다. "너는 그곳에서 뭘 하려는 것인가?"

선도가 바로 대오大悟하고, 곧장 돌아왔다.

장자가 물었다. "너는 석두에게 갔었느냐?"

선도가 말했다. "가긴 갔었는데 이름을 알리지는 않았습니다."

장자가 말했다. "누구한테 계를 받았는가?"

장자가 말했다. "다른 사람에게 의지하지 않았습니다."

장자가 말했다. "거기서는 그래도, 나의 이곳에서는 어떻게 하려는가?"

선도가 말했다. "위배하지 않겠습니다."

장자가 말했다. "몹시 도도하구먼!"

선도가 말했다. "혀끝도 댄 적이 없습니다."

장자가 꾸짖으며 말했다. "사미야, 나가라!"

선도가 바로 나가자, 장자가 말했다. "어찌 사람을 만나지 못하였겠는가!"

15. 답대망각이각踏碓忘却移脚(조당집 제5권, 「석실 화상」 편)

因沙汰年中改形爲行者. 沙汰后師僧聚集 更不造僧 每日踏碓供養師僧. 木口和尙到 見行者每日踏碓供養僧 問 "行者不易甚難消" 師曰 "開心碗子里盛將來 合盤里合取 說什摩難消易消" 木口失對. 有僧擧似雲居 雲居云 "得底人改形換服"

사태(당 무종의 폐불: 회창會昌 연간의 사태)로 인해, 사태 기간 중에 모습을 바꿔 행자로 가장하였다. 사태 후에 스님들이 모여들었으나 (선도는) 다시 스님이 되지 않고, 매일 디딜방아를 밟으며 스님들을 공양하였다.

목구木口 화상이 와서 행자가 매일 디딜방아를 밟으며 스님들에게 공양하는 것을 보고 물었다. "행자가 (발을) 바꾸지 않으니 소화하기가 어렵겠구먼."

선도가 말했다. "마음을 열어 주발을 채우고 소반에 모으는 것인데, 무슨 소화하
기 어렵다느니 소화하기 쉽다느니 하는 것입니까?"

목구가 대답을 못했다.

어떤 스님이 이 이야기를 들어 운거에게 전하자, 운거가 말했다. "득저인得底人이
모습을 바꾸고 의복을 바꿨다."

16. 여마與麼來·불여마不與麼來(『조주록趙州錄』, 조당집 제18권, 「조주 화상」편)

問 "與麼來底人 師還接也無" 師云 "接" 云 "不與麼來底人 師還接也無" 師云
"接" 云 "與麼來 從師接 不與麼來 師如何接" 師云 "止止 不須說我法妙難思"

물었다. "이렇게 온 사람도 스님께서는 제접하십니까?"

조주가 말했다. "제접한다."

말했다. "이렇지 않게 온 사람도 스님께서는 제접하십니까?"

조주가 말했다. "제접한다."

말했다. "이렇게 온 사람이 스님으로부터 제접을 받는다면, 이렇지 않게 온
사람을 스님께서는 어떻게 제접한다는 것입니까?"

조주가 말했다. "그만둬라, 그만둬! 말할 필요가 없다. 나의 법은 오묘해서
생각하기 어렵다."

7. 고봉정상과 십자가두

上堂云 "一人在孤峯頂上 無出身之路 一人在十字街頭 亦無向背. 那 箇在前 那箇在後. 不作維摩詰 不作傅大士" "珍重"

상당해서 말했다.

"한 사람은 고봉정상에 있어 (더 이상) 몸을 벗어날 길이 없고, 한 사람은 십자가두에 있어 앞뒤(向背, 향하거나 등지는 것)가 없다. 누가 앞이고, 누가 뒤인가? 유마힐도 되지 말고, 부대사[52]도 되지 말라."

"수고들 했다."[53]

---

52 부대사(傅大士, 497~569): 양梁·진陳의 거사. 절강성浙江省 동양東陽 출신. 성姓은 부傅, 이름은 흡翕, 자字는 현풍玄風, 호는 선혜善慧. 쌍림대사雙林大士·동양대사 東陽大士라고도 함. 16세에 혼인하여 두 아들을 두었으나, 24세에 서역西域의 승려 숭두타崇頭陀에게 감화되어 동양東陽 송산松山에 은거하여 수행함. 534년 에 입궐하여 무제武帝에게 설법하고, 칙명으로 종산鍾山 정림사定林寺에 머무르 니 학인들이 운집함. 어록으로『선혜대사어록善慧大士語錄』이 있다. (전게서)

53 이 이야기는 선문염송집, 조당집, 전등록에서는 전하지 않는다. 광등록에서는 본서와 동일하게 전한다.

8. 도중途中과 가사家舍

上堂云 "有一人 論劫在途中 不離家舍 有一人 離家舍 不在途中 那箇合
受人天供養" 便下座.

상당해서 말했다.

"한 사람은 오랜 세월[54] 도중途中에 있지만 가사家舍를 떠나지 않고,
한 사람은 가사를 떠났지만 도중에 있지 않으면,
누가 인간과 천상의 공양을 받을 만한가?"
(그리고는) 바로 자리에서 내려왔다.[55]

---

54 논겁論劫은 오랜 세월, 영원한 세월로 해석하였다.

55 이 이야기는 선문염송집 제16권(N.628)에서도 동일하게 전한다.
조당집과 전등록에서는 전하지 않는다.
광등록에서는 본서와 동일하게 전한다.

【참조】
17. 도중途中과 관련한 용례(전등록 제7권, 「여산 귀종사 지상 선사」 편)
有僧辭去 師喚 "近前來 吾爲汝說佛法" 僧近前 師云 "汝諸人盡有事在 汝異時却
來 遮裏無人識汝 時寒途中善爲去"

어떤 스님이 하직하고 물러가자, 선사(귀종지상)가 불렀다. "가까이 와라! 내가 그대를 위해 불법을 말해 주리라."

그 스님이 가까이 오자, 선사가 말했다. "그대와 여러 사람들이 다 일을 하고 있으니, 그대는 다른 때 와라. 여기에서는 아무도 그대를 알아보지 못할 것이다. 날씨가 추우니 가는 길에 조심하라(時寒途中善爲去)."

지상 선사의 또 다른 말이 상기 서에 있다.

江州刺史李渤問師曰 "敎中所言 須彌納芥子 渤卽不疑 芥子納須彌 莫是妄譚否" 師曰 "人傳使君讀萬卷書籍 還是否" 李曰 "然" 師曰 "摩頂至踵 如椰子大 萬卷書 向何處著" 李俛首而已. 李異日又問 云 "大藏敎明得箇什麼邊事" 師擧拳示之云 "還會麼" 李云 "不會" 師曰 "遮箇措大 拳頭也不識" 李云 "請師指示" 師云 "遇人卽 途中授與 不遇卽世諦流布"

강주 자사 이발이 선사(귀종지상)에게 물었다. "교敎에서는 말하기를, '수미산이 겨자씨를 거두어들인다'고 한 것을 저는 의심치 않지만, '겨자가 수미산을 거두어 들인다'고 하는 것은 헛된 이야기가 아니겠습니까?"

선사가 말했다. "사람들이 말하기를 사군(使君, 당신)께서는 만 권의 책을 읽었다는데, 맞습니까?"

이발이 말했다. "그렇습니다."

선사가 말했다. "(그대는) 정수리로부터 발꿈치까지 기껏해야 야자열매만큼 클 뿐인데, 만 권의 서적은 어디에 둔 것입니까?"

이발이 머리를 숙이고 있을 뿐이었다.

이발이 다른 날 또 물었다. "대장경의 가르침은 무슨 일을 밝힌 것입니까?"

선사가 주먹을 들어 보이고는 말했다. "알겠습니까?"

이발이 말했다. "모르겠습니다."

선사가 말했다. "이런 가난뱅이 선비가 주먹도 모르는구나!"

이발이 말했다. "청컨대, 스님께서 가리켜 보여주십시오."

선사가 말했다. "(마땅한) 사람을 만나면 길에서도 전해주겠지만, 만나지 못한다면 세속의 진리나 유포될 것입니다(遇人卽途中授與 不遇卽世諦流布)."

9. 삼구와 삼현삼요

上堂 僧問 "如何是第一句" 師云 "三要印開朱點側 未容擬議主賓分"
問 "如何是第二句" 師云 "妙解豈容無著問 漚和爭負截流機" 問 "如何是
第三句" 師云 "看取棚頭弄傀儡 抽牽都來裏有人"

※漚和(구화): 방편(upāya의 음역).

※傀儡(괴뢰): 꼭두각시. 남의 앞잡이가 되어 이용당하는 사람.

※抽(뽑을 추): 뽑다. 빼내다. (새싹 따위가) 돋다.

※牽(이끌 견): 끌다. 이끌다. 잡아당기다. 잡아끌다.

상당하자, 어떤 스님이 물었다.

"어떤 것이 제1구입니까?"

선사가 말했다.

"삼요의 도장을 찍고 떼면 붉은 글씨가 드러나니,

머뭇거리며 빈주를 나누는 것을 용납하지 않는다."[56]

---

56 전등록 제12권에서는 三要印開朱點側을 '三要印開朱點窄'으로 전한다.
　側(곁 측): (귀를) 기울이다. (해, 달이) 기울다. (한쪽으로) 치우치다, 쏠리다.

물었다.

"어떤 것이 제2구입니까?"

선사가 말했다.

"묘해(妙解, 문수)가 어찌 무착의 물음을 용납하겠는가마는,

방편 상, 어찌 뛰어난 근기(截流機, 무착)를 저버리겠는가!"[57]

물었다.

"어떤 것이 제3구입니까?"

선사가 말했다.

"무대 위의 꼭두각시가 노는 것을 잘 보라.

뽑아내고 잡아당기는 것이 모두 그 뒤에 있는 사람이 하는 것이다."[58]

외면하다. 비뚤어지다. 배반하다. 엎드리다. 숨다. 낮다, 미천하다. 어렴풋하다.
아파하다, 슬퍼하다. 다가오다, 닥쳐오다.

窄(좁을 착): 좁다. 축소시키다. 곤궁하다. 군색(옹색)하다. 구차하다.

57 문수와 무착에 관해서는 아래【참조】18을 살펴보기 바란다.

58 선문염송집과 조당집에서는 상기의 삼구법문은 전하지 않는다.
전등록 제12권에서 전하는 것은 부록을 참조하기 바란다(앞의 註55를 제외하고,
제2구, 제3구는 동일하게 전한다).
광등록에서는 전하지 않는다.

시중 '5. 자기 자신을 믿어라' 편에서는 제1~3구를 다음과 같이 설명한다.
山僧今日見處與祖佛不別. 若第一句中得 與祖佛爲師 若第二句中得 與人天爲
師 若第三句中得 自救不了"

산승의 오늘 견처는 조사나 부처와 다르지 않다. 제1구에서 깨달으면 조사나
부처의 스승이 되고, 제2구에서 깨달으면 사람과 하늘의 스승이 되며, 제3구에서

깨달으면 제 자신도 구제하지 못하게 된다.

참고로 『인천안목』(人天眼目, 송나라 지소智昭 지음) 제1권에서는 임제삼구를
다음과 같이 설명한다.

禪宗公案名 爲唐代臨濟義玄禪師接引學人之三種方法 卽一 三要印開朱點側 未
容擬議主賓分 二 妙解豈容無著問 漚和爭負截流機 三 看取棚頭弄傀儡 抽牽都
來裏有人. 其中 第一句指言語以前眞實之意味. 三要指眞佛 印開卽開顯佛心印.
三要印開 指一念開悟 眞佛具現 而至成佛. 第二句則敎示第一句眞佛具現之絶
對解了會得. 此解了會得係屬絶對 不容有任何方便. 漚和爲梵語 upāya(方便)
之音譯 截流機指斷滅煩惱而得解脫 卽以各種方便法而求絶對之解脫. 此句卽
具體說明眞佛具現之絶對. 第三句係專對求道者中 不通第一句第二句之鈍根
而設之各種方便法門 有如傀儡師所現之各種神頭鬼面.

(임제삼구는) 선종의 공안 명칭으로 당대 임제의현 선사가 학인을 맞아 이끄는
세 가지 방법이다. 바로 그 첫째는 "三要印開朱點側 未容擬議主賓分", 둘째는
"妙解豈容無著問 漚和爭負截流機", 셋째는 "看取棚頭弄傀儡 抽牽都來裏有人"이다.
이 가운데 제1구는 언어 이전의 진실한 의미를 가리킨다. 삼요三要는 진불眞佛을
가리키며, 인개印開하면 바로 부처의 심인이 드러나게 된다. 삼요인개는 한
생각 깨달으면 진불이 모두 드러나 성불하게 되는 것을 가리킨다.
제2구는 제1구의 진불구현의 절대를 가르쳐 보여서 이해하고 깨닫게 된다.
이러한 이해와 깨달음은 절대에 속하는 것으로 어떠한 방편도 허용하지 않는다.
구화漚和는 범어로 upāya(方便)의 음역이고, 절류기截流機는 번뇌를 끊어서
해탈을 얻는 것으로, 바로 갖가지 방편법으로 절대의 해탈을 구하는 것이다.
이 구句는 진불을 모두 드러내는 절대를 구체적으로 설명한다.
제3구는 도를 구하는 사람들 가운데 제1구, 제2구에도 통하지 않는 둔한 근기에
게 임기응변하는 것으로 갖가지 방편법문을 시설하는 것이니, 이는 꼭두각시를
놀리는 사람이 드러낸 갖가지 기괴한 몰골과 같다.

풍혈연소의 임제삼구에 대한 염은 아래 【참조】 19를 살펴보기 바란다.

❀

師又云 "一句語須具三玄門 一玄門須具三要. 有權有用 汝等諸人 作麼生會" 下座.

선사가 또 말했다.

"일구어(一句語, 한마디 말)는 모름지기 삼현문三玄門을 갖춰야 하고, 일현문은 모름지기 삼요三要를 갖춰야 한다.[59] 방편과 작용을[60] 그대들

---

59 일구어一句語는 일언일구一言一句의 뜻으로 진리를 헤아려 한마디 말로 드러낸 것이다. 선종의 일상적인 용어에 일구도득一句道得・말후 일구(末後的一句)・투탈 일구(透關的一句) 등의 말은 반야의 공, 또는 진리와 같은 뜻을 표시한다(禪宗常用 一句道得 末後的一句 透關的一句 等語表示般若之空或眞理等義, 불광대사전)고 했다. 역자는 일구어를 제1구, 제2구, 제3구를 모두 포함하는 것으로 이해했다.

〔삼현문三玄門과 삼요三要〕

臨濟並未明言道出三玄門與三要之內容. 蓋「一句語有玄有要」卽是活語「三玄三要」其目的乃教人須會得言句中權實照用之功能. 後之習禪者於此三玄三要各作解釋 而謂三玄卽 一體中玄 指語句全無修飾 乃依據所有事物之眞相與道理而表現之語句. 二句中玄 指不涉及分別情識之實語 卽不拘泥於言語而能悟其玄奧. 三玄中玄 又作用中玄 指離於一切相待之論理與語句等桎梏之玄妙句. 又依人天眼目卷一所載汾陽善昭之說. 三要之中 第一要爲言語中無分別造作 第二要爲千聖直入玄奧 第三要爲言語道斷. (『일행불학사전一行佛學辭典』)

삼현문과 삼요의 내용을 임제 선사 스스로 밝힌 것은 없다. 아마도 '一句語有玄有要'는 활어活語이고, '三玄三要'는 그 목적이 모름지기 사람들로 하여금 언구 가운데 권權・실實・조照・용用의 공덕을 알도록 하는 데 있는 것 같다. 훗날 선을 닦는 이들(習禪者)이 이 삼현삼요에 대해 각기 해석을 하였는데, 다음과 같다.

은 어떻게 알고 있는가?"

(그리고는) 자리에서 내려왔다.[61]

삼현三玄

① 체중현體中玄: 수식이 전혀 없는 어구로, 이는 존재하는 모든 것의 진상과 도리를 표현하는 어구를 가리킨다(指語句全無修飾 乃依據所有事物之眞相與道理而表現之語句).

② 구중현句中玄: 분별정식으로 언급하지 않는 진실어로, 이는 언어에 구애되지 않고 그 현묘한 뜻을 깨달을 수 있는 것을 가리킨다(指不涉及分別情識之實語 卽不拘泥於言語而能悟其玄奧).

③ 현중현玄中玄: 용중현用中玄이라고도 하며, 일체 상대의 논리와 어구 등의 질곡에서 벗어난 현묘한 언구를 가리킨다(又作用中玄 指離於一切相待之論理與語句等桎梏之玄妙句).

인천안목, 권 제1에 실려 있는 분양선소의 말에 따르면 삼요는 다음과 같다.

삼요三要

① 제1요는 언어의 분별 조작이 없는 것이다(第一要爲言語中無分別造作).

② 제2요는 일 천 성인이 현묘한 뜻에 바로 들어간 것이다(第二要爲千聖直入玄奧).

③ 제3요는 언어도단이다(第三要爲言語道斷).

60 권權은 실實과 조照는 용用과 상대하는 것이다.

61 이 이야기는 선문염송집 제16권(N.631)에서는 다음과 같이 전한다.

臨濟示衆云 "大凡下語 一句中 具三玄 一玄中 具三要. 有玄有要 汝等諸人 作麼生會"

임제가 대중에게 말했다. "무릇 말을 하려면 일구 속에 삼현을 갖춰야 하고, 일현 속에 삼요를 갖춰야 한다. 현玄과 요要를 그대들은 어떻게 알고 있는가?"

여기서는 '有權有用'을 전하지 않고, "현과 요(有玄有要)를 그대들 모두는 어떻게 알고 있는가?"라고 전한다.

조당집에서는 전하지 않는다.

전등록 제12권에서는 다음과 같이 전한다.

師又曰 "夫一句語須具三玄門 一玄門須具三要. 有權有用 汝等諸人 作麽生會"(내용 동일, 번역은 부록을 참조할 것.)

광등록에서는 전하지 않는다.

【참조】

18. 문수보살과 무착과의 대화

① 조당집 제11권, '보복保福 화상' 편에 다음과 같이 전한다.

因擧无著和尙到五台山 見文殊化寺 共吃茶次 文殊提起茶坭子云 "南方還有這个不" 无著云 "无" 文殊云 "尋常將什摩吃茶" 无著无對. 師代云 "几不与摩道"又代云 "久向金毛 今日親見" 招慶代云 "若与摩則痴客勸主人 請盡茶"

(보복이 아래의 이야기를 거론했다.)

무착 화상이 오대산에 이르러 문수가 화현해서 만든 절(文殊化寺)에서 만나 함께 차를 마시고 있는데, 문수가 차받침을 들어 올리며 말했다. "남방에도 이것이 있는가?"

무착이 말했다. "없습니다."

문수가 말했다. "평소에 뭘 가지고 차를 마시지?"

무착이 대답이 없었다.

보복이 대신 대답했다. "무릇 그렇게 말하지 않겠다."

또 대신 대답했다. "오랫동안 금모사자를 흠모했는데, 오늘에서야 친견할 수 있게 되었구먼."

초경이 대신 대답했다. "만약 그렇다면 어리석은 손님이 주인에게 '차를 드십시오'라고 권하는 것이 된다."

② 조당집 제11권, '제운齊雲 화상' 편에 다음과 같이 전한다.

麗天和尙頌无著對文殊話 頌曰 "淸凉感現圣伽藍 親對文殊接話談 言下不通好

消息. 回頭只見翠山岩" 師和頌曰 "遍周沙界圣伽藍 觸處文殊共話談 若有門上覓
消息. 誰能敢道翠山岩"

여천 화상이 무착과 문수의 대화를 송으로 말했다.

清凉感現聖伽藍　청량산에 감응으로 드러난 성스러운 가람에서

親對文殊接話談　직접 문수를 만나 이야기를 나누었거늘,

言下不通好消息　말끝에 좋은 소식 통하지 못하고

回頭只見翠山岩　고개를 돌려 단지 푸른 산의 바위만 보네.

제전화상이 (이에) 송으로 말했다.

遍周沙界聖伽藍　항하의 모래와 같이 많은 세계에 두루한 성스러운 가람에서

觸處文殊共話談　가는 곳마다 문수와 함께 이야기를 나누거늘,

若有門上覓消息　만약 어떤 문에서 소식을 찾는다면

誰能敢道翠山岩　누가 감히 푸른 산의 바위를 말할 수 있으리오.

③벽암록 제35칙, 평창評唱에서는 다음과 같이 전한다.

無著遊五臺 至中路荒僻處 文殊 化一寺 接他宿 遂問 "近離甚處" 著云 "南方"
殊云 "南方佛法 如何住持" 著云 "末法比丘 少奉戒律" 殊云 "多少衆" 著云 "或三百
或五百" 無著卻問文殊 "此間如何住持" 殊云 "凡聖同居龍蛇混雜" 著云 "多少衆"
殊云 "前三三後三三"

무착이 오대산을 유행을 하다가 황량하고 외진 곳에 이르렀다. 문수가 절
하나를 화현化現시켜 그를 맞아 자고 가도록 했다.

문수가 물었다. "어디서 왔는가?"

무착이 말했다. "남방에서 왔습니다."

문수가 말했다. "남방의 불법은 어떻게 해나가고 있는가?"

무착이 말했다. "말법 비구가 그저 약간의 계율을 지키고 있습니다."

문수가 말했다. "대중은 얼마나 되는가?"

무착이 말했다. "혹 삼백도 되고, 혹 오백도 됩니다."

무착이 문수에게 물었다. "여기서는 어떻게 해나가고 있습니까?"
문수가 말했다. "범부와 성인이 같이 살고, 용과 뱀이 뒤섞여 있다."
무착이 말했다. "대중이 얼마나 됩니까?"
문수가 말했다. "전삼삼前三三, 후삼삼後三三이니라.

19. 임제삼구에 대한 남원혜옹과 풍혈연소의 답(『선림승보전禪林僧寶傳』)

(又)問曰 "臨濟有三句 當日有問 如何是第一句 臨濟曰 三要印開朱點窄 未容擬
議主賓存" 風穴隨聲便喝. 又曰 "如何是第二句 臨濟曰 妙解豈容無著問 漚和爭
赴截流機" 風穴曰 "未問已前錯" 又問曰 "如何是第三句 臨濟曰 但看棚頭弄傀儡
抽牽全藉裏頭人" 風穴曰 "明破卽不堪" 於是南院以爲 可以支臨濟 幸不辜負興
化先師 所以付託之意. 風穴依止 六年辭去.

(또, 4빈주의 문답에 이은 것이다.)
(남원혜옹이) 말했다. "임제에게 삼구가 있는데, 그 당시 어떤 사람이 묻기를
'어떤 것이 제1구입니까?'라고 하자, 임제가 말하기를 '삼요의 도장을 찍고
떼면 붉은 글씨가 드러나니, 머뭇거리며 빈주賓主를 나누는 것(빈주가 있는
것)을 용납하지 않는다'고 했다."
(그러자) 풍혈이 남원의 말에 바로 "할!" 했다.
또 말했다. "'어떤 것이 제2구입니까?'라고 하자, 임제가 말하기를 '묘해(妙解,
문수)가 어찌 무착無著 선사의 물음을 용납하겠는가마는 방편 상 어찌 뛰어난
근기(截流機, 무착)를 저버리겠는가!'라고 했다."
풍혈이 말했다. "묻기도 전에 틀렸습니다."
또 말했다. "'어떤 것이 제3구입니까?'라고 하자, 임제가 말하기를 '무대 위의
꼭두각시 조정하는 것을 보라. 뽑아내고 잡아당기는 것이 모두 그 속에 사람이
있어서 하는 것이다'라고 했다."
풍혈이 말했다. "분명하게 간파하면 견디지 못하게 됩니다."
이에 남원이 임제를 지탱할 수 있다고(임제의 혈통이라고) 여겼다.
다행히 흥화興化 선사先師가 부탁한 뜻을 저버리지 않게 되었다.
풍혈이 6년을 의지하다가 하직인사를 하고 떠났다.

II. 시중示衆

1. 사료간四料簡[1]

師晩參示衆云 "有時奪人不奪境 有時奪境不奪人 有時人境俱奪 有時人境俱不奪"

선사가 만참[2] 때, 대중에게 말했다.

"어떤 때는 사람(주관)을 빼앗지만 경계(객관)는 빼앗지 않고,

어떤 때는 경계를 빼앗지만 사람은 빼앗지 않고,

어떤 때는 사람과 경계를 모두 빼앗고,

어떤 때는 사람과 경계를 모두 빼앗지 않는다."[3]

---

1 사료간四料簡이라는 말은 임제 선사 본인이 직접 사용한 말이 아니다. 이후에 선사의 제자들 사이에서 정의한 것이다. 대표적인 예로 남원혜옹과 풍혈연소 간의 문답이 있다. 아래 【참조】 20을 살펴보기 바란다.

2 만참晩參은 저녁 법문을, 조참무參은 아침 법문을, 소참小參은 수시로 적당한 장소에서 간략하게 행하는 설법을 뜻한다.

참參이란 본래 선사(주지)가 대중을 모아 놓고 설법을 하거나, 학인이 스승을 찾아뵙고 가르침을 청하는 것을 뜻한다.

3 사람과 경계, 즉 주관과 객관을 전심법요에서는 마음과 경계로 전한다.

凡夫取境 道人取心 心境雙忘 乃是眞法. 忘境猶易 忘心至難. 人不敢忘心 恐落空

🌸

時有僧問 "如何是奪人不奪境" 師云 "煦日發生鋪地錦 瓔孩垂髮白如
絲" 僧云 "如何是奪境不奪人" 師云 "王令已行天下遍 將軍塞外絶烟塵"
僧云 "如何是人境兩俱奪" 師云 "幷汾絶信 獨處一方" 僧云 "如何是人境
俱不奪" 師云 "王登寶殿 野老謳歌"

※ 煦日(후일): 따뜻한 태양. 따사로운 햇볕.
※ 垂髮(수발): 아이의 땋아 늘어뜨린 머리카락.
※ 烟塵(연진): 먼지와 연기. 봉화 연기와 전쟁의 먼지. (비유) 전쟁.
※ 謳歌(구가): 많은 사람이 입을 모아 칭송함. 행복한 처지나 기쁜 마음
　따위를 거리낌 없이 나타냄.

그때 어떤 스님[4]이 물었다.

"어떤 것이 사람을 빼앗지만, 경계는 빼앗지 않는 것입니까?"

선사가 말했다.

"따스한 햇살(봄날)에 만물이 소생하니 땅에 비단을 편 듯하고,
어린아이의 늘어뜨린 머리카락은 명주실처럼 희구나."[5]

無撈摸處 不知空本無空. 唯心眞法界耳.

범부는 경계를 취하고 도인은 마음을 취하니, 마음과 경계를 함께 잊어야 참된
법(眞法)이다. 경계를 잊는 것은 오히려 쉽지만, 마음을 잊는 것은 지극히 어렵다.
사람들은 감히 마음을 잊지 못하고, 공에 떨어져 잡고 더듬을 곳이 없을까를
걱정하는데, (이는) 공은 본래 공도 없다(空本無空)는 것을 모르는 것이다. 오직
마음만이 진법계眞法界이다.

4 전등록 제12권에서는 제자 '탁주涿州 지의紙衣 화상'이 물은 것으로 전한다.

스님이 물었다.

"어떤 것이 경계를 빼앗지만, 사람은 빼앗지 않는 것입니까?"

선사가 말했다.

"왕의 명령이 떨어져 천하에 두루 시행되니,

변방을 지키는 장수는 전쟁할 일이 없어졌다."[6]

스님이 물었다.

"어떤 것이 사람과 경계를 모두 빼앗는 것입니까?"

선사가 말했다.

"병주와 분주는 소식을 끊고,

독자적으로 한 지방을 차지하였다."[7]

스님이 물었다.

"어떤 것이 사람과 경계를 모두 빼앗지 않는 것입니까?"

선사가 말했다.

---

5 실제로 존재하지 않는 것을 『대승입능가경(大乘入楞伽經, 이하 능가경)』 제3권에서
 는 다음과 같이 전한다.

如畫垂髮幻　　마치 그려진 수발垂髮·환·

夢乾闥婆城　　꿈·건달바성·

火輪熱時焰　　화륜·아지랑이처럼

實無而見有　　진실로 없지만 있는 것처럼 보인다.

6 烟塵(연진)은 낭연마진狼煙馬塵의 준말로, 낭연狼煙은 전쟁 때 신호로 쓰던 불을,
 마진馬塵은 말이 일으키는 먼지의 뜻으로 전쟁을 의미한다.

7 병주幷州와 분주汾州는 모두 중국 북방의 산서성에 위치한 군사적 요충지이다.

"왕은 보배궁전에 오르고,

시골노인은 태평가를 부른다."⁸

---

8 구가謳歌는 본래 천자天子의 은덕을 칭송하여 노래 부르는 것을 뜻한다.

이 이야기는 선문염송집과 조당집에서는 전하지 않는다.

전등록 제12권에서는 이 이야기를 임제 선사 편에서 전하지 않고, 제자인 '탁주지의 화상' 편에서 앞의 만참법문 없이 4료간의 문답만을 전한다.

광등록에서는 본서와 동일하게 전한다.

【참조】

20. 선림승보전에서 전하는 남원혜옹과 풍혈연소 간의 문답

(중략) 南院頷之 又問 "汝道四種料簡語 料簡何法" 對曰 "凡語不滯凡情 卽墮聖解 學者大病. 先聖哀之 爲施方便 如楔出楔" 曰 "如何是奪人不奪境" 曰 "新出紅爐金彈子 簁破闍梨鐵面門" 又問 "如何是奪境不奪人" 曰 "芻草乍分頭腦裂 亂雲初綻影猶存" 又問 "如何是人境俱奪" 曰 "蹋足進前須急急 促鞭當軼莫遲遲" 又問 "如何是人境俱不奪" 曰 "常憶江南三月裏 鷓鴣啼處百花香"

(중략) 남원이 고개를 끄덕이고는, 또 물었다. "그대는 말해보라. 네 가지 요간어料簡語라는 것은 어떤 법을 가려내는 것인가?"

풍혈이 대답했다. "무릇 말이라는 것은 범정凡情에 막히거나 바로 성해聖解에 떨어져 학인의 큰 병이 됩니다. 옛 성인이 가엾이 여기고 방편을 시설했기 때문에 쐐기로 쐐기를 뽑는 것과 같은 것입니다."

남원이 말했다. "어떤 것이 사람(주관)을 빼앗지만, 경계(객관)는 빼앗지 않는 것인가?"

풍혈이 말했다. "붉은 화로에서 새로 꺼낸 금탄자(금환=쇠 탄알)로 스님의 철면문鐵面門을 가지런히 부숴버립니다."

또 물었다. "어떤 것이 경계는 빼앗지만, 사람은 빼앗지 않는 것인가?"

풍혈이 말했다. "꼴풀(芻草, 말이나 소에게 먹이는 풀)을 쪼개니 머리가 찢어지고, 비구름이 막 피어나도 그림자는 여전히 남아 있습니다."

또 물었다. "어떤 것이 사람과 경계 모두를 빼앗는 것인가?"

풍혈이 말했다. "발을 디뎌 앞으로 나아가려면 모름지기 아주 급해야 하고, 채찍으로 가슴걸이를 치려면 더뎌서는 안 됩니다."

또 물었다. "어떤 것이 사람과 경계를 모두 빼앗지 않는 것인가?"

풍혈이 말했다. "늘 강남의 3월을 기억하니 자고새 우는 곳에 백화가 향기롭습니다."

〔사료간의 사전 정의〕

사료간: 네 가지 분류, 또는 네 가지 표준이라는 뜻. 임제가 제자들을 지도할 때 사용한 방법으로, 주관과 객관에 대한 네 가지 입장을 말함.

①탈인불탈경奪人不奪境: 주관을 버리고 객관을 버리지 않음. 곧 객관만이 존재한다는 입장.

②탈경불탈인奪境不奪人: 객관을 버리고 주관을 버리지 않음. 곧 주관만이 존재한다는 입장.

③인경량구탈人境兩俱奪: 주관과 객관을 모두 버림. 곧 주관과 객관을 모두 부정하는 입장.

④인경구불탈人境俱不奪: 주관과 객관을 모두 버리지 않음. 곧 주관과 객관은 우열의 차별이 있는 것이 아니라 서로 의존 관계에 있으므로 다만 있는 그대로 받아들인다는 입장. (시공 불교사전)

2. 진정견해眞正見解[9]

師乃云 "今時學佛法者 且要求眞正見解. 若得眞正見解 生死不染 去
住自由 不要求殊勝 殊勝自至. 道流 秖如自古先德 皆有出人底路.
如山僧指示人處 秖要爾不受人惑 要用便用 更莫遲疑. 如今學者不得
病在甚處. 病在不自信處. 爾若自信不及 卽便忙忙地 徇一切境轉 被
他萬境回換 不得自由.

※出人(출인): 남보다 뛰어나다(탁월하다).
※遲疑(지의): 의심하고 주저함.
※忙忙(망망): 다급한 모양. 바뻐. 급하게.
※回換(회환): 이리저리 끌려 다님. (선학사전)

선사가 (대중에게) 말했다.[10]

---

9 시중 '4. 수처작주 입처개진' 편에 학인이 '진정견해란 무엇인가?'를 묻고, 임제가
답을 하는 내용이 있으니 함께 참조하기 바란다.

10 본 내용은 광등록에서는 師示衆云으로 시작된다. 그리고 『연등회요聯燈會要』
제9권에서도 示衆云으로 시작된다고 한다. (정성본 역주, 임제어록, p.75 참조)
또한 전등록 제28권, 「제방광어諸方廣語」 편에서도 독립된 임제의 설법으로

"요즘 불법을 배우는 사람들은 무엇보다도 진정견해(眞正見解, 참되고 바른 견해)를 구해야 한다. 만약 진정견해를 얻으면 나고 죽음에 물들지 않고, 가고 머무는 것에 자유로우며, 수승함을 구하려고 하지 않아도 수승함이 저절로 이르게 된다.

도류여! 예로부터 선덕先德들은[11] (그들) 모두에게 뛰어난 방법(出人底路, 사람들을 깨우치는 방편)이 있었다. (하지만) 산승이 사람들에게 가리켜 보이는 것은 다만 그대들이 인혹人惑[12]을 받지 않기를 바랄 뿐이니,[13] (그러므로) 하고자(＝쓰고자) 하면 바로 하고(＝쓰고), 다시는 의심하거나 주저하지 말라!

요즘 (불법을) 배우는 사람들은 (진정견해를) 얻지 못하는데, 그 병이 어디에 있는가? (그) 병은 (자기)자신을 믿지 못하는 데 있다. 그대들이 만약 자신을 믿지 못한다면, 곧장 허둥지둥 일체 경계를 따라 구르고 저 온갖 경계에 이리저리 끌려다녀 자유롭지 못하게 된다.

❀

爾若能歇得念念馳求心 便與祖佛不別. 爾欲得識祖佛麼. 秪爾面前聽

전한다. 역자도 앞의 사료간과는 별도의 한 편의 시중(법문)으로 이해, 진정견해라는 하나의 제목으로 번역하였다.

11 뒤에 나오는 선덕禪德과 구분해야 한다. 여기서는 역대의 조사를 뜻한다.
12 인혹人惑은 아래 문장에 이어지는 자신自信과 상대되는 것으로 스스로를 믿지 못하고 다른 사람의 유혹이나 속임수를 따르는 것을 뜻한다.
13 임제 선사는 학인들에게 방편 같은 것을 보이지 않고 단도직입한다는 뜻이다.

法底是. 學人信不及 便向外馳求 設求得者 皆是文字勝相 終不得他活
祖意. 莫錯 諸禪德. 此時不遇 萬劫千生 輪回三界 徇好境掇去 驢牛肚
裏生. 道流 約山僧見處 與釋迦不別. 今日多般用處 欠少什麼. 六道神
光 未曾間歇. 若能如是見得 祇是一生無事人.

※欠少(흠소): 모자라다. 부족하다. 결핍하다.
※間歇(간헐): 주기적으로 일어났다 멈추었다 하다. 멈추다. 중단하다.

　그대들이 만약 생각생각[14] (밖으로) 치달려 구하는 마음만 쉴 수
있다면 바로 조사나 부처와 다를 것이 없다. 그대들은 조사와 부처를
알고자 하는가?[15] 다만 (그것은) 바로 (내) 앞에서 법문을 듣고 있는

---

14 念念(염념)은 '순간순간', '한 생각 한 생각'으로 해석해도 된다.
15 '祖佛'은 '佛祖'와 같은 말이다. 다만 祖(조사)를 강조하기 위해 앞에 쓴 것이다.
　또한 중생의 치달려 구하는 마음에서 볼 때, 조사는 시간적으로 가깝고 부처는
　멀리 있는 것으로 느껴지기 때문에 조사를 먼저 쓴 것이다. 조불에는 이 두
　의미(강조와 중생심에 대한 경책)가 복합적으로 있다.

　전등록 제3권, '제28조 보리달마' 편에 조사祖師의 정의를 다음과 같이 전한다.
　有期城太守揚衒之早慕佛乘 問師曰 "西天五印師承爲祖 其道如何" 師曰 "明佛心
　宗 行解相應 名之曰祖" 又問 "此外如何" 師曰 "須明他心知其今古 不厭有無於法
　無取 不賢不愚無迷無悟 若能是解故稱爲祖" (이어지는 게송은 아래)
　어느 때, 성의 태수 양현지揚衒之가 일찍부터 불법을 사모해 왔다고 하면서
　조사(달마)에게 물었다. "서쪽 천축에서는 인가를 받아 스승의 법을 이어야
　조사라고 한다는데, 그 道도는 어떤 것입니까?'
　조사가 말했다. "불심의 종지를 밝혀서 행行과 해解가 상응한 것을 조사(祖)라고

그대들 자신이다.

(하지만) 배우는 이들이 (이러한 그대들 자신을) 믿지 못하고 바로 밖으로 치달려 구하고 있으니, 설사 (그렇게 밖으로 치달려) 구해서 얻더라도 (그것은) 모두 문자의 뛰어난 모양(文字勝相, 경전)일 뿐, 끝내 살아있는 조사의 뜻(活祖意)은 얻지 못할 것이다.

잘못 알지 말라, 여러 선덕禪德들이여!¹⁶ 지금(此時, 이때) 만나지 못하면 천생만겁토록 삼계를 윤회하고 좋아하는 경계나 좇고 주워가면 서 나귀나 소의 뱃속에 태어나게 될 것이다.

도류여! 산승의 견처見處로는 (그대들이) 석가와 다를 것이 (조금도)

합니다.”

“그밖에는 어떠합니까?”

“모름지기 마음을 밝히고 그 고금을 알아야 하며, 있음과 없음을 싫어하지 않고 법을 취함이 없어야 하며, 현명하지도 어리석지도 않아서 미혹도 깨달음도 없어야 합니다. 만약 이렇게 이해할 수 있으면 조사祖師라고 불릴 수 있습니다.”
(그리고는 게송으로 말했다.)

達大道兮過量　대도를 통달함이여, 헤아림(量)을 넘어섰고
通佛心兮出度　부처의 마음을 통달함이여, 헤아림(度)을 벗어났네.
不與凡聖同躔　범부에도 성인에도 똑같이 얽매이지 않고
超然名之曰祖　초연한 것을 이름하여 조사(祖)라 하네.

광등록에서는 “爾欲得識祖佛麼”를 “爾欲得識祖麼(조사를 알고자 하는가?)”로 전한다.

16 앞의 선덕先德과 구분되어야 한다. 선덕禪德의 사전적인 뜻은 선리에 깊이 통한 덕망 높은 승려를 뜻하는데, 여기서는 지금 앞에서 법문을 듣고 있는 청중들을 향해 제대로 공부할 것을 당부하는 것과 아울러 약간의 비아냥하는 뜻이 함께 내포되어 있다.

없다. (그런데) 오늘 갖가지 행하는 것에 부족한 것이 무엇인가?
육도신광六道神光¹⁷은 일찍이 멈춘 적이 없다. 만약 능히 이와 같이
볼 수 있다면, (그런 사람이야말로 바로) 다만 한평생 일없는 사람(一生
無事人)¹⁸인 것이다.

大德 三界無安 猶如火宅. 此不是爾久停住處. 無常殺鬼 一刹那間
不揀貴賤老少. 爾要與祖佛不別 但莫外求. 爾一念心上淸淨光 是爾

---

17 육도신광六道神光은 안·이·비·설·신·의의 6근 작용을 뜻한다.

18 전심법요傳心法要에서는 무사인無事人을 다음과 같이 전한다.

①從前所有一切解處 盡須幷卻令空 更無分別 卽是空如來藏. 如來藏者 更無纖
塵可有 卽是破有法王出現世間. 亦云 '我於然燈佛所無少法可得' 此語只爲空你
情量知解 但銷鎔表裏情盡 都無依執 是無事人.

지금까지 갖고 있던 일체의 알고 있던 것들을 모두 모름지기 함께 버려 텅
비도록 하고, 다시는 분별이 없어야 바로 공여래장空如來藏이다. 여래장이라는
것은 결코 티끌만한 것도 있을 수가 없으니, 바로 이것이 유를 부숴버린 법왕이
세간에 출현한 것이다. 또한 이르기를 "나는 연등불이 계신 곳에서 작은 법도
가히 얻은 것이 없었다(我於然燈佛所 無少法可得)"고 했는데, 이 말은 단지 그대들
의 정량지해情量知解를 비우기 위함인 것이다. 다만 안과 밖을 녹여서 헤아림이
다하고, 조금도 의지하거나 집착하는 것이 없는 것이 무사인無事人이다.

②上堂云 "百種多知 不如無求最第一也. 道人是無事人 實無許多般心 亦無道理
可說 無事散去"

상당上堂해서 말했다. "백 가지로 많이 아는 것이 구함이 없는 것만 못하니,
구함이 없는 것이 가장 제일이다. 도인은 일 없는 사람(無事人)이니, 실로 허다하
게 많은 마음도 없고, 또한 가히 설할 만한 도리도 없다. 일 없으니, 흩어져라."

屋裏法身佛 爾一念心上無分別光 是爾屋裏報身佛 爾一念心上無差
別光 是爾屋裏化身佛. 此三種身是爾卽今目前聽法底人. 祇爲不向外
馳求 有此功用. 據經論家 取三種身爲極則 約山僧見處 不然. 此三種
身是名言 亦是三種依. 古人云 '身依義立 土據體論' 法性身 法性土
明知是光影.

대덕들이여! 삼계는 편안함이 없어 마치 불타는 집과 같다.[19] 이곳은
그대들이 오래 머물 곳이 아니다. 무상살귀無常殺鬼[20]는 한 찰나 간에도
귀하고 천함, 늙음과 젊음을 가리지 않는다.

그대들이 조사나 부처와 다르지 않고자 한다면, 다만 밖에서 구하지
말라! 그대들 한 생각 마음의 청정한 빛(淸淨光)이 그대들 안에 있는
법신불法身佛이고, 그대들 한 생각 마음의 분별없는 빛(無分別光)이
그대들 안에 있는 보신불報身佛이며, 그대들 한 생각 마음의 차별
없는 빛(無差別光)이 그대들 안에 있는 화신불化身佛이다.[21] 이 세 가지

---

19 화택火宅과 관련해서는 법화경 제2권, 「비유품」을 참조하기 바란다.

20 무상살귀는 무상이라는 모든 것을 파괴하는 귀신, 즉 시간을 뜻한다.

21 ①법신: 진리를 인격화한 진리불眞理佛이다. 초기의 원시불교와 부파불교에서는
오분법신五分法身이라고 하여 계·정·혜·해탈·해탈지견의 다섯 가지 교법 자체
를 법신이라 하였다. 대승불교시대가 되자 우주에 충만한 법(진리)을 인격화하
고, 진리의 체현자體現者로서의 이상적인 불신을 법신이라 하였다. 이는 수행의
결과로서 실현되는 불佛이 아니라, 본래부터 그렇게 존재하는 이불理佛이다.
②보신: 수용신受用身 또는 등류신等流身이라고도 부른다. 보살이 바라밀의
수행과 서원이 완성되고, 그 과보로서 얻어진 완전 원만한 이상적인 부처이다.
이를 수용신이라 하는 까닭도 선근 공덕의 보과報果를 수용하는 불신이기 때문이
다. 이 수용신에는 자수용신自受用身과 타수용신他受用身의 2종이 있다. 자수용

몸이 바로 지금 (내) 눈앞에서 법문을 듣고 있는 그대들이다. 다만 밖으로 치달려 구하지 않아야 이런 공용(功用, 효용)이 있는 것이다.

경론가들에 따르면, (저들은) 세 가지 몸을 얻는 것을 극칙(極則, 궁극적인 이치)으로 삼는다고 하는데, 산승의 견처로는 그렇지 않다. 이 세 가지 몸은 이름과 말이며, 또한 세 가지 의(依, 依持, 依持處)²²일 뿐이다. 고인이 말했다.

'몸은 뜻을 의지해서 세워지고,

신은 수행의 결과로서 얻어진 불과佛果와 자내증自內證의 법문을 스스로 수용하고 즐기는 부처이고, 타수용신은 그 깨침의 결과와 뛰어난 법문을 다른 사람들에게 수용시켜 사람들을 교화하고 지도하는 부처이다. 신앙의 대상으로서 실제로 존중되는 보신불로는 아미타불阿彌陀佛과 약사여래藥師如來 등이 있다.

③화신은 응신應身 또는 응화신應化身이라고도 한다. 교화의 대상에 따라 일시적으로 적절한 모습으로 변화하는 불신이라는 뜻이다. 즉, 보신처럼 시방삼세에 걸쳐 보편적으로 존재하는 완전 원만한 이상적인 불신이 아니라, 특정한 시대와 지역과 상대에 따라 특정한 중생을 구제하기 위하여 출현하는 부처이다. 이 화신은 다시 응신과 화신으로 설명되기도 한다. 응신은 상대방에 따라 교화하는 데 편리한 모습을 나타내어 설법하는 32상(相: 부처의 특이한 신체적 특징)과 80종호(種好 : 부처의 특징 중 미세한 것) 등의 상호를 갖춘 불신으로, 특정한 시대와 지역에 출현하는 부처가 이에 해당한다. 화신은 상호를 구비하지 않고 여러 가지 모습을 취하여 중생을 구제하는 불신이다. 범부의 모습을 취하는 경우도 있고 범천·마왕·축생 등의 모습을 나타내는 일도 있다. (한국학중앙연구원, 『한국민족문화대백과』에서 요약함.)

22 광등록에서는 '依'를 '衣'로 전하는데, 둘 다 '의지'라는 같은 뜻이 있다. 또한 옷이라는 말에 그 의미를 강조할 때는 뒤에 나오는 시중 '5, 자기 자신을 믿어라' 편의 「첫 번째 물음과 답」 부분과 연관해서 볼 수도 있다.

국토는 체에 의거해서 말해지는 것이다.'[23]

(그러므로) 법성신法性身과 법성토法性土는 (빛의) 그림자라는 것을 분명히 알아야 한다.

※

大德 爾且識取 弄光影底人 是諸佛之本源 一切處是道流歸舍處. 是爾 四大色身不解說法聽法 脾胃肝膽 不解說法聽法. 虛空不解說法聽法

---

23 '身依義立 土據體論'은 규기窺基의 『대승법원의림장大乘法苑義林章』을 근거로 임제 선사가 축약한 것이라고 한다.

自性身土 卽眞如理 雖此身土 體無差別 而屬佛法 相性異故 以義相爲身 以體性 爲土 以覺相爲身 以法性爲土 (대승법원의림장 권7에 수록되어 있는 것으로, 성철스 님 임제록 평석 p.265에서 원문을 참조함.)

자성의 몸과 땅이 바로 진여의 이치다. 비록 이 몸과 땅의 체는 다른 것이 없지만, 부처와 법에 속하는 것은 성과 상이 다르기 때문이다. 의상義相으로 몸을 삼고 체성體性으로 땅을 삼으며, 각상覺相으로 몸을 삼고 법성法性으로 땅을 삼는 것이다.

자은규기(慈恩窺基, 632~682): 당唐의 승려. 장안長安 출신. 성은 위지尉遲. 자는 홍도洪道. 흔히 자은대사慈恩大師·규기窺基라고도 함. 17세에 홍복사弘福寺에 출가하여 현장(玄奘, 602~664)에게 사사師事하고, 25세부터 자은사慈恩寺에서 현장과 함께 역경에 종사함. 진제(眞諦, 499~569) 계통의 유식학을 비판하고 현장 계통의 법상종法相宗의 교학을 확립함. 자은사 역경원에서 입적함. 저서로 는 『성유식론술기成唯識論述記』, 『성유식론장중추요成唯識論掌中樞要』, 『유가사 지론약찬瑜伽師地論略纂』, 『대승법원의림장大乘法苑義林章』, 『설무구칭경소說無 垢稱經疏』, 『법화현찬法華玄贊』 등이 있음. (시공 불교사전)

是什麼解說法聽法. 是爾目前歷歷底 勿一箇形段孤明. 是這箇解說法
聽法. 若如是見得 便與祖佛不別. 但一切時中 更莫間斷. 觸目皆是
祇爲情生智隔 想變體殊 所以輪回三界 受種種苦. 若約山僧見處 無不
甚深 無不解脫.

대덕들이여! 그대들은 무엇보다 (빛의) 그림자를 가지고 노는 사람이
모든 부처의 본원(本源, 근원)이며, 일체처가 도류가 돌아가야 할 집이
라는 것을 알아야 한다.[24]

  그대들의 사대색신四大色身은 법을 설하거나 법을 듣지 못하고,
비위간담脾胃肝膽도 법을 설하거나 법을 들을 줄 모른다. (또한) 허공도
법을 설하거나 법을 들을 줄 모르는데, (그렇다면) 무엇이 법을 설하고
법을 들을 수 있는 것인가? 이것은 그대들의 눈앞에 역력한 것이고,
어떠한 형체도 없이 홀로 밝은 것이다.[25] 이것이 법을 설하고 법을

---

24 전등록 제28권, 「제방광어일십이인견록諸方廣語一十二人見錄」에서는 다음과 같
  이 전한다.
  大德 且要識取 弄光影底人. 是諸佛之本源 是一切處道流歸舍處.
  대덕들이여! 무엇보다 (빛의) 그림자를 가지고 노는 사람을 알아야 한다. 이것이
  제불의 본원이고, 이것이 일체처의 도류가 돌아가야 할 집이다.

25 상기 전등록 제28권에서는 다음과 같이 전한다.
  "大德 四大身不解說法聽法 虛空不解說法聽法 是爾目前歷歷底 勿一箇形段孤明"
  여기서는 비위간담의 이야기, '무엇이 법을 설하고~들을 수 있는가?' 하는 내
  용이 없다.

  한편, 광등록에서는 "是爾目前歷歷底 勿一箇形段孤明"을 "是爾目前歷歷底物

들을 줄 아는 것이다. 만약 이와 같이 보면(이와 같은 견해-진정견해-를 얻으면) 바로 조사나 부처와 다름이 없다.

다만 일체시에 결코 끊어짐이 없어야 한다. 눈에 닿는 것이 모두 이것이지만,[26] 다만 감정(情)이 일어나면 지혜가 막히고, 생각(想)이 변하면 체가 달라지기에[27] 그래서 삼계를 윤회하며 갖가지 괴로움을 받는 것이다. (하지만) 만약 산승의 견처에 의하면 (진정견해를 얻으면) 깊지 않은 것이 없고, 해탈하지 못한 것이 없다.

☸

道流 心法無形 通貫十方. 在眼曰見 在耳曰聞 在鼻嗅香 在口談論

 一段孤明(그대들의 눈앞에 역력한 것이며 하나의 홀로 밝은 것)"으로 전한다.

26 '촉목개시觸目皆是'는 '목격도존 촉목보리(目擊道尊 觸目菩提: 눈으로 보는 것이 깨달음이요, 눈에 닿는 것이 보리이다. / 이는 도오원지에게 석상경저가 물은 것으로 유명함)'로 많이 쓰이게 된다. (참고로 목격도존은 승조의 『조론』, 「열반무명론」에 나온다.)

27 '情生智隔 想變體殊'와 관련해서는 이통현 장자의 『신화엄경론』 서문에 다음과 같이 전한다.

 夫以有情之本 依智海以爲源 含識之流一總法身而爲體. 只爲情生智隔 想變體 殊 達本情亡 知心體合.

 무릇 유정(有情, 중생)의 근본은 지혜의 바다를 의지하는 것으로 근원을 삼기 때문에 함식(含識, 중생)의 부류가 하나같이 모두 법신으로 체를 삼는 것이다. (이것은) 다만 감정이 나면 지혜가 막히고, 생각이 변하면 체가 달라지기에 근본을 통달하여 감정을 잊고 마음을 알아 체와 합해야 한다.

 참고로, 정情과 상想은 분별망심을, 지知는 반야지혜를, 체體는 진여본체를 뜻한다.

在手執捉 在足運奔. 本是一精明 分爲六和合. 一心旣無 隨處解脫.
山僧與麼說 意在什麼處. 秖爲道流一切馳求心不能歇 上他古人閑機
境. 道流 取山僧見處 坐斷報化佛頭 十地滿心猶如客作兒 等妙二覺
擔枷鎖漢 羅漢辟支猶如厠穢 菩提涅槃如繫驢橛. 何以如此. 秖爲道
流不達三祇劫空 所以 有此障礙. 若是眞正道人 終不如是. 但能隨緣
消舊業 任運著衣裳 要行卽行 要坐卽坐 無一念心希求佛果. 緣何如此
古人云 '若欲作業求佛 佛是生死大兆'

※客作(객작): 남에게 품삯을 받고 일을 함.

도류여!

'심법(心法, 마음)[28]은 형상이 없고,
시방을 두루 관통한다.'[29]

(그래서) 눈에 있을 때는 본다고 하고, 귀에 있을 때는 듣는다고
하며, 코에 있을 때는 향기를 맡고, 입에 있을 때는 말을 하며, 손에
있을 때는 잡고, 발에 있을 때는 움직이고 달린다(고 한다).[30] (그런데

---

28 일체제법一切諸法을 둘로 나누면 색법色法과 심법心法이 된다.
29 강조하기 위해 게송 형식으로 번역하였다.
30 전등록 제3권, '보리달마' 편에 다음과 같이 전한다(무상종無相宗의 바라제波羅提가
　이견왕異見王에게 불성의 출현을 설명하면서 게송으로 답을 한 것이다).
　在胎爲身　　　태에 있으면 몸이 되고
　處世名人　　　세상에 처하면 사람이라 이름 하고

이것은) 본래 일정명(一精明, 하나의 깨끗하고 밝은 것, 일심)인데, 육화합(六和合, 6근)으로 나누어진 것이다.[31]

在眼曰見	눈에 있으면 본다고 하고
在耳曰聞	귀에 있으면 듣는다고 하고
在鼻曰香	코에 있으면 냄새를 맡는다고 하고
在口論談	입에 있으면 담론을 하고
在手執捉	손에 있으면 집고
在足運奔	발에 있으면 움직이고 달린다.
遍現俱該沙界	두루 드러내면 항하와 같은 많은 세계를 모두 포함하고
收攝在一微塵	거두어들이면 하나의 티끌에 있다.
識者知是佛性	아는 이는 불성인 줄 알지만
不識喚作精魂	모르는 이는 정혼이라 부른다.

31 일정명一精明에 관하여 『능엄경』 제6권에서는 다음과 같이 전한다.

雖見諸根動	비록 모든 근(諸根)이 움직이는 것을 볼지라도
要以一機抽	중요한 것은 일기一機를 뽑아내고
息機歸寂然	그 기機를 쉬어 적연으로 돌아가야 한다.
諸幻成無性	모든 환幻은 성품이 없기 때문이다.
六根亦如是	육근六根 또한 이와 같아서
元依一精明	원래 일정명一精明에 의지했는데
分成六和合	나뉘어 육화합이 되었기에
一處成休復	한 곳을 쉬어 회복되면
六用皆不成	여섯 가지 작용(六用)은 이루어지지 않네.
塵垢應念銷	티끌 같은 때가 생각을 따라 없어지면
成圓明淨妙	원명정묘圓明淨妙를 이루니
餘塵尙諸學	남은 티끌 모두 배워
明極卽如來	밝음이 지극하면 곧 여래이네.

'일심도 없으면
이르는 곳마다 해탈이다.'[32]

산승이 이렇게 말한 것은 (그) 뜻이 어디에 있는가? 다만 도류들이
일체의 치달려 구하는 마음을 쉬지도 못하면서 저 고인들의 한기경(閑
機境, 한가로운 또는 부질없는 기연과 경계)[33]에 오르려 하기 때문이다.
도류여! 산승의 견처로는[34] 보신불과 화신불의 머리를 꺾어버리면[35]
십지만심十地滿心[36]도 오히려 남에게 품삯이나 받으며 일하는 사람[37]과

또한 전심법요에서는 다음과 같이 전한다.

所言同是一精明 分爲六和合 一精明者 一心也 六和合者 六根也. 此六根 各與塵
合 眼與色合 耳與聲合 鼻與香合 舌與味合 身與觸合 意與法合.

이른바 일정명이 나뉘어 육화합이 되니, 일정명은 일심이고, 육화합은 육근이
다. 이 육근은 각각 육진과 합하니, 눈은 사물과, 귀는 소리와, 코는 향기와
합하며, 혀는 맛과, 몸은 촉감과, 뜻은 법과 제각기 합한다.

32 임제 선사가 앞의 말을 인용하고 나서 강조한 것으로 이해하였다.

33 정복보의 불학대사전에서는 '쓸모없는 기연작략'이라고 하면서 임제록의 말을
인용한다(不用之機緣作略 臨濟錄日 "皆是上他古人閑機境").
참고로 불광대사전에서는 일기일경一機一境을 다음과 같이 기술한다.
기機는 내재적인 것으로 마음의 작용이 되고, 경境은 외재적인 것으로 형상이
있는 사물이 된다. 비유하면 석존이 꽃을 든 것을 경境이라고 하고, 가섭이
그 뜻을 깨닫고 파안미소한 것을 기機라고 한다. 또한 멀리 연기 나는 것을
보는 것을 경境이라 하고, 연기가 나는 것을 보고 불이 난 것을 아는 것을
기機라고 한다(機是內在的 爲心之作用 境是外在的 爲具有形象之物. 譬如釋尊拈花 是爲
境 迦葉領會其意 而破顔微笑 是爲機 又如見遠方之煙 是爲境 見煙而知有火 是爲機).

34 '取山僧見處'의 取는 '約'으로 이해, 번역하였다.

35 '坐斷報化佛頭'의 坐斷은 挫斷(꺾어버리다)으로 이해, 번역하였다.

같고, 등각·묘각[38]도 목에 칼을 짊어지고 발에 쇠사슬을 두른 사람이며, 아라한·벽지불도 뒷간의 더러운 것과 같고, 보리·열반도 나귀 매는 말뚝과 같게 된다. 어째서 이와 같은가? 다만 도류들이 3기겁[39]이 공하다는 것을 통달하지 못하였기에, 그래서 이와 같은 장애가 있는 것이다.

(하지만) 진정도인眞正道人이라면 끝내 이와 같지 않다. 다만 능히 인연 따라 구업을 녹이면서 자재하게 옷을 입고,[40] 가고자 하면 바로 가고 앉고자 하면 바로 앉을 뿐, 한 생각도 마음으로 부처의 과위를

---

36 十地滿心은 십지보살의 열 단계를 모두 원만하게 성취한 법운지보살法雲地菩薩을 뜻한다.

37 법화경 제2권, 「신해품」에 객작천인客作賤人이라는 말을 다음과 같이 전한다. (중략) 卽時長者 更與作字 名之爲兒. 爾時窮子雖欣此遇 猶故自謂客作賤人. 由是之故 於二十年中常令除糞 過是已後 心相體信 入出無難 然其所止猶在本處.

(중략) 그때 장자가 다시 이름을 지어 주고 아들(兒)이라고 불렀습니다. 그때 궁자(窮子, 빈궁한 아들)는 비록 이런 만남을 기뻐했지만, 스스로를 품삯 받고 일하는 가난한 사람이라고 여겼습니다. 이로 말미암아 20년을 항상 똥이나 치우게 하였습니다. 얼마 지나서 마음을 서로 확실하게 알고 들고 나감에 어려움이 없게 되고, 머무는 곳이 마치 본래의 처소와 같게 되었습니다.

38 52위: 10신·10주·10행·10회향·10지·등각·묘각

39 3기겁三祇劫은 3아승기겁三阿僧祇劫의 준말로, 무한히 긴 시간을 말함. 아승기阿僧祇는 산스크리트어 asaṃkhya의 음사로, 헤아릴 수 없이 많은 수. 겁劫은 산스크리트어 kalpa의 음사로, 지극히 긴 시간. 보살이 수행하여 성불에 이르기까지의 매우 긴 기간을 말함. (시공 불교사전)

40 임운任運은 천지가 운행되는 대로 맡긴다, 자연에 맡긴다는 뜻이다. 그러므로 자재하게 옷을 입는다는 것은 형편에 맞게(때에 따라) 옷을 입는다는 뜻이다.

바라거나 구하는 것이 없다.[41] 무슨 이유로 이러한 것인가? 고인이
말했다.

'만약 업을 지어 부처를 구하려 하면
부처는 생사의 큰 조짐이다.'[42]

---

41 마조어록에서 다음과 같이 전한다.

凡所見色 皆是見心. 心不自心 因色故有 汝但隨時言說 卽事卽理 都無所礙 菩提
道果 亦復如是. 於心所生 卽名爲色 知色空故 生卽不生. 若了此意 乃可隨時
著衣喫飯 長養聖胎 任運過時 更有何事.

무릇 보이는 색色은 모두 마음으로 보는 것이다. 마음은 스스로 마음이 아니고
색으로 인해 있는 것이기 때문에 그대들이 다만 때에 따라 말을 하더라도
사(事, 현상)에도 맞고 이(理, 이치)에도 맞아서 모두 걸릴 것이 없고, 보리도과菩提
道果 또한 이와 같은 것이다. 마음에서 일어나는 것을 색色이라고 이름 하는
것이니, 색이 공하다는 것을 알기 때문에 생한다고 해도 생하는 바가 없는
것이다. 만약 이 뜻(意)을 깨달으면 때때로 옷 입고 밥 먹으면서도 성인의
태를 기르고(長養聖胎) 일이 되어가는 대로 맡겨 세월을 보내게 될 것이니(任運過
時), 그밖에 다시 무슨 일이 있겠는가. (졸역, 마조어록 역주, p.62)

42 "若欲作業求佛 佛是生死大兆"와 관련하여 양나라 지공 화상의 『대승찬大乘讚』
10首 가운데, 첫째 수에 다음과 같이 전한다(첫째 수 전문은 아래 【참조】 21을
살펴보기 바란다).

若欲作業求佛　만약 업을 지어 부처를 구하려 하면
業是生死大兆　업은 생사의 큰 조짐이니
生死業常隨身　생사의 업이 항상 몸을 따르면서
黑闇獄中未曉　흑암지옥에 있는 것도 모르리라.

또한 증도가에 다음과 같은 표현이 있으니 참조하기 바란다.
喚取機關木人問　기관목인을 불러 물어봐라.

✿

大德 時光可惜. 秖擬傍家波波地 學禪學道 認名認句 求佛求祖 求善知
識意度 莫錯. 道流 爾秖有一箇父母 更求何物. 爾自返照看. 古人云
"演若達多失却頭 求心歇處卽無事" 大德 且要平常 莫作模樣. 有一般
不識好惡禿奴 便卽見神見鬼 指東劃西 好晴好雨. 如是之流 盡須抵債
向閻老前 吞熱鐵丸有日. 好人家男女 被這一般野狐精魅所著 便卽捏
怪 瞎屢生 索飯錢有日在.

※ 可惜(가석) : 섭섭하다. 아쉽다. 애석하다. 아깝다.

※ 波波(파파) : 바삐 뛰어다니다.

※ 抵債(저책) = 抵賬(저장) : 채무를 다른 물건이나 노동력으로 상환하다.

대덕들이여! 시간을 아껴라. (그런데도, 그대들은 지금) 단지 옆집(傍
家)[43]이나 바삐 뛰어다니고, 선을 배우느니 도를 배우느니 하면서
이름이나 알고 글귀나 알려 하고, 부처를 구하고 조사를 구하며, 선지식
을 찾아 생각으로 헤아리고 있을 뿐이니,[44] 잘못 알지 말라.

　도류여! 그대들에겐 다만 하나의 부모(父母, 근원, 본원)가 있을

　求佛施功早晚成　　부처를 구함에 힘을 쓰면 언제 이루어지는가를.

　放四大莫把捉　　사대를 놓아버려 붙잡지 말고

　寂滅性中隨飮啄　　적멸의 성품 속에서 곧바로 먹고 마셔라.

43 방가傍家는 도가道家에서 말하는 방문좌도(旁門左道, 정통이 아닌 사도)처럼 정도
　가 아닌 일체의 삿된 방법, 무리를 총칭하는 것으로 해석하였다. 도가 또한
　불가의 입장에서는 방가에 속하는 것이다.

44 의탁(意度, 생각으로 헤아림)으로 읽었다.

뿐인데, 뭘 또 구하려고 하는 것인가? 그대들 스스로를 돌이켜 비춰 보라!⁴⁵ 고인이 말했다.

'연약달다가 (자기) 머리를 잃었다고 (여기고) 찾았지만,
구하는 마음을 쉬는 곳에서 바로 일이 없게 되었다.'⁴⁶

---

45 반조返照와 관련하여 마조어록에 다음과 같이 전한다.

諸菩薩觀如地獄苦 沈空滯寂 不見佛性. 若是上根衆生 忽爾遇善知識指示 言下
領會 更不歷於階級地位 頓悟本性. 故經云 "凡夫有反覆心 而聲聞無也" 對迷說
悟 本旣無迷 悟亦不立. 一切衆生 從無量劫來 不出法性三昧 長在法性三昧中
著衣喫飯 言談祇對 六根運用 一切施爲 盡是法性. 不解返源 隨名逐相 迷情妄起
造種種業. 若能一念返照 全體聖心.

모든 보살은 공에 가라앉고 적멸에 막혀 불성을 보지 못하는 것을 지옥의
고통처럼 본다. (그러므로) 만약 이와 같이 상근기의 중생은 홀연히 선지식이
가리켜 보이는 것을 만나게 되면 말끝에 바로 깨달아서 다시는 계급이나 지위를
거치지 않고 단박에 본래의 성품을 깨닫게 될 것이다. 그렇기 때문에 경전에
이르기를 '범부에게는 되돌리려는 마음이 있지만, 성문에게는 없다'고 하였던
것이다.
미혹함을 상대하여 깨달음을 말하지만, 본래 미혹함도 없고 깨달음 또한 세우지
않는다. 일체중생은 무량겁 이래로 법성삼매法性三昧를 벗어나지 않았으며,
오래도록 법성삼매에 있으면서 옷 입고 밥 먹으며 상대에 따라 말을 하며
6근을 써왔던 것이니, 일체의 하는 것 모두가 모두 법성이다.
근원으로 돌아갈 줄 모르고 이름을 따르고 모양을 좇으면 미혹한 생각이 허망하
게 일어나 갖가지 업業을 짓게 되는 것이다. 그러나 만약 한 생각을 돌이켜
비출 수 있으면 모두가 성스러운 마음인 것이다. (전게서, 마조어록 역주, pp.68~
69)

46 연약달다와 관련한 경전의 말씀은 아래 【참조】 22를 살펴보기 바란다.

대덕들이여! 무엇보다도 평상(平常, 평상심)[47]을 바란다면 본을 뜨거
나 형상을 만들지 말라! 일반의 좋고 나쁨도 모르는 머리만 깎은
중들[48]이 곧장 신을 봤네 귀를 봤네 하고, 동쪽을 가리키며 서쪽을

---

47 평상平常과 관련하여 마조어록에서는 다음과 같이 전한다.

示衆云 "道不用脩 但莫汚染. 何爲汚染. 但有生死心 造作趣向 皆是汚染. 若欲直
會其道 平常心是道. 何謂平常心. 無造作 無是非 無取捨 無斷常 無凡無聖.
經云 '非凡夫行 非聖賢行 是菩薩行' 只如今 行住坐臥 應機接物 盡是道. 道卽是
法界 乃至河沙妙用 不出法界. 若不然者 云何言心地法門 云何言無盡燈.

대중에게 말했다.

"도는 닦을 필요가 없으니, 다만 오염되지만 말라! 무엇을 오염이라 하는가?
다만 생사심生死心으로 조작하거나 추향趣向하는 바가 있으면 모두가 오염이다.
만약 곧바로 이 도를 알고자 한다면, 평상심이 도다(平常心是道). 무엇을 평상심
이라고 하는가? 조작이 없고 시비是非가 없으며, 취사取捨가 없고 단상斷常이
없으며, 범부도 없고 성인도 없는 것이다. 경(유마경)에 이르기를 '범부의 행도
아니고 성현의 행도 아닌 것이 보살의 행이다'고 했다. 다만 지금 행주좌와行住坐
臥하고 근기에 따라 중생을 제접하는 것이 모두가 도道다. (또한) 도는 곧
법계이니, 항하의 모래알같이 많은 오묘한 작용까지도 법계를 벗어나지 못한다.
만약 그렇지 않다면 어떻게 심지법문心地法門을 말하고, 어떻게 무진등無盡燈을
말하겠는가! (전게서, pp.72~75)

48 독노禿奴·독비구禿比丘는 승가를 비방하는 말로써 불광대사전에 다음과 같이
전한다.

독인禿人: 승가를 비방하는 말. 독(禿, 민둥머리)·독비구禿比丘·독노禿奴·독비禿
婢라고도 한다. 외형은 비록 머리를 깎은 출가 승려이지만 실제로는 파계하여
교제(教制, 승단의 제도)를 지키지 않는 것을 지적해 꾸짖거나, 혹은 출가를
생활방편으로 도모하는 자를 말한다. 북송 진종 대중 상부 3년(1010)에 조칙으로
천하에 포고하기를 이유 없이 '禿'자로 승려를 헐뜯는 것을 금지하였다. 또한
어리석은 사람 역시 독루생禿屢生·우독愚禿이라고 불렸다(誹謗僧伽之語 又作禿

굿고, 날이 개여 좋다느니 비가 와 좋다느니 하는데,[49] 이와 같은 부류들은 모두 모름지기 빚을 갚아야 하고, 염라대왕 앞에서 열철환(熱鐵丸, 뜨거운 쇳덩어리)[50]을 삼키는 날이 반드시 있을 것이다.

세상의 좋은 집안의 남녀들이 이렇게 하나같이 여우도깨비(野狐精魅)에게 홀려 곧바로 괴상한 짓거리나 하고 있으니, 눈멀고 어리석은 놈들아! 밥값 청구하는 날이 반드시 있을 것이다."[51]

禿比丘 禿奴 禿婢 乃斥罵外形雖是剃頭之出家衆 實則爲破戒不守敎制者 或斥出家以圖生活方便者 北宋眞宗大中祥符三年 詔告天下 禁止無故以「禿」字毀辱僧尼 又愚者亦被喚作禿屢生 愚禿).

49 견신견귀見神見鬼는 사자성어로 "귀신을 만나다, 의구심을 갖다. 의아해하다. 의심하고 두려워하다"는 뜻도 있다. 여기서는 헛소리의 의미가 강하다.
지동획서指東劃西는 "동쪽을 가리키며 서쪽을 긋는다"는 뜻으로 지동지서指東指西(동쪽을 가리켰다가 서쪽을 가리켰다가 한다는 뜻으로, 근본을 젖혀 놓고 엉뚱한 것을 가지고 이러쿵저러쿵 호도한다는 의미)와 유사한 뜻을 갖는다.
호청호우好晴好雨는 횡설수설의 뜻으로 이해하였다.

50 열철환熱鐵丸은 본래 지옥의 하나를 뜻한다. 『증일아함경增一阿含經』 제36권, 제42 「팔난품八難品」에 의하면 중생들이 죄를 짓고 한량없는 죄과를 받아 큰 고통을 받는 지옥으로 여덟 개(환활지옥, 흑승지옥, 등해지옥, 체곡지옥, 대체곡지옥, 아비지옥, 염지옥, 대염지옥)가 있고, 이 여덟 지옥에 각각 16개의 작은 지옥이 있으며, 이 지옥 가운데 열철환 지옥이 있다고 한다.

51 할누생瞎屢生: 할瞎은 눈이 먼 것이고, 누屢와 누통屢通은 어리석고 어둡다는 것이다. 생生은 사람을 가리키는 명칭이다. 지극히 어리석은 사람을 부르는 것을 할누생이라고 한다(瞎者盲目 屢與屢通 愚也 昧也 生者 指人之稱 呼至愚者謂之瞎屢生, 불학대사전).

【참조】
21. 양나라 지공 화상의 『대승찬大乘讚』 10수 가운데 첫째 수

大道常在目前	대도는 항상 눈앞에 있거늘
雖在目前難覩	설사 눈앞에 있어도 보기 어렵네.
若欲悟道眞體	만약 도의 진체(참된 모습)를 깨닫고자 하면
莫除聲色言語	성색과 언어를 없애지 말라.

言語卽是大道	언어가 바로 대도이니
不假斷除煩惱	번뇌를 없애버릴 필요가 없다.
煩惱本來空寂	번뇌는 본래 텅 비어 고요하거늘,
妄情遞相纏繞	허망한 생각이 번갈아들며 얽매네.

一切如影如響	일체는 그림자 같고 메아리 같은데
不知何惡何好	뭐가 나쁘고 뭐가 좋은지를 모르네.
有心取相爲實	마음에 상을 취하는 것을 실답다 하면
定知見性不了	결정코 견성하지 못한다는 것을 알라.

若欲作業求佛	만약 업을 지어 부처를 구하려 하면
業是生死大兆	업은 생사의 큰 조짐이니
生死業常隨身	생사의 업이 항상 몸을 따르면서
黑闇獄中未曉	흑암지옥에 있는 것도 모르리라.

悟理本來無異	이치를 깨닫는 것에는 본래 다른 것이 없거늘
覺後誰晚誰早	깨달은 다음에 누가 늦고 누가 빠르겠는가.
法界量同太虛	법계의 양은 태허(허공)와 같지만
衆生智心自小	중생의 지혜로운 마음 스스로 작게 하네.
但能不起吾我	다만 '나'라는 아집을 일으키지 않으면
涅槃法食常飽	열반의 법식으로 항상 배부르리라.

22. 연약달다演若達多(능엄경 제4권)

佛告富樓那 "汝雖除疑 餘惑未盡. 吾以世間 現前諸事 今復問汝. 汝豈不聞 室羅
城中 演若達多 忽於晨朝 以鏡照面 愛鏡中頭 眉目可見 瞋責己頭 不見面目 以爲
魑魅 無狀狂走. 於意云何 此人何因 無故狂走" 富樓那言 "是人心狂 更無他故"

부처님께서 부루나에게 말씀하셨다.

"그대가 비록 의심(疑)은 제거했을지라도, 나머지 의혹(惑)은 다하지 못하였다.
나는 세간에 드러난 여러 가지 일로 지금 다시 그대에게 묻겠다. 그대는 어찌
듣지 못하였는가! '실라성室羅城의 연약달다演若達多가 홀연히 이른 아침에 거울
에 얼굴을 비춰보다가 거울 속 머리의 눈썹과 눈을 보는 것은 좋아하면서도,
자기 머리의 얼굴과 눈이 보이지 않는 것을 성내고 나무라면서 도깨비라고
여기고, 아무런 이유 없이 미친 듯이 뛰쳐나갔다'고 한 것을. 어떻게 생각하느
냐? 이 사람은 무엇 때문에 미친 듯이 뛰쳐나갔던 것이냐?"

부루나가 말했다.

"이 사람의 마음이 미친 것이지, 결코 다른 것은 없습니다."

(중략)

如彼城中 演若達多 豈有因緣 自怖頭走. 忽然狂歇 頭非外得 縱未歇狂 亦何遺失.
富樓那 妄性如是 因何爲在. 汝但不隨 分別世間業果 衆生三種相續 三緣斷故
三因不生. 則汝心中 演若達多 狂性自歇.

마치 저 성 안의 연약달다처럼 어찌 인연이 있어 스스로 머리를 두려워해서
달려가겠는가? 홀연히 미친 것을 쉬면 머리는 밖에서 얻는 것이 아니니, 설사
미친 것을 쉬지 못할지라도 또한 어떻게 잃어버리겠는가!

부루나여! 허망한 성품(妄性)이 이와 같은데, 원인이 어디에 있는가? 그대는
단지 세간의 업과(世間業果)와 중생의 세 가지 상속(三種相續)의 분별을 따르지
않으면 세 가지 연(三緣)이 끊어지기 때문에 세 가지 인(因)이 생겨나지 않을
것이다. 그러므로 그대의 마음에 연약달다의 미친 성품은 저절로 쉬게 될
것이니라.

(중략)

佛告阿難 "卽如城中 演若達多 狂性因緣 若得滅除 則不狂性 自然而出 因緣自然

理窮於是. 阿難 演若達多 頭本自然 本自其然 無然非自 何因緣故 怖頭狂走.
若自然頭 因緣故狂 何不自然 因緣故失. 本頭不失 狂怖妄出 曾無變易 何藉因緣.
本狂自然 本有狂怖 未狂之際 狂何所潛. 不狂自然 頭本無妄 何爲狂走.

부처님께서 아난에게 말씀하셨다.

"바로 저 성 안의 연약달다의 미친 성품(狂性)의 인연이 없어지면 곧 미치지
않은 성품(不狂性)이 자연히 나오게 되는 것처럼, 인연과 자연의 이치가 여기서
다하게 되는 것이니라. 아난아! 연약달다의 머리는 본래 자연스러운 것이어서
본래 스스로 그러한 것이고(本自其然), 자연이 아닌 것이 없거늘(無然非自), 무슨
인연 때문에 머리를 두려워해서 미친 듯이 달려가는 것인가? 만약 자연스럽게
머리가 인연 때문에 미친 것이라면 어째서 자연은 인연 때문에 잃지 않는
것인가? 본래 머리를 잃지 않았는데 미쳐서 두려워하는 것이 허망하게 나온
것이라면, 일찍이 변한 적이 없는데 어째서 인연에 의지하는 것인가? 본래
미친 것이 자연이라면 본래 미치고 두려움이 있겠지만, 미치지 않은 경계(未狂之
際狂)는 어디에 숨어 있는 것인가? 미치지 않은 것이 자연이라면, 머리는 본래
허망한 것이 없어야 하는데 어떻게 미쳐서 달려가겠는가?"

3. 무사시귀인無事是貴人

師示衆云. 道流 切要求取眞正見解. 向天下橫行 免被這一般精魅惑
亂. 無事是貴人 但莫造作. 秪是平常. 爾擬向外 傍家求過 覓脚手 錯了
也. 秪擬求佛 佛是名句.

※切要(절요)：절실하다. 대단히 필요하다. 긴요하다.
※橫行(횡행)：멋대로 행동하다. 횡포한 짓을 하다. 횡행하다. 옆으로 걷다.
※脚手(각수)：잔재주. 농간. 계략. 음모. 암수.

선사가 대중에게 말했다.

"도류여! 진정견해를 구하는 것이 절실히 필요하다.[52] 천하를 거리낌
없이 멋대로 다니면서[53] 저 한 무리 도깨비들의 미혹과 어지럽힘을
받아서는 안 된다. 일이 없는 것이 귀한 사람이니(無事是貴人),[54] 일을

---

52 "도류여! 부디(간절히) 진정견해를 구하기 바란다"라고 권유의 형태로 번역해도
   무방하다.
53 횡행橫行은 자유자재의 뜻이 아니다.
54 무사인無事人과 관련하여 전등록 제9권, '위산 영우 선사' 편에 다음과 같이
   전한다.

꾸며서 만들지 말라! 평상平常일 뿐이다.[55] 그대들이 밖으로 향하거나, 옆집이나 찾아다니면서 잔재주[56]나 구하려는 것은 (모두) 잘못된 것이다. 부처를 구하려고 하지만 부처는 이름이요, 글귀일 뿐이다.

❀

爾還識馳求底麼. 三世十方 佛祖出來也 秖爲求法 如今參學道流也 秖爲求法. 得法始了 未得依前輪回五道. 云何是法. 法者是心法. 心法

師上堂示衆云 "夫道人之心 質直無僞 無背無面 無詐妄心行. 一切時中 視聽尋常 更無委曲 亦不閉眼塞耳 但情不附物卽得. 從上諸聖 只是說濁邊過患 若無如許 多惡覺情是想習之事 譬如秋水澄渟. 清淨無爲 澹泞無礙 喚他作道人 亦名無事 之人" (밑줄 친 부분의 '是'는 '見'으로 해석하였다.)

(위산영우) 선사가 상당하여 대중에게 말했다.
"무릇 도인의 마음은 질박하고 정직하며 거짓이 없으며, 등짐도 없고 향함도 없으며, 거짓되거나 허망한 마음 씀씀이(心行, 마음 작용)도 없다. 일체시중에 보고 듣는 일상에 결코 왜곡이 없고, 눈을 감거나 귀를 막지도 않으며, 다만 마음을 경계에 붙이지 않아야 옳다.
예로부터 모든 성인들은 다만 혼탁한 쪽의 허물과 재앙을 말하였을 뿐이니, 만약 이와 같이 많은 악각과 정견, 생각의 습기가 없으면 마치 가을 물이 맑게 고인 것과 같다. 청정무위하고 맑고 맑아 장애가 없으면 그를 도인道人이라 부르고, 일 없는 사람(無事之人)이라고도 부른다."

또한 증도가에서는 다음과 같이 전한다.
絶學無爲閑道人　　절학무위의 한가한 도인은
不除妄想不求眞　　망상도 없애지 않고, 참됨도 구하지 않는다.

55 평상(또는 평상심)과 관련해서는 앞의 註47을 참조하기 바란다.
56 수각(手脚: 손과 다리. 동작. 거동. 솜씨)과는 다른 의미이다.

無形 通貫十方 目前現用. 人信不及 便乃認名認句 向文字中 求意度佛
法 天地懸殊.

※懸殊(현주): 큰 차가 있다. 동떨어져 있다.

그대들은 (밖으로) 치달려 구하려는 것을 아는가? 시방삼세의 부처와
조사가 (이 세상에) 나온 것 역시 오직 법을 구하기 위함이고, 지금
참학하는 도류 또한 법을 구하기 위함일 뿐이다. 법을 얻어야 비로소
마친 것이지, 얻지 못하면 이전처럼 (계속해서 끊임없이) 5도五道[57]를
윤회하게 된다.

어떤 것이 법인가? 법이라는 것은 마음(心法)이다. 마음은 형상이
없고, 시방을 두루 관통하며, (모두의) 눈앞에 드러나 작용한다. (하지
만) 사람들은 (이 마음을) 믿지 못하고, 바로 이름과 글귀나 분별하면서
문자 속에서 불법을 구하고 뜻을 헤아리기에 하늘과 땅만큼 큰 차이가
나는 것이다.[58]

---

57 일반적으로는 6도(지옥, 아귀 축생, 수라, 인간, 천상)를 말하지만, 수라를 빼고
　 이야기하는 경우도 있다.
58 天地懸殊라는 표현을 신심명信心銘에서는 다음과 같이 전한다.
　 毫釐有差　　털끝만큼이라도 차이가 있으면
　 天地懸隔　　하늘과 땅만큼 현격하게 멀어지게 되니,
　 欲得現前　　바로 앞에 드러나기를 바라면
　 莫存順逆　　따름과 거스름을 두지 말라!

❁

道流 山僧說法 說什麼法. 說心地法. 便能入凡入聖 入淨入穢 入眞入
俗. 要且不是爾眞俗凡聖 能與一切眞俗凡聖 安著名字. 眞俗凡聖 與
此人安著名字不得. 道流 把得便用 更不著名字. 號之爲玄旨.

도류여! 산승은 법을 설하면서 어떤 법을 설하는가? 심지법心地法[59]을
설한다. (심지법−마음이야말로) 바로 범부에게도 들어가고 성인에게
도 들어가며, 깨끗함에도 들어가고 더러움에도 들어가며, 참됨에도
들어가고 속됨에도 들어갈 수 있는 것이다.

　중요한 것은 무엇보다 그대들의(＝그대들이 생각하고 말하는) 진·속

---

[59] 마조어록에서는 남악회양과 마조도일의 문답을 다음과 같이 전한다.

又問曰 "道非色相 云何能見" 讓曰 "心地法眼 能見乎道 無相三昧 亦復然矣"
師曰 "有成壞否" 讓曰 "若以成壞聚散 而見道者 非見道也" 聽吾偈曰 "心地含諸
種 遇澤悉皆萌 三昧華無相 何壞復何成" 師蒙開悟 心意超然. 侍奉十秋 日益玄奧.

또 물었다. "도道는 색상이 아닌데, 어떻게 해야 볼 수 있습니까?"
회양이 말했다. "심지법안心地法眼으로 도를 볼 수 있으니, 무상삼매無相三昧
또한 그러하다."
선사가 말했다. "이루어짐(成)과 무너짐(壞)이 있습니까?"
회양이 말했다. "만약 이루어짐과 무너짐·모임(聚)과 흩어짐(散)으로 도道를
본다면, 도를 보는 것이 아니다. 나의 게송을 들어라."

心地含諸種　마음 땅(心地)은 모든 종자를 품어
遇澤悉皆萌　비(澤雨)를 만나면 모두 다 싹(萌)이 트네.
三昧華無相　삼매의 꽃(三昧華)은 모습이 없거늘,
何壞復何成　어찌 무너졌다가 다시 이루어지는 것이 있겠는가!

(졸역, 마조어록 역주, pp.31~32)

과 범·성은 일체의 진·속과 범·성에 대해 이름 붙일 수 있는 것이 아니라는 것이다. (그대들이 생각하고 말하는) 진·속과 범·성으로는 이 사람에게 이름을 붙이지 못한다. 도류여! 알았으면 바로 해야지, 결코 이름에 집착해서는 안 된다. 이를 일러 '현지(玄旨, 현묘한 뜻)'라고 한다.

❀

山僧說法與天下人別. 秖如有箇文殊普賢出來 目前各現一身問法 纔道咨和尙 我早辨了也. 老僧穩坐 更有道流來 相見時 我盡辨了也. 何以如此. 秖爲我見處別 外不取凡聖 內不住根本 見徹更不疑謬.

※穩坐(온좌): 뜸직하게(꼼짝 않고) 앉다. 편안하게(평온하게) 앉다.

산승이 법을 설하는 것은 천하 사람들과는 다르다. 가령 문수·보현이 나와서 (내) 눈앞에서 각기 한 몸을 드러내 법을 물으면, '화상에게 묻습니다(咨和尙)'라고 말하자마자, 나는 이미 가려내버린다. (또한) 노승이 평온하게 앉아 있는데 또 어떤 도류가 오면, 만날 때 (바로) 나는 모두 가려내버린다. 어째서 이와 같은 것인가? 다만 나의 견처는 (남들과) 달라서 밖으로는 범부나 성인도 취하지 않고, 안으로는 근본에도 머물지 않으며, 견처가 철저해서 다시는 의심하거나 어긋나지 않기 때문이다."[60]

---

60 본 '무사시귀인無事是貴人' 편은 광등록에서도 동일하게 전한다.

4. 수처작주 입처개진隨處作主 立處皆眞[61]

師示衆云. 道流 佛法無用功處. 祇是平常無事 屙屎送尿 著衣喫飯
困來卽臥. 愚人笑我 智乃知焉. 古人云 向外作工夫 總是癡頑漢. 爾且
隨處作主 立處皆眞 境來回換不得 縱有從來習氣 五無間業 自爲解脫
大海.

※用功(용공): 힘써 배우다. 열심히 공부하다. (공부에) 힘쓰다. 노력하다.

선사가 대중에게 말했다.

"도류여! 불법은 힘써 배울 것이 없다. 다만 평상平常하고 무사無事한
것이니,[62] 똥 싸고 오줌 누며 옷 입고 밥 먹으며 피곤하면 누울 뿐이다.[63]

---

61 본 시중은 임제 선사의 설법과 함께, 학인들의 세 가지 물음(①어떤 것이 부처와
　마구니인가? ②어떤 것이 진정견해인가? ③어떤 것이 네 가지 무상경계인가?)과
　그에 대한 선사의 답으로 구성되었다.
62 평상平常과 무사無事와 관련해서는 앞의 註47과 54를 참조하기 바란다.
63 전등록 제6권, '월주 대주 혜해 선사' 편에 다음과 같이 전한다.
　有源律師來問 "和尙修道 還用功否" 師曰 "用功" 曰 "如何用功" 師曰 "饑來喫飯
　困來卽眠" 曰 "一切人總如是 同師用功否" 師曰 "不同" 曰 "何故不同" 師曰 "他喫

어리석은 사람은 나를 비웃겠지만, 지혜로운 사람은 이내 알 것이다.[64]
고인이 말했다.

'밖을 향해 공부하는 사람은
모두 어리석고 둔한 사람이다.'[65]

飯時不肯喫飯 百種須索 睡時不肯睡 千般計校 所以不同也" 律師杜口.

원원 율사律師라는 사람이 와서 물었다. "화상께선 도를 닦는 데 공(功, 노력)이
필요하십니까?"
선사가 말했다. "노력이 필요하다."
율사가 말했다. "어떻게 노력하십니까?"
선사가 말했다. "배고프면 밥 먹고 피곤하면 잔다."
율사가 말했다. "모든 사람들이 다 이와 같은데, 선사께서 노력하는 것과
같습니까?"
선사가 말했다. "같지 않다."
율사가 말했다. "어째서 같지 않습니까?"
선사가 말했다. "저들은 밥 먹을 때는 밥만 먹으려 하지 않고 온갖 것을 찾으며,
잠잘 때는 잠만 자려 하지 않고 온갖 계교를 부린다. 그렇기 때문에 같지
않은 것이다."
(그러자) 율사가 입을 다물었다.

64 아래 註65, 그리고 아래 【참조】 23을 함께 참조하기 바란다.

65 남악 나찬(南嶽懶瓚, 명찬明瓚)의 말씀으로 아래 【참조】 23을 살펴보기 바란다.
명찬(明瓚, 생몰연대 미상): 당대의 승려. 처음에 숭산보적嵩山普寂을 참알하여
심계心契를 증명 받고 그 법을 이었다. 그러나 추숭하는 사람이 적어 형암사衡巖
寺에 한거閑居했다. 많은 스님들이 경영에 애썼는데 스님만 느긋하게 지내
비난을 듣기도 했지만 조금도 부끄러워하지 않아 사람들이 나찬懶瓚 또는 나잔懶
殘이라 불렀다. 대중들이 먹다 남긴 음식을 먹기를 좋아했고, 하는 말이 하나같이
불리佛理와 일치해 미타응신彌陀應身이 아닌가 여겼다. 천보天寶 원년(742) 무렵

그대들이 무엇보다 가는 곳마다 주인이 되면 서 있는 곳마다 모두
참되리니(隨處作主 立處皆眞),⁶⁶ (그러면 어떤) 경계가 와도 이리저리

남악사南嶽寺에 와 일을 하다가 밤이 되면 소 떼들 사이에서 자기를 20년 동안
유지했다.

상국相國 업공鄴公 이비李泌가 최리崔李의 박해를 피해 남악南嶽에 은거했는데,
스님의 행동거지를 보고 범상한 사람이 아니라면서 밤에 가서 배알했다. 스님이
이비에게 "말을 많이 하지 않으면 10년 동안 재상 자리를 지킬 것(愼勿多言
領取十年宰相)"이라고 말했다. 이비가 가르침을 받고 사례하면서 물러났는데,
과연 말처럼 되었다. 시호는 대명선사大明禪師이며, 탑이 남악에 남아 있다.
저서에 『남악나찬화상가南嶽懶瓚和尙歌』가 있다. (중국역대불교인명사전)

66 승조僧肇의 『조론肇論』, 「부진공론不眞空論」에 다음과 같이 전한다.

是以聖人乘千化而不變 履萬惑而常通者 以其卽萬物之自虛 不假虛而虛物也.
故經云 "甚奇 世尊 不動眞際爲諸法立處" 非離眞而立處 立處卽眞也. 然則道遠
乎哉. 觸事而眞 聖遠乎哉. 體之卽神.

이런 까닭에 성인은 천 가지 변화를 타면서도 변화하지 않고, 만 가지 미혹을
겪으면서도 항상 통하는 사람이니, 그것은 만물이 스스로 텅 빈 것이지, 텅
빔을 빌려서 사물을 비운 것이 아니다. 그런 까닭에 경에 이르기를 "기이합니다,
세존이시여! 진실 경계를 움직이지 않고도 제법을 입처로 삼으십니다"라고
한 것이니, 이는 참됨을 떠나지 않고 선 것이니, 선 곳이 곧 참된 것이다.
그렇다면 도는 멀리 있는 것인가? (눈에) 닿는 것마다 참되거늘, 성인이 (어찌)
멀리 있겠는가? 체득하는 것이 곧 성인이다.

또한 마조어록에서는 다음과 같이 전한다.

種種成立 皆由一心也 建立亦得 掃蕩亦得. 盡是妙用 盡是自家 非離眞而有立處.
立處卽眞 盡是自家體. 若不然者 更是何人. 一切法皆是佛法 諸法卽是解脫. 解
脫者卽是眞如 諸法不出於眞如 行住坐臥 悉是不思議用 不待時節.

갖가지 이루어진 것은 모두가 일심一心으로 말미암은 것이니, 건립建立을 해도

끌려 다니지 않고, 설사 예로부터 오무간업[67]의 습기가 있을지라도
자연히 해탈의 대해(解脫大海)가 될 것이다.[68]

❀

今時學者 總不識法 猶如觸鼻羊逢著物 安在口裏 奴郎不辨 賓主不分.
如是之流 邪心入道 鬧處卽入 不得名爲眞出家人. 正是眞俗家人.

요즘 배우는 이들이 도무지 법을 알지 못하는 것이 마치 촉비양(觸鼻羊,
코부터 들이대는 양)[69]이 닿는 대로 입안에 넣는 것과 같아서 하인과

좋고 소탕掃蕩을 해도 좋다. 모두가 오묘한 작용이고 모두가 자기이니, 참됨을
떠나 건립한 곳이 따로 있는 것이 아니다. 그러므로 서 있는 곳마다 바로
참된 곳이요(立處卽眞), 모두가 자기의 체인 것이다(盡是自家體). 만약 그렇지
않다면 또 누구이겠는가! 일체법이 모두 불법佛法이고, 제법이 바로 해탈이다.
해탈이라는 것이 바로 진여眞如이고, 제법은 진여에서 벗어나지 않나니, 행주좌
와가 모두 부사의不思議한 작용이어서 시절時節을 기다리지 않는다. (전게서,
pp.79~80)

67 오무간업五無間業은 무간지옥의 괴로움을 받는 지극히 악한 다섯 행위, 즉
   오역죄五逆罪를 말하는 것으로 아버지를 죽이고, 어머니를 죽이며, 아라한을
   죽이고, 승가의 화합을 깨뜨리며, 부처의 몸에 피를 나게 하는 것을 뜻한다.

68 오무간업五無間業의 습기가 있을지라도 자연히 해탈의 대해가 된다는 것은'
   번뇌가 곧 보리'라는 말과 같다.
   증도가에 다음과 같이 전한다.
   證實相無人法   실상을 증득하면 인人도 없고 법法도 없으며
   利那滅却阿鼻業   찰나에 아비지옥의 없음 없애버린다.

69 촉비양觸鼻羊: 양과 염소들은 시력이 약해서 냄새로 구분을 하는데, 일단 코에
   닿는 대로 물건들을 가리지 않고 입에 넣는 습관이 있다.

주인을 가려내지 못하고 손님과 주인을 구분하지 못한다. (그런데도)
이와 같은 부류들이 삿된 마음으로 도에 들어와(入道, 불문佛門에 들어
와) 시끄러운 곳(鬧處, 이해득실과 시시비비의 세계)으로 곧장 들어가니,
참된 출가인(眞出家人)이라고 이름할 수 없는 것이다. (이런 사람이야
말로) 바로 '진짜 속가인(眞俗家人)'이다.

※

夫出家者 須辨得平常眞正見解. 辨佛辨魔 辨眞辨僞 辨凡辨聖. 若如
是辨得 名眞出家 若魔佛不辨 正是出一家入一家 喚作造業衆生 未得
名爲眞出家. 祇如 今有一箇佛魔 同體不分 如水乳合 鵝王喫乳. 如明
眼道流 魔佛俱打. 爾若愛聖憎凡 生死海裏浮沈"

무릇 출가한 사람이라면 모름지기 평상의 진정견해를 가려내야 한다.
(또한) 부처를 가려내고 마구니를 가려내며, 참됨을 가려내고 거짓을
가려내며, 범부를 가려내고 성인을 가려내야 한다. 만약 이와 같이
가려낸다면 '참된 출가(眞出家)'라고 이름하지만, 마구니와 부처를
가려내지 못하면 (이는) 바로 한 집에서 나와 (또 다른) 한 집으로
들어가는 것이기 때문에 '업 짓는 중생(造業衆生)'이라고 부르고, 진정
한 출가라고 이름하지 못한다. 가령 지금 하나의 부처와 마구니(一箇佛
魔)가 있는데 한 몸이라 나눌 수 없는 것이 마치 물과 우유가 합해져
있는 것과 같아서, 거위왕(鵝王)은 우유만 (골라) 먹지만[70] 눈 밝은

---

70 『정법염처경正法念處經』에 다음과 같이 전한다.
　譬如水乳　비유하면 물과 우유가

도류라면 마구니와 부처를 모두 칠 것이다."(고인이 말했다.)

'그대들이 만약 성인은 좋아하고 범인을 싫어한다면
생사의 바다에 떴다 잠겼다 할 것이다.'⁷¹

同置一器	한 그릇에 담겨 있지만,
鵝王飮之	거위왕이 먹으면
但飮乳汁	오직 우유만 먹을 뿐,
其水猶存	그 물은 여전히 남아 있는 것과 같다.

참고로, 아왕鵝王은 불교의 교조인 석가모니를 달리 이르는 말로 인용되기도 하는데, 이는 부처의 손가락과 발가락 사이에 수족만망상手足縵網相이라는 얇은 막이 있어, 그 모습이 거위의 발과 같다는 데서 유래한 것이다.

71 보지(寶誌, 지공)화상의 대승찬 제2수에 나오는 말로, 전문은 아래【참조】24를 살펴보기 바란다.

更若愛聖憎凡	또 성인을 좋아하고 범인을 싫어한다면
生死海裏沈浮	생사의 바다에 떴다 잠겼다 할 것이다.
煩惱因心有故	번뇌는 마음으로 인해 있는 것이니
無心煩惱何居	마음이 없으면 번뇌가 어디에 머물겠는가.

임제 선사는 '更若'을 '爾若'으로 바꿔 썼을 뿐이다.
본 '수처작주 입처개진隨處作主 立處皆眞' 편은 광등록에서도 동일하게 전한다.

【참조】
23. 남악 나찬 화상가(南嶽懶瓚和尙歌, 전등록 제30권)

兀然無事無改換	홀로 우뚝하게 일 없이 앉으니 고치고 바꿀 것 없고,
無事何須論一段	일 없으니 무슨 따질 일이 하나라도 있겠는가.
直心無散亂	곧은 마음(直心)에는 산란함이 없으니

他事不須斷	다른 일을 끊을 필요가 없다.

過去已過去	과거는 이미 지나갔고
未來猶莫算	미래는 오지 않았으니, 헤아리지 말라.
兀然無事坐	홀로 우뚝하게 일 없이 앉으니
何曾有人喚	언제 누가 부른 적이 있었던가.

向外覓功夫	밖을 향해 찾고 공부하는 사람은
總是癡頑漢	모두가 어리석고 고집 센 사람이다.
糧不畜一粒	양식은 한 톨도 마련하지 못했으면서도
逢飯但知餐	밥 때가 되면 단지 먹을 줄만 안다.

世間多事人	세상의 일 많은 사람들
相趁渾不及	일을 뒤쫓아도 모두 미치지 못한다.
我不樂生天	나는 하늘에 나는 것 즐기지 않고
亦不愛福田	복전이 되는 것도 좋아하지 않는다.

饑來喫飯	배고프면 밥 먹고
困來卽眠	피곤하면 잔다.
愚人笑我	어리석은 사람은 나를 비웃겠지만
智乃知焉	지혜로운 사람은 알 것이다.

不是癡鈍	어리석고 둔한 것이 아니고
本體如然	본체가 본래 그러한 것이니,
要去卽去	가고자 하면 바로 가고
要住卽住	머물고자 하면 바로 머문다.
身披一破衲	몸에는 한 벌의 해진 옷을 걸치고
脚著孃生袴	다리에는 어머니가 만들어준 바지를 입는다.

多言復多語	말 많고 또 말 많은 것은
由來反相誤	내력이 반대로 서로 잘못된 탓이니,
若欲度衆生	중생을 제도하고자 하면
無過且自度	허물없이 먼저 스스로를 제도하라.

莫謾求眞佛	공연히 진불(眞佛, 참 부처)을 구하지 말라.
眞佛不可見	진불을 볼 수가 없나니,
妙性及靈臺	묘한 성품과 영대(靈臺, 마음)
何曾受熏鍊	언제 훈습되고 단련 받은 적이 있던가.

心是無事心	마음은 일 없는 마음이고
面是孃生面	얼굴은 엄마가 낳아 준 얼굴이니,
劫石可移動	겁석은 옮길 수 있어도
箇中無改變	이 가운데는 고치거나 바꿀 것이 없다.

無事本無事	일 없음은 본래 일이 없는 것이니
何須讀文字	어찌 문자를 읽어야만 하는가.
削除人我本	나와 남의 근본을 지워버리면
冥合箇中意	이 뜻에 그윽하게 합쳐지게 된다.

種種勞筋骨	갖가지로 몸뚱이(筋骨)를 힘들게 하는 것은
不如林下睡	숲에서 조는 것만 못하니,
兀兀擧頭見日高	애써 머릴 들어 해가 높이 솟은 것을 보면
乞飯從頭餧	밥을 빌어 하나하나 다 먹는다.

將功用功	공功으로(애를 써) 공부를 하면
展轉冥蒙	할수록 더 흐릿해지고,
取卽不得	취하고자 하면 얻지 못하지만

不取自通　　　취하지 않으면 저절로 통한다.

吾有一言　　　내개 한 마디 말이 있는데,
絶慮亡緣　　　생각을 끊고 반연을 잊으니
巧說不得　　　교묘해서 말할 수 없어
只用心傳　　　다만 마음으로 전할 뿐이네.
更有一語　　　또 한 마디 말이 있는데,
無過眞與　　　정말로 건네 줄 것이 없다.

細如豪末　　　가늘기는 털끝 같고
大無方所　　　크기는 방위가 없으니
本自圓成　　　본래 스스로 원만히 이루어져
不勞機杼　　　힘들이지 않고 베틀 북(機杼)을 부린다.

世事悠悠　　　세상사 한가해도
不如山丘　　　산언덕만 못하고,
靑松蔽日　　　청송이 해를 가려도
碧澗長流　　　푸른 계곡물 길게 흐른다.

山雲當幕　　　산에 낀 구름으로 장막을 삼고
夜月爲鉤　　　밤에 뜬 달로 갈고리를 삼으며
臥藤蘿下　　　등나무 아래 누워
塊石枕頭　　　돌멩이(塊石)로 베개 삼는다.

不朝天子　　　천자를 배알하지 않았는데
豈羨王侯　　　어찌 왕후를 부러워하리오.
生死無慮　　　생사에 걱정이 없는데
更復何憂　　　다시 무엇을 근심하리오.

水月無形	물속의 달은 형체가 없으니
我常只寧	나는 항상 다만 편안할 뿐,
萬法皆爾	만법이 모두 그러하니
本自無生	본래 스스로 남이 없다.
兀然無事坐	홀로 우뚝하게 일 없이 앉으니
春來草自青	봄이 옴에 풀은 저절로 푸르다.

〔참고로 조당집 제3권 '나찬 화상' 편에서는 상기 게송을 낙도가樂道歌라는 제목으로 전한다.〕

24. 전등록 제29권 보지寶誌화상의 「대승찬大乘讚」 10수 중 제2수

妄身臨鏡照影	허망한 몸이 거울에 비치니
影與妄身不殊	그림자와 허망한 몸이 다르지 않다.
但欲去影留身	다만 그림자를 없애고 몸을 남기려 하는 것은
不知身本同虛	몸의 근본이 똑같이 허망한 것임을 모르는 것이다.

身本與影不異	몸의 근본과 그림자는 다르지 않아
不得一有一無	하나는 있고 하나는 없게 할 수가 없다.
若欲存一捨一	만약 하나는 남기고 하나는 버리려 한다면
永與眞理相疎	영원히 진리와는 멀어지게 된다.

更若愛聖憎凡	또 성인은 좋아하고 범인을 싫어한다면
生死海裏沈浮	생사의 바다에 떴다 잠겼다 할 것이다.
煩惱因心有故	번뇌는 마음으로 인해 있는 것이니
無心煩惱何居	마음이 없으면 번뇌가 어떻게 머물겠는가.

不勞分別取相	애써 분별하여 상을 취하지 않으면
自然得道須臾	자연히 잠깐 사이에 도를 얻게 된다.
夢時夢中造作	꿈 꿀 때는 꿈속에서 조작하지만

❀

〔첫 번째 물음과 답〕

問 "如何是佛魔" 師云 "爾一念心疑處是魔. 爾若達得萬法無生 心如幻 化 更無一塵一法 處處淸淨是佛. 然佛與魔 是染淨二境 約山僧見處 無佛無衆生 無古無今. 得者便得 不歷時節. 無修無證 無得無失 一切 時中 更無別法. 設有一法過此者 我說如夢如化. 山僧所說 皆是.

물었다.

  "어떤 것이 불마(佛魔, 부처와 마구니)입니까?"

  선사가 말했다.

  "그대가 한 생각 마음으로 의심하는 것이 마구니이고,[72] 그대가

覺時覺境都無	깨었을 때는 깬 경계도 도무지 없다.

翻思覺時與夢	깨었을 때와 꿈 꿀 때를 뒤집어 생각하면
顚倒二見不殊	전도된 두 견해가 다르지 않다.
改迷取覺求利	미혹을 고쳐 깨달음을 취해 이익을 구하면
何異販賣商徒	물건을 파는 상인과 무엇이 다르겠는가.

動靜兩亡常寂	움직임과 고요함 둘이 없어 항상 고요하면
自然契合眞如	자연히 진여와 계합하게 된다.
若言衆生異佛	만약 중생과 부처가 다르다고 말한다면
迢迢與佛常疎	까마득히 멀리 부처와는 항상 멀어지게 된다.
佛與衆生不二	부처와 중생이 둘이 아니라면
自然究竟無餘	자연히 구경이라 남음이 없으리라.

72 전심법요에서는 다음과 같이 전한다.

만약 만법은 생하는 것이 없고(萬法無生), 마음은 환화와 같다(心如幻

①般若爲慧 此慧卽無相本心也. 凡夫不趣道 唯恣六情 乃行六道. 學道人一念計
生死 卽落魔道 一念起諸見 卽落外道. 見有生 趣其滅 卽落聲聞道 不見有生
唯見有滅 卽落緣覺道.

반야는 지혜이니, 이 지혜가 바로 무상본심(無相本心, 상이 없는 본래의 마음)이다.
범부는 도에 나아가지 않고, 오직 6정六情을 제멋대로 하면서 6도六道를 행한다.
도를 배우는 사람이 일념으로 생사를 헤아리면 바로 마도魔道에 떨어지고,
일념으로 모든 견해를 일으키면 외도에 떨어지게 된다. 남(生)이 있음을 보고
그 멸滅에 나아가면 바로 성문도聲聞道에 떨어지고, 남이 있음을 보지 않지만
오직 멸이 있음을 보면 바로 연각도緣覺道에 떨어지게 된다.

②圓同太虛 無欠無餘 等閑無事 莫强辯他境 辯著便成識. 所以云 "圓成沈識海
流轉若飄蓬" 只道 我知也. 學得也. 契悟也. 解脫也. 有道理也. 强處卽如意 弱處卽
不如意 似者個見解 有什麼用處. 我向汝道 等閑無事 莫謾用心 不用求眞 唯須息
見. 所以 內見外見俱錯 佛道魔道俱惡. 所以 文殊暫起二見 貶向二鐵圍山.

(신심명에 이르기를) "원만함이 태허공과 같아서 모자람도 없고 남음도 없다(圓
同太虛 無欠無餘)"고 했으니, 한가로이 일없는 것이다. 그러므로 강제로 저 경계를
설명하지 말라. 설명하면 바로 식(識, 분별)을 만들게 되는 것이다. 그런 까닭에
이르기를 "원성이 식의 바다에 잠겨 흐르기를 마치 쑥이 나부끼는 것 같다(圓成沈
識海 流轉若飄蓬)"고 한 것이다. (또한) 다만 말하기를 "나는 '알았다'·'배웠다'·
'계합해 깨달았다'·'해탈했다'·'도리가 있다'고 할 뿐이다. 강한 곳에서는 곧
뜻대로 되고, 약한 곳에서는 곧 뜻대로 되지 않으면 이런 견해가 무슨 쓸모가
있겠는가. 내가 그대에게 말하노니, "한가로이 일이 없어야지 교활하게 마음을
쓰지 말라. 참됨을 구할 필요가 없고, 오직 모름지기 보는 것을 쉬어야 한다."
그런 까닭에 안으로 보는 것(內見)과 밖으로 보는 것(外見)이 모두 잘못된 것이고,
불도佛道와 마도魔道가 모두 나쁜 것이다. 그렇기 때문에 문수文殊가 잠시 두
가지 견해를 일으켜 두 철위산(二鐵圍山)에 떨어졌던 것이다.

化)는 것을 통달해서 다시는 하나의 티끌도 하나의 법도 없이 곳곳이 청정하면, (바로 이것이) 부처인 것이다.

부처와 마구니는 더럽고 깨끗함의 두 가지 경계이지만, 산승의 견처見處에 의하면 부처도 없고 중생도 없으며, 옛날도 없고 지금도 없다. 얻으면 바로 얻는 것이지 시절을 겪지 않는다.[73] (또한) 닦을 것도 없고 증득할 것도 없으며, 얻을 것도 없고 잃을 것도 없으니, 일체시에 결코 다른 법이 없다. (경에 이르기를)

'설사 한 법이라도 이것을 뛰어넘는 것이 있다면,
나는 꿈과 같고 환화(化＝幻化)와 같다고 말하리라.'[74] (라고 했는데)

산승이 말한 것도 모두 이것이다.

❀

道流 卽今目前孤明歷歷地聽者 此人處處不滯 通貫十方 三界自在 入一切境差別 不能回換. 一刹那間 透入法界 逢佛說佛 逢祖說祖 逢羅漢說羅漢 逢餓鬼說餓鬼. 向一切處 游履國土 敎化衆生 未曾離一念. 隨處淸淨 光透十方 萬法一如.

---

73 교학에서는 성불하기까지 3아승기겁의 수행이 필요하다고 하는데, 여기서는 그와 같은 오랜 시간이 필요하지 않다는 뜻이다.

74 『마하반야바라밀경』제8권 "若當有法 勝於涅槃者 我說亦復如幻如夢"을 인용한 것이라고 한다. (정성본 역, 임제어록, p.126)

※游履(유복): 유력하다. 두루 돌아다니다. 유람하다.

도류여! 바로 지금 (내) 눈앞에서 홀로 밝고 역력하게 듣고 있는
사람, (바로) 이 사람은 어느 곳이든 막히지 않고 시방을 관통하며,
삼계에 (자유)자재해서 일체의 차별 경계에 들어가도 왔다 갔다 하지
않는다. 한 찰나에 법계를 꿰뚫고 들어가서 부처를 만나면 부처에게
설하고, 조사를 만나면 조사에게 설하며, 나한을 만나면 나한에게
설하고, 아귀를 만나면 아귀에게 설한다. (또한) 일체처에서 국토를
두루 돌아다니며 중생을 교화하지만, 한 생각도 떠난 적이 없다. 가는
곳마다 청정하고, 그 빛이 시방을 꿰뚫어 만법이 하나와 같다.[75]

❀

道流 大丈夫兒 今日方知 本來無事 祇爲爾信不及 念念馳求 捨頭覓頭
自不能歇. 如圓頓菩薩 入法界現身 向淨土中 厭凡忻聖 如此之流 取捨
未忘 染淨心在. 如禪宗見解 又且不然. 直是現今 更無時節. 山僧說處
皆是一期藥病相治 總無實法. 若如是見得 是眞出家 日消萬兩黃金.

도류여! 대장부[76]가 오늘에서야 바야흐로 (자기 자신이) 본래 일이

---

75 신심명에 다음과 같이 전한다.

眼若不眠　눈이 잠들지 않으면

諸夢自除　모든 꿈은 저절로 없어지리니

心若不異　마음이 다르지 않으면(=마음에 차별이 없으면)

萬法一如　만법은 하나와 같네.

76 대장부大丈夫와 관련해서는 아래 [참조] 25를 살펴보기 바란다.

없다(本來無事)는 것을 알게 되었다면, (그것은) 다만 그대들이 믿지 못하고 생각생각 치달려 구하고, (자기) 머리를 버리고 (다른) 머리를 구하며[77] 스스로 쉴 수가 없었기 때문이다.[78] (이는) 가령 원돈보살圓頓菩薩[79]이 법계에 들어가 몸을 드러내면서도 정토 안에서 범부를 싫어하고 성인을 좋아한다면, 이와 같은 부류들은 취하고 버리는 것을 아직 (다) 잊지 못하고 더럽고 깨끗한 마음이 (남아) 있는 것이다.

(하지만) 선종의 견해로는 더더욱 그렇지 않다. 바로 지금인 것이지, 결코 (다른) 시절이 없다. (또한) 산승이 설한 것은 모두 한평생 병에 따라 그때그때 약을 써서 치료하는 것(藥病相治)일 뿐,[80] 실다운 법(實

---

77 앞의 【참조】 22를 살펴보기 바란다.

78 신심명에 다음과 같이 전한다.

不用求眞　참됨을 구할 필요도 없고

唯須息見　오직 모름지기 견해를 쉬어야 하네.

79 원돈보살圓頓菩薩: 대승의 가르침을 완전하게 실천하는 최고의 보살. (시공불교사전)

참고로 불광대사전에서는 원돈圓頓을 다음과 같이 설명한다.

圓滿頓足之意 卽一切圓滿無缺 以圓滿具足之心 立地可達悟界 卽可頓速成佛 故有圓頓一乘 圓頓止觀 等名稱出現 此爲天台敎義所言 又其圓頓之觀法則稱圓觀 此外 諸宗派中 究極之敎或修行 亦稱爲圓頓.

원만하고 단박에 갖췄다는 뜻으로 일체가 원만하여 결함이 없는 것이다. 원만구족한 마음으로 서 있는 그 자리에서 깨달음의 세계에 도달할 수 있고, 단박에 부처를 이룰 수 있는 것이다. 이런 까닭에 원돈일승圓頓一乘·원돈지관圓頓止觀 등의 명칭이 나오게 된 것이고, 이것은 천태의 교의로 말한 것이다. 또한 원돈의 관법은 곧 원관圓觀을 칭한다. 이 외에 제 종파에서는 궁극의 가르침 또는 수행 역시 원돈이라고 칭한다.

80 약병상치藥病相治와 관련하여 벽암록 평창에서는 다음과 같이 전한다.

法)이 전혀 없다.[81] (그러므로) 만약 이와 같이 본다면 이것이 참된

雲門道 "藥病相治 盡大地是藥 那箇是自己" 諸人還有出身處麼. 二六時中 管取
壁立千仞. 德山棒 如雨點 臨濟喝 似雷奔 則且致 釋迦自釋迦 彌勒自彌勒. 未知
落處者 往往喚作藥病相投會去. 世尊四十九年 三百餘會 應機設敎 皆是應病與
藥. 如將蜜果 換苦葫蘆相似 旣淘汝諸人業根 令灑灑落落. 盡大地是藥 爾向什麼
處揷嘴.

운문雲門이 말했다. "약과 병을 서로 다스리니 온 대지가 약일 때 어떤 것이
자기인가?" 여러분은 여기서 벗어날 수 있는가? 하루 온종일 틀림없이 천
길 낭떠러지에 서 있는 것과 같다. 덕산의 방(棒)이 빗방울처럼 내리치고,
임제의 할(喝)이 우레 치듯 하는 것은 그렇다 치고, 석가는 스스로 석가요,
미륵은 스스로 미륵이다. 낙처落處를 모르는 사람은 종종 약과 병이 서로 투합하
는 관계(相投)로 안다. 세존께서는 49년 동안 삼백여 회에 걸쳐 근기에 따라
가르침을 펼쳤으니, 이는 모두가 병에 따라 약을 쓰신 것(應病與藥)이었다.
이것은 유과油果를 가지고 쓴 호리박과 바꾼 것과 같으니, 이는 그대들의 업의
뿌리를 씻어서 쇄쇄낙락케 한 것이다. 온 대지가 약이라면 그대는 어느 곳에
한마디를 하겠는가?

若揷得嘴 許爾有轉身吐氣處 便親見雲門 爾若回顧躊躇 管取揷嘴不得 雲門
在爾脚跟底. 藥病相治 也只是尋常語論. 爾若著有 與爾說無 爾若著無 與爾說
有. 爾若著不有不無 與爾去糞掃堆上 現丈六金身 頭出頭沒. 只如今盡大地森羅
萬象 乃至自己 一時是藥. 當恁麼時 卻喚那箇是自己. 爾一向喚作藥 彌勒佛下生
也未夢見雲門在. 畢竟如何. 識取鉤頭意 莫認定盤星.

만약 한마디를 할 수 있다면 그대가 몸을 돌려 기염을 토한 곳이 있고, 바로
운문을 친견했다고 인정해 줄 것이다. 만약 그대가 두리번거리고 주저주저한다
면 틀림없이 말을 할 수 없을 것이고, 운문이 그대의 발아래 있게 될 것이다.
약병상치藥病相治야말로 단지 일상적으로 하는 말이다. 그대가 만약 유有에
집착하면 무無를 말해 줄 것이고, 만약 무에 집착하면 유를 말해 줄 것이다.
그대가 만약 유도 아니고 무도 아닌 것에 집착하면, 똥 더미에서 장육금신丈六金

출가(眞出家)인 것이고, 하루에 만 냥의 황금을 쓰는 사람인 것이다.[82]

❀

道流 莫取次被諸方老師印破面門. 道我解禪解道 辯似懸河 皆是造地
獄業. 若是眞正學道人 不求世間過 切急要求眞正見解. 若達眞正見
解圓明 方始了畢"

※取次(취차) : 순차적으로. 순서대로. 차례로. 창졸간. 별안간. (조기백화)
  경솔하게. 신중하지 못하게.
※懸河(현하) : 급류. 물의 흐름이 급한 내. 폭포. 거침없는 웅변. (辯似懸河=
  口若懸河 : 말을 물 흐르듯 잘하다. 말이 청산유수 같다.)

  身을 드러내 머리를 들었다 잠겼다 할 것이다.
  다만 지금 온 대지와 삼라만상과 자기 자신에 이르기까지 모두 약이다. 바로
  이럴 때 어떤 것을 자기 자신이라 할 것인가? 그대가 한결같이 약이라고 일컫는다
  면 미륵불이 하생을 하더라도 꿈에도 운문을 친견하지 못할 것이다. (그렇다면)
  필경 어떻게 해야 하는가? 갈고리의 뜻을 알아야지, 정반성定盤星으로 여기지
  말라.
81 능엄경 제3권에서는 다음과 같이 전한다.
  (중략) 皆是識心分別計度 但有言說 都無實義.
  모두 마음으로 분별하고 따지는 것이니, 다만 언설이 있을 뿐 도무지 진실한
  뜻이 없다.
82 증도가에서는 다음과 같이 전한다.
  不思議解脫力   부사의한 해탈의 힘이여!
  妙用恒沙也無極   오묘한 작용 항하의 모래만큼 다함이 없네.
  四事供養敢辭勞   사사공양을 감히 수고롭다고 사양하리오.
  萬兩黃金亦銷得   만 냥의 황금이라도 또한 녹일 수 있네.

도류여! 경솔하게 제방의 노사老師로부터 면전에서 인가받았다고 하지 말라. 나는 선을 안다느니 도를 안다느니 하면서 말이 아무리 청산유수 같아도 모두 지옥 업을 짓는 것이다. 만약 진정으로 도를 배우는 사람이라면 세간의 허물을 구하지 말고, 간절하고도 긴박하게 진정견해를 구해야 한다. 진정견해를 통달하여 원만하고 밝으면, 비로소 (생사대사를) 마쳤다고 할 수 있는 것이다."[83]

---

83 본 첫 번째 물음과 답은 광등록에서도 동일하게 전한다.

【참조】

25. 대장부大丈夫(『대반열반경』)

가. 제5권에서는 다음과 같이 전한다.

佛告迦葉 "所言大者 其性廣博 猶如有人 壽命無量 名大丈夫. 是人若能安住正法 名人中勝. 如我所說 八大人覺 爲一人有 爲多人有 若一人具八則爲最勝. 所言涅槃者 無諸瘡疣.

부처님께서 가섭에게 말씀하셨다.

"이른바 크다(大)는 것은 그 성품이 드넓은 것으로, 마치 어떤 사람의 수명이 한량이 없는 것을 대장부大丈夫라 한다. 이 사람이 만약 정법에 안주하면 사람 가운데 뛰어나다고 이름한다. 내가 말한 8대인각八大人覺은 한 사람에게 있기도 하고 여러 사람에게 있기도 한데, 만약 한 사람이 여덟 개를 갖추면 가장 뛰어나게 된다. 열반이라는 것은 온갖 부스럼과 혹이 없는 것이다.

나. 제9권에서는 다음과 같이 전한다.

(중략, 여인의 음욕에 대한 여러 예: 모기의 오줌으로는 이 큰 땅을 적실 수 없는 것처럼, 여인의 음욕은 채울 수 없다) 善男子 以是義故 諸善男子 善女人等 聽是大乘 大涅槃經 常應呵責 女人之相 求於男子. 何以故 是大乘典 有丈夫相 所謂佛性. 若人不知是佛性者 則無男相 所以者何 不能自知 有佛性故. 若有不能

✿

〔두 번째 물음과 답〕

問 "如何是眞正見解" 師云 "爾但一切入凡入聖 入染入淨 入諸佛國土
入彌勒樓閣 入毘盧遮那法界 處處皆現國土 成住壞空. 佛出于世 轉大
法輪 却入涅槃 不見有去來相貌. 求其生死 了不可得 便入無生法界
處處游履國土 入華藏世界 盡見諸法空相 皆無實法. 唯有聽法 無依道
人 是諸佛之母. 所以 佛從無依生. 若悟無依 佛亦無得. 若如是見得者
是眞正見解.

※游履(유리): 유력遊歷하다. 두루 돌아다니다. 유람하다.

물었다.

 "어떤 것이 진정견해(眞正見解, 참되고 바른 견해)입니까?"

知佛性者 我說是等 名爲女人 若能自知 有佛性者 我說是人 爲大丈夫 若有女人
能知自身 定有佛性 當知是等 卽爲男子.

"선남자여! 이런 까닭에 모든 선남자·선여인들은 이 대승의 대열반경을 듣고,
항상 여인의 모습(女人之相)을 꾸짖고 남자(의 모습)을 구해야 한다. 왜냐하면
이 대승 경전에는 장부의 모습(丈夫相)이 있기 때문이니, 이른바 불성佛性이라는
것이다. 만약 사람들이 이 불성을 모르면 남자의 모습(男相)이 없게 되는 것이니,
왜냐하면 스스로 불성이 있다는 것을 알 수 없기 때문이다. 만약 불성을 알지
못하는 사람이 있다면 나는 이런 사람은 여인이 된다고 말하고, 만약 스스로
불성이 있다는 것을 알면 나는 이 사람을 대장부라고 말한다. 만약 어떤 여인이
능히 스스로 결정코 불성이 있다는 것을 알면, 이와 같은 사람은 곧 남자가
된다는 것을 마땅히 알라."

선사가 말했다.

"그대들은 오직 일체(일체처·일체시, 언제 어디서나)에 범부에도 들어가고 성인에도 들어가며, 더러움에도 들어가고 깨끗함도 들어가며, 모든 불국토에도 들어가고 미륵의 누각[84]에도 들어가며, 비로자나의 법계에도 들어가서, 곳곳에서 모두 국토의 성·주·괴·공을 드러내려고 할 뿐이다.

(하지만) 부처는 세간에 나와 대법륜을 굴리고, (그런 다음) 다시 열반에 들었지만, 어떠한 오고감의 모습도 보이지 않았다. (또한) 그 생사를 구해도 전혀 얻을 수가 없으니, (왜냐하면) 바로 무생법계無生法界[85]에 들어가 곳곳의 국토를 두루 다니고, 화장세계華藏世界[86]에

---

84 미륵의 누각은 화엄경 「입법계품入法界品」에 '비로자나장엄장광대누각毘盧遮那法界莊嚴藏廣大樓閣'이라 전하며, 이 누각은 "공하고, 모양이 없으며, 원願 없음을 아는 이가 머무는 곳이며, 모든 법에 분별이 없는 이가 머무는 곳이며 ~(중략)~ 모든 승을 말하면서도 대승을 버리지 않나니 이 큰 누각은 이러한 모든 공덕에 머무르는 이가 머무는 곳이니라"라고 전한다. (무비 역, 화엄경 제10권, pp.87~93, 1995, 민족사)

85 유마경 제9, 「입불이법문품入不二法門品」에 다음과 같이 전한다.

會中有菩薩名法自在 說言 "諸仁者 生滅爲二 法本不生 今則無滅 得此無生法忍 是爲入不二法門"

회중에 법자재法自在 보살이 말했다.

"여러분! 생과 멸을 둘이라고 하지만, 법은 본래 생함이 없기에 지금 멸도 없는 것입니다. 이렇게 무생법인無生法忍을 얻는 것, 이것이 입불이법문入不二法門입니다."

86 화장세계華藏世界=연화장세계蓮華藏世界: 비로자나불이 있는 공덕무량功德無量·광대장엄廣大莊嚴의 세계를 말한다. 연화장세계해蓮華藏世界海·화장세계華

들어가서 제법의 공상(諸法空相)과 모두 실다운 법이 없다(皆無實法)는 것을 남김없이 보았기 때문이다.

　오직 법을 듣고 있는 무의도인(無依道人, 의지함이 없는 도인)이 있을 뿐이니, 이것이 모든 부처의 어머니(諸佛之母)이다. 그런 까닭에 부처는 의지함이 없는 것(無依)으로부터 나오는 것이다. 만약 의지함이 없는 것을 깨달으면 부처라고 할 만한 것도 얻을 것이 없게 된다. 만약 이와 같이 보게 되면 이것이 (바로) 진정견해인 것이다.

❀

學人不了 爲執名句 被他凡聖名礙. 所以障其道眼 不得分明. 秖如十二分敎 皆是表顯之說 學者不會 便向表顯名句上生解. 皆是依倚 落在因果 未免三界生死. 爾若欲得生死去住脫著自由 卽今識取 聽法底人. 無形無相 無根無本 無住處 活撥撥地. 應是萬種施設 用處秖是無處. 所以覓著轉遠 求之轉乖. 號之爲祕密.

배우는 이들이 (이것을) 알지 못하고 명구(名句, 명칭과 글귀)에 집착하기 때문에 저 범부니 성인이니 하는 명칭에 장애를 받는 것이다. 그런 까닭에 그들의 도안道眼이 가로막혀 분명하지 못한 것이다. 가령 12분교라는 것도 모두 표현된 말일 뿐인데, 배우는 이들이 (이것을) 알지 못하고 곧장 표현된 명칭과 글귀에서 이해하려고 한다. (이것은) 모두가 의지하고 기대는 것이기에 인과에 떨어져 삼계의 생사를 벗어

　藏世界라고도 하며, 연화장세계해라고 하는 것은 연화장세계의 광대하고 끝이 없는 것을 바다에 비유한 것이다.

나지 못하게 되는 것이다.

그대들이 만약 나고 죽고 가고 머묾에서 벗어나 자유롭고자 한다면 바로 지금 법을 듣고 있는 사람(그대들 자신)을 알아야 한다. (이 사람은) 형체도 없고 모양도 없으며, 뿌리도 없고 근원도 없으며, 머무는 곳도 없이 활발발하다. (또한 이 사람은) 응할 때에는 만 가지로 베풀지만 용처用處는 머무는 것이 없다.[87] 그런 까닭에 (이 사람은) 찾으면 찾을수록 멀어지고 구하면 구할수록 어긋나는 것이다. 이것을 일러 '비밀祕密'[88]이라고 부르는 것이다.

❀

道流 爾莫認著箇夢幻伴子. 遲晚中間便歸無常. 爾向此世界中 覓箇什麼物 作解脫. 覓取一口飯喫 補毳過時. 且要訪尋知識 莫因循逐樂. 光陰可惜. 念念無常 麤則被地水火風 細則被生住異滅 四相所逼. 道流 今時且要識取 四種無相境 免被境擺撲"

※遲晚(지만): 조만간. 얼마 안 가서.
※毳(솜털 취): 솜털. 배 밑 털. 모직물. 털가죽.
※因循(인순): 머뭇거리고 선뜻 내키지 않음. 낡은 구습을 버리지 못함. 답습하다. 구습을 그대로 따르다. 꾸물거리다. 우물쭈물하다. 어물쩍거리다. 그럭저럭 지내다. 적당히 얼버무리다.

---

87 온갖 방편을 시설하되, 그 방편이 흔적이 없다는 뜻이다.
88 비밀祕密과 관련해서 아래 【참조】 26을 살펴보기 바란다.

도류여! 그대들은 몽환반자(夢幻伴子, 꿈과 같고 환과 같은 이 몸뚱이)를 잘못 알지(진실로 있다고 여기지) 말라! 조만간 곧 무상으로 돌아간다. 그대들은 이 세계에서 무엇을 찾아 해탈을 하려고 하는가? 한 입 가득히 밥이나 먹고 옷이나 기우면서 세월이나 보낼 것인가! 무엇보다도 선지식을 찾아야지, 옛 습관을 버리지 못하고 그럭저럭 지내면서 즐거움이나 좇지 말라! 시간이 아깝다.

생각생각이 무상하니, 거칠게는 지·수·화·풍에 영향을 받고, 세밀하게는 생·주·이·멸의 사상四相에 핍박을 받는다. 도류여! 지금 무엇보다 네 가지 무상경계(四種無相境)를 알아서 경계에 흔들리고 넘어지는 것을 면해야 한다."[89]

---

[89] 본 두 번째 물음과 답은 광등록에서도 동일하게 전한다.

【참조】

26. 비밀秘密

① 대반열반경 제5권, 「여래성품如來性品」

爾時迦葉菩薩白佛言 世尊 如佛所說 諸佛世尊有祕密藏 是義不然 何以故 諸佛世尊唯有密語 無有密藏 譬如幻主 機關木人 人雖覩見屈伸俯仰 莫知其內而使之. 然 佛法不爾 咸令衆生悉得知見 云何當言諸佛世尊有祕密藏.

그때 가섭보살이 부처님께 말씀드렸다.

"세존이시여! 부처님께서 말씀하시기를 '모든 불·세존에게는 비밀장(祕密藏, 비밀히 감추어두거나 간직하는 곳)이 있다'고 하셨는데, 이 뜻은 그렇지 않습니다. 왜냐하면 모든 불·세존께는 밀어密語만이 있을 뿐이지, 밀장密藏이 없기 때문입니다. 비유하면 환주幻主의 기관목인機關木人과 같아서 사람들이 비록 몸을 굽히고 펴며 아래를 굽어보고 위를 쳐다보는 것을 볼 수는 있어도, 그 안에서 부리는 것은 알지 못하는 것과 같습니다. 하지만 불법은 그렇지 않아서 모든 중생으로 하여금 모두 지견을 얻도록 하는데, 어떻게 모든 불·세존께 비밀장이 있다고 하겠습니까?"

佛讚迦葉 善哉善哉 善男子 如汝所言 如來實無祕密之藏 何以故 如秋滿月 處空顯露 淸淨無翳 人皆覩見 如來之言 亦復如是 開發顯露 淸淨無翳 愚人不解謂之祕藏 智者了達 則不名藏 善男子 譬如有人 多積金銀至無量億 其心慳恪 不肯惠施拯濟貧窮 如是積聚乃名祕藏

부처님께서 가섭을 찬탄하셨다.

"훌륭하고 훌륭하구나, 선남자여! 그대가 말한 것처럼 여래는 진실로 비밀장(祕密之藏, 비밀히 감추어두거나 숨긴 곳)이 없느니라. 왜냐하면 마치 가을에 보름달이 허공에 드러나면 청정해서 가리는 것이 없어 사람들 모두가 볼 수 있는 것과 같기 때문이니라. 여래의 말 또한 이와 같이 열고 밝혀서 드러내 청정해서 가리는 것이 없는데, 어리석은 사람이 알지 못하고 비장이라고 하는 것이니, 지혜로운 사람이 분명히 통달하면 비밀장(藏, 祕藏, 密藏)이라고 이름하지 않게 되느니라.

선남자여! 비유하면 헤아릴 수 없는 세월 많은 금과 은을 쌓아두고 그 마음으로 아끼고 아끼면서 가난한 자들을 구제하고 베풀지 않으면, 이와 같은 쌓임을 비장(祕藏)이라고 하는 것이니라.

如來不爾 於無邊劫 積聚無量 妙法珍寶 心無慳恪 常以惠施一切衆生 云何當言如來祕藏 善男子 譬如有人身根不具 或無一目 一手一足 以羞恥故 不令人見 人不見故 名爲祕藏 如來不爾 所有正法 具足無缺 令人覩見 云何當言如來祕藏 善男子 譬如貧人 多負人財 怖畏債主 隱不欲現 故名爲藏

여래는 그렇지 않으니, 헤아릴 수 없는 오랜 시간에 헤아릴 수 없이 많은 오묘하고 보배 같은 법을 쌓아 마음으로 아끼고 아끼는 것이 없이 항상 일체 중생에게 베풀어 주느니라. 그런데 어떻게 여래가 비장을 말하겠는가!

선남자여! 비유하면 어떤 사람이 신근을 (온전히) 갖추지 못해 혹 눈 하나나 손 한쪽, 발 한쪽이 없으면 수치심 때문에 사람들에게 보이지 않으려 해서 사람들이 보지 못하기 때문에 비장이라고 말하는 것과 같은 것이니라.
여래는 그렇지 않으니, 정법을 구족하여 부족함이 없이 사람들에게 보도록
하는데, 어떻게 여래의 비밀스런 숨김을 말하겠는가!
선남자여! 비유하면 가난한 사람이 남의 재물을 많이 빚져 빚 준 사람(債主)이
무서우면 숨어서 드러내지 않으려고 하기 때문에 장藏이라고 하는 것과 같은
것이니라.

如來不爾 不負一切衆生世法 雖負衆生出世之法而亦不藏 何以故 恒於衆生 生
一子想 而爲演說無上法故 善男子 譬如長者 多有財寶 唯有一子 心甚愛重 情無
捨離 所有珍寶悉用示之 如來亦爾 視諸衆生同於一子 (중략)

여래는 그렇지 않으니, 일체중생의 세간법은 짊어지지 않고, 설사 중생의 세상을
벗어나는 법을 짊어질지라도 또한 숨기지 않느니라. 왜냐하면 항상 중생들에
대해 외아들이라는 생각을 내어 위없는 법을 연설하기 때문이니라.
선남자여! 비유하면 재물과 보배가 많은 장자가 오직 아들 하나만 있어 마음으로
깊이 애지중지하면서도 정을 버리지 않고 가지고 있는 보배들을 모두 다 쓰는
것과 같이, 여래 또한 그러해서 모든 중생 보기를 외아들과 같이 하는 것이니라."
(졸역, 원오심요 역주, pp.535~537)

② 육조혜능과 혜명의 대화(원오심요, 「56. 민 상인께」)
昔蒙山惠明道人 自黃梅趁逐盧老到大庾嶺 及之遂咨稟 "不爲衣鉢來 只爲法來"
盧乃令坐 於磐石冥心 因語之云 "汝但善惡都莫思量 正當恁麽時 一物不思 還我
明上座本來面目來" 明依言 斂念尋 有省發 乃復問盧 "爲只這箇 爲當更別有密
意" 盧云 "我若向你道 卽不密也. 只如上說 汝若會 卽密在汝邊矣" 蒙山乃了了無
疑. 將知密意卽是密印. 若體得老僧所示 心地豁然 密印豈在別人邊. 密說顯證
皆只於刹那頃. 纔生心動念 卽沒交涉也.

지난날 몽산蒙山 혜명惠明 도인이 황매산에서부터 노 행자(盧老, 6조 혜능)를
좇아 대유령에 도착했는데, 이르자마자 여쭸습니다.

❀

〔세 번째 물음과 답〕

問 "如何是四種無相境" 師云 "爾一念心疑 被地來礙 爾一念心愛 被水
來溺 爾一念心嗔 被火來燒 爾一念心喜 被風來飄. 若能如是辨得 不被
境轉 處處用境 東涌西沒 南涌北沒 中涌邊沒 邊涌中沒 履水如地 履地
如水. 緣何如此. 爲達四大 如夢如幻故.

물었다.

　"어떤 것이 네 가지 무상경계(四種無相境)입니까?"

─────────

　"의발 때문에 온 것이 아니라, 법을 위해 왔습니다."
　노 행자가 반석磐石에 앉아 마음을 가라앉게 하고는, 말했습니다.
　"그대는 다만 선과 악을 모두 헤아리지 말라! 바로 그러할 때 어떤 것(一物)도
생각하지 않고, 나에게 명 상좌明上座의 본래면목을 가져와봐라!"
　혜명이 이 말에 의지해 생각을 거두어 찾으니 깨친 바가 있어, 다시 노 행자에게
물었습니다.
　"단지 이것뿐입니까, 따로 비밀스런 뜻이 있습니까?"
　노 행자가 말했습니다.
　"내가 만약 그대에게 말해준다면 그것은 비밀이 아니다. 다만 앞에 말한 것처럼
그대가 만약 안다면 비밀은 그대에게 있는 것이다."
　몽산이 이에 분명히 알고는 의심이 없었습니다.
　비밀한 뜻(密意)이 바로 밀인密印임을 알아야 합니다. 만약 노승이 보여준 것을
몸소 체득해서 마음이 확 트이게 된다면, 밀인이 어찌 다른 사람에게 있는
것이겠습니까! 비밀한 말씀을 드러내 증득하는 것은 모두 단지 찰나에 있는
것이지만, 마음을 내고 생각을 움직이면(生心動念) 전혀 관계가 없게 됩니다.
　(졸역, 전게서, pp.477~478)

선사가 말했다.

"그대의 한 생각 마음이 의심을 하면 지地에 가로막히게 되고, 한 생각 마음이 좋아하면 수水에 빠지게 되며, 한 생각 마음이 성을 내면 화火에 타게 되고, 한 생각 마음이 기뻐하면 풍風에 날리게 된다.

만약 이와 같이 가려낼 수 있으면 경계에 굴림을 받지 않고 곳곳에서 (마음대로) 경계를 쓰게 된다. (또한) 동쪽에서 솟았다가 서쪽으로 사라지고, 남쪽에서 솟았다가 북쪽으로 사라지며, 가운데서 솟았다가 가장자리로 사라지고, 가장자리에서 솟았다가 가운데로 사라지며,[90] 물을 밟는 것이 마치 땅을 밟는 것과 같고, 땅을 밟는 것이 마치 물을 밟는 것과 같다. 무슨 이유로 이러한 것인가? 4대가 꿈과 같고 환과 같다는 것을 통달하였기 때문이다.

道流 爾秖今聽法者 不是爾四大 能用爾四大. 若能如是見得 便乃去住 自由. 約山僧見處 勿嫌底法. 爾若愛聖 聖者聖之名. 有一般學人 向五 臺山裏求文殊 早錯了也. 五臺山無文殊. 爾欲識文殊麼. 秖爾目前用 處 始終不異 處處不疑 此箇是活文殊. 爾一念心 無差別光 處處總是眞 普賢. 儞一念心 自能解縛 隨處解脫 此是觀音三昧法. 互爲主伴 出則 一時出 一即三 三即一. 如是解得 始好看敎"

---

90 『대반야바라밀다경大般若波羅蜜多經』, 「진여품眞如品」에 다음과 같이 전한다.
當說如是眞如相時 於此三千大千世界 六種震動 東涌西沒 西涌東沒 南涌北沒
北涌南沒 中涌邊沒 邊涌中沒. (내용 동일, 번역 생략)

도류여! 그대들이 지금 법을 듣는 것은 그대들의 4대가 아니고, 그대들의 4대를 능히 부리는 것이다. 만약 이와 같이 보면, 바로 (나고 죽고) 가고 머묾에 자유로울 것이다.

산승의 견처에 의하면 싫어하는 법이 없다.[91] 그대들이 만약 성인을 좋아한다면, 성인이라는 것은 성인이라는 이름일 뿐이다.[92] 어떤 한 무리의 학인들이 오대산에서 문수[93]를 찾는데, (이는) 진즉에 틀린 것이다. 오대산에는 문수가 없다.

그대들은 (진정) 문수를 알고자 하는가? 다만 그대들 눈앞의 용처(目前用處, 눈앞에서 작용하는 것)가 처음부터 끝까지 다르지 않고, 곳곳에 의심이 없으면, 이것이 (바로) 살아 있는 문수이다. (또한) 그대들 한 생각 마음에 차별 없는 빛이 있으면, 곳곳이 모두 참된 보현이다. (또한) 그대들 한 생각 마음은 스스로 풀고 묶을 수 있으며, 가는 곳마다 벗어날 수 있으면, 이것이 (바로) 관음의 삼매법이다.

서로 주인과 상대가 되고, 나오면 한꺼번에 나오니, 하나가 곧

---

91 삼조승찬의 『신심명信心銘』에 다음과 같이 전한다.

至道無難　지극한 도는 어려움이 없지만,

唯嫌揀擇　오직 가리고 고르는 것을 꺼릴 뿐이네.

但莫憎愛　다만 미워하고 사랑하지 않으면

洞然明白　막힘없이 툭 트여 밝고 환하네.

92 광등록에서는 다음과 같이 전한다.

約山僧見處 勿嫌底法. 汝若愛聖憎凡 被聖凡境縛.

산승의 견처에 의하면 싫어하는 법이 없다. 그대들이 성인을 좋아하고 범인을 싫어한다면 성인과 범인의 경계에 얽매이게 된다.

93 청량산清凉山이라고도 한다.

셋이고 셋이 곧 하나인 것이다. 이와 같이 알아야 비로소 가르침(敎, 一大藏敎)을 잘 볼 수 있는 것이다."⁹⁴

---

94 세 번째 물음과 답은 광등록에서 위의 註92의 경우를 제외하고 동일하게 전한다.

5. 자기 자신을 믿어라[95]

師示衆云 "如今學道人 且要自信. 莫向外覓. 總上他閑塵境 都不辨邪
正 秖如有祖有佛 皆是敎迹中事. 有人拈起一句子語 或隱顯中出 便卽
疑生 照天照地 傍家尋問 也大忙然. 大丈夫兒 莫秖麽論主論賊 論是論
非 論色論財 論說閑話過日.

※忙然＝茫然(망연): 무지하다. 멍청하다. 막연하다. 실의에 빠진 모양.

선사가 대중에게 말했다.

"지금 도를 배우는 사람들은 무엇보다 (자기) 자신을 믿어야 한다.
(절대로) 밖에서 찾지 말라![96] 모두들 저 한진경(閑塵境, 부질없는 티끌

---

95 본 편은 설법의 시작, 그리고 총 여섯 개의 물음과 답(①삼안국토에 대한 물음과
  답, ②마음과 마음이 다르지 않은 곳에 대한 물음과 답, ③진불·진법·진도에 대한
  물음과 답, ④조사가 서쪽에서 온 뜻에 대한 물음과 답, ⑤대통지승불에 대한 물음과
  답, ⑥오무간업에 대한 물음과 답), 그리고 마무리 설법으로 이루어졌다. 가장
  긴 선사의 시중이다.

96 마조어록에 다음과 같이 전한다.
  祖示衆云 "汝等諸人 各信自心是佛 此心卽佛. 達磨大師 從南天竺國 來至中華

경계)[97]에 올라 삿됨과 바름을 도무지 가려내지 못하는데, 가령 조사니 부처니 하는 것도 모두 교학에서 남긴 자취일 뿐이다. (그런데도) 어떤 사람이 한마디 말을 제기하거나 혹은 은현隱顯[98]을 드러내면

傳上乘一心之法 令汝等開悟. 又引楞伽經 以印衆生心地 恐汝顚倒不信. 此一心之法 各各有之. 故楞伽經 以佛語心爲宗 無門爲法門.

마조가 대중에게 말했다.

"그대들 모두는 각자 자기 마음이 부처임을 믿어라. 이 마음이 바로 부처다. 달마는 남천축국으로부터 중화에 와서 상승의 일심법을 전하고, 그대들로 하여금 깨닫도록 하였다. 또한 『능가경楞伽經』을 인용하여 중생의 마음에 각인시켜 주었던 것은 그대들이 전도되어 믿지 않을까 염려하였기 때문이다. 이 일심법은 각자에게 있는 것이다. 그래서 능가경은 부처님께서 말씀하신 마음을 종지로 하고, 무문으로 법문을 삼은 것이다." (졸역, 마조어록 역주, pp.51~52)

97 앞의 한기경(閑機境, 한가로운 일기일경과는 구분해야 한다. 여기서는 문자 상 부질없는(=쓸데없는) 6진(色聲塵境香味觸法)경계를 뜻하며, 나아가 언어문자(팔만대장경)와 교화를 위해 시설한 방편까지도 포함된다. 한기경閑機境은 한진경閑塵境의 한 부분이 된다.

98 은현隱顯과 관련해서 전등록 제1권, 제11조 부나야사 편과 제12조 마명 대사 편에 다음과 같이 전한다.

①부나야사가 마명에게 전한 전법게

迷悟如隱顯　미혹과 깨달음은 은현隱顯과 같고,
明暗不相離　밝음과 어둠은 서로 떠나지 않는다.
今付隱顯法　지금 은현법을 부촉하노니
非一亦非二　하나도 아니고 둘도 아니다.

②마명이 가비마라에게 전한 전법게

隱顯卽本法　은현이 곧 본래의 법이요,
明暗元不二　밝고 어둠은 원래 둘이 아니다.

곧바로 의심을 하고 여기저기 견주어보면서(照天照地) 옆집을 찾아 묻는데, (이것이야말로) 대단히 멍청한 것이다.

대장부여! 단지 주인과 도적을 따지고,[99] 옳음과 그름을 따지고, 색과 재물을 따지고, (그렇게) 쓸데없는 말이나 따지고 말하면서 세월을 보내지 말라!

❀

山僧此間 不論僧俗 但有來者 盡識得伊. 任伊向甚處出來 但有聲名文句 皆是夢幻. 却見乘境底人 是諸佛之玄旨. 佛境不能自稱我是佛境還是這箇無依道人 乘境出來. 若有人出來 問我求佛 我卽應淸淨境出有人問我菩薩 我卽應慈悲境出. 有人問我菩提 我卽應淨妙境出 有人問我涅槃 我卽應寂靜境出. 境卽萬般差別 人卽不別. 所以應物現形如水中月.

산승은 여기서 승속을 따지지 않고, 다만 (찾아)오는 이가 있으면 남김없이 그를 식별해 낸다. 그가 어디서(어느 경지에서) 나오든 간에 단지 소리와 이름 문자와 글귀만 있으면[100] (그것은) 모두 꿈이요,

---

今付悟了法　　지금 깨달은 법을 부촉하노니

非取亦非離　　취함도 아니고 떠남도 아니다.

99 논주논적(論主論賊, 주인을 따지고 도적을 따지며)은 광등록에서는 '論王論賊(왕을 따지고 도적을 따지며)'으로 전한다.

100 자기 자신을 믿지 못하고 밖으로만 향해서 언어문자에만 매몰되어 있는 경우를 말한다. 앞에서 이야기한 한진경閑塵境의 예와 같다.

환일 뿐이다. 반대로 경계를 탄 사람(乘境底人, 경계를 주체적으로 쓰는 사람)을 보면 이 사람은 제불의 현묘한 뜻(玄旨)[101]을 체득한 사람이다.

부처의 경계는 스스로 '내가 부처의 경계에 있다'고 자칭할 수 있는 것이 아니고, 이 무의도인無依道人이 경계를 타고 나오는 것이다.

만약 어떤 사람이 나와서 내게 부처(의 경계)를 구한다면 나는 바로 청정한 경계를 드러내 응대하고, 어떤 사람이 내게 보살(의 경계)을 물으면 나는 바로 자비의 경계를 드러내 응대한다. (또) 어떤 사람이 내게 보리(의 경계)를 물으면 나는 바로 청정하고 오묘한 경계를 드러내 응대하고, 어떤 사람이 내게 열반(의 경계)을 물으면 나는 바로 고요하고 고요한 경계를 드러내 응대한다. (이와 같이) 경계(境, 객관)는 만 가지 차별이 있지만, 사람(人, 주관)은[102] 차별이 없다. 그런 까닭에 (경에 이르기를)

'경계에 따라 형상을 드러내는 것이니,
마치 물속의 달과 같다.'(고 한 것이다.)[103]

---

101 앞의 시중 '3. 무사시귀인' 편에서 현지玄旨의 뜻을 아래와 같이 설명하고 있다.
"도류여! 알았으면 바로 써야지, 결코 이름에 집착해서는 안 된다. 이를 일러 '현지(玄旨, 현묘한 뜻)'라고 한다."

102 여기서 말하는 사람은 무의도인, 나아가 자기 자신을 뜻한다.

103 '應物現形 如水中月'은 『금광명경金光明經』 제2권, 「제6, 사천왕품四天王品」에 다음과 같이 전한다.
(중략) 사천왕이 자리에서 일어나 (중략) 장궤합장하고 세존 앞에서 게송으로 찬탄했다.

佛月淸淨	부처님은 청정하고
滿足莊嚴	원만구족하며 장엄하십니다.
佛日暉曜	부처님은 빛나고 빛나시니
放千光明	일천의 광명을 놓으십니다.
如來面目	여래의 면목은
最上明淨	가장 밝고 깨끗하십니다.
齒白無垢	치아는 희고 때가 없으시니
如蓮華根	마치 연꽃의 뿌리와 같으십니다.
功德無量	공덕은 무량하시어
猶如大海	마치 대해와 같으십니다.
智淵無邊	지혜의 못은 끝이 없어
法水具足	법의 물을 모두 갖추셨습니다.
百千三昧	백천의 삼매는
無有缺減	모자람이 없으십니다.
足下平滿	발바닥은 평평하시어
千輻相現	일천의 수레바퀴살이 드러나고
足指綱縵	(손가락과) 발가락엔 비단결 같은 막이 있으니
猶如鵝王	마치 거위왕과 같으십니다.
光明晃曜	광명은 밝게 빛나시니
如寶山王	마치 보배산의 왕과 같으십니다.
微妙淸淨	미묘하고 청정하시니
如鍊眞金	마치 진금을 단련한 것과 같으십니다.
所有福德	갖고 계신 복덕은
不可思議	불가사의하시니
佛功德山	부처님의 공덕산에(산과 같은 공덕에)
我今敬禮	저는 지금 공경의 절을 올립니다.
佛眞法身	부처님의 진법신
猶如虛空	마치 허공과 같나니,

道流 爾若欲得如法 直須是大丈夫兒始得. 若萎萎隨隨地 則不得也.
夫如甕嗄之器 不堪貯醍醐. 如大器者 直要不受人惑 隨處作主 立處皆
眞. 但有來者 皆不得受. 爾一念疑 卽魔入心 如菩薩疑時 生死魔得便.
但能息念 更莫外求. 物來則照. 爾但信現今用底 一箇事也無. 爾一念
心生三界 隨緣被境 分爲六塵. 儞如今應用處 欠少什麼. 一刹那間
便入淨入穢 入彌勒樓閣 入三眼國土 處處遊履 唯見空名"

應物現形	물(物, 경계) 따라 모습 드러내심이
如水中月	마치 물속의 달과 같고
無有障礙	장애 없음은
如熔如化	마치 불꽃과 같고 환화와 같으시니,
是故我今	이런 까닭에
稽首佛月	부처님께 머리 숙이옵니다.

또한 마조어록에서는 다음과 같이 전한다.

在纏名如來藏 出纏名淨法身. 法身無窮 體無增減 能大能小 能方能圓 應物現形
如水中月 滔滔運用 不立根栽. 不盡有爲 不住無爲. 有爲是無爲家用 無爲是有
爲家依 不住於依. 故云 如空無所依.

번뇌에 얽매여 있으면 여래장如來藏이라 하고, 번뇌에서 벗어나면 정법신(淨法
身, 청정법신)이라 한다. 법신은 다함이 없어 그 체體는 늘거나 줄지 않으며,
크게 할 수도 있고 작게 할 수도 있으며, 모나게도 하고 둥글게도 할 수
있으며, 대상에 따라 형체를 드러내니. 마치 물속의 달처럼(應物現形 如水中月)
도도하게 작용하면서도 뿌리를 내리지 않고, 유위를 다하지 않고 무위에 머물지
도 않는다. 유위는 무위의 작용이요, 무위는 유위가 의지하는 것이지만, 의지함
에도 머물지 않는다. 그래서 이르기를 '허공과 같아서 의지할 바가 없다'고
하는 것이다. (전게서, pp.82~88)

※ 萎(시들 위): 시들다. 마르다. 쇠미하다. 앓다.

※ 隨隨(便便): 아무 생각이 없다. 신경 쓰지 않다. 개의치 않다. 염두에 두지 않다. 편한 대로 하다. 좋을 대로 하다. 마음대로 하다. 제멋대로 하다.

※ 甕(항아리 사): 항아리. 물 장군(배가 불룩하고 목 좁은 아가리가 있는 질그릇). 독 깨지는 소리.

※ 嗄(잠길 사, 목맬 애, 먹을 하): (목이) 잠기다. 목메다. (목이) 막히다. (사) / 목메다. (울어서 목이) 쉬다. (애) / 밥을 먹다. 반찬. (하)

※ 遊履(유리): 유력하다. 두루 돌아다니다. 유람하다

도류여! 그대들이 만약 여법함(如法)을 얻고자 한다면 바로 모름지기 대장부[104]가 되어야 한다. 만약 시들시들 (아무 생각 없이) 제멋대로 하면 얻을 수가 없게 된다. 무릇 독 깨진 소리가 나는 그릇에는[105] 제호醍醐[106]를 담을 수 없는 것과 같다.

  큰 그릇(또는 상근기)이라면 바로 다른 사람의 미혹을 받지 않고, 가는 곳마다 주인이 되고 선 자리가 모두 참되어야 한다(隨處作主 立處皆眞).[107] 다만 (밖으로부터 들어) 오는 것이 있어도 모두 받아들여서 는 안 된다.[108]

---

104 대장부와 관련한 경전의 말씀은 앞의 【참조】 25를 살펴보기 바란다.

105 겉보기에는 멀쩡한 것처럼 보이지만 실제로는 그렇지 못한 것으로 해석하였다. 한편 원문에서는 '甕嗄(上音西, 下所嫁切, 앞의 글자는 음이 서西이고, 뒤의 글자는 소所와 가嫁의 반절이다)之器'로 표기하고 있다.

106 醍醐(제호): 산스크리트어 maṇḍa. 우유를 가공한 식품 가운데 가장 맛이 좋은 최상품. 주로 최상·불성·열반 등을 비유함. (시공 불교사전). 제호와 관련한 경전의 비유는 아래 【참조】 27을 살펴보기 바란다.

107 앞의 시중 '4. 수처작주 입처개진' 편을 참조하기 바란다.

그대들이 한 생각 의심을 하면 바로 마(魔, 마구니)가 마음에 들어오게 되니, (또한) 가령 보살이 의심을 할 때에도 생사마(生死魔, 생사의 마구니)가 (들어올) 틈을 얻게 된다. (그러므로) 다만 능히 마음을 쉴 뿐, 결코 밖에서 찾지 말라![109]

---

108 어떤 경계가 앞에 나타나더라도 그 경계에 끄달려서는 안 된다는 뜻이다. 『돈오입도요문론頓悟入道要門論』에 다음과 같이 전한다.

問 "於來世中多有雜學之徒 云何共住" 答 "但和其光 不同其業 同處不同位 經云 隨流而性常也 只如學道者自爲大事因緣解脫之事 俱勿輕未學 敬學如佛 不高 己德 不疾彼能 自察於行 不擧他過 於一切處悉無妨礙 自然快樂也" 重說偈云 "忍辱第一道 先須除我人 事來無所受 卽眞菩提身"

물었다. "내세來世에 잡되게 배우는 무리가 많이 있을 것인데, 어떻게 함께 살아야 합니까?"

답했다. "다만 그 빛을 부드럽게 하고, 그 업을 함께하지 말며, 같이 살면서 자리를 함께하지 않아야 한다. 경에 이르기를 '흐름을 따라도 성품은 항상 한다(隨流而性常也)'고 하였다. 다만 도를 배우는 사람이라면 스스로 일대사인연의 해탈하는 일만을 위해야 한다. 아직 배우지 못한 사람을 가벼이 여기지 말고, 부처님처럼 공경하고 배우며, 자기의 덕을 높이지 말고, 다른 이들의 능력을 질투하지 말라. 스스로 행동을 살피고 다른 이들의 허물을 들지 않으면, 일체처에 모두 방해되고 장애됨이 없어 자연 즐거울 것이다."

거듭해서 게송으로 말했다.

忍辱第一道　인욕이 제일의 도이니
先須除我人　먼저 모름지기 나와 남을 없애라.
事來無所受　일이 도래해도 받을 것이 없으면
卽眞菩提身　바로 참된 보리의 몸이리라.

109 참고로 달마의 게송에 다음과 같이 전한다.

外息諸緣　밖으로 모든 인연을 쉬고

경계가 오면 바로 비춰보라! 그대들이 오직 지금 하고 있는 것[110]을 믿으면 어떤 일도 없다. 그대들 한 생각의 마음이 삼계를 만들어 내는 것이고, 인연을 따르고 경계에 끄달려 육진六塵으로 나뉘는 것이다.

그대들이 지금 쓰고 있는 것(應用處)에 부족한 것이 무엇인가? 한 찰나 사이에 바로 정토에도 들어가고 예토에도 들어가며, 미륵의 누각[111]에도 들어가고 삼안국토三眼國土[112]에도 들어가지만, 곳곳을 다녀도 오직 텅 빈 이름(空名)만 볼 뿐이다."[113]

內心無喘　안으로 마음에 헐떡거림이 없으며

心如障壁　마음이 담장의 벽과 같으면

可以入道　가히 도에 들어갈 수 있다.

110 앞의 시중 '2. 진정견해' 편에서 선사는 다음과 같이 말한다.

"도류여! 산승의 견처見處로는 (그대들이) 석가와 다를 것이 (조금도) 없다. (그런데) 오늘 여러 가지 행하는 것에 부족한 것이 무엇인가? 육도신광六道神光은 일찍이 멈춘 적이 없다. 만약 능히 이와 같이 볼 수 있다면 (그런 사람이야말로) 다만 한평생 일없는 사람(一生無事人)이다."

그러므로 '現今用底(지금 하고 있는 것)'는 육도신광, 즉 분별이전의 6근 작용, 마음을 뜻한다. 또한 바로 아래 이어지는 '如今應用處(지금 하고 있는 것)'도 같은 뜻이다.

111 미륵의 누각은 앞의 註84를 참조하기 바란다.

112 삼안국토三眼國土는 바로 아래 본문에서 임제가 답을 하고 있다. 정묘국토, 무차별국토, 해탈국토를 말한다.

참고로 화엄경 입법계품에서는 자행동녀慈行童女가 선재동자에게 선견善見비구를 찾아갈 것을 권유하는데, 선견비구가 거처하고 있는 곳이 삼안국三眼國이다. 또한 천태지의天台智顗『마하지관摩訶止觀』에서도 삼안을 이야기하는데, 아래 【참조】 28을 살펴보기 바란다.

---

113 유마경, 제5,「문수사리문질품文殊師利問疾品」에 다음과 같이 전한다.

彼有疾菩薩爲滅法想 當作是念 '此法想者 亦是顚倒 顚倒者是卽大患 我應離之'
云何爲離 離我我所. 云何離我我所 謂離二法. 云何離二法 謂不念內外諸法
行於平等. 云何平等 謂我等涅槃等. 所以者何 我及涅槃 此二皆空. 以何爲空
但以名字故空. 如此二法 無決定性 得是平等. 無有餘病 唯有空病 空病亦空.

저 병든 보살이 법상法想을 멸하기 위해서는 이와 같이 생각을 해야 합니다.
'이 법상法想이라는 것 또한 전도顚倒이고, 전도라는 것 이것은 곧 큰 병(大患)이
니, 내가 마땅히 여의어야 한다'라고.

무엇을 여의는 것인가? '아(我, 주관)'와 '아소(我所, 객관)'를 여의는 것입니다.
어떻게 '아'와 '아소'를 여의어야 하는가? 두 법을 여의는 것을 말하는 것입니다.
어떻게 두 법을 여의어야 하는가? 안과 밖의 모든 법에 대해 생각을 하지
않고, 평등하게 행하는 것을 말하는 것입니다.

어떻게 평등해야 하는가? '아'의 평등과 열반涅槃의 평등을 말하는 것입니다.
왜냐하면 '아'와 열반, 이 둘은 모두 공하기 때문입니다.

어째서 공한 것인가? 다만 이름(名字)이기 때문에 공한 것입니다. 이와 같이
두 법은 결정성(決定性, 결정적인 성품)이 없기에 이런 평등을 얻는 것입니다.
다른 병은 없고, 오직 공병空病만 있을 뿐인데, 공병空病 또한 공합니다.

【참조】

27. 제호醍醐

대반열반경 제32권(열반경에서는 이 외에도 여러 차례 제호의 비유를 들고 있다).

善男子 若有說言 '乳有酪性 能生於酪 水無酪性 故不生酪' 是義不然. 何以故
水草亦有乳酪之性. 所以者何 因於水草 則出乳酪. 若言 乳中定有酪性水草無
者 是名虛妄 何以故 心不等故 故言虛妄. 善男子 若言乳中定有酪者 酪中亦應定
有乳性 何因緣故乳中出酪 酪不出乳. 若無因緣 當知是酪本無今有. 是故, 智者
應言 '乳中非有酪性 非無酪性'善男子 是故 如來於是經中說如是言 '一切衆生定
有佛性 是名爲著 若無佛性 是名虛妄 智者應說衆生佛性亦有亦無'

선남자여, 만약 말하기를 '젖(乳)에 타락(酪)의 성질이 있어 타락이 나오고, 물에는 타락의 성질이 없어 타락(酪)이 나오지 못하는 것이다'고 하면 (이는) 이치가 그렇지 않다. 무슨 까닭인가? 물과 풀에도 타락의 성품이 있기 때문이다. 그런 까닭에 물과 풀에서 젖과 타락이 나오는 것이다. 만약 말하기를 '젖에는 소락의 성품이 있지만 물과 풀의 성품은 없다'고 말한다면 이는 허망하다고 말하는 것이니, 왜냐하면 마음이 평등하지 못하기 때문에 허망하다고 말하는 것이다.

선남자여, 만약 젖에는 결정코 타락이 있다고 말한다면 타락에도 결정코 젖의 성품이 있어야만 하는데, 무슨 인연으로 젖은 타락을 내는데 타락은 젖을 내지 못하는 것인가? 만약 인연이 없다면 마땅히 이 타락은 본래는 없다가 지금은 있는 것임을 알아야 한다(本無今有). 이런 까닭에 지혜로운 사람은 마땅히 말하기를 '젖에는 타락의 성질이 있는 것도 아니고, 없는 것도 아니다'고 하여야 하는 것이다. 선남자여, 이런 까닭에 여래는 이 경에서 이와 같이 말하는 것이다. '일체중생은 결정코 불성이 있다고 하면 이것을 집착이라고 이름하고, (또) 만약 불성이 없다고 하면 이것을 허망이라고 한다. (그러므로) 지혜로운 사람은 마땅히 중생은 불성이 있기도 하고, 또한 없기도 하다고 해야 한다.'

28. 천태지의天台智顗의 마하지관摩訶止觀에서 말하는 삼안三眼
①혜안慧眼: 체진지는 모든 현상을 실체가 없는 공으로 이해함으로써, 현상에 대한 집착을 끊고 공에 머무는 지관법이다. 현상에 대한 집착을 끊음으로써 획득되는 눈이 혜안으로 공의 진리를 본다.
체진지는 어리석은 미혹을 일으키지 않고 지를 통해 선정을 일으킨다. 선정은 무루를 낳음으로써 혜안이 열려 제일의第一義를 본다. 여기서 진제의 삼매가 성립한다. 즉 지가 안을 낳고, 안은 진리를 보고 진리를 증득한다.
②법안法眼: 방편수연지를 통해 열리는 눈으로, 현상의 다양한 모습들의 차이를 분명히 봄으로써 중생을 병으로부터 구제할 수 있도록 한다.
방편수연지는 진제에 명일하면서 현상인 가假로 나와 마음을 속제에 편안히

❀

〔첫 번째 물음과 답〕

問 "如何是三眼國土" 師云 "我共儞入淨妙國土中 著淸淨衣 說法身佛.
又入無差別國土中 著無差別衣 說報身佛. 又入解脫國土中 著光明衣
說化身佛. 此三眼國土 皆是依變. 約經論家 取法身爲根本 報化二身
爲用 山僧見處 法身卽不解說法. 所以 古人云 '身依義立 土據體論'
法性身法性土 明知是建立之法 依通國土. 空拳黃葉 用誑小兒 蒺藜菱
刺枯骨上 覓什麽汁. 心外無法 內亦不可得 求什麽物.

※蒺藜(질려): 남가새. 남가샛과의 한해살이풀.
※밑줄 친 부분의 菱(언덕 능)은 菱(마름 능)의 誤字다.
※菱(마름 능): 마름(한해살이의 수초). 모(=角). 모나다.
※枯骨(고골): 죽은 뒤에 살이 썩어 없어진 뼈. 백골.

물었다.

"어떤 것이 삼안국토입니까?"

둔다. 이 지를 통해 다라니를 얻고, 다라니가 약과 병을 분별함으로써 법안이
밝게 열려 신통을 방해하는 무지를 부순다. 항상 삼매에 머물면서 생사와
열반을 구분하는 관점에서 제불의 국토를 보지 않는다. 여기서 속제의 삼매가
성립한다. 지가 안을 열고, 안은 체를 증득하므로 속제의 진리를 얻는다.
③불안佛眼: 식이변지息二邊智는 생사와 열반, 공과 유가 함께 없어진다. 이
지는 중도의 선정을 일으킴으로써 불안을 밝게 열어 모든 현상들을 비춘다.
중도의 삼매가 성립한다. 지를 통해 안을 얻고 이 안이 진리를 증득하는데,
중도의 진리(體)를 얻는다. 〔김정희, 지의 『마하지관』(해제), 2006, 서울대학교
철학사상연구소〕

선사가 말했다.

"나는 그대들과 함께 정묘국토淨妙國土에 들어가 청정한 옷을 입고 법신불을 설한다. 또한 무차별국토無差別國土에 들어가 차별 없는 옷을 입고 보신불을 설한다. 또한 해탈국토解脫國土에 들어가 광명의 옷을 입고 화신불을 설한다.[114] 이 삼안국토는 모두 의변(依變, 경계를 의지하여 변화하는 것)이다.

경론가들에 따르면 (저들은) 법신을 취해 체(體, 근본)로 삼고, 보신과 화신 두 신을 용(用, 작용)으로 삼는데, 산승의 견처에 의하면 법신은 설법을 할 줄 모른다. 그런 까닭에 고인이 이르기를 '몸은 뜻을 의지해 성립한 것이고, 땅은 체를 근거로 논한 것이다'[115]고 하였던 것이다. 법성신과 법성토[116]는 건립된 법이고, 신통으로 만든 국토[117]라는 것을 분명히 알아야 한다. (이는) 빈주먹과 누런 잎으로 어린애를 속이는 것이다.[118] (그런데) 질녀나 마름의 가시와 같은 말라빠진 뼈다

---

114 선문염송집 제16권(N.629)에서는 물음에서부터 선사가 "나는 그대들과 함께~ 나는 그대들과 화신불을 설한다"까지를 하나의 고칙으로 전한다.

115 '身依義立 土據體論'에 관해서는 앞의 註23을 참조하기 바란다.

116 법성신과 법성토에 관해서는 아래 【참조】 29를 살펴보기 바란다.

117 依通(의통): 신통력의 한 가지. 약의 힘이나 주술 등을 의지해서 신통의 작용을 드러내는 것이다. 그런 까닭에 의통이라고 한다. 또한 이른바 신선의 부류가 이것이다. (通力之一種. 依憑藥力咒術等而現神通之作用. 故云依通. 所謂神仙之類是也. 정복보, 불학사전)
건립된 법(建立之法)은 방편을, 신통으로 만든 국토(依通國土)는 실체가 없는 환화를 뜻한다.

118 영아행嬰兒行과 관련하여 아래 【참조】 30을 살펴보기 바란다.
한편, 방거사의 시에서는 다음과 같이 전한다.

귀에서 무슨 국물을 찾는가! 마음 밖에 (따로) 법이 없고, 안에도
얻을 것이 없는데, 무엇을 구하겠는가![119]

孫兒正啼哭　손자가 바로 큰 소리로 울 때
母言來與金　어미가 금을 준다고 말하면서
捻他黃葉把　저 누런 잎을 집어주니
便卽正聲音　이것이 곧 바른 음성이네. (졸역, 방거사어록·시 역주, p.414)
119 화엄경 입법계품에 다음과 같이 전한다.
三界唯一心　삼계는 오직 한 마음일 뿐,
心外無別法　마음 밖에 따로 법이 없다.
心佛及衆生　마음과 부처 그리고 중생,
是三無差別　이 셋은 차별이 없다.

또한 전심법요와 완릉록에서는 다음과 같이 전한다.
造惡造善 皆是著相. 著相造惡 枉受輪迴 著相造善 枉受勞苦 總不如言下便自認
取本法. 此法卽心 心外無法 此心卽法 法外無心. 心自無心 亦無無心者. 將心無
心 心卻成有 默契而已. 絶諸思議 故曰 言語道斷 心行處滅. 此心是本源淸淨佛
人皆有之. 蠢動含靈 與諸佛菩薩 一體不異 只爲妄想分別 造種種業果.

악을 짓고 선을 짓는 것은 모두 상에 집착하는 것이다. 상에 집착해서 악을
지으면 부질없이 윤회를 받게 되고, 상에 집착해서 선을 짓게 되면 부질없이
수고로움을 받게 되니, 모두 말끝에 바로 스스로 본래의 법(本法)을 아는 것만
못하다. 이 법이 바로 마음이니 마음 밖에 법이 없고, 이 마음이 바로 법이니
법 밖에 마음이 없다. 마음 자체에는 마음도 없고, 또한 무심이라는 것도
없다.
마음으로 마음을 없애면 마음은 도리어 있음(有)을 만들게 되니, 말없음으로
계합할 뿐이다. 생각하고 헤아리는 모든 것이 끊어졌으므로 "언어의 길이
끊어지고 마음 씀이 멸했다(言語道斷 心行處滅)"고 한 것이다. 이 마음은 본래
근원적으로 청정한 부처이고, 사람들이 모두 갖고 있는 것이다. 준동함령과
제불보살 일체가 다르지 않은데, 다만 망상분별 때문에 갖가지 업과業果를

지을 뿐이다. (전심법요)

云 "今正悟時 佛在何處" 師云 "問從何來 覺從何起 語默動靜 一切聲色 盡是佛事 何處覓佛. 不可更頭上安頭 嘴上加嘴. 但莫生異見. 山是山 水是水 僧是僧 俗是俗. 山河大地 日月星辰 總不出汝心 三千世界 都來是汝個自己. 何處有許 多般. 心外無法 滿目靑山. 虛空世界皎皎地 無絲法許與汝作見解. 所以 一切聲 色 是佛之慧目. 法不孤起 仗境方生 爲物之故 有其多智. 終日說何曾說 終日聞 何曾聞. 所以 釋迦四十九年說 未曾說著一字."

말했다. "지금 바로 깨달을 때 부처는 어디에 있는 것입니까?"

선사가 말했다. "물음은 어디서 왔고, 깨달음은 무엇으로부터 일어났는가? 어묵동정語默動靜과 일체성색一切聲色이 모두 불사佛事이거늘, 어디서 부처를 찾겠는가? 다시는 머리 위에 머리를 얹고, 부리 위에 부리를 더해서는 안 된다. 다만 다른 견해를 내지 말라.

'산은 산이고 물은 물이며,
승은 승이고 속은 속일 뿐이다.'

산하대지와 일월성신이 모두 그대의 마음에서 벗어나지 않고, 삼천(대천)세계 가 모두 그대의 자기에서 온 것이다. 어디에 많은 일들이 있겠는가!

'마음 밖에 법이 없으니,
눈 가득 청산이로다.'

허공세계는 밝고 밝아 실 끝만큼도 그대가 견해 짓는 것을 허락하지 않는다. 그런 까닭에 일체의 성색이 부처의 지혜로운 눈인 것이다.

'법은 홀로 일어나지 않고
경계를 기대야 일어날 수 있는 것,

✿

爾諸方言道 有修有證 莫錯. 設有修得者 皆是生死業. 爾言六度萬行
齊修 我見皆是造業. 求佛求法 卽是造地獄業 求菩薩亦是造業 看經看
敎亦是造業. 佛與祖師是無事人. 所以 有漏有爲 無漏無爲 爲淸淨業.

그대들은 제방에서 수행(修)과 증득(證)을 이야기하는데, 잘못 알지
말라![120] 설사 수행을 해서 얻는 것이 있더라도 모두가 생사의 업이다.[121]

경계(物) 때문에
저 많은 지혜가 있다.'

종일 말을 했건만 언제 말한 적이 있었고,
종일 들었건만 언제 들은 적이 있었는가?

그런 까닭에 이르기를 '석가가 49년 설했지만, 일찍이 한 자도 설한 적이
없다'고 한 것이다." (완릉록)

[120] 마조어록에서는 남악회양과 마조도일의 대화를 다음과 같이 전한다.

知是法器 問曰 "大德 坐禪圖什麽" 師曰 "圖作佛" 讓乃取一磚 於彼菴前磨.
師曰 "磨磚作麽" 讓曰 "磨作鏡" 師曰 "磨磚豈得成鏡" 讓曰 "磨磚旣不成鏡 坐禪
豈得成佛耶" 師曰 "如何卽是" 讓曰 "如牛駕車 車不行 打車卽是 打牛卽是"
師無對 讓又曰 "汝爲學坐禪 爲學坐佛. 若學坐禪 禪非坐臥 若學坐佛 佛非定相
於無住法 不應取捨. 汝若坐佛 卽是殺佛 若執坐相 非達其理" 師聞示誨 如飮
醍醐.

(회양이) 그가 법기法器임을 알고, 물었다. "대덕大德! 좌선坐禪해서 뭘 하려
는가?"
(도일) 선사가 말했다. "부처가 되려 합니다."
회양이 벽돌 하나를 들고, 암자 앞에서 갈았다.

선사가 말했다. "벽돌을 갈아서 뭘 하려는 것입니까?"

회양이 말했다. "갈아서 거울을 만들려고 하네."

선사가 말했다. "벽돌을 간다고, 어찌 거울이 되겠습니까?"

회양이 말했다. "벽돌을 갈아 거울이 될 수 없다면, 좌선으로 어찌 부처가 되겠는가?"

선사가 말했다. "어떻게 해야 되겠습니까?"

회양이 말했다. "가령 소가 수레를 끄는데 수레가 가지 않으면 수레를 쳐야 옳은가, 소를 쳐야 옳은가(打車卽是 打牛卽是)?"

선사가 대답이 없자, 회양이 말했다. "그대는 좌선을 배우려는 것인가, 좌불坐佛을 배우려는 것인가? 만약 좌선을 배운다면 선은 앉고 눕는 것이 아니며, 만약 좌불을 배운다면 부처는 정해진 상(定相)이 있는 것이 아니니, 무주법(無住法, 머묾이 없는 법)에 있어서는 마땅히 취하거나 버려서는 안 된다. 그대가 만약 좌불을 한다면 이는 곧 부처를 죽이는 것이고, 만약 앉아 있는 모습(坐相)에 집착한다면 그 이치를 요달하지 못할 것이다."

선사가 가르침을 듣고, 마치 제호醍醐를 마신 듯했다. (졸역, 마조어록 역주, pp.26~28)

121 전등록 제14권, '단하 천연 선사' 편에 다음과 같이 전한다.

師上堂曰 "阿爾渾家切須保護一靈之物. 不是爾造作名貌得 更說什麼薦與不薦. 吾往日見石頭和尙 亦只教切須自保護. 此事不是爾譚話得. 阿爾渾家各有一坐具地 更疑什麼. 禪可是爾解底物 豈有佛可成. 佛之一字永不喜聞. 阿爾自看 善巧方便慈悲喜捨 不從外得 不著寸寸. 善巧是文殊方便是普賢 爾更擬趁逐什麼物. 不用經不落空去. 今時學者紛紛擾擾 皆是參禪問道 吾此間無道可修無法可證. 一飮一啄 各自有分 不用疑慮 在在處處 有恁麼底 若識得釋迦卽者凡夫是. 阿爾須自看取. 莫一盲引衆盲相將入火坑 夜裏暗雙陸賽彩. 若爲生無事. 珍重"

단하 천연 선사가 상당해서 말했다.

"그대들 모두 부디 모름지기 하나의 신령스러운 것을 보호하라. 이는 이름과 모양으로 만들 수 있는 것이 아니니, 다시 무슨 알고 알지 못함을 말하겠는가!

그대들이 말하기를 '육도만행(六度萬行, 6바라밀)을 다 같이 닦는다'고 하지만, 내가 보기에는 (이 또한) 모두가 업을 짓는 것이다. 부처를 구하고 법을 구하는 것도 바로 지옥의 업을 짓는 것이고, 보살을 구하는 것 역시 업을 짓는 것이며, 간경看經과 간교看教[122] 또한 업을 짓는 것이다.

　부처와 조사는 일없는 사람(無事人)이다.[123] 그런 까닭에 유루유위(有漏有爲, 번뇌가 있고 조작이 있는 것)·무루무위(無漏無爲, 번뇌도 없고 조작도 없는 것)가 (모두) 청정한 업이 되는 것이다.

나는 지난날 석두 화상을 뵈었는데, (그) 또한 다만 부디 모름지기 스스로 보호할 것을 가르쳤다. 이 일은 그대들과 이야기를 나눠 얻을 수 있는 것이 아니다. 그대들 모두 하나의 좌구 자리(坐具地, 앉을 자리)가 있거늘, 다시 뭘 의심하겠는가? 선禪은 그대들이 알 수 있어도, 어찌 부처를 이룰 수 있겠는가? (나는) 부처라는 한 글자도 듣고 싶지가 않다. 그대들 스스로 살펴라. 선교방편과 자비희사는 밖에서 얻는 것이 아니고, 마음에 붙일 수 있는 것도 아니다. 선교는 문수이고, 방편은 보현인데, 그대들은 또 무엇을 좇고 따르려고 하는가? 경도 필요치 않고, 공에도 떨어지지 말라. 요즘 학인들이 시끄럽고 어지럽게 모두가 참선하면서 도를 묻지만, 나의 이곳에는 닦을 도도 없고, 증득할 법도 없다. 한 번 마시고 한 번 쫌에 각기 스스로 분수가 있으니, 의심하고 생각할 필요가 없다. 곳곳에 이것이 있으니, 만약 알면 석가가 곧 범부인 것이다. 그대들은 모름지기 스스로 살펴야 한다. 한 맹인이 여러 맹인을 이끌고 불구덩이로 들어가고, 어둔 밤중에 쌍륙(주사위)놀이를 하지 말라. 그대는 일없음으로 생업을 삼으라. 몸조심하라."

122 간경看經은 경전을, 간교看教는 선사나 강사들의 말씀으로 나눠 설명한 것이다.
123 무사인無事人과 관련해서는 시중 편, 註18과 54를 참조하기 바란다.

❀

有一般瞎禿子 飽喫飯了 便坐禪觀行 把捉念漏 不令放起 厭喧求靜
是外道法. 祖師云 '爾若住心看靜 擧心外照 攝心內澄 凝心入定 如是
之流 皆是造作' 是爾如今與麼聽法底人 作麼生擬修他證 他莊嚴他.
渠且不是修底物 不是莊嚴得底物. 若敎他莊嚴 一切物卽莊嚴得. 爾
且莫錯.

※把捉(파착): 붙잡다.
※放起(방기): 제멋대로 일어나다.

일반의 머리만 깎은 눈 먼 중들이 배불리 밥을 먹고는, 곧장 좌선을
하고 관행을 하면서 번뇌(念漏, 삿된 생각)[124]를 붙잡아 제멋대로 일어나
지 않도록 하고, 시끄러운 것은 싫어하고 조용한 것을 구하는데,[125]

---

124 염루念漏: 망념이 제멋대로 새어 나가는 것(妄念橫漏泄也, 불학대사전). 또한
    염루는 7루 가운데 하나인데, 아래 【참조】 31을 살펴보기 바란다.
125 전등록 제29권에서는 지공 화상의 『14과송十四科頌』 가운데 다섯 번째 「정란불
    이靜亂不二」에서 다음과 같이 전한다.

聲聞厭誼求靜	성문은 시끄러움을 싫어하고 고요함을 구하니
猶如棄麵求餠	마치 밀가루를 버리고 떡을 구하는 것과 같다.
餠卽從來是麵	떡이 곧 지금껏 밀가루였거늘
造作隨人百變	만드는 사람 따라 백 가지로 변하였다.
煩惱卽是菩提	번뇌가 곧 보리이니
無心卽是無境	마음이 없으면 경계도 없다.
生死不異涅槃	생사는 열반과 다르지 않고
貪瞋如焰如影	탐·진·치는 아지랑이와 같고 그림자와 같다.

이는 (모두) 외도법이다. 조사가 말했다.

'그대들이 마음을 머물게 하여 고요함을 보거나(住心看靜),

마음을 일으켜서 밖을 비추거나(擧心外照),

마음을 거두어 안을 맑게 하거나(攝心內澄),

마음을 한 곳에 모아 선정에 들면(凝心入定),

이와 같은 것들은 모두 조작이다.'[126]

智者無心求佛	지혜로운 이는 부처를 구하는 마음이 없거늘,
愚人執邪執正	어리석은 이는 삿됨을 집착하고 바름을 집착한다.
徒勞空過一生	쓸데없이 일생을 헛되이 보내면
不見如來妙頂	여래의 오묘한 정수리를 보지 못한다.
了達婬慾性空	음욕의 성품이 공한 것을 요달하면
鑊湯鑪炭自冷	확탕로탄이 저절로 식어진다.

126 하택신회荷澤神會의 『보리달마남종정시비론菩提達磨南宗定是非論』에 나오는 말로 북종선을 비판한 것이다. (원택 정리, 성철스님의 임제록 평석, p.381)

하택신회(荷澤神會, 684~758): 당唐의 승려. 호북성湖北省 양양襄陽 출신. 『후한서後漢書』를 읽고 불교를 안 후 출가함. 호북성 당양當陽 옥천사玉泉寺의 신수(神秀, ?~706)에게 3년 동안 사사師事하고, 701년에 그의 권유에 따라 조계산의 혜능(慧能, 638~713) 문하에 들어가 혜능이 입적할 때까지 그에게 사사師事함. 732년에 하남성河南省 대운사大雲寺에서 무차대회無遮大會를 열어 신수神秀 문하의 북종北宗을 비판함. 그는 선종의 전통을 문제 삼아, 남종南宗의 혜능 문하를 달마의 직계라고 주장하고 북종은 거기서 갈라져 나온 계통이라 하여 배척함. 이후 거기에 동조하는 수행승들이 많이 나타나 중국 선종은 혜능 계통에서 전개됨. 745년부터 낙양洛陽 하택사荷澤寺에 머물고, 755년 안녹산의 난이 일어나자 조정의 재정을 보조하기 위해 도첩度牒을 팔아 금전을 모음. 그 공로로 숙종肅宗의 부름을 받아 입궐하고, 하택사에 선원을 지어 머무름. 어록으로 『신회화상유집神會和尙遺集』이 있다. (시공 불교사전)

무릇 지금 이렇게 법문을 듣고 있는 그대들이라면 어떻게 그것을 닦고 증득할 것이며, (어떻게) 그것을 장엄하려 할 것인가? 그것은 닦는 것도 아니고, (증득하는 것도 아니며,) 장엄할 수 있는 것도 아니다. 만약 그것을 장엄케 한다면 일체의 어떠한 것도 곧 장엄할 수 있을 것이다. 그대들은 또 잘못 알지 말라![127]

127 장엄과 관련하여 금강경, 제10. 「장엄정토분莊嚴淨土分」에 다음과 같이 전한다.
"須菩提 於意云何 菩薩莊嚴佛土不" "不也 世尊. 何以故 莊嚴佛土者 則非莊嚴 是名莊嚴" "是故須菩提 諸菩薩摩訶薩 應如是生淸淨心 不應住色生心 不應住 聲香味觸法生心 應無所住而生其心"
"수보리야! 어떻게 생각하느냐? 보살이 불토佛土를 장엄하느냐?"
"그렇지 않습니다. 세존이시여! 왜냐하면 불토를 장엄한다는 것은 장엄이 아니고, 이름이 장엄이기 때문입니다."
"이런 까닭에 수보리여, 모든 보살마하살은 마땅히 이와 같이 청정한 마음을 내야 한다. 마땅히 색에 머물지 않고 마음을 내야 하고, 성·향·미·촉·법에도 머물지 않고 마음을 내야 한다. 마땅히 머무는 바 없이 그 마음을 내야 한다."

이에 부대사는 다음과 같이 찬을 한다.

掃除心意地　　마음(心意) 자리를 쓸어 없애는 것
名爲淨土因　　정토의 원인이라 이름하니,
無論福與智　　복과 지혜 따지지 말고
先且離貪瞋　　먼저 탐·진·치를 떠나라.

莊嚴絶能所　　장엄은 주관과 객관을 끊는 것.
無我亦無人　　나도 없고 또한 너도 없으며
斷常俱不染　　단견과 상견 모두에 물들지 않으면
穎脫出囂塵　　시끄러운 세상에서 벗어나리.

道流 爾取這一般老師口裏語 爲是眞道 是善知識不思議 我是凡夫心
不敢測度他老宿. 瞎屢生 爾一生秪作這箇見解 辜負這一雙眼. 冷噤
噤地 如凍凌上 驢駒相似 我不敢毁善知識 怕生口業. 道流 夫大善知識
始敢毁佛毁祖 是非天下 排斥三藏敎 罵辱諸小兒 向逆順中覓人. 所以
我於十二年中 求一箇業性 如芥子許不可得. 若似新婦子禪師 便卽怕
趁出院 不與飯喫 不安不樂. 自古先輩 到處人不信 被遞出 始知是貴.
若到處人盡肯 堪作什麼. 所以 師子一吼 野干腦裂.

※噤(입 다물 금): 입을 다물다. 말하지 않다. (추위로) 몸을 떨다. 진저리치다.
　진저리.
※遞出(체출): 죄를 지은 벼슬아치를 갈아 내어 축출함.

도류여! 그대들은 이 일반의 노스님들이 (그저) 입으로 하는 말을
가지고, '이것이 참된 도다', '이것이 선지식의 부사의다'고 하고, (또한
이를 가지고) '나는 범부의 마음이어서 감히 저 노숙(老宿, 노장)을
헤아릴 수 없다'고 한다. 눈 먼 놈들아! 너희들은 한 평생 단지 이런
견해나 지으면서 이 한 쌍의 눈(一雙眼, 두 눈)[128]을 저버리고 있을
뿐이다. (또한) 추워서 (벌벌 떨며) 입도 뻥긋하지 못하는 것이 마치
빙판 위의 나귀나 망아지 같으면서, '나는 감히 선지식을 비방할 수
없다. 구업을 짓는 것이 두렵다'고 한다.
　도류여! 무릇 대선지식이라야 비로소 감히 부처를 비방하고 조사를

128 일척안一隻眼과 구분해야 한다.

비방하며, 천하의 옳고 그름을 따지고, 삼장의 가르침을 배척하며, 모든 어린애 같은 무리들을 꾸짖고 욕하며, 역경과 순경 속에서 사람을 찾아낼 수 있는 것이다.(고 한다.) 그런 까닭에 나는 12년[129]을 하나의 업성業性을 구해보았는데, 겨자씨만큼도 얻을 수가 없었다. (그런데) 만약 흡사 새색시 같은 선사(新婦子禪師)[130]라면 곧장 절에서 쫓겨나 밥이나 얻어먹지 못할까 두려워, 편안하지도 못하고 즐거워하지도 못할 것이다.

(하지만) 예로부터 선배들은 가는 곳마다 사람들이 믿지 못해서 쫓겨났는데, (쫓아내고 나서야) 비로소 이 사람이 귀인임을 알았다. 만약 가는 곳마다 사람들이 모두 긍정한다면 무엇을 할 수 있겠는가(= 이런 사람을 어디에다 쓰겠는가). 그런 까닭에 '사자의 포효 한 번(一吼)에 여우의 뇌가 찢어진다'[131]고 하는 것이다.

❀

道流 諸方說 有道可修 有法可證 爾說 證何法 修何道. 爾今用處欠少什

---

129 고대 중국에서는 12년을 일기一紀라고 하였다. 이는 10간·12지에서 유래한 시간 개념으로 일은 12시로, 월은 12월로, 해는 12년(띠)로 순환한다.

130 갓 시집온 처자가 시댁의 눈치를 살피는 것처럼 자기 자신을 믿지 못하고 이리저리 끌려 다니는 사람을 뜻한다.

131 '師子一吼 野干腦裂'과 관련하여 증도가에 다음과 같이 전한다.

師子吼無畏說　　사자후의 무외설(無畏說, 두려움 없는 말씀)이여!
百獸聞之皆腦裂　　온갖 짐승들이 듣고는 모두 뇌가 찢어지고
香象奔波失却威　　향상은 세찬 물결에 위엄을 잃지만
天龍寂聽生欣悅　　천룡은 고요히 듣고 기쁨을 내네.

麼物 修補何處. 後生小阿師不會 便即信這般野狐精魅 許他說事 繫縛
人言道 '理行相應 護惜三業 始得成佛' 如此說者 如春細雨. 古人云
'路逢達道人 第一莫向道' 所以言 若人修道道不行 萬般邪境競頭生
智劍出來無一物 明頭未顯暗頭明. 所以 古人云 '平常心是道'

※ 說事(설사): 그럴싸하게 꾸며 말하다. 허황한 말을 하다. 사실과 맞지 않는
  말을 하다.
※ 細雨(세우): 가랑비. 이슬비. 안개비.

도류여! 제방에서 말하기를 '닦을 도가 있고, 증득할 법이 있다'고
하는데, (대체) 그대들은 어떤 법을 증득하고 어떤 법을 닦는다고
말하는 것인가? 지금 그대들의 용처(用處, 하고 있는 것)에 부족한
것이 무엇이고, 어떤 곳을 고치고 기운다는 것인가?

  나이 어린 젊은 스님들이 (제대로) 알지도 못하면서 곧장 이런
여우·도깨비 같은 것들이나 믿고, (또한) 저들이 그럴싸하게 꾸며
말한 것이나 들어주면서, (그리고는 저들의 그런 말로) 다른 사람들을
얽어매고 말하기를 '이理와 행行이 상응하고 삼업을 소중하게 보호해야
비로소 부처를 이룰 수 있다'고 하는데, 이와 같이 말하는 사람이
마치 봄의 가랑비처럼 많다. 고인이 말했다.

  '길에서 도를 통달한 사람을 만나면
  무엇보다도 먼저 (그에게) 도를 말하지 말라.'[132]

---

132 전등록 제5권, '사공산司空山 본정本淨 선사' 편에 다음과 같이 전한다.

그런 까닭에 (나는) 말하노니,

'만약 어떤 사람이 도를 닦는다고 하면 (그런) 도는 행해지지 않고
온갖 삿된 경계가 앞 다퉈 나온다.
지혜의 검을 꺼내들면 한 물건도 없으니
밝음이 드러나기도 전에 어둠이 밝아진다.'[133]

(또한) 그런 까닭에 고인이 이르기를 '평상심이 도다(平常心是道)'[134]
고 하였던 것이다.

道體本無修	도의 본체는 본래 닦을 것 없어
不修自合道	닦지 않고도 저절로 도와 합하네.
若起修道心	만약 도를 닦겠다는 마음을 일으키면
此人不會道	이 사람은 도를 알지 못하리라.

棄却一眞性	하나의 참된 성품을 버리고
却入閙浩浩	도리어 도도하게 시끄러운 곳으로 들어가되
忽逢修道人	홀연히 도 닦는 사람을 만나도
第一莫向道	무엇보다 먼저 (그에게) 도를 말하지 말라.

조당집 제3권에서는 이 게를 「배도축교계背道逐敎偈」라고 한다.
사공본정(司空本淨, 667~762): 당대의 스님. 혜능의 문하. 사공은 주석 산명.
어린 시절에 출가하여 6조 혜능에게 참학하여 인가를 받고, 사공산 무상사에
머물면서 여러 종파의 학자들과 법의를 논의함. (전게서, p.317)

133 역자는 임제 선사 자신이 게송으로 강조한 것으로 이해하였다. 편집자 삼성혜연
과 교감자 흥화존장의 숨겨진 의도가 있다.
134 註47을 참조하기 바란다.

❀

大德 覓什麽物. 現今目前 聽法無依道人 歷歷地分明 未曾欠少. 爾若
欲得與祖佛不別 但如是見 不用疑誤. 爾心心不異 名之活祖. 心若有
異 則性相別 心不異故 卽性相不別"

대덕들이여! 무엇을 찾고 있는가? 지금 (내) 눈앞에서 법문을 듣고
있는 (그대들) 무의도인無依道人은 역력하고 분명해서 일찍이 부족한
것이 (조금도) 없다. 그대들이 만약 조사나 부처와 다르지 않고자
한다면, 다만 이와 같이 볼 뿐, 그르칠까 의심할 필요가 (전혀) 없다.
　그대들의 마음 마음이 다르지 않은 것을 살아있는 조사(活祖)라고
한다.[135] 마음에 만약 다른 것이 있으면 성性과 상相이 다르겠지만,

---

135 전심법요에 다음과 같이 전한다.

　問 "何者是佛" 師云 "汝心是佛 佛卽是心 心佛不異 故云 '卽心卽佛' 若離於心
　別更無佛" 云 "若自心是佛 祖師西來如何傳授" 師云 "祖師西來唯傳心佛 直指汝
　等心本來是佛 心心不異 故名爲祖 若直下見此意 卽頓超三乘一切諸位 本來是
　佛 不假修成"

　물었다. "어떤 것이 부처입니까?"
　황벽이 말했다. "그대의 마음이 부처고, 부처가 곧 마음이니, 마음과 부처가
　다르지 않다. 그래서 이르기를 '바로 마음이 곧 부처다(卽心卽佛)'고 하였던
　것이니, 만약 마음을 떠나면 따로 부처가 없다."
　말했다. "만약 자기의 마음이 부처라면, 조사는 서쪽에서 와서 무엇을 전수한
　것입니까?"
　황벽이 말했다. "조사가 서쪽에서 온 것은 오직 마음의 부처(心佛)를 전한
　것일 뿐이다. 그대들의 마음이 본래 부처이고, 마음과 마음이 다르지 않음을
　바로 가리켰기 때문에 조사(祖)라고 하는 것이다. 만약 바로 그 자리에서

마음이 다르지 않기 때문에 성과 상이 다르지 않은 것이다."[136]

이 뜻을 보면, 단박에 3승三乘과 일체제위一切諸位를 뛰어넘을 것이다. 본래
부처이니, 닦음을 빌어 이루는 것이 아니다."

[136] 신심명에 다음과 같이 전한다.

心若不異   마음이 다르지 않으면
萬法一如   만법은 하나와 같네.

또한 전심법요에서는 다음과 같이 전한다.

身心俱無是名大道. 大道本來平等. 所以深信含生同一眞性. 心性不異 卽性卽
心. 心不異性 名之爲祖. 所以云 '認得心性時 可說不思議'

몸과 마음이 모두 없는 것, 이것을 일러 대도大道라고 한다. 대도는 본래
평등하다. 그런 까닭에 모든 중생이 하나의 진실한 성품으로 같다는 것을
깊이 믿어야 한다.

마음과 성품이 다르지 않다. 그러므로 성품이 곧 마음이다. 마음이 성품과
다르지 않은 것을 일러 조사라고 한다. 그런 까닭에 이르기를 "마음의 성품을
알았을 때, 부사의(不思議, 헤아릴 수 없다는 것)를 말할 수 있다"고 하였던
것이다.

본 첫 번째 물음과 답은 광등록에서도 동일하게 전한다.

【참조】

29. 법성신法性身法性土과 법성토法性土(정복보, 불학대사전)

법성신: 법신의 약식 명칭. 부처의 삼신 가운데 하나. 불신은 법성이 시방에
두루하여 무량무변의 장엄한 상호가 있고, 무량의 광명과 무량의 음성으로
시방의 무량한 법신보살을 제도하는데, 이를 일러 법성신이라고 한다. 『지도
론』에 이르기를 "부처에게는 두 가지 몸이 있으니, 첫째는 법성신이고, 둘째는
부모에게서 난 몸이다. 이 법성신은 시방 허공에 가득하고, 무량무변의 색상으
로 상호를 단정하고 장엄하며, 무량광명과 무량음성으로 중생에게 법을 들려주

며, 또한 허공에 가득하다"고 하였다(略名法身 佛三身之一也 佛身如法性周徧十方有無量無邊之相好莊嚴 以無量之光明 無量之音聲 度十方無量之法身菩薩 謂之法性身. 智度論九曰 "佛有二種身 一者法性身 二者父母生身 是法性身滿十方虛空 無量無邊色像端正相好莊嚴 無量光明無量音聲 聽法衆亦滿虛空").

법성토: 삼토(법성토, 수용토, 변화토) 중 하나. 법성신이 머물고 있는 땅. 법성토는 곧 진여의 이치인데, 몸과 땅을 어떻게 분별하겠는가? 그 체는 본래 하나의 진여인데, 다만 깨달은 법체를 취해 법성토로 삼고, 깨달음의 각상을 취해 법성신으로 삼을 뿐이다. 법성신 외에 따로 체의 법성토가 있는 것이 아니다. 『유식론 9』에 이르기를 "자성신은 법성토를 의지하는데, 비록 이 몸과 땅의 체가 차별이 없지만, 불법의 상과 성이 다르기 때문이다"고 하였다(三土之一 法性身所住之土也 法性土卽眞如之理 身土如何分別乎 其體本爲一眞如 但取所證之法體 爲法性土 取能證之覺相 爲法性身耳. 非法性身之外有別體之法性土也. 唯識論九曰 "自性身依法性土 雖此身土體無差別 而屬佛法相性異故").

30. 누런 잎으로 어린아이를 속이는 것
대반열반경 제18권, 「영아행품嬰兒行品」

又嬰兒行者 如彼嬰兒啼哭之時 父母卽以楊樹黃葉 而語之言 "莫啼莫啼 我與汝金" 嬰兒見已 生眞金想 便止不啼. 然此楊葉實非金也. 木牛木馬 木男木女 嬰兒見已 亦復生於 男女等想 卽止不啼 實非男女 以作如是 男女想故 名曰嬰兒. 如來亦爾 若有衆生 欲造衆惡 如來爲說 三十三天 常樂我淨 端正自恣 於妙宮殿 受五欲樂 六根所對 無非是樂. 衆生聞有 如是樂故 心生貪樂 止不爲惡 勤作三十三天善業 實是生死 無常無樂 無我 無淨 爲度衆生方便 說言常樂我淨.

또 영아행(嬰兒行, 젖먹이 행)이라는 것은 마치 젖먹이가 울 때 부모가 곧바로 누런 버드나무 잎을 가지고 말하기를 "울지 마라, 울지 마! 내가 네게 금을 줄게" 하면, 젖먹이가 보고 진짜 금이라는 생각을 하고는 곧장 울음을 그치는 것과 같다. 하지만 이 버드나무 잎은 진짜 금이 아니다. 나무로 만든 소나, 나무로 만든 말, 나무로 만든 사내나, 나무로 만든 계집을 젖먹이가 보고는 또 (진짜) 사내나 계집과 같은 생각을 내어 곧장 멈추고 울지 않는데, 진짜 사내와 계집이 아니지만, 이와 같이 (진짜) 사내와 계집이라는 생각을 내기 때문에 젖먹이라고 이름하는 것이다.

여래도 그와 같아서 만약 어떤 중생이 여러 가지 나쁜 짓을 지으려고 하면 여래는 그들을 위하여 33천의 상락아정常樂我淨과 '단정히 스스로 고백하고 참회하면(端正自恣) 묘궁전에서 5욕락五欲樂을 받아 6근과 6경에 즐겁지 않은 것이 없다는 것'을 말해준다. (그러면) 중생은 이와 같은 즐거움이 있다는 것을 듣고, 마음에 즐거움을 탐내는 마음을 내어 악을 짓지 않고, 부지런히 33천의 선업을 짓는다. (하지만) 진실로 나고 죽는 것은 무상無常이고 무락無樂이며, 무아無我고 무정無淨인 것인데, 중생을 제도하기 위하여 방편으로 상락아정을 말하는 것이다.

31. 7루七漏

일곱 가지 유루번뇌를 이르는 것으로 견루見漏·수루修漏·근루根漏·악루惡漏·친근루親近漏·수루受漏·염루念漏 등이다. 루漏라는 것은 새어나간다는 뜻으로 번뇌의 다른 이름이고, 일체의 번뇌가 흘러 새어나가는 것을 말한다.

① 견루見漏는 견도로 끊어버리는 모든 종류의 삿된 견해를 말한다.

② 수루修漏는 수도로 끊어버리는 탐·진·치 등의 모든 번뇌를 말한다.

③ 근루根漏는 안·이·비·설 등 근으로 생하는 번뇌로, 이 계통은 모든 근이 번뇌의 외연을 생하여 세우는 것이다.

④ 악루惡漏는 악상惡象·악왕惡王·악지식惡知識·악국惡國 등의 나쁜 일과 악법으로 생하는 번뇌를 말한다.

⑤ 친근루親近漏는 의복·음식·의약·방사 4사를 가까이하여 생하는 번뇌를 말한다. 악루와 함께 루를 생산하는 내연이 되는데, 전자는 위연違緣이 되고 후자는 순연順緣이 된다.

⑥ 수루受漏는 수는 곧 고·락·사 삼수로 탐·진·치 등의 번뇌를 생할 수 있다.

⑦ 염루念漏는 염은 곧 사념으로 수루와 함께 루의 원인이 된다. 앞의 3연화합과 화합하여 모든 번뇌를 낸다.

(謂七種有漏煩惱 卽見漏 修漏 根漏 惡漏 親近漏 受漏 念漏等 漏者 漏泄之義 卽煩惱之異稱

❀

[두 번째 물음과 답][137]

問 "如何是心心不異處" 師云 "爾擬問 早異了也. 性相各分. 道流莫錯.
世出世諸法 皆無自性 亦無生性. 但有空名 名字亦空 爾祇麼認他閑名
爲實 大錯了也. 設有 皆是依變之境 有箇菩提依 涅槃依 解脫依 三身依
境智依 菩薩依 佛依. 爾向依變國土中覓什麼物. 乃至三乘十二分教
皆是拭不淨故紙. 佛是幻化身 祖是老比丘 爾還是娘生已否. 爾若求
佛 卽被佛魔攝 爾若求祖 卽被祖魔縛. 爾若有求皆苦 不如無事.

물었다.

"어떤 것이 마음 마음이 다르지 않은 것(心心不異處)입니까?"

선사가 말했다.

"그대가 물으려고 하면 (그 순간) 이미 달라져버린다. (또한) 성성과
상相으로 각각 나뉘게 된다. (그러므로) 도류여! 잘못 알지 말라.
세간과 출세간의 모든 법은 모두 자성이 없고, 생성(生性, 생하게 하는
성품)[138] 또한 없다. 단지 헛된 이름만 있을 뿐이고, (그) 이름 또한

_____

謂一切煩惱之流注漏泄 一見漏 卽見道所斷之諸種邪見 二修漏 修道所斷之貪瞋癡等諸煩
惱 以上二者係就漏之體所立 分別爲見 修二道所斷 三根漏 依眼耳鼻舌等根所生之煩惱
此係就諸根能生煩惱之外緣而立 四惡漏 依一切惡象 惡王 惡知識 惡國等之惡事 惡法所生
之煩惱 五親近漏 依親近衣服 飮食 醫藥 房舍四事所生之煩惱 與惡漏同爲漏産生之內緣
前者爲違緣 後者爲順緣 六受漏 受乃苦樂捨三受 能生貪瞋癡等煩惱 七念漏 念乃邪念
與受漏同爲漏之因 與前三緣和合而生諸煩惱, 불광대사전)

137 두 번째 물음과 답이 여섯 개의 물음과 답 중에 가장 길다.

138 생성生性의 사전적인 뜻은 '타고난 성품, 천성'이지만, 여기서는 앞에 이미

공한 것인데 그대가 단지 저 헛된 이름을 진실로 여길 뿐이니, (이는) 대단히 잘못 알고 있는 것이다.

설사 있더라도 (그것은) 모두 (이름을) 의지하여 변화하는 경계(依變之境)이니, (이 의변경계로) 보리의菩提依·열반의涅槃依·해탈의解脫依·삼신의三身依·경지의境智依·보살의菩薩依·불의佛依가 있는 것이다.[139] 그대들은 (이처럼 이름을) 의지하여 변화하는 국토(依變國土)에서 무엇을 찾고 있는가? 나아가 삼승십이분교에 이르기까지 모두가 깨끗하지 않은 것을 닦아내는 휴지일 뿐이다.

부처는 환화신(幻化身, 환화와 같은 몸)이고, 조사는 늙은 비구(老比丘)이며, 그대들은 어머니에게서 태어난 몸(娘生)이 아니던가! 그대들이 부처를 구하면 부처라는 마구니에게 포섭되고, 그대들이 만약 조사를 구하면 바로 조사라는 마구니에 매이게 된다. 그대들이 만약 구하는 것이 있으면 모두 괴로움이니, 일 없는 것(無事)[140]만 못하다.

❀

有一般禿比丘 向學人道 ‘佛是究竟 於三大阿僧祇劫 修行果滿 方始成道’ 道流 爾若道 佛是究竟 緣什麼 八十年後 向拘尸羅城 雙林樹間

자성自性이라는 단어를 제시하였기에 ‘생겨나게 하는 성품’으로 해석하였다.

139 보리(열반, 삼신 등)라는 언어를 따라 의지하여 변화하는 경계가 있다는 뜻이다.

140 여기서의 일 없음(無事)은 “차라리 아무런 일도 하지 않고 가만히 있는 것이 더 낫다”고 하는 의미가 내포되어 있다.

광등록에서는 ‘不如無事’를 ‘不如無事休歇去(일없이 쉬는 것만 못하다)’로 전한다.

側臥而死去. 佛今何在. 明知與我生死不別. 爾言 三十二相 八十種好 是佛 轉輪聖王應是如來. 明知 是幻化. 古人云 '如來擧身相 爲順世間 情 恐人生斷見 權且立虛名 假言三十二 八十也空聲 有身非覺體 無相 乃眞形'

일반의 민둥머리 비구[141]가 학인에게 말하기를 '부처는 구경(究竟, 궁극) 이니, 3대아승기겁을 수행해서 불과위佛果位를 성만해야 바야흐로 도를 이룰 수 있다'고 한다.

도류여! 그대들이 만약 '부처는 구경이다'라고 말한다면, (부처는) 무슨 인연으로 (이 세상에 나와) 80년 뒤에 구시라성(拘尸羅城, 拘尸那伽 羅) 쌍림나무(雙林樹, 사라쌍수)에서 옆으로 누워 돌아가신 것인가? (또한 그럼) 부처는 지금 어디에 있는 것인가? (부처의 죽음은) 우리의 나고 죽음과 다르지 않다는 것을 분명히 알아야 한다. (또) 그대들은 말하기를 '삼십이상 팔십종호가 부처다'고 하는데, (그렇다면) 전륜성 왕도 마땅히 여래이어야 할 것이다.[142] 분명히 알라, 이것은 환화幻化라 는 것을! 고인이 말했다.

'(부처님께서) 여래의 몸의 모습을 거론한 것은

세간의 정情을 따른 것이니,

사람들이 단견斷見을 낼까 염려스러워

---

141 註48을 참조하기 바란다.

142 삼십이상 팔십종호는 부처의 형상일 뿐만 아니라, 전륜성왕에게도 있는 형상이 기 때문이다.

방편으로 먼저 헛된 이름을 세운 것이다.

가령 삼십이상과
팔십종호를 말하더라도, 텅 빈 소리이고
어떤 몸도 깨달음의 몸이 아니다.
상이 없는 것이야말로 참된 형상이다.'[143]

☙

爾道'佛有六通 是不可思議'一切諸天 神仙 阿修羅 大力鬼 亦有神通
應是佛否. 道流莫錯. 秖如 阿修羅與天帝釋戰 戰敗領八萬四千眷屬

---

[143] 금강경 제5, 「여리실견분如理實見分」에 대한 미륵(부대사)의 송으로 다음과
같이 전한다.
"須菩提 於意云何 可以身相見如來不" "不也世尊 不可以身相得見如來 何以故
如來所說身相 卽非身相" 佛告須菩提 "凡所有相 皆是虛妄 若見諸相非相 則見
如來"
"수보리야! 어떻게 생각하느냐? 몸의 형상으로 여래를 볼 수 있느냐?"
"그렇지 않습니다, 세존이시여! 몸의 형상으로 여래를 볼 수 없습니다. 왜냐하면
여래께서 말씀하신 몸의 형상은 몸의 형상이 아니기 때문입니다."
부처님이 수보리에게 말씀하셨다.
"무릇 (형)상이라는 것은 모두 허망한 것이니, 만약 모든 상이 상이 아님을
보면 바로 여래를 보게 된다."

彌勒頌曰 "如來擧身相 爲順世間情 恐人生斷見 權且立虛名 假言三十二 八十
也空聲 有身非覺體 無相乃眞形"
이에 미륵(부대사)이 송을 했다. (이하 상기 본문과 동일하여 번역 생략.)

入藕絲孔中藏 莫是聖否. 如山僧所擧 皆是業通依通. 夫如佛六通者
不然. 入色界不被色惑 入聲界不被聲惑 入香界不被香惑 入味界不被
味惑 入觸界不被觸惑 入法界不被法惑. 所以 達六種色聲香味觸法
皆是空相 不能繫縛 此無依道人. 雖是五蘊漏質 便是地行神通.

※藕(연뿌리 우)∶ 연뿌리. 연근蓮根. 서로 맞다.

(또) 그대들은 '부처에게는 육신통이 있으니, 이는 불가사의하다'고
하는데, (그렇다면) 일체의 모든 하늘·선신·아수라·대력귀 또한 신통
이 있으니, (저들 또한) 마땅히 부처가 아니겠는가!

　도류여! 잘못 알지 말라. 예를 들어 '아수라가 제석천과 전쟁을
하다가 전쟁에서 지면 팔만사천의 권속들을 데리고 연뿌리의 실 구멍
속으로 들어가 숨는다'[144]고 하는데, (그렇다면 저들도) 성인이 아니겠
는가? 산승이 거론한 것들은 모두 업통(業通, 숙업에 의한 신통)[145]이고

144 아수라와 제석천의 전쟁에 관한 것은 화엄경(80권 본) 제42권, 「십정품十定品」에
　　나오는 말로 원래는 '차별 없는 몸의 삼매(一切衆生無差別身三昧)를 설명하는
　　가운데 나온다. 내용은 아래 【참조】 32를 살펴보기 바란다.
145 업통業通: 보통報通이라고도 한다. 다섯 가지 신통 중의 하나. 업통의 경우에는
　　몸과 귀신에 있는데, 숙업宿業을 의지해서 자연히 신통력을 얻는다.『구사론俱
　　舍論』9권에 이르기를 "일체의 신통 가운데 업통이 가장 빠르다. 하늘 높이
　　올라 자재해서 이것을 통通의 뜻이라고 한다. 신통은 업으로 말미암아 얻는
　　것이기에 업통이라 이름한다. 이 신통의 세력은 빠르게 쓰기 때문에 질(疾,
　　빠름)이라 한다. 그 안에는 가장 빠른 업통을 갖추고 있으니, 위로는 세존에
　　이르기까지 감추거나 막지 못하는데 업의 세력이 가장 강성하기 때문이다"고
　　하였다. (又曰報通 五種通力之一 如中有之身及鬼神 依宿業自然而得之通力也 俱舍論九

의통(依通, 약이나 주술에 의한 신통)[146]이다.

(하지만) 무릇 부처의 육신통과 같은 것은 그렇지가 않다. 색계色界에 들어가도 색의 미혹을 받지 않고, 성계聲界에 들어가도 성의 미혹을 받지 않으며, 향계香界에 들어가도 향의 미혹을 받지 않고, 미계味界에 들어가도 미의 미혹을 받지 않으며, 촉계觸界에 들어가도 촉의 미혹을 받지 않고, 법계法界에 들어가도 법의 미혹을 받지 않는다. 그런 까닭에 여섯 가지 색·성·향·미·촉·법 모두가 공상空相임을 통달해도 이 무의도인無依道人을 얽어맬 수가 없는 것이다. (이 무의도인 또한) 비록 오온五蘊으로 된 번뇌의 몸이지만, 바로 (이것이) 땅을 걷는 신통(地行神通)인 것이다.[147]

日 "一切通中 業通最疾 凌空自在 是謂通義 通由業得 名爲業通 此通勢用速故名疾 中有具得最疾業通 上至世尊無能遮抑 以業勢力最强盛故" 정복보, 불학대사전)

참고로 여기서 말하는 5통은 6신통 가운데 누진통漏盡通을 제외한 것이다.

146 의통依通에 관해서는 앞의 註117을 참조하기 바란다.

147 유마경 문수보살문질품에 다음과 같이 전한다.

雖行六通 而不盡漏 是菩薩行

비록 6신통을 행하더라도 루(漏, 번뇌)가 다하지 않는 것이 보살행입니다.

또한, 방거사어록에서는 다음과 같이 전한다.

日用事無別　날마다 하는 일 별 다른 것 없어

唯吾自偶諧　오직 나 스스로 잘 지낼 뿐,

頭頭非取捨　낱낱이 취하거나 버리지 않으니

處處沒張乖　곳곳에 어긋나는 것도 없다.

朱紫誰爲號　붉은색 옷과 자줏빛 옷 누구를 위한 이름인가?

道流 眞佛無形 眞法無相. 爾祇麼幻化上頭 作模作樣 設求得者 皆是野
狐精魅 並不是眞佛. 是外道見解. 夫如眞學道人 並不取佛 不取菩薩
羅漢 不取三界殊勝 <u>迥無獨脫</u> 不與物拘. 乾坤倒覆 我更不疑 十方諸佛
現前 無一念心喜 三塗地獄頓現 無一念心怖. 緣何如此. 我見諸法空
相. 變卽有 不變卽無. 三界唯心 萬法唯識. 所以 夢幻空花 何勞把捉.

※ 並不(병불): 결코 …하지 않다. 결코 …이 아니다.
※ 밑줄 친 '迥無獨脫'은 '迥然獨脫'의 誤字로 아래에서 바로잡아 표기하였다.

도류여!

'참된 부처(眞佛)는 형상이 없고,
참된 법(眞法)은 모양이 없다.'[148]

(그런데도) 그대들은 단지 환으로 이루어진 것(幻化) 위에서 본이나
뜨고 모양이나 만들고 있으니, 설사 구해서 얻더라도 (그것은) 모두
여우이고 도깨비인 것이지, 결코 참된 부처가 아니다. 이것은 (모두)
외도의 견해이다.

丘山絶點埃　이 산에는 한 점 티끌도 없다.
神通并妙用　신통과 묘용이여!
運水與搬柴　물 긷고 나무하는 것이로다. (졸역, 방거사 어록·시 역주, p.42)
148 임제 선사가 강조한 것으로 게송의 형태로 번역하였다.

무릇 진실로 도를 배운 사람이라면 결코 부처도 취하지 않고, 보살도
나한도 취하지 않으며, 삼계의 (그 어떠한) 수승함도 취하지 않고
멀리 홀로 벗어나(迥然獨脫) 그 어떤 것에도 구속되지 않는다. (그런
까닭에) 하늘과 땅이 뒤집어져도 나는 결코 의심하지 않으며,[149] 시방의
제불이 눈앞에 있어도 한 생각도 마음에 기쁠 것이 없고, 삼도(三途,
지옥·아귀·축생)의 지옥이 단박에 드러나도 한 생각도 마음에 두려울
것이 없다. 어째서 이와 같은가? 나는 제법의 공상(諸法空相)을 보았기
때문이다. 변하면 있고, 변하지 않으면 없는 것이다(變即有 不變即無).

'삼계는 오직 마음일 뿐이고,
만법은 오직 식일 뿐이다(三界唯心 萬法唯識).'[150]

---

[149] 승조의 조론 가운데, 「물불천론物不遷論」에서는 다음과 같이 전한다.

何者 果不俱因 因因而果. 因因而果 因不昔減 果不俱因 因不來今. 不減不來
則不遷之致明矣. 復何惑於去留 跰躅於動靜之間哉. 然則乾坤倒覆 無謂不靜
洪流滔天 無謂其動 苟能契神於卽物 斯不遠而可知矣.

왜냐하면 과는 인과 함께하지 않고, 인으로 인한 과이다. 인으로 인한 과는
인이 과거에 멸하지 않았으며, 과는 인과 함께하지 않아 인이 현재에 오지
않았기 때문이다. 멸하지도 않고 오지도 않았다면 옮기지 않은 이치가 분명할
것인데, 다시 무슨 가고 머묾에 미혹되고 동과 정 사이에 머뭇거리겠는가.
그러면 천지가 뒤집어져도 고요하지 않다고 말하지 못하고, 큰 물결이 하늘을
덮어도 그 움직임을 말하지 못할 것이다. 만약 마음이 바로 사물에 계합할
수 있다면 이는 멀지 않아 알 수 있는 것이다.

[150] 원효의 게송을 다음과 같이 전한다.

心生則種種法生　마음이 일어나면 갖가지 법이 일어나고
心滅則龕墳不二　마음이 멸하면 감실과 무덤이 둘이 아니다.

그런 까닭에 (이르기를)

'꿈이고 환이며 허공 꽃이거늘,

三界唯心萬法唯識　삼계는 오직 마음일 뿐이고, 만법은 오직 식일 뿐이다.
心外無法胡用別求　마음 밖에 법이 없거늘, 어찌 따로 구할 필요가 있겠는가.

또한 완릉록에서는 다음과 같이 전한다.
若以一切中 心有常見 卽是常見外道 若觀一切法空 作空見者 卽是斷見外道.
所以 三界唯心 萬法唯識. 此猶是對外道邪見人說.

만약 일체시에 마음에 상견(常見, 항상하다는 견해)이 있으면 바로 상견외도常見
外道가 되고, 만약 일체법은 공하다고 관해서 공견(空見, 없다는 견해)을 짓는다
면 바로 단견외도斷見外道가 된다. 그런 까닭에 삼계는 오직 마음일 뿐이고,
만법은 오직 식일 뿐인 것이다. 이것은 다만 외도의 삿된 견해를 상대해서
말한 것일 뿐이다.

참고로 법안문익의 「삼계유심게三界唯心偈」에서 다음과 같이 전한다.
三界唯心萬法唯識　삼계는 오직 마음뿐이요, 만법은 오직 식일 뿐이다.
唯識唯心眼聲耳色　오직 식이요, 오직 마음일 뿐이면
　　　　　　　　　눈으로 소리를 듣고 귀로 색을 보리니,
色不到耳聲何觸眼　색이 귀에 이르지 않거늘, 소리가 어떻게 눈에 닿겠는가.
眼色耳聲萬法成辦　눈으로 색을 보고 귀로 소리를 들어 만법을 분별하는데
萬法匪緣豈觀如幻　만법이 인연이 아니라면 어찌 환처럼 보겠는가.
大地山河誰堅誰變　산하대지에 뭐가 견고하고 뭐가 변하는가.

법안문익(法眼文益, 885~958): 당말 오대의 스님. 7세에 출가, 장경혜릉에게
참학하고 나한계침에게 수년을 참구하고 그의 법을 이음. 선교불이禪敎不二의
입장을 주장한 법안종의 개조. (전게서, p.272)

어찌 애써 붙잡으려는 것인가!'[151](라고 하였던 것이다.)

❀

唯有道流 目前現今聽法底人 入火不燒 入水不溺. 入三塗地獄 如遊園
觀 入餓鬼畜生 而不受報. 緣何如此. 無嫌底法. '爾若愛聖憎凡 生死海
裏沈浮 煩惱由心故有 無心煩惱何拘 不勞分別取相 自然得道須臾'
爾擬傍家 波波地學得 於三祇劫中 終歸生死 不如無事 向叢林中 床角
頭 交脚坐.

※遊觀(유관): 유람하다.

오직 (내) 눈앞에서 지금 법을 듣고 있는 (사람, 그대들) 도류가 있을
뿐이니, (이 사람은) 불에 들어가도 타지 않고, 물에 들어가도 빠지지
않는다.[152] 삼도지옥(三塗地獄, 삼악도)에 들어가도 마치 동산을 유람하

---

151 신심명에 다음과 같이 전한다.
　　夢幻空華　꿈이고 환이며 허공 꽃이거늘,
　　何勞把捉　어찌 애써 붙잡으려는가.
　　得失是非　얻고 잃음·옳고 그름을
　　一時放却　한꺼번에 내려놓아라.
152 『백장광록百丈廣錄』에서는 다음과 같이 전한다.
　　誌公云 "隨人造作百變" 十地菩薩 不飢不飽 入水不溺 入火不燒 倘要燒 且不可
　　得燒 他被量數管定 佛則不與麽. 入火不燒 倘要燒便燒 要溺便溺 他使得四大風
　　水自由 一切色是佛色 一切聲是佛聲 自己滓穢諂曲心 盡透過三句外 得說此語
　　菩薩淸淨 弟子 明白所有言說 不執無有 一切照用 不拘淸濁

듯 하고, 아귀나 축생에 들어가도 과보를 받지 않는다. 어째서 이와 같은가? 싫어하는 법이 없기 때문이다.[153] (고인이 말했다.)[154]

'그대들이 만약 성인을 좋아하고 범인을 싫어한다면
생사의 바다에 떴다 가라앉았다 할 것이다.
번뇌는 마음으로 말미암아 있는 것이니,
무심하면 번뇌가 어찌 구속하겠는가?
분별해서 상을 취하는 것에 힘쓰지 않으면
자연히 잠깐 사이에 도를 얻게 될 것이다.'[155]

지공誌公이 말하기를 "사람을 따라 백 가지 변화를 만든다"고 하였다. 10지 보살十地菩薩은 배고프지도 않고 배부르지도 않으며, 물에 들어가도 빠지지 않고, 불에 들어가도 타지 않으며 별안간 태우려고 해도 또한 태울 수가 없다. 10지 보살은 틀림없이 수數에 헤아림을 받지만, 부처는 그렇지 않다. 불에 들어가도 타지 않지만, 만약 태우고자 하면 바로 태우고, 빠지고자 하면 바로 빠진다. 부처는 바람과 물 등의 4대를 자유롭게 부리기에 일체의 색이 부처이고, 일체의 소리가 부처인 것이다. 자기의 마음을 왜곡하는 더러운 때를 모두 삼구三句 밖으로 꿰뚫어야 이런 말을 말할 수 있다. 청정한 보살 제자는 명백해서 언설이 무와 유를 집착하지 않고, 일체의 조와 용이 맑고 탁함에 구애되지 않는다.

'入火不燒 入水不溺'은 앞의 【참조】 6 '진인眞人'을 살펴보기 바란다.

153 앞의 註91(신심명) 참조하기 바란다.

154 문맥상 '古人云'이 빠진 것으로 이해, 수록하였다. 이어지는 문장이 대승찬 제2수에 나오기 때문이다.

155 앞의 【참조】 24 '지공 화상의 대승찬'을 살펴보기 바란다.

(그럼에도 불구하고) 그대들이 옆집이나 바쁘게 뛰어다니면서 배우려 한다면 3아승기겁에도 끝내 생사로 돌아가게 될 것이니, 일없이 총림의 선상 모서리에서 다리를 꼬고 앉아 있는 것만 못한 것이다.

❀

道流 如諸方有學人來 主客相見了 便有一句子語 辨前頭善知識. 被學人拈出箇機權語路 向善知識口角頭擂過 看爾識不識. 爾若識得是境 把得 便抛向坑子裏. 學人便卽尋常 然後便索善知識語. 依前奪之 學人云'上智哉 是大善知識'卽云'爾大不識好惡'

※口角(구각): 입아귀. 입의 양쪽 구석.
※擂(던질 찬): 던지다. 내던지다. 교사하다. 꼬드기다. 꾀다. 썩다. 혼합하다.

도류여![156] 제방에서 학인이 (찾아) 와서 주인과 손님이 서로 인사를 나누면, 곧바로 (학인이) 한마디 말로 앞에 있는 선지식을 시험해 가려내는 경우가 있다.

(이런 경우는 다음과 같다. 먼저) 저 학인이 기권어로機權語路[157]

사빈주	뜻	풍혈연소
주간객主看客	스승이 학인의 기량을 간파함.	주중빈主中賓
주간주主看主	스승과 학인 모두 기량이 뛰어남.	주중주主中主
객간주客看主	학인이 스승의 기량을 간파함.	빈중주賓中主
객간객客看客	스승과 학인이 모두 기량이 열등.	빈중빈賓中賓

156 여기서부터 이어지는 네 개의 단락은 사빈주四賓主에 대한 선사의 설법이다.

하나를 끄집어내 선지식의 입가에 던져서 그가 아는지 모르는지를 살핀다.

(그때) 만약 선지식이 이 경계를 알면, 집어서 바로 구덩이 속에 던져버린다.

(그러면) 학인은 바로 평소처럼 (자세를 바로잡고) 다가가서, 그런 다음 바로 선지식의 (가르침의) 말씀을 구한다.

(그래도 선지식이) 여전히 뺏어버리면, 학인은 말하기를 '뛰어난 지혜이십니다, (대단하십니다) 대선지식이십니다'고 한다.

(그러면) 바로 (선지식은) '너는 좋고 나쁨을 전혀 모르는구나!'라고 한다.[158]

※

如善知識把出箇境塊子 向學人面前弄 前人辨得 下下作主 不受境惑.
善知識便卽 現半身 學人便喝. 善知識又入一切差別語路中擺撲. 學
人云 '不識好惡老禿奴' 善知識歎曰 '眞正道流'

※下下(하하)는 아래의 上上下下(상상하하)로 이해하였다.
上上下下: 위아래 사람 모두. 갑자기 올라갔다 내려갔다 하는 모양. 위에서
부터 밑에까지. 머리부터 발끝까지. 하나하나.

---

157 상대방을 시험하기 위해 건네는 방편의 언구. (선학사전, p.84)
158 주간객主看客, 주중빈主中賓을 설명한 것이다. 호주오빈好主惡賓이라고도 한다.
  (호오好惡로 읽는 것이 맞다.)

(가령 또) 선지식이 경계 덩어리 하나를 집어내서 학인의 면전에서 다루면, 앞에 있는 사람(학인)이 이를 가려내서 하나하나 (모두) 주인이 되어 경계의 미혹을 받지 않는 경우가 있다.

(이런 경우는 다음과 같다.) 선지식이 (먼저) 곧바로 다가가서 몸을 반쯤 드러내면, 학인은 바로 '할!'을 한다.

(그러면) 선지식은 또 다시 일체의 차별된 언어의 길에 들어가서 흔들어보기도 하고 두들겨보기도 한다.

(이에) 학인은 '좋고 나쁨도 모르는 늙은 민둥머리야!'라고 한다.

(그러면) 선지식은 탄복하고, '진정한 도류(도인)로다'라고 한다.[159]

✿

如諸方善知識 不辨邪正 學人來問菩提涅槃三身境智. 瞎老師便與他解說. 被他學人罵著 便把棒打他 言 '無禮度' 自是爾善知識無眼 不得嗔他.

※自是(자시): (문어) 당연히. 자기가 옳다고 여기다. 제멋대로 하다.

(가령 또) 제방의 선지식이 삿된 것인지 바른 것인지를 가려내지 못하는데도, 학인이 찾아와서 보리·열반·삼신·경지(境智, 경계와 지혜)를 묻는 경우가 있다.

(이런 경우) 눈 먼 노사(瞎老師)가 바로 학인에게 풀어서 설명을 해준다.

---

159 주간주主看主, 주중주主中主를 설명한 것이다. 호주호빈好主好賓이라고도 한다.

(그런데 이때) 저 학인에게 욕을 먹으면, 바로 방망이를 잡아 그를 치면서 '예의도 법도도 없는 놈아!'라고 한다.

(이는) 당연히 그 선지식에게 안목이 없는 것이니, 학인에게 화를 내서는 안 된다.[160]

❀

有一般不識好惡禿奴 卽指東劃西 好晴好雨 好燈籠露柱. 爾看 眉毛有幾莖. 這箇具機緣 學人不會 便卽心狂. 如是之流 總是野狐精魅魍魎. 被他好學人 嗌嗌微笑 言 '瞎老禿奴惑亂他天下人'

※魍魎(망량): (전설상의) 괴물. 도깨비. 요괴. 정령. / 魑魅魍魎(이매망량): 온갖 잡귀신. 온갖 나쁜 짓을 하는 놈들.

※嗌(목구멍 익, 목멜 액, 웃는 소리 악): 목구멍. 아첨하는 소리. (익) / 목이 메다. (애) / 웃는 소리. 웃는 모양. (악)

(가령 또) 일반의 좋고 나쁨도 모르는 민둥머리 놈들이 바로 동쪽을 가리키며 서쪽을 긋고, 날이 좋다느니 비가 잘 온다느니, 좋은 등롱이니 좋은 노주이니 하는 경우가 있다.[161] 그대들은 보라, (이런 놈들에게) 눈썹이 몇 가닥이나 (남아) 있는가?[162]

---

160 객간주客看主, 빈중주賓中主를 설명한 것이다. 오주호빈惡主好賓이라고도 하는데, 이는 스승에게 학인을 교화할 만한 능력이 없는 것이다.

161 '指東劃西 好晴好雨'는 註49를 참조하기 바란다.

162 중국 속담에 거짓말을 하면 눈썹이 빠진다고 한다.
   등롱燈籠: 부처님 재세 시, 승방에 불을 피우는 도구. 후에 불전에 올리는

(또한) 이 일은 기연(機緣, 부처의 교화를 받을 만한 인연의 기틀)을 갖춰야 하는 것인데, 학인은 알지 못하고 바로 마음이 미쳐버리게 된다. 이와 같은 부류는 모두 여우·도깨비·귀신이다.

(이에) 저 훌륭한 학인들로부터 킥킥대고 비웃으면서, '눈멀고 늙은 민둥머리 중이 저 천하의 사람들을 미혹하고 어지럽게 하는구나!' 하는 말을 듣게 된다.[163]

道流 出家兒且要學道. 秖如山僧 往日曾向毗尼中留心 亦曾於經論尋討. 後方知是濟世藥 表顯之說 遂乃一時抛却 即訪道參禪. 後遇大善知識 方乃道眼分明 始識得天下老和尙. 知其邪正 不是娘生下便會 還是體究練磨 一朝自省.

※留心(유심)＝留意(유의): 마음에 둠. 잊지 않고 새겨 둠.
※訪道(방도): 도리를 배우다. 진리를 찾다.
※練磨(연마)＝硏磨(연마): 갈고 닦음.

도구가 됨. (佛在世時僧房燃燈之具也 後爲佛前之供具, 불학대사전)

노주露柱: 법당 또는 불전 밖의 둥근 기둥을 가리킨다. 기와조각(瓦礫)·담벼락(牆壁) 등롱燈籠 등과 함께 생명이 없는 것에 속한다. 선종에서는 무정·비정 등을 표시하는 것으로 사용된다. (指法堂或佛殿外正面之圓柱 與瓦礫 牆壁 燈籠等俱屬無生命之物 禪宗用以表示無情非情等意, 불광대사전)

163 객간객看客, 빈중빈中賓을 설명한 것이다. 오주오빈惡主惡賓이라고도 하는데, 이는 스승에게 교화할 역량이 없고, 학인 또한 교화 받을 능력이 없는 것이다.

도류여! 출가한 사람은 무엇보다 도를 배워야 한다. 가령 산승의 경우, 지난날 비니(毘尼, 율장)에 마음을 둔 적도 있었고,[164] 또한 경론을 깊이 탐구한 적도 있었다.[165] 나중에서야 이것들(율장과 경론)은 세상을 구제하는 약(처방)이요, 표현의 말이라는 것을 알고, 마침내 한꺼번에 던져버리고 바로 도를 찾아 참선參禪을 하였다.

뒤에 대선지식(=황벽희운)을 만나고 나서야 도안(道眼, 도를 보는 안목)이 분명하게 되었고, 비로소 천하의 노화상들을 변별하게 되었다. (그런데) 그 삿됨과 바름을 안 것은[166] 어미에게 나서 바로 안 것이 아니라, 몸소 연구하고 갈고 닦다가 하루아침에 스스로 깨달은 것(體究練磨 一朝自省)이었다.

道流 爾欲得如法見解 但莫受人惑. 向裏向外 逢著便殺. 逢佛殺佛

---

164 광등록에서는 "往日曾向毘尼中 留心數十年"이라고 전하는데, 수십 년數十年은 오랜 시간을 강조한 것일 뿐이다. 앞에 "나는 12년을 하나의 업성業性을 구해보았지만, 겨자씨만큼도 얻을 수가 없었다"는 표현이 있다.

165 증도가에 다음과 같은 비슷한 표현이 있다.

吾早年來積學問　나는 어린 나이에 학문을 쌓고
亦曾討疏尋經論　또한 주석을 더듬고 경론을 살핀 적도 있었네.
分別名相不知休　이름과 형상을 분별하며, 쉬는 줄도 모르고
入海算沙徒自困　바다에 들어가 모래를 세듯 쓸데없이 자신을 피곤케 했네.
却被如來苦訶責　여래의 쓴 꾸지람을 입으면서
數他珍寶有何益　남의 보배를 헤아린들, 무슨 이익이 있겠는가.

166 '知其邪正'은 앞의 천하의 노화상들을 변별할 수 있게 되었다는 것과 같은 뜻이다.

逢祖殺祖 逢羅漢殺羅漢 逢父母殺父母 逢親眷殺親眷 始得解脫 不與
物拘 透脫自在. 如諸方學道流 未有不依物出來底. 山僧向此間從頭
打. 手上出來手上打 口裏出來口裏打 眼裏出來眼裏打. 未有一箇獨
脫出來底 皆是上他古人閑機境.

※ 親眷(친권) = 眷屬(권속).

도류여! 그대들이 여법한 견해(如法見解)[167]를 얻고자 하면, 다만 인혹
(人惑, 다른 사람이 미혹하게 하는 것)을 받지 말라. 안에서든 밖에서든
만나면 바로 죽여야 한다. 부처를 만나면 부처를 죽이고, 조사를 만나면
조사를 죽이고, 나한을 만나면 나한을 죽이고, 부모를 만나면 부모를
죽이고, 권속을 만나면 권속을 죽여야, 비로소 해탈을 얻어 어떤 것에도
구속되지 않고 꿰뚫어 벗어나 자재하게 된다.

　(하지만) 제방에서 도를 배우는 무리들치고 어떤 것에도 의지하지
않고 (내 앞에) 나온 사람이 아직까지 (하나도) 없었다. (그래서)
산승의 이곳에서는 처음부터 치는 것이다.

　손을 가지고 나오면 손을 치고, 입을 가지고 나오면 입을 치고,
눈을 가지고 나오면 눈을 쳤다. (그런데도) 한 사람도 홀로 벗어나
나오는 자가 없으니, (이는) 모두가 저 고인의 한기경(閑機境, 한가로운
또는 부질없는 기연과 경계)[168]에 있기 때문이다.

---

167 '如法見解'는 앞의 진정견해眞正見解와 같은 뜻이다.
168 앞의 註33과 97을 참조하기 바란다.

❀

山僧無一法與人. 祇是治病解縛. 爾諸方道流 試不依物出來. 我要共
爾商量. 十年五歲 並無一人. 皆是依草附葉 竹木精靈 野狐精魅 向一
切糞塊上亂咬. 瞎漢 枉消他十方信施 道我是出家兒' 作如是見解. 向
爾道'無佛無法 無修無證' 祇與麽傍家 擬求什麽物. 瞎漢 頭上安頭
是爾欠少什麽.

　'산승은 사람들에게 줄 어떤 법(一法)도 없다.
　다만 병을 치료하고 묶인 것을 풀어줄 뿐이다.'[169]

그대들, 제방의 도류여! 시험 삼아 그 어떤 것에도 의지하지 말고
나와 봐라. 나는 그대들과 함께 상량(商量, 따져봄)하기를 원한다.
(하지만) 10년이고 5년이고 간에 도무지 한 사람도 없다. 모두 풀에
의지하고 잎사귀·대나무·나무에 붙어사는 귀신·여우·도깨비들이
고, 일체의 똥 덩어리를 마구잡이로 씹어대는 것들뿐이다.
　눈 먼 놈들아! 저 시방의 신심 있는 신자들이 보시한 것을 헛되이
쓰면서 '나는 출가한 사람이야!'라고 말하고, 이와 같은 견해나 짓고
(앉아) 있으니, 그대들에게 말하노라.

　'부처도 없고 법도 없으며,
　닦을 것도 없고 증득할 것도 없다.'[170]

---

169 선사가 강조한 것으로 게송의 형태로 번역하였다.
170 전심법요에서는 다음과 같이 전한다.

한낱 그렇게 옆집에서 무엇을 구하려 할 것인가? 눈 먼 놈들아!
머리에다 머리를 얹고 있는데,[171] (바로 여기) 그대들에게 부족한 것이
(대체) 무엇인가?

❀

道流 是爾目前用底 與祖佛不別. 秖麽不信 便向外求 莫錯. 向外無法
內亦不可得. 爾取山僧口裏語 不如休歇無事去. 已起者莫續 未起者
不要放起 便勝爾十年行脚. 約山僧見處 無如許多般. 秖是平常 著衣
喫飯 無事過時.

※如許(여허): 이와 같다. 상당수의. 이렇게 많다.

도류여! 그대들 눈앞에서 작용하고 있는 이것(是)은 조사나 부처와
다르지 않다. (그럼에도) 다만 (이것을) 믿지 않고 밖에서 구할 뿐이니,
잘못 알지 말라! 밖에도 (구할) 법이 없고, 안에도 역시 얻을 것이
없다. 그대들이 산승의 입에서 나오는 말을 취하는 것 또한 (생각을)
쉬고 또 쉬며 일 없는 것만 못한 것이다(休歇無事去).[172]

唯直下頓了 自心本來是佛 無一法可得 無一行可修 此是無上道 此是眞如佛.

오로지 바로 그 자리에서 자기의 마음이 본래 부처인 것을 단박에 깨달으면
어떤 법(一法)도 얻을 것이 없고, 어떤 수행(一行)도 닦을 것이 없으니, 이것이
무상의 도(無上道, 위없는 도)이고, 이것이 진여불眞如佛이다.

171 연약달다의 고사로 앞의 【참조】 22를 살펴보기 바란다.

172 광등록에서는 '不如休歇無事去'를 '不如休業無事去(쉬며 일 없는 것만 못하다)'로
전한다(뜻은 동일하다).

이미 일어난 것은 이어지게 하지 말고, 아직 일어나지 않은 것은 일어나게 내버려둬서는 안 되니, 그렇게 하면 그대들이 10년을 행각行脚한 것보다 수승할 것이다.

산승의 견처(見處, 견지)로는 그렇게 많은 일이 없다. 다만 평상平常[173]하여 옷 입고 밥 먹으며 일 없이 시간을 보낼 뿐이다.

❀

爾諸方來者 皆是有心 求佛求法 求解脫 求出離三界. 癡人 爾要出三界 什麼處去. 佛祖是賞繫底名句. 爾欲識三界麼. 不離爾今聽法底心地. 爾一念心貪是欲界 爾一念心瞋是色界 爾一念心癡是無色界. 是爾屋裏家具子. 三界不自道 我是三界. 還是道流 目前靈靈地 照燭萬般 酌度世界底人 與三界安名.

※賞(상줄 상): 상을 주다. 증여하다. 칭찬하다. 즐기다. 숭상하다. 아름답다.
※酌度(작탁)=酌量(작량): 참작하다. 헤아리다. 가늠하다.
※安名(안명): 새로 도를 깨닫고 승려가 된 사람에게 법명을 지어 주는 일.

(나를 찾아) 제방에서 온 그대들은 모두 어떤 마음을 갖고(有心, 의도적인 마음으로) 부처를 구하고 법을 구하며, 해탈을 구하고 삼계三界에서 벗어나기를 구한다. 어리석은 사람들아! 그대들은 삼계를 벗어나서 (도대체) 어디로 가려는 것이냐? 부처와 조사는 숭상(崇尙, 찬탄)에 매인 이름과 글귀일 뿐이다.

---

173 평상平常과 관련해서는 앞의 註47을 참조하기 바란다.

　그대들은 (정녕) 삼계를 알고자 하는가? (삼계는) 지금 (내 앞에서) 법문을 듣고 있는 그대들의 마음자리를 떠나지 않는다. 그대들의 한 생각 탐내는 마음이 욕계이고, 그대들의 한 생각 성내는 마음이 색계이며, 그대들의 한 생각 어리석은 마음이 무색계이다. (바로) 이것이 그대들 집안의 살림살이(家具子)[174]인 것이다.

　삼계는 스스로 '내가 삼계다'라고 말하지 않는다. (내) 눈앞에서 (소소)영령(昭昭)靈靈하게 온갖 것을 비추고 세계를 가늠하는 사람, 바로 그대들 도류가 삼계라는 이름을 붙여준 것이다.

❀

大德 四大色身是無常. 乃至脾胃肝膽髮毛爪齒 唯見諸法空相. 爾一念心歇得處 喚作菩提樹 爾一念心不能歇得處 喚作無明樹. 無明無住

---

174 가구家具와 관련해 다음과 같은 문답이 있으니 참조하기 바란다.

　①천황도오의 답

　僧問天皇 "如何是戒定慧" 皇云 "我這裏無恁閑家具."

　어떤 스님이 천황天皇에게 물었다. "어떤 것이 계·정·혜입니까?"

　천황이 말했다. "나의 여기에는 이런 한가한 살림살이(閑家具)가 없다."

　②약산유엄의 답

　翱又問 "如何是戒定慧" 師曰 "貧道遮裏無此閑家具" 翱莫測玄旨 師曰 "太守欲得保任此事 直須向高高山頂坐 深深海底行 閨閤中物捨 不得便爲滲漏"

　이고가 또 물었다. "어떤 것이 계·정·혜입니까?"

　선사가 말했다. "빈도의 이곳에는 이런 한가한 살림살이는 없습니다."

　이고가 현묘한 뜻을 알지 못하자, 선사가 말했다. "태수는 이 일을 보임하고자 한다면 바로 모름지기 높고 높은 산 정상에 앉고, 깊고 깊은 바다 밑을 가야 합니다. 규합 안의 것을 버리지 못하면 바로 번뇌가 됩니다."

處 無明無始終. 爾若念念心歇不得 便上他無明樹 便入六道四生 披毛
戴角. 爾若歇得 便是淸淨身界. 爾一念不生 便是上菩提樹 三界神通
變化 意生化身 法喜禪悅 身光自照. 思衣羅綺千重 思食百味具足 更無
橫病. 菩提無住處 是故無得者.

※ 羅綺(나기) : 비단옷. 곱고 아름다운 비단.

대덕들이여! 사대로 이루어진 몸은 무상하다. 나아가 비장·위장·간·
쓸개·머리카락·털·손톱·이빨에 이르기까지 오직 제법의 공한 모습
(諸法空相)을 보일 뿐이다.

그대들 한 생각 마음이 쉬는 곳을 보리수菩提樹라 하고, 그대들
한 생각 마음이 쉬지 못하는 곳을 무명수無明樹라고 한다. 무명은
머무는 곳이 없고, 무명은 시작과 끝이 없다.

그대들이 생각생각 마음을 쉬지 못하면[175] (그것이) 바로 저 무명수에
오르는 것이고, 바로 사생육도에 들어가 털을 걸치고 뿔을 (머리에)
이는 것이다.[176] (하지만) 그대들이 만약 (마음을) 쉬면 (그것이) 바로
청정신의 세계(淸淨身界, 청정법신의 세계)인 것이다.

그대들이 한 생각 일어나지 않으면 바로 보리수에 올라 삼계를
신통으로 변화시키고(神通變化), 의생화신(意生化身, 마음대로 화신을
냄)하며, 법희선열(法喜禪悅, 법을 듣는 것을 좋아하고 참선하는 것을

---

175 생각생각 마음을 쉬지 못한다(念念心歇)는 것은 한 순간(찰나) 한 순간 일어나는
  생각에 끄달리는 것을 뜻한다.
176 피모대각披毛戴角: 이류중생異類衆生, 즉 축생으로 태어나는 것을 뜻한다.

기뻐함)을 맛보고, 몸에서 빛이나 스스로를 비추게 된다(身光自照).[177]
옷을 생각하면 비단이 천 겹으로 펼쳐지고, 먹을 것을 생각하면 온갖
맛이 갖추어지며, 결코 뜻하지 않은 병(또는 갑작스러운 병, 橫病)이
없게 된다. (고인이 말했다.)

> '보리菩提는 머물 곳이 없다.
> 이런 까닭에 얻을 것이 없다.'[178]

---

177 법화경 「오백제자수기품五百弟子授記品」에 다음과 같이 전한다.

(중략) 一切衆生 皆以化生 無有婬欲 得大神通 身出光明 飛行自在 志念堅固
精進智慧 普皆金色 三十二相而自莊嚴. 其國衆生 常以二食 一者 法喜食 二者
禪悅食

(법명불法明佛이 만든 불국토에서는) 일체중생이 모두 화생하여 음욕이 없고,
대신통력을 얻어 몸에서 광명이 나오며, 날아다님에 자재하고, 뜻과 생각이
견고하며, 정진하고 지혜로 두루 모두 금색의 32상을 스스로 장엄하였다.
그 나라 중생은 항상 두 가지를 먹었는데, 첫째는 법희를 먹었고(法喜食),
둘째는 선열을 먹었다(禪悅食).

178 유마경 「관중생품觀衆生品」에 다음과 같이 전한다.

舍利弗問天 "汝於此沒 當生何所" 天曰 "佛化所生 吾如彼生" 曰 "佛化所生
非沒生也" 天曰 "衆生猶然 無沒生也" 舍利弗問天 "汝久如當得阿耨多羅三藐三
菩提" 天曰 "如舍利弗還爲凡夫 我乃當成阿耨多羅三藐三菩提" 舍利弗言 "我作
凡夫 無有是處" 天曰 "我得阿耨多羅三藐三菩提 亦無是處. 所以者何 菩提無住
處 是故無有得者"

사리불이 천녀에게 물었다. "그대는 여기서 죽으면 어느 곳에 태어납니까?"
천녀가 말했다. "부처님께서 변화로 태어나는 곳에 저도 부처님처럼 태어날
것입니다."
말했다. "부처님께서 변화로 태어나는 것은 죽고 태어나는 것이 아닙니다."

道流 大丈夫漢 更疑箇什麼. 目前用處 更是阿誰. 把得便用 莫著名字.
號爲玄旨 與麼見得 勿嫌底法. 古人云 '心隨萬境轉 轉處實能幽 隨流
認得性 無喜亦無憂'

도류여! 대장부라는 사람이 또 무엇을 의심하는가? (내) 눈앞에서
작용하는 것은 또 누구인가?

'알면 바로 써야지,
이름에 집착하지 말라!'

이것을 현지(玄旨, 현묘한 뜻)라고 부르는 것이니,[179] 이렇게 보고
싫어하는 법이 없게 하라.[180] 고인이 말했다.

천녀가 말했다. "중생은 그러해서 죽고 태어나는 것이 없습니다."

사리불이 천녀에게 물었다. "그대는 얼마 만에 아뇩다라삼먁삼보리를 얻었습
니까?"

천녀가 말했다. "사리불이 범부가 되면 저 또한 마땅히 아뇩다라삼먁삼보리를
이룰 것입니다."

사리불이 말했다. "내가 범부가 되는 것은 옳지 않소."

천녀가 말했다. "제가 아뇩다라삼먁삼보리를 얻는 것 또한 옳지 않습니다.
왜냐하면 보리는 머무는 곳(住處)이 없기 때문입니다. 이런 까닭에 얻는 것이
없는 것입니다."

179 시중 '3. 무사시귀인' 편에서도 현지의 뜻을 동일하게 말하고 있다.

180 차별하고 분별하는 일이 없어야 한다는 뜻으로 이해하였다. 앞의 註91(신심명의
말씀)을 참조하기 바란다.

'마음은 만 가지 경계를 따라 구르지만,

구르는 곳은 진실로 그윽하다.

흐름을 따라 성품을 알면

기쁠 것도 없고 또한 슬플 것도 없다.'[181]

道流 如禪宗見解 死活循然 參學之人 大須子細. 如主客相見 便有言論
往來 或應物現形 或全體作用 或把機權喜怒 或現半身 或乘師子 或乘
象王.

도류여![182] 선종의 견해로는 죽이고 살리는 것이 정연하고 분명하니,[183]
참학하는 사람은 모름지기 아주 자세하게 살펴야 한다. 주인(선지식)
과 손님(학인)이 만나면 곧장 말로 의사(자신의 경지 또는 뜻)를 드러내
는 일(言論)이 오고 가게 되는데, (그때 선지식은) 중생의 근기에
따라 모습을 드러내기도 하고, 전체작용하기도 하고,[184] 상대방의 근기
를 파악해 방편으로 기뻐하기도 하고 노여워하기도 하고,[185] 반만

---

181 전등록 제2권에서는 제22조 마라나 존자가 제23조 학륵나 존자에게 준 전법게로
    전한다.

182 선사는 여기서부터 다음 단락까지 다시 한 번 사빈주에 대해서 말하고 있다.

183 번뇌가 일어나고 꺼지는 것을 생각하면 쉽게 이해할 수 있다.

184 전체全體: 완전무결한 본체·진여. 전체작용全體作用: 본체가 모두 드러남. (선학
    사전, p.572)

185 '把機權喜怒'는 두 가지로 번역할 수 있다.
     ①把機 + 權喜怒: 근기를 파악해 방편으로 기뻐하기도 하고 노여워하기도

드러내기도 하고,[186] (문수보살처럼) 사자를 타기도 하고 (보현보살처럼) 코끼리를 타기도 한다.[187]

❀

如有眞正學人 便喝 先拈出一箇膠盆子 善知識不辨是境 便上他境上作模作樣. 學人便喝 前人不肯放. 此是膏肓之病不堪醫 喚作客看主. 或是善知識不拈出物 隨學人問處卽奪. 學人被奪 抵死不放 此是主看客. 或有學人應一箇淸淨境 出善知識前 善知識辨得是境 把得抛向坑裏. 學人言 '大好善知識' 卽云 '咄哉 不識好惡' 學人便禮拜 此喚作主看主. 或有學人 披枷帶鎖 出善知識前 善知識更與安一重枷鎖. 學人歡喜彼此不辨 呼爲客看客. 大德 山僧如是所擧 皆是辨魔揀異 知其邪正.

※膏肓(고황): 심장과 횡격막의 사이. 병이 그 속에 생기면 낫기 어렵다는 부분. 고膏는 가슴 밑의 적은 비계, 황肓은 가슴 위의 얇은 막.
※抵死(저사): 죽기를 작정하고 저항함. 저사위한抵死爲限의 준말.

예를 들면, (다음과 같은 경우가 있다.)[188] 진정학인眞正學人이 바로 '할!'을 해서 먼저 아교 동이 하나를 집어서 내놓으면, 선지식은 이

———

한다.
　②把機權 + 喜怒: 방편(機權)으로 기뻐하기도 하고 노여워하기도 한다.
186 여기서의 '半身'은 '全身'과 상대하는 것이다.
187 주인, 즉 참된 선지식이 학인을 상대로 죽이고 살리는 방법으로 여섯 가지를 제기하고 있는 것이다.
188 여기서부터 다시 한 번 사빈주를 설명하고 있다.

경계를 가려내지지 못하고 저 경계에서 이러쿵저러쿵 말을 해댄다.[189] (그러면 이를 본) 학인이 바로 '할!'을 한다. (그런데도) 앞 사람(前人, 선지식)은 (자신의 경계=이러쿵저러쿵 말을 한 것을) 놓으려 하지 않는다. 이것은 의사도 감당하지 못하는 고황의 병(불치병)이니,[190] (이를 일러) '객간주(客看主, 손님이 주인을 간파한다)'라고 한다.

혹은 (또 다음과 같은 경우가 있다.) 선지식이 (자신은) 어떤 것도 드러내지 않고, 학인이 묻는 것마다 바로 빼앗아버린다. (그러면) 학인은 빼앗겼는데도 필사적으로 (이 경계, 학인 자신의 견해를) 놓아 버리지 않는다. 이것이 '주간객(主看客, 주인이 손님을 간파한다)'이다.

혹은 (다음과 같은 경우가 있다.) 어떤 학인이 하나의 청정경계를 선지식 앞에 내놓으면, 선지식이 이 경계를 가려내 집어서 구덩이 속으로 던져버린다. (그러면) 학인이 말하기를 '대단한 선지식이십니다'고 하고, 바로 (선지식은) 이르기를 '쯧쯧! 좋고 나쁨도 모르는구나'라고 한다. (그러면) 학인은 바로 절을 한다. 이것을 '주간주(主看主, 주인이 주인을 간파한다)'라고 한다.

혹은 (다음과 같은 경우가 있다.) 어떤 학인이 목에 칼을 쓰고 발목에 쇠사슬을 차고 선지식 앞에 나오면, 선지식은 다시 한 겹의 칼과 쇠사슬을 씌워준다. (그러면) 학인은 기뻐하는데, (이는) 피차 상대방

---

189 작모작양作模作樣은 직역하면 '본을 뜨고 모양을 만드는 것'으로 번역할 수 있는데, 여기서는 문맥상 '이러쿵저러쿵 말을 해댄다'로 번역하였다.

190 『춘추좌씨전春秋左氏傳』에 나오는 고사로 고칠 수 없는 병을 뜻한다. 진후晉侯가 병이 있어 이름난 의원을 청했더니, 의원은 "병이 벌써 고膏의 밑, 황肓의 위에 들어가 치료할 수가 없습니다"고 하였다.

을 서로 가려내지 못한 것으로, 이것을 '객간객(客看客, 객이 객을 본다)' 이라고 한다.

대덕들이여! 산승이 이와 같이 거론한 것은 모두 마구니를 분별하고 이단을 가려내서 그 삿됨과 바름을 알게 하려는 것이다.

❀

道流 寔情大難 佛法幽玄. 解得可可地 山僧竟日 與他說破 學者總不在 意 千遍萬遍 脚底踏過 黑沒燋地. 無一箇形段 歷歷孤明 學人信不及 便向名句上生解. 年登半百 秖管傍家 負死屍行 <u>擔却擔子</u>天下走 索草 鞋錢有日在.

※寔(이 식) : 이. 이것. 참으로. 진실로. 방치하다. 두다.
※竟日(경일) : 온종일. 하루 종일.
※說破(설파) : 털어놓고 말하다. 숨김없이 말하다. 누설하다. 폭로하다.
※不在意(부재의) : 개의치 않다. 염두에 두지 않다. 주의하지 않다.
※燋(구울 준, 태울 출) : 굽다. 태우다. 불사르다. (불로) 태우다(출). (불이) 꺼지다(출). 검다(출).
※밑줄 친 '擔却擔子'는 '擔却擔子'로도 혼용된다. (담자擔子 : 짐.)

도류여!

'이 마음은 참으로 어렵고,
불법은 깊고 오묘하다.'[191]

(그런 까닭에) 가능한 한 알아 듣게 산승이 온종일 그것을 숨김없이 말해줬거늘, 배우는 이들이 도무지 마음에 두지 않으니 천 번 만 번 밟고 지나가도 불에 탄 흔적도 없이 깜깜하다.

(식정寔情, 이 마음은) 하나의 형체도 없이 역력하고 홀로 밝은데, 학인은 믿음이 (이에) 미치지 못하고 곧장 이름과 글귀에서 이해를 낸다. (그리고는) 나이가 반백이 되도록 단지 옆집이나 기웃거리면서 송장이나 메고 다니고, (무거운) 짐을 짊어지고[192] 천하를 돌아다니니, (언젠가) 짚신 값을 청구할 날이 반드시 있을 것이다.

❀

大德 山僧說向外無法 學人不會 便卽向裏作解 便卽倚壁坐 舌拄上齶 湛然不動. 取此爲是祖門佛法也. 大錯. 是爾若取 不動淸淨境爲是 爾卽認他無明爲郞主. 古人云 '湛湛黑暗深坑 寔可怖畏' 此之是也. 爾若認他動者是 一切草木皆解動 應可是道也. 所以 動者是風大 不動者是地大. 動與不動 俱無自性. 爾若向動處捉他 他向不動處立 爾若向不動處捉他 他向動處立 譬如潛泉魚 鼓波而自躍. 大德 動與不動是二種境 還是無依道人 用動用不動.

대덕들이여! 산승이 '밖에 법이 없다(向外無法)'고 설하면, 학인들은

---

191 식寔은 지시대명사로, 정情은 마음으로 이해하였다. 선사가 강조한 것으로 게송의 형식으로 번역하였다.

192 '檐'과 '擔'을 혼용해서 사용한 것 같다.

檐(처마 첨, 질 담): 처마(첨). 지다(담). / 擔(멜 담): 매다. 들다. 짐.

(이 말의 뜻도 제대로) 알지도 못하면서 곧장 안으로 향하는 것이라고
이해를 하고, 곧바로 벽에 기대 앉아 혀를 입천장에 붙이고 깊이
빠져들어[193] 움직이지도 않는다. (그리고는) 이렇게 취하는 것을 조사
문중의 불법이라고 여긴다. (이는) 대단히 잘못된 것이다.

이것을 그대들이 만약 취해서 움직이지도 않는 청정한 경계를 옳은
것이라고 한다면, 그대들은 바로 저 무명을 주인으로 삼고 있음을
인정하는 것이 된다. 고인이 이르기를 '몹시 깊고 칠흑같이 어두운
구덩이는 참으로 두렵고 무섭다'[194]고 했는데, 이것이 (바로) 그것이다.

(또한) 그대들이 만약 저 움직이는 것을 옳은 것이라고 여긴다면
일체의 초목들도 모두 움직일 줄을 알기에 마땅히 도라고 할 수 있을

---

193 湛然(잠연 또는 담연)은 여러 뜻이 있는데, 여기서는 문맥상 '깊이 빠져들다'라고
해석하였다.

194 백장광록에 다음과 같이 전한다.

向前 十大弟子 舍利弗 富樓那 正信阿難 邪信善星等 箇箇有牓樣 箇箇有則候
一一被導師說破. 不是四禪八定阿羅漢等 住定八萬劫 他是依執所行被淨法酒
醉 故聲聞人聞佛法 不能發無上道心. 所以斷善根人無佛性 敎云 喚作解脫深坑
可畏之處.

지난날 10대 제자인 사리불·부루나·바른 믿음의 아난과 삿된 믿음의 선성비구
등에게는 하나하나 본보기가 있고 하나하나 법칙이 있었지만, 낱낱이 도사(導
師, 부처)에게 설파당했다. 사선팔정의 아라한으로 8만겁을 정정(定)에 머무는
것은 아니지만, 그들은 행한 것을 의지하고 집착해서 정법淨法에 취해 있기
때문에 성문인이 불법을 들으면 무상도의 마음(無上道心)을 일으킬 수 없는
것이다. 그런 까닭에 선근을 끊은 사람에게는 불성이 없는 것이다. 교(敎,
경전)에서 이르기를 "해탈의 깊은 구덩이는 가히 두려운 곳이다(解脫深坑 可畏之
處)"고 한다.

것이다. 그런 까닭에 움직이는 것은 바람(風大)이고, 움직이지 않는 것은 땅(地大)이며, 움직이는 것과 움직이지 않는 것은 모두 자성이 없는 것이다.

(그런데도) 그대들이 만약 움직이는 곳에서 그것을 붙잡으려 하면 그것은 움직이지 않는 곳에 서 있고, 그대들이 움직이지 않는 곳에서 그것을 잡으려 하면 그것은 움직이는 곳에 서 있으니, 비유하면 샘물에 잠겨 있는 물고기가 물결을 치며 스스로 뛰어오르는 것과 같다.[195]

대덕들이여! 움직이는 것과 움직이지 않는 것이 두 가지 경계이지만, 무의도인無依道人이 움직임도 쓰고 움직이지 않음도 쓰는 것이다.

❋

如諸方學人來 山僧此間 作三種根器斷. 如中下根器來 我便奪其境 而不除其法. 或中上根器來 我便境法俱奪. 如上上根器來 我便境法 人俱不奪. 如有出格見解人來 山僧此間 便全體作用 不歷根器. 大德 到這裏 學人著力處不通風 石火電光 卽過了也. 學人若眼定動 卽沒交 涉 擬心卽差 動念卽乖. 有人解者 不離目前.

제방에서 학인들이 (찾아) 오면 산승의 이곳에서는 세 가지 근기로

나눠 처단한다. 중하의 근기(中下根器)가 오면 나는 바로 그 경계를 빼앗아버리고 그 법은 없애지 않는다. (또한) 중상의 근기(中上根器)가 오면 나는 바로 경계와 법 모두를 빼앗아버리고, 상상의 근기(上上根器)가 오면 나는 바로 경계와 법과 사람을 모두 빼앗지 않는다. (하지만) 격식을 벗어난 견해를 가진 사람(出格見解人)이 오면 산승의 이곳에서는 바로 전체작용하지(全體作用), 근기를 따지지 않는다.

　대덕들이여! 여기에 이르면 학인이 힘을 쓰는 곳은 바람도 통하지 않으니, 전광석화처럼 바로 지나가버려야 한다. (여기에서) 학인이 만약 눈을 깜빡거린다면 전혀 관계가 없고, 마음으로 헤아려도 바로 틀리게 되며, 생각을 움직여도 바로 어긋나게 된다. (하지만) 아는 사람이라면 (분명) 눈앞을 떠나지 않을 것이다.

❀

大德 爾擔鉢囊屎擔子 傍家走 求佛求法 卽今與麼馳求底 爾還識渠麼. 活撥撥地 祇是勿根株 擁不聚 撥不散. 求著卽轉遠 不求還在目前 靈音屬耳 若人不信 徒勞百年. 道流 一刹那間 便入華藏世界 入毘盧遮那國土 入解脫國土 入神通國土 入淸淨國土. 入法界 入穢入淨 入凡入聖 入餓鬼畜生 處處討覓尋 皆不見有生有死. 唯有空名. 幻化空花 不勞把捉 得失是非 一時放却.

대덕들이여! 그대들은 바랑에 똥 짐을 지고 옆집으로 달려가 부처를 구하고 법을 구하는데, 바로 지금 이렇게 치달려 구하는 놈, 그대들은 그놈을 아는가? 활발발하면서도 다만 (어디에도) 뿌리가 없어서 끌어

안아도 모아지지 않고, 뿌리쳐도 흩어지지 않는다.[196] 구하면 구할수록
점점 멀어지고, 구하지 않으면 도리어 눈앞에 있어 신령스런 소리는

---

196 전등록 제30권, 관남 장로關南長老의 「획주음獲珠吟」에 다음과 같이 전한다.

三界兮如幻	삼계는 환과 같고
六道兮如夢	육도는 꿈과 같다.
聖賢出世兮如電	성현이 세상에 나옴은 번갯불과 같고
國土猶如水上泡	국토는 물 위의 거품과 같다.
無常生滅日遷變	무상하고 생멸하면서 나날이 변화하지만
唯有摩訶般若	오직 마하반야만이 견고해서
堅猶若金剛不可讚	마치 금강과 같아서 뚫을 수 없고
軟似兜羅大等空	부드럽기는 도라 솜(兜羅)이요, 크기는 허공과 같고,
小極微塵不可見	작기로는 극미진極微塵과 같아 볼 수가 없다.
擁之令聚而不聚	안아서 모으려 해도 모으지 못하고
撥之令散而不散	털어서 흩어버리려 해도 흩어지지 않는다.
側耳欲聞而不聞	귀를 기울여 들으려 해도 들리지 않고
瞪目觀之而不見	눈을 부릅떠 보려 해도 보이지 않는다.
歌復歌	노래하고 또 노래하다가
盤陀石上笑呵呵	울퉁불퉁한 바위에서 껄껄대고 웃고
笑復笑	웃고 또 웃다가
靑松影下高聲叫	푸른 소나무 그림자 아래에서 큰 소리로 부르짖는다.
自從獲得此心珠	스스로 이 마음구슬을 얻은 뒤로는
帝釋輪王俱不要	제석천도 전륜성왕도 모두 필요치 않다.
不是山僧獨施爲	산승이 홀로 노래하는 것도 아니고
自古先賢作此調	예로부터 선현들이 이런 곡조를 지었다.
不坐禪不修道	좌선하지도 않고 도를 닦지도 않으며
任運逍遙只麼了	일이 되어 가는 대로 맡겨 소요하니, 다만 이렇게 알 뿐이다.
但能萬法不干懷	다만 만법을 마음에 품지만 않는다면
無始何曾有生老	무시이래로 언제 생·로·병·사가 있었겠는가.

귓전을 울리거늘, 만약 사람들이 믿지 않으면 백 년을 헛되이 수고할 뿐이다.

　도류여! 한 찰나 사이에 바로 (연)화장세계에도 들어가고, 비로자나 국토에도 들어가며, 해탈국토에도 들어가고, 신통국토에도 들어가며, 청정국토에도 들어가고, 법계에도 들어가며, 예토에도 들어가고, 정토에도 들어가며, 범부에도 들어가고, 성인에도 들어가며, 아귀·축생에도 들어가지만, 곳곳에서 찾고 (또) 찾아도 모두 (그) 어떤 생生도 어떤 사死도 보지 못한다. 오직 공허한 이름만 있을 뿐이다. (고인이 말했다.)

> '환화幻化와 공화空花를
> 애써 잡으려 하지 말고,
> 득실(得失, 얻음과 잃음)과 시비(是非, 옳음과 그름)를
> 한꺼번에 놓아버려야 한다.'[197]

❀

道流 山僧佛法 的的相承. 從麻谷和尙 丹霞和尙 道一和尙 <u>廬山拽石頭和尙</u> 一路行遍天下. 無人信得 盡皆起謗. 如道一和尙用處 純一無雜

---

197 아래 신심명의 말씀을 인용하여 강조한 것으로 이해하였다.

　夢幻空華　꿈과 환, 허공 꽃을
　何勞把捉　어찌 애써 잡으려는가.
　得失是非　얻음과 잃음·옳음과 그름을
　一時放却　한꺼번에 내려놓아라.

學人三百五百 盡皆不見他意. 如廬山和尙 自在眞正 順逆用處 學人不測涯際 悉皆忙然. 如丹霞和尙 翫珠隱顯 學人來者 皆悉被罵. 如麻谷用處 苦如黃蘗 近皆不得. 如石鞏用處 向箭頭上覓人 來者皆懼.

※밑줄 친 부분의 '拽'는 '與'의 誤字로, '頭'는 '鞏'의 誤字.
※黃蘗(황벽): 황벽나무. 운향과의 낙엽 활엽 교목.

도류여! 산승의 불법은 분명하고 분명하게 (대를) 이어받았다. 마곡화상[198]·단하화상[199]·도일화상[200]·여산화상[201]·석공화상[202]을 따라 (그들

---

198 마곡보철(麻谷寶徹, 생몰연대 미상): 당대의 스님, 남악南嶽의 문하. 마곡은 주석 산명. 출가하여 마조도일馬祖道一에게 참학하고 그의 법을 이음. 산서성 마곡산에 머물면서 선풍을 고취시킴. (선학사전, p.192)

199 단하천연(丹霞天然, 739~824): 당대의 스님. 청원문하. 단하는 주석 산명. 시호는 지통智通선사. (전게서, pp.123~124)
참고로 단하천연은 오늘날 일반적으로 석두희천의 제자로 전하지만, 당시엔 마조도일의 제자로 인식된 듯하다.

200 마조도일(馬祖道一, 709~788): 당대의 스님. 남악의 문하. 성은 마馬씨. 남악회양으로부터 법을 이음. 만년에 석문산 보봉사에 머묾. 문하에 백장회해, 서당지장, 남전보원, 염관제안, 대매법상, 귀종지상, 분주무업 등 130명의 제자를 배출함. 시호는 대적大寂선사. (전게서, pp.194~195)

201 여산은 귀종지상을 뜻한다.
귀종지상(歸宗智常, 생몰연대 미상): 당대의 스님. 남악 문하. 귀종은 주석 사명. 마조도일에게 법을 이어받음. (전게서, p.73)

202 석공혜장(石鞏慧藏, 생몰연대 미상): 당대의 스님. 석공은 주석 산명. 원래 수렵을 업으로 했는데, 어느 날 사슴을 쫓다가 마조도일을 만나서 설법을 듣고는 활을 버리고 출가하여 참학한 뒤 그의 법을 이음. (전게서, p.352)

과 똑같이) 한 길로 천하에 두루 행하였다(=도를 펴왔다).²⁰³ (그런데
도) 사람들이 (아무도) 믿지 않고, 모두 다 헐뜯기만 한다.

가령, 도일 화상의 용처는 순일무잡純一無雜하였는데, 삼백·오백의
학인들이 모두 다 그의 뜻을 보지 못했다.

또 여산 (귀종 지상) 화상은 자재진정自在眞正하게 용처를 따르기도
하고 거스르기도 하였는데, 학인들이 그 끝을 헤아리지 못하고 모두
다 망연해하였다.

또 단하 화상은 구슬을 감추기도 하고 드러내 보이기도 하면서
(이것을) 가지고 놀았는데, 학인들이 오면 모두 다 욕만 얻어먹었다.

또 마곡의 용처는 쓴 것(苦)이 마치 황벽나무(黃蘗)와 같아서 모두가
가까이하지를 못했다.

또 석공의 용처는 화살 끝에서 사람을 찾는 것이기에, 오는 사람들이
모두 두려워했다.²⁰⁴

---

203 임제(혹은 편집자)가 다섯 명의 선사를 나열하면서 마조 선사를 가운데 배치한
   것은 마치 문수와 보현을 석가모니의 협시보살로 배치하는 것처럼 네 명의
   제자가 마조의 좌우에서 보좌하는 듯한 표현 기법을 사용한 것으로 이해하였다.
   또한 당시에 단하천연이 마조의 제자로 인식되고 있었음을 보여주는 단면이기
   도 하다.
204 상기의 이야기들을 증명할 수 있는 근거가 되는 것들로는 다음과 같다.
   ① 마조도일의 경우
   一切法 皆是心法 一切名 皆是心名. 萬法皆從心生 心爲萬法之根本. 經云 '識心
   達本源 故號爲沙門' 名等義等 一切諸法皆等 純一無雜.若於敎門中 得隨時自
   在 建立法界 盡是法界 若立眞如 盡是眞如 若立理 一切法盡是理 若立事 一切法
   盡是事.
   일체법은 모두 마음 법이고, 일체의 이름은 모두 마음의 이름이다. 만법은

모두 마음으로부터 나오는 것이니, 마음이 만법의 근본이 되는 것이다. 경(중본기경)에 이르기를 "마음을 알아 본원을 통달하였기 때문에 사문이라 한다(識心達本源 故號爲沙門)"고 했으니, 이름도 같고 뜻도 같으며 일체제법이 모두 같아 순일하고 잡됨이 없는 것이다(純一無雜). 만약 교문教門에서도 시절인연에 따라 자재함(隨時自在)을 얻으면, 법계를 세우면 모두가 법계이고, 진여를 세우면 모두가 진여이며, 이理를 세우면 일체법이 모두 이이고, 사事를 세우면 모두가 사인 것이다. (졸역, 마조어록 역주, pp.76~78)

② 귀종지상의 경우

僧問 "初心如何得箇入處" 師敲鼎蓋三下云 "還聞否" 僧云 "聞" 師云 "我何不聞" 師又敲三下問 "還聞否" 僧云 "不聞" 師云 "我何以聞" 僧無語 師云 "觀音妙智力能救世間苦"

어떤 스님이 물었다. "초심자(初心, 초발심자)는 어떻게 해야 (깨달음에) 들어갈 곳(入處)을 얻을 수 있습니까?"

선사가 솥뚜껑(鼎蓋)을 세 번 두드리고, 말했다. "들었는가?"

스님이 말했다. "들었습니다."

선사가 말했다. "나는 어째서 듣지 못했지?"

선사가 또 세 번 두드리고는 말했다. "들었는가?"

스님이 말했다. "듣지 못했습니다."

선사가 말했다. "나는 어째서 들었지?"

스님이 말이 없자, 선사가 말했다. "관음의 묘지력은 능히 세간의 고통을 구제한다." (전게서, p.449~450)

③ 단하천연의 「완주음翫珠吟」 2수(전등록 제30권 중에서)

첫째.

般苦靈珠妙難測　반야의 신령한 구슬 묘해서 헤아리기 어려우니

法性海中親認得　법성의 바다에서 몸소 알아야 한다.

隱顯常遊五蘊中　숨었다 드러났다 하면서 늘 5온 속에서 노닐며

內外光明大神力 안팎으로 빛나는 대신력이로다.

此珠非大亦非小 이 구슬은 크지도 않고 작지도 않으며
晝夜光明皆悉照 밤낮으로 밝아서 모두 다 비춘다.
覓時無物又無蹤 찾을 때는 없고, 또한 자취도 없지만
起坐相隨常了了 앉고 일어날 때는 따르면서 늘 분명하다.

黃帝曾遊於赤水 황제가 일찍이 적수(赤水, 귀주성의 명승지)에 갔을 때
爭聽爭求都不遂 다투어 듣고 다투어 구하려 해도 모두 이루지 못했는데
罔象無心卻得珠 망상(罔象, 물귀신)이 마음 없어 도리어 구슬을 얻었으니
能見能聞是虛僞 볼 수 있고 들을 수 있는 것은 (모두) 거짓이다.

吾師權指喩摩尼 우리 스승께서 '마니주'에 비유하여 가리키니
采人無數溺春池 두루 셀 수 없는 사람들이 봄 연못에 빠졌네.
爭拈瓦礫將爲寶 어찌 기왓장을 집어 보배로 여기겠는가마는
智者安然而得之 지혜로운 사람은 편안히 이를 얻는다.

森羅萬象光中現 삼라만상이 광명 속에 드러나니
體用如如轉非轉 체와 용이 여여하여 굴러도 구르지 않는다.
萬機消遣寸心中 온갖 것들을 마음속에서 소일하면서
一切時中巧方便 일체시에 교묘한 방편을 쓴다.

燒六賊爍衆魔 6적을 태우고 온갖 마구니를 태우니
能摧我山竭愛河 능히 아만의 산을 꺾고 애욕의 강을 말린다.
龍女靈山親獻佛 용녀가 영산에서 몸소 부처님께 바쳤거늘
貧兒衣下幾蹉跎 가난한 사람은 옷 아래에서 얼마나 세월을 헛되이 보냈던가.

亦名性亦名心 성품이라고도 이름하고 마음이라고도 이름하지만
非性非心超古今 성품도 아니고 마음도 아닌 것이 고금을 뛰어넘는다.

全體明時明不得　전체가 밝을 때는 밝힐 수 없으나
權時題作弄珠吟　방편으로 '농주음'이라 제목하여 짓노라.

둘째. (본편은 조당집에서는 약간 달리 전하니 참고하기 바란다.)
識得衣中寶　옷 속의 보배를 알면
無明醉自醒　무명에 취함은 저절로 깬다.
百骸雖潰散　백해가 비록 허물어져 흩어지지만
一物鎭長靈　한 물건은 언제나 늘 신령스럽다.

知境渾非體　경계는 모두 실체가 아님을 알아야 할지니
神珠不定形　신령스런 구슬은 정해진 형상이 없다.
悟則三身佛　깨달으면 삼신불이지만
逃疑萬卷經　눈을 깜빡거리며 만 권의 경전을 의심한다.

在心心可測　마음에 있는 것이라면 마음을 헤아리겠지만
歷耳耳難聽　귀를 스쳐도 귀로는 듣기 어렵다.
罔象先天地　망상은 천지보다 앞서고
玄泉出杳冥　현묘한 샘은 아득하고 그윽한 데서 나온다.

本剛非鍛鍊　본래의 강한 것은 단련한 것이 아니고
元淨莫澄渟　원래 맑은 것은 맑게 괴어 있지 않다.
盤泊輪朝日　소반에 아침 해를 두고 굴리듯
玲瓏映曉星　영롱하게 새벽 별이 비추듯 한다.

瑞光流不滅　상서로운 광명이 흘러 멸하지 않으니
眞氣觸還生　참된 기운은 닿기만 하면 다시 생긴다.
鑒照崆峒寂　거울에 비추면 공동(崆峒, 산 이름)이 고요하고
羅籠法界明　나롱처럼 법계를 감싸고 가득 밝힌다.

挫凡功不滅	범부를 겪어도 공은 없어지지 않고,
超聖果非盈	성인을 뛰어넘어도 과는 차지 않는다.
龍女心親獻	용녀는 마음으로 몸소 바쳤고
闍王口自呈	아사세왕은 입을 스스로 바쳤네.

護鵝人卻活	거위를 보호하니 사람이 도리어 살아났지만
黃雀意猶輕	참새의 뜻은 여전히 가볍다.
解語非關舌	말할 줄 아는 것은 혀와 상관없고
能言不是聲	말을 하는 것은 소리가 아니다.

絶邊彌汗漫	끝을 끊어버리니 더더욱 아득하고
無際等空平	경계가 없으니 허공과 같이 평등하다.
演敎非爲說	경전을 연설함은 설법이 아니니
聞名勿認名	명성이 나도 명성을 인정하지 말라.

兩邊俱莫立	양변을 모두 세우지 말고
中道不須行	중도도 행할 필요가 없다.
見月休觀指	달을 보면 손가락을 보는 것을 멈추고
還家罷問程	집에 돌아오면 길을 묻는 것을 그만둬라.
識心心則佛	마음을 알면 마음이 부처이거늘,
何佛更堪成	어떤 부처를 다시 이룰 것이 있겠는가.

④ "마곡의 용처는 쓴 것(苦)이 마치 황벽(黃蘗, 황벽나무)과 같아서 모두가 가까이하지를 못했다"는 말과 연관된 것은 알 수 없다.

⑤ 석공혜장의 경우

師住後常以弓箭接機.

선사가 주석한 다음부터는 늘 활과 화살로 학인을 제접했다. (전게서, p.340)

✿

如山僧今日用處 眞正成壞 翫弄神變. 入一切境 隨處無事 境不能換.
但有來求者 我卽便出看渠 渠不識我. 我便著數般衣 學人生解 一向入
我言句. 苦哉. 瞎禿子無眼人 把我著底衣 認靑黃赤白. 我脫却 入淸淨
境中 學人一見 便生忻欲. 我又脫却 學人失心 忙然狂走 言我無衣
我卽向渠道 '爾識我著衣底人否' 忽爾回頭 認我了也.

※失心(실심): 미치다. 실성하다. 얼빠지다.

산승의 오늘 용처用處는 이루고 무너뜨리는 것이 참되고 바르며, 신통
변화를 (마음대로) 가지고 논다. 일체의 경계에 들어가도 가는 곳마다
일이 없으니, 경계가 (나를) 바꿀 수 없다.

다만 (찾아)와서 구하는 사람이 있으면, 나는 곧바로 나가서 그를
간파해버리지만, 그는 나를 알아보지 못한다. (또한) 내가 바로 몇
벌의 옷을 입으면 학인들은 이해(解, 알음알이)를 내어 한결같이 나의
말에 빠져든다. (참으로) 괴롭다!

눈먼 민둥머리의 안목 없는 놈들은 내가 입은 옷을 가지고 청·황·적·
백만을 분간한다. (그리고) 내가 옷을 벗어버리고 청정경계 속으로
들어가면 학인들은 한 번 보고는 곧바로 기뻐하고 좋아한다. (거기에
또) 내가 다시 옷을 벗어버리면 학인들은 얼빠져 망연해하고, 미친
듯이 달아나면서 '내겐 옷이 없다'고 한다. (그러면) 나는 바로 그들에게
'그대들은 옷을 입고 있는 나를 아는가?'라고 하는데, (그제야) 홀연히
그들은 고개를 돌려 나를 알았다고 여긴다.

❁

大德 爾莫認衣. 衣不能動 人能著衣. 有箇淸淨衣 有箇無生衣 菩提衣
涅槃衣 有祖衣有佛衣 大德 但有聲名文句 皆悉是衣變. 從臍輪氣海中
鼓激 牙齒敲磕 成其句義 明知是幻化. 大德 外發聲語業 內表心所法
以思有念 皆悉是衣. 爾祇麽認他著底衣爲寔解 縱經塵劫 祇是衣通.
三界循還 輪回生死 不如無事. 相逢不相識 共語不知名.

※臍(배꼽 제): 배꼽. 오이가 달린 꼭지.
※氣海(기해): 배꼽 아래 한 치쯤 되는 곳. 하단전.

대덕들이여! 그대들은 옷을 잘못 알지 말라. 옷(그 자체)은 움직일
수 없지만, 사람이 입으면 움직일 수 있는 것이다. 어떤 청정한 옷도,
어떤 무생의 옷도, 어떤 보리의 옷도, 어떤 열반의 옷도, 어떤 조사의
옷도, 어떤 부처의 옷도, 대덕들이여! 소리와 이름과 문구만 있을
뿐이고, 모두 다 옷의 변화(衣變)일 뿐이다. 제륜기해(臍輪氣海, 배꼽
아래 단전) 속 세찬 맥박으로부터 어금니와 이빨들이 부딪쳐 저 글귀의
뜻이 만들어지는 것이니, 이것은 환화幻化라는 것을 분명히 알아야
한다.

 대덕들이여! 밖으로 소리를 내어 말을 일삼고, 안으로 심소법(마음
의 대상)을 드러내며 생각으로 마음에 두는 것이 있으면, (그것은)
모두 다 옷이다. 그대들이 이렇게 저 사람이 입고 있는 옷을 분간하는
것을 가지고 진실로 안 것이라 여긴다면, (이는) 설사 진겁塵劫[205]을

---

205 진겁塵劫은 진점겁塵點劫의 준말로 아주 오랜 시간을 말한다.

지나더라도 단지 의통(衣通, 옷을 통달함, 경계를 통달함)일 뿐이다. (이 정도의 경계를 가지고) 삼계를 돌면서 생사를 윤회하는 것은 일 없는 것만 못하다. (그런 까닭에 고인이 말했다.)

'서로 만나도 알아보지 못하고
함께 말을 하면서도 이름을 알지 못한다.'[206]

❀

今時學人不得 蓋爲認名字爲解. 大策子上 抄死老漢語 三重五重複子
裹 不敎人見 道'是玄旨'以爲保重 大錯. 瞎屢生 爾向枯骨上 覓什麼汁.
有一般不識好惡 向敎中取 意度商量 成於句義 如把屎塊子 向口裏含
了 吐過與別人. 猶如俗人打傳口令相似 一生虛過也. 道我出家 被他
問著佛法 便卽杜口無詞 眼似漆突 口如楄檐. 如此之類 逢彌勒出世
移置他方世界 寄地獄受苦.

※裹(쌀 과): 싸다. 얽다. 그치다. 꾸러미.
※突(갑자기 돌): 갑자기. 갑작스럽다. 내밀다. 쑥 나오다. 부딪치다. 구멍을

능엄경 제1권에 이르기를 "설사 진겁을 거치더라도 끝내 얻을 수가 없다"고 하였다. 진점겁에는 두 종류가 있으니 첫째는 삼천 진점겁이고, 둘째는 오백 진점겁이다. (楞嚴經一曰 "縱經塵劫 終不能得"有二種 一三千塵點劫 一五百塵點劫, 정복보, 불학대사전)

206 정확한 출처를 알 수는 없지만, 시대적으로 앞선 남전보원이 "고인이 이르 기를 ~"를 하면서 인용하고 있는 것으로 보아, 당시 많이 인용하던 문구로 여겨진다. (정성본 저, 임제어록, p.221)

파서 뚫다. 굴뚝. 대머리. 사나운 말.

※ 口如楄櫓＝口似匾檐(擔과 혼용해서 사용하기도 한다.)

※ 移置(이치): 옮겨놓다.

요즘 학인들이 깨닫지 못하는 것은 이름이나 글자를 분별하는 것으로 앎(解, 이해)을 삼기 때문이다. 큰 책(策子, 죽간)에 죽은 노장의 말이나 베끼고, 세 겹 다섯 겹 보자기에 싸서 다른 사람들이 보지 못하게 하고는, '이는 현묘한 것이다' 하면서 아끼고 지니는데, 이것은 대단히 잘못된 것이다.

눈 먼 놈들아! 그대들은 말라빠진 뼈다귀에서 무슨 국물을 찾고 있는 것인가? 일반의 좋고 나쁨도 알아보지 못하는 놈들이 (경전의) 가르침을 취하여 (그) 뜻을 헤아리고 따지면서 글귀의 뜻이나 만들고 (앉아) 있으니, (이는) 마치 똥 덩어리를 가지고 입에 머금었다가 뱉어서 다른 사람에게 건네주는 것과 같다. (또한) 속인들이 전구령 놀이(傳口令)[207]를 하는 것과 같으니, (이는) 일생을 헛되이 보내는 것이다.

'나는 출가한 사람이다'고 하면서, 다른 사람에게서 불법에 대한 질문을 받으면 곧바로 입을 다문 채 (한마디) 말도 못하고, (이때) 눈은 마치 새까만 굴뚝과 같고, 입은 납작한 각목을 물고 있는 것처럼

---

207 전구령 놀이는 발음하기 어려운 문장(말)을 입으로 말하고, 또 옆자리에 있는 사람에게 똑같이 발음하도록 전달하는 놀이. 어떠한 노랫말을 다른 사람 귀에다가 전달해주는 놀이로써 얼마나 정확하게 전달되는가가 경쟁의 승부수. (전게서, p.223)

한 일一 자가 된다. 이와 같은 부류는 (장차) 미륵이 세상에 나오는 때를 만나더라도 다른 세계로 옮겨가서 지옥에 얹혀살며 고통을 받게 될 것이다.

❀

大德 爾波波地往諸方 覓什麼物. 踏爾脚板闊 無佛可求 無道可成 無法可得. 外求有相佛 與汝不相似. 欲識汝本心. 非合亦非離. 道流 眞佛無形 眞道無體 眞法無相. 三法混融 和合一處. 辨旣不得 喚作 忙忙業識衆生"

※脚板(각판): 발바닥.

대덕들이여! 그대들은 바쁘게 제방을 돌아다니면서 무엇을 찾고 있는가? 그대들의 발바닥이 터지도록 활보하며 돌아다녀도 구할 부처도 없고, 이룰 도도 없고, 얻을 법도 없다.[208] (고인이 말했다.)

---

208 전등록 제14권, '등주 단하 천연 선사' 편에 다음과 같이 전한다.

善巧是文殊方便是普賢 爾更擬趁逐什麼物. 不用經不落空去 今時學者紛紛擾擾 皆是參禪問道 吾此間無道可修 無法可證. 一飮一啄各自有分不用疑慮. 在在處處有恁麼底 若識得釋迦卽者凡夫是.

선교는 문수이고, 방편은 보현인데, 그대들은 또 다시 무엇을 쫓으려는 것인가? 경전도 필요 없고, 공에도 떨어지지 말라. 요즘 배우는 이들이 분주하고 시끄러운 것은 (그것이) 모두 참선을 하고 도를 묻는 것이겠지만, 나의 이곳에서는 닦을 도도 없고 증득할 법도 없다. 한 번 마시고 한 번 쪼는데도 각기 자신의 몫이 있는 것이니, 의심하거나 염려할 필요가 없다. 있는 곳마다 이러한 것이

'밖으로 형상이 있는 부처를 구하면

그대와 비슷하지도 않으리니,

그대의 본래 마음을 알고자 하면

합하지도 말고, 분리하지도 말라.'[209]

있으니, 만약 알면 석가가 곧 저 범부인 것이다. (본 내용은 상당 법어 중의
일부를 번역한 것이다.)

[209] 전등록 제1권에 불타난제佛陀難提의 게송을 다음과 같이 전한다.

汝言與心親　　그대의 말이 마음과 친하면

父母非可比　　부모도 견줄 수 없고,

汝行與道合　　그대의 행이 도와 합하면

諸佛心卽是　　모든 부처님의 마음도 그러할 것이다.

外求有相佛　　밖으로 형상이 있는 부처를 구하면

與汝不相似　　그대와 비슷하지도 않으리니

欲識汝本心　　그대의 본래 마음을 알고자 하면

非合亦非離　　합하지도 말고, 분리하지도 말라.

또한 완릉록에서는 다음과 같이 (인용하여) 전한다.

云 "如何發菩提心" 師云 "菩提無所得 爾今但發無所得心. 決定不得一法 卽菩提
心. 菩提無住處. 是故無有得者. 故云 '我於然燈佛所 無有少法可得 佛卽與我授
記' 明知一切衆生本是菩提 不應更得菩提. 爾今聞發菩提心 將謂一箇心學取佛
去 唯擬作佛 任爾三祇劫修 亦祇得簡報化佛. 與爾本源眞性佛有何交涉. 故云
'外求有相佛 與汝不相似'"

(배휴가) 말했다. "어떻게 보리심을 일으켜야 합니까?"

(황벽이) 말했다. "보리는 얻을 것이 없으니, 그대들은 다만 얻을 것이 없는
마음을 일으켜라. 결정코 한 법도 얻을 수 없는 것이 바로 보리심이다. 보리는
머무는 곳이 없다. 이런 까닭에 얻음이 없는 것이다. 그래서 이르기를 '나는

도류여!

'참된 부처는 형태가 없고,
참된 도는 실체가 없으며,
참된 법은 형상이 없다.'[210]

세 가지 법이 섞이고 융합해서 한 곳에서 화합한 것이다. (이렇게까지
해주었는데도) 가려내지 못하면, (이를 일러) '망망의 업식 중생(忙忙業
識衆生, 업식에 허둥거리는 중생)'[211]이라고 한다."[212]

연등불이 계신 곳에서 어떠한 법도 얻은 것이 없었기에 부처님께서 바로
내게 수기를 주신 것이다'고 하였던 것이다. 일체중생이 본래 보리이니, 다시
보리를 얻으려 해서는 안 된다는 것을 분명히 알아야 한다. 그대가 지금
보리심을 낸다는 말을 듣고서 한 마음으로 불법을 배운다고 여기고, 오로지
부처가 되려고만 한다면, 그대가 3아승기겁을 닦을지라도 단지 보신불과
화신불만을 얻을 뿐이다. 그대의 본원인 참된 성품의 부처와는 무슨 관계가
있겠는가. 그래서 이르기를 '밖으로 형상이 있는 부처를 구한다면 그대들과
비슷하지도 않을 것이다'고 하였던 것이다."

210 선사가 강조한 것으로 게송의 형식으로 번역하였다.

211 忙忙(다급한 모양, 허둥대는 모양), 茫茫(아득하다. 한 없이 넓다)의 뜻이다.

212 본, 두 번째 물음과 답은 광등록에서도 약간의 단어를 달리하는 것을 제외하고
거의 동일하게 전한다.

【참조】
32. 아수라와 제석천의 전쟁
화엄경(80권 본) 제42권, 「십정품十定品」
佛子 菩薩摩訶薩住此三昧 無量境界種種差別. 所謂 一入多起 多入一起 同入異

⚜

〔세 번째 물음과 답〕

問 "如何是眞佛眞法眞道 乞垂開示" 師云 "佛者心淸淨是 法者心光明

起 異入同起 細入麤起 麤入細起 大入小起 小入大起 順入逆起 逆入順起 無身入
有身起 有身入無身起 無相入有相起 有相入無相起 起中入 入中起. 如是皆是此
之三昧自在境界. (중략) 譬如三十三天共阿脩羅鬪戰之時 諸天得勝 脩羅退衄.
阿脩羅王其身長大七百由旬 四兵圍遶無數千萬 以幻術力將諸軍衆 同時走入
藕絲孔中. 菩薩摩訶薩亦復如是 已善成就諸幻智地. 幻智卽是菩薩 菩薩卽是幻
智 是故能於無差別法中入定 差別法中起 差別法中入定 無差別法中起.

불자여, 보살마하살이 이 삼매(一切衆生差別身三昧)에 머물면 한량없는 경계의
갖가지 차별이 있다. 이른바 한 곳에 들어가 여러 곳에서 일어나고, 여려
곳에 들어가 한 곳에서 일어나며, 같은 곳에 들어가 다른 곳에서 일어나고,
다른 곳에 들어가 같은 곳에 일어나며, 가는 곳에 들어가 거친 곳에서 일어나고,
거친 곳에 들어가 가는 곳에서 일어나며, 큰 곳에 들어가 작은 곳에서 일어나고,
작은 곳에 들어가 큰 곳에서 일어나며, 순서대로 들어가 거꾸로 일어나고,
거꾸로 들어가 순서대로 일어나며, 몸 없는 곳에 들어가 몸 있는 곳에서 일어나
고, 몸 있는 곳에 들어가 몸 없는 곳에서 일어나며, 형상이 없는 곳에 들어가
형상이 있는 곳에서 일어나며, 일어나는 곳에서 들어가고 들어간 곳에서 일어나
니, 이와 같은 모든 것이 이 삼매의 자유경계이다. (중략)
비유하면 33천이 아수라와 전쟁을 할 때 제천이 이기고 아수라가 물러나
기세가 꺾였다. 아수라왕은 그 몸이 장대하여 칠백 유순이나 되었고, 사방으로
헤아릴 수 없는 수천만의 병사들이 주위를 에워싸고 있었는데, 환술의 힘으로
모든 군대를 거느리고 함께 한꺼번에 연뿌리 실 구멍 속으로 달려 들어갔다.
보살마하살 또한 이와 같아서 이미 모든 환과 같은 지혜의 경지(諸幻智地)를
잘 성취하였다. 환과 같은 지혜가 곧 보살이고, 보살이 곧 환과 같은 지혜이다.
이런 까닭에 능히 차별 없는 법에서 정定에 들어가 차별 있는 법에서 일어나고,
차별 있는 법에서 정에 들어가 차별 없는 법에서 일어나는 것이다.

是 道者處處無礙淨光是. 三郎一 皆是空名 而無寔有. 如眞正學道人
念念心不間斷. 自達磨大師 從西土來 祇是覓箇不受人惑底人. 後遇
二祖 一言便了 始知從前虛用功夫. 山僧今日見處 與祖佛不別. 若第
一句中得 與祖佛爲師 若第二句中得 與人天爲師 若第三句中得 自救
不了"

※寔(이 식)=實: 참으로. 진실로.

물었다.

"어떤 것이 참된 부처(眞佛)이고, 참된 법(眞法)이며, 참된 도(眞道)
입니까? 청컨대, 가르쳐 주십시오."

선사가 말했다.

"부처라는 것은 마음이 청정한 것이고, 법이라는 것은 마음이 밝은
것이며, 도라는 것은 곳곳에 걸림이 없는 청정한 빛이다.[213] (이) 셋은

---

213 바로 앞에 "참된 부처는 형태가 없고, 참된 도는 실체가 없으며, 참된 법은
    형상이 없다(眞佛無形 眞道無體 眞法無相)"는 선사의 말씀이 있다. 참고로 성철
    스님은 다음과 같이 전한다.
    "도는 승보僧寶를 말합니다. (중략) 청정하면 광명이 있고 광명이 있으면 청정하
    다는 것입니다. 청정과 광명이 걸림이 없으니, 광명이 곧 청정이고 청정이
    광명입니다. 이것을 승僧이라 하고, '승'은 본래 화합和合이라는 뜻입니다.
    그러므로 승은 서로 잘 지낸다는 의미도 되겠지만, 청정과 광명이 걸림이
    없는 중도를 증득한 사람만이 승가의 자격을 가질 수 있습니다. 중도를 깨치지
    못하면 차별된 변견邊見에 사로잡혀 있기 때문에 승이 아닙니다. 이것이 임제스
    님이 선언한 중도의 뜻입니다. (원택 정리, 성철스님의 임제록 평석, p.443 /
    백일법문 상, pp.135~138)

곧 하나이고, 모두가 공한 이름일 뿐이며, 진실로 있는 것이 아니다.

진정으로 도를 배우는 사람이라면 생각생각 마음에 끊어짐이 없어야 한다.[214] 달마 대사는 서쪽에서 온 이래로 다만 다른 사람의 미혹을 받지 않는 사람을 찾았을 뿐이다. 후에 이조(二祖, 혜가)를 만났는데, (이조가) 한마디에 바로 깨닫고 나서야[215] 비로소 이제까지 헛되이 공부했다는 것을 알게 되었다.

산승의 오늘 견처는 조사나 부처와 다르지 않다.

'제1구에서 깨달으면 조사나 부처의 스승이 되고,

제2구에서 깨달으면 사람과 하늘의 스승이 되며,

제3구에서 깨달으면 자기 자신도 구제하지 못한다.'"[216]

---

214 '如眞正作道人 念念心不間斷'으로 전하는 경우도 있다. 이럴 경우, "진정으로 도를 이룬 사람은 생각생각 마음에 끊어짐이 없다"로 단언하는 식의 번역도 가능하다. (참고로 천성광등록에서는 '志公作道人'으로 전하는데, 오자인 듯하다. 김태완 역주, 임제어록, p.240, 2015, 침묵의 향기)

215 '二祖 一言便了'와 관련해서는 선문염송집 제3권(N.100)에 다음과 같이 전한다.

達磨大師因慧可問 "諸佛法印 可得聞乎" 師云 "諸佛法印 匪從人得" 可云 "我心 未寧 乞師與安" 師云 "將心來 與汝安" 可曰 "覓心了不可得" 師云 "與汝安心竟"

달마대사가 혜가에게 물었다. "부처님의 법인을 들을 수 있게 해주십시오."

달마가 말했다. "제불의 법인은 다른 사람에게서 얻을 수 있는 것이 아니다."

혜가가 말했다. "제 마음이 편치 못합니다. 대사께서 편안하게 해주십시오."

달마가 말했다. "마음을 가지고 와라, 너를 편안하게 해주겠다."

혜가가 말했다. "마음을 찾아도 얻을 수 없습니다."

달마가 말했다. "네 마음을 편안하게 해주었다."

216 본 세 번째 물음과 답은 광등록에서도 동일하게 전한다.

〔네 번째 물음과 답〕

問 "如何是西來意" 師云 "若有意 自救不了" 云 "旣無意 云何二祖得法"
師云 "得者是不得" 云 "旣若不得 云何是不得底意" 師云 "爲爾向一切處
馳求心不能歇. 所以 祖師言 '咄哉 丈夫 將頭覓頭' 儞言下便自回光返
照 更不別求. 知身心與祖佛不別 當下無事 方名得法.

물었다.

"어떤 것이 (조사가) 서쪽에서 온 뜻입니까?"[217]

선사가 말했다.

"뜻이 있으면 자기 자신도 구제하지 못한다."

---

[217] '여하시조사서래如何是西來意'와 관련하여 入矢義高는 탄연坦然 선사가 최초
로 노안 국사老安國師에게 물은 것이라고 주장하고 있다. (入矢義高 저, 박용길
옮김, 마조록, p.127, 1988, 고려원)

관련하여 조당집에서는 다음과 같이 전한다.

嗣五祖忍大師 在嵩山 坦然禪師問 "如何是祖師西來意旨" 師曰 "何不問自家意
旨 問他意旨作什麼" 進曰 "如何是坦然意旨" 師曰 "汝須密作用" 進曰 "如何是密
作用" 師閉目 又開目 坦然禪師便悟.

노안 국사가 5조홍인의 법을 잇고 숭산嵩山에 있을 때, 탄연 선사가 물었다.
"어떤 것이 조사가 서쪽에서 온 뜻입니까?"
국사가 말했다. "어째서 자기의 뜻은 묻지 않고, 남의 뜻만 묻는 것인가?"
탄연이 물었다. "어떤 것이 탄연의 뜻입니까?"
국사가 말했다. "그대는 모름지기 은밀히 작용해야 한다."
탄연이 물었다. "어떤 것이 은밀한 작용입니까?"
국사가 눈을 감았다가 다시 또 눈을 뜨자, 탄연 선사가 바로 깨달았다.

말했다.

"뜻이 없다면, 어떻게 이조(二祖, 혜가)는 법을 얻은 것입니까?"

선사가 말했다.

"얻었다고 하면 이는 얻지 못한 것이다."

말했다.

"얻는 것이 아니라면 어떤 것이 얻지 않는 뜻입니까?"

선사가 말했다.

"그대들이 일체처에 치달려 구하는 마음을 쉬지 못하기 때문이다. 그런 까닭에 조사가 이르기를 '쯧쯧, 장부여! 머리를 가지고 머리를 찾는구나!'[218]라고 하였던 것이다. 그대들이 말끝에 바로 스스로 회광반조回光返照[219]해서 다시는 달리 구하지 않고, 몸과 마음(자기 자신)이 조사나 부처와 다르지 않다는 것을 알아서, 바로 그 자리에서 일이 없어야 바야흐로 법을 얻었다고 이름할 수 있는 것이다.[220]

---

218 조당집 남전보원 편에 다음과 같이 전한다.

如今多有人喚心作佛 認智爲道 見聞覺知 皆云是佛. 若如是者 演若達多 將頭覓頭 設使認得, 亦不是汝本來佛.

지금 많은 사람들이 마음을 부처라고 하고, 지혜를 도라고 하면서, 보고 듣고 깨닫고 아는 것을 모두 부처라고 말한다. 만약에 이와 같다면 연약달다가 자기 머리를 가지고 머리를 찾은 것처럼, 설령 알게 된다고 하더라도 그대는 본래부터 부처가 아니다.

219 전등록 제30권, 석두 화상의 「초암가草庵歌」에 전하는 것으로 아래 【참조】 33을 살펴보기 바란다.

220 진정한 얻음(법을 얻었다고 이름할 수 있는 것)과 관련한 경전의 말씀으로는 다음과 같다.

❀

大德 山僧今時 事不獲已 話度說出許多不才淨 爾且莫錯. 據我見處
寔無許多般道理. 要用便用 不用便休. 秖如諸方 說六度萬行 以爲佛
法 我道'是莊嚴門佛事門 非是佛法' 乃至持齋持戒 擎油不潤 道眼不明
盡須抵債 索飯錢有日在. 何故如此. 入道不通理 復身還信施 長者八
十一 其樹不生耳.

※潤(물살이 빠를 섬): 물살이 빠르다.
※抵債(저채)＝抵賬(저장): 채무를 상환하다.

---

①유마경 관중생품 가운데 사리불과 천녀의 대화를 다음과 같이 전한다.
舍利弗言 "我作凡夫 無有是處" 天曰 "我得阿耨多羅三藐三菩提 亦無是處. 所以
者何 菩提無住處 是故無有得者"
사리불이 말했다. "내가 범부가 된다는 것은 옳지 않다."
천녀가 말했다. "제가 아뇩다라삼먁삼보리를 얻는 것 또한 옳지 않습니다.
왜냐하면 보리는 머무는 곳(住處)이 없기 때문입니다. 이런 까닭에 얻는 것이
없는 것입니다."

②금강경 제10, 「장엄정토분莊嚴淨土分」에 다음과 같이 전한다.
佛告須菩提 "於意云何 如來昔在然燈佛所 於法有所得不" "不也 世尊 如來在然
燈佛所 於法實無所得"
부처님께서 수보리에게 말씀하셨다.
"어떻게 생각하느냐? 여래가 지난날 연등불이 계신 곳에서 법에 대해 얻은
것이 있었느냐?"
"그렇지 않습니다. 세존이시여! 여래께서는 연등불이 계신 곳에서 법에 대해
실로 얻은 것이 없습니다."

대덕들이여! 산승이 지금 부득이하게 쓸데없는 잔소리를 여러 번이나 했는데,[221] (그렇다고 해서) 그대들은 또 잘못 알지 말라! 나의 견처見處에 의하면 실로 많은 도리가 없다. 하고자(=쓰고자) 하면 바로 하고, 하지 않으면 바로 쉴 뿐이다(要用便用 不用便休).

다만 제방에서는 육도만행을 불법으로 삼는다고 하지만, 나는 '이것은 장엄문이고 불사문이지, 불법이 아니다'고 말한다. (또한) 나아가 몸과 마음을 깨끗이 하고 계율을 지키며 기름을 높이 들어 올려 가면서도 출렁거리지 않을 정도가 되어도,[222] 도의 안목이 밝지 못하면 모름지기 빚을 다 갚아야 할 것이니, (언젠가) 밥값을 청구할 날이 반드시 있을 것이다. 어째서 이와 같은 것인가? (고인이 말했다).

'출가해서 이치에 통하지 못하면
다시 몸을 바꿔 신자의 보시를 갚아야 하나니
장자의 나이 여든한 살에야
그의 나무에 버섯이 나지 않았네.'[223]

---

221 정복보의 불학대사전에서는 다음과 같이 전한다.
부재정不才淨은 술어로, 부재부정不才不淨이다. 언구의 갈등을 지적, 질책하는 것을 가리킨다〔(術語)不才不淨也 指斥言句葛藤〕.
역자는 이를 '쓸데없는 잔소리'로 의역하였다.

222 철저하고 면밀하게 수행한다는 뜻이다. '擎油不潤'과 관련하여【참조】34를 살펴보기 바란다.

223 전등록 제1권, '15조 가나제바迦那提婆' 편에 전한다.
가나제바 존자가 어느 장자의 집을 방문하자, 장자가 "저의 집 정원에 있는 나무 한 그루가 언제부터인가 매일 버섯이 나서 매일 그것을 따먹고 있다"고

❀

乃至孤峯獨宿 一食卯齋 長坐不臥 六時行道 皆是造業底人. 乃至頭目
髓腦 國城妻子 象馬七珍 盡皆捨施 如是等見 皆是苦身心故 還招苦果
不如無事 純一無雜. 乃至十地滿心菩薩 皆求此道流蹤跡 了不可得.
所以 諸天歡喜 地神捧足 十方諸佛 無不稱歎. 緣何如此. 爲今聽法道
人 用處無蹤跡.

(또한) 고봉정상에 홀로 살면서 묘시卯時에 한 끼만 먹고, 장좌불와長坐
不臥하면서 하루에 여섯 번 도를 닦는 것²²⁴까지도 모두 업을 짓는
사람일 뿐이다.

(또한) 머리·눈·골수·뇌, 나라의 성과 처자, 코끼리와 말, 그리고
일곱 가지 보배를 모두 다 보시하더라도, 이와 같은 모든 견해는
모두 몸과 마음을 괴롭히는 것이기 때문에 다시 고과苦果를 초래하게
되니, 일없이 순일무잡純一無雜한 것만 못하다.

(또한) 십지만심의 보살들이 모두 이러한 도류의 자취를 찾는다고
하는데, 전혀 찾을 수가 없다. 그런 까닭에 모든 천신이 기뻐하고
지신이 그의 발을 받드는 것이며,²²⁵ 시방의 제불이 칭찬하지 않음이

하자, 존자가 이 말을 듣고 "이 버섯은 장자가 과거에 극진하게 공양을
하였던 어느 비구가 환생하여 버섯으로 난 것인데, 그는 장자의 공양만 받고
도의 안목이 열리지 않아 그 빚을 지금 갚기 위해 버섯으로 난 것이다"고
하였다. 그리하여 이 버섯은 장자가 81살이 되는 해까지 계속 났다고 한다.
이 이야기를 게송으로 전한 것이 바로 상기의 게송이다.

224 낮에 세 차례, 저녁에 세 차례로 나누어 수행하는 것.

없는 것이다.

무슨 이유로 이러한 것인가? 지금 (내 앞에서) 법을 듣고 있는
도인의 용처用處는 자취가 없기 때문이다."[226]

---

225 정복보의 불학대사전에서는 '접족작례接足作禮'를 다음과 같이 설명한다.
두 손으로 존자의 발에 대고 절하는 것이다. 두 손으로 우러르고 발을 받드는
것은 (손을 발에) 대는 것과 같다. 『관무량수경觀無量壽經』에 이르기를 "위희제
가 무량수불을 뵙고서 발에 대어 절을 하였다"고 하였다(以兩手接尊者之足而禮之
也 仰兩手捧足如接 觀無量壽經曰 "韋提希見無量壽佛已 接足作禮").
두 손을 발에 댄다는 말은 결국 지극히 존경함을 표하는 것이다.

226 진정도인의 행위는 무위이기 때문에 그 어떤 흔적도 자취도 남기지 않는다는
뜻이다. 본 네 번째 물음과 답은 광등록에서도 동일하게 전한다.

【참조】

33. 석두 (희천) 화상의 초암가

吾結草庵無寶貝　띠 풀로 이은 내 암자에 보배는 없지만
飯了從容圖睡快　밥 먹고 조용히 잠을 자려하니 즐겁네.
成時初見茆草新　처음 지었을 때는 띠 풀이 새롭게 보였는데
破後還將茆草蓋　부서진 뒤에 다시 띠 풀을 덮는다.

住庵人鎭常在　암자에 사는 사람은 늘 있지만
不屬中間與內外　중간과 안팎에도 속하지 않네.
世人住處我不住　세상 사람들이 사는 곳, 나는 머물지 않고
世人愛處我不愛　세상 사람들이 좋아하는 곳, 나는 좋아하지 않는다.

庵雖小含法界　암자는 비록 작아도 법계를 머금나니
方丈老人相體解　방장 노인이라야 체득하여 안다네.
上乘菩薩信無疑　상승의 보살은 믿어 의심이 없지만
中下聞之必生怪　중하의 근기가 들으면 반드시 의심을 낸다.

問此庵壞不壞　이 암자가 무너질지 무너지지 않을지 묻지만
壞與不壞主元在　무너지고 무너지지 않음은 주인이 원래 있네.
不居南北與東西　남북과 동서에도 살지 않지만
基上堅牢以爲最　터가 단단한 것을 최고로 여긴다.

靑松下明窓內　푸른 소나무 아래 밝은 창 안
玉殿朱樓未爲對　옥 궁전의 화려한 누각과 상대가 되지 않지만,
衲帔幪頭萬事休　기운 치마를 머리까지 덮어쓰고 만사를 쉬니
此時山僧都不會　이때 산승은 도무지 알지 못한다.

住此庵休作解　이 암자에 살면 지해를 쉬어야 하나니
誰誇鋪席圖人買　누가 자리를 자랑하며 팔려고 하겠는가.
迴光返照便歸來　회광반조하면 바로 돌아오겠지만
廓達靈根非向背　넓게 통달한 신령한 근기는 향하거나 등지지 않는다.

遇祖師親訓誨　조사를 만나면 친히 가르쳐 주리니
結草爲庵莫生退　띠를 이어 암자를 만들며 퇴굴심을 내지 말라.
百年抛却任縱橫　백 년을 돌보지 않아도 제멋대로 자유자재하게 살고
擺手便行且無罪　손을 털고 바로 가도 책망할 것이 없다.

千種言萬般解　천 가지 말과 만 가지 지해에
只要敎君長不昧　다만 그대가 어둡지 않기를 바랄 뿐이니,
欲識庵中不死人　암자의 죽지 않는 사람을 알고자 하면
豈離而今遮皮袋　어찌 지금 이 가죽 자루를 떠나리오.

34. 경유불섬擎油不閃(대반열반경 제20권, 「광명변조고귀덕왕품光明遍照高貴德王
　　品」)

善男子 譬如世間有諸大衆滿二十五里 王勅一臣持一油鉢 經由中過 莫令傾覆

"若棄一渧 當斷汝命" 復遣一人拔刀在後 隨而怖之. 臣受王敎 盡心堅持 經歷爾
所大衆之中 雖見可意五邪欲等 心常念言 "我若放逸著彼邪欲 當棄所持 命不全
濟" 是人以是怖因緣故 乃至不棄一渧之油. 菩薩摩訶薩亦復如是 於生死中 不
失念慧 以不失故 雖見五欲 心不貪著 若見淨色 不生色相 唯觀苦相 乃至識相亦
復如是 不作生相 不作滅相 不作因相觀和合相. 菩薩爾時五根淸淨 根淸淨故
護根戒具 一切凡夫五根不淨 不能善持 名曰根漏 菩薩永斷 是故無漏 如來拔出
永斷根本 是故非漏.

선남자여, 비유하면 다음과 같다. 세간의 여려 대중이 25리에 가득한데, 왕이
칙령으로 한 신하에게 기름 그릇 하나를 들고 (대중 사이를) 지나가면서 기울거
나 엎어지지 않도록 하면서 "만약 한 방울이라도 엎지르면 너의 목숨을 끊어버
릴 것이다"고 하고, 또 한 사람을 보내 칼을 뽑아 뒤에서 따르면서 그를 두렵게
하도록 하였다. 신하가 왕의 교지를 받고는 마음을 다해 굳게 지니고 저
대중 가운데로 지나가면서, 비록 마음에 드는 다섯 가지 삿된 욕락 등을 보더라
도 항상 생각하기를 "내가 만약 방일해서 저 삿된 욕락에 탐착하여 지니고
있는 것을 엎지르면 목숨을 온전하게 보존하지 못할 것이다"고 하였다. 이
사람이 이러한 두려워하는 인연 때문에 한 방울의 기름도 엎지르지 않았다.
보살마하살 또한 이와 같아서 생사 가운데서 염혜念慧를 잃지 않고, 잃지
않은 까닭에 비록 오욕락을 보더라도 마음에 탐착하지 않고, 만약 청정한
빛(淨色)을 보더라도 빛에 대한 형상을 내지 않고 오직 고상苦相 만을 관하고,
나아가 식상識相에 이르기까지도 이와 같이 하여 생상生相도 짓지 않고 멸상滅相
도 짓지 않으며 인상因相도 짓지 않고 화합상和合相을 관하면, 보살이 그때
5근이 청정하고, 5근이 청정한 까닭에 5근을 보호하는 계를 갖추게 된다.
일체 범부는 5근이 청정하지 못해서 보호하고 지니지 못하는 것이니, (이를)
이름하여 근루(根漏, 근이 샌다)고 하는 것이고, 보살은 영원히 끊었기 때문에
무루無漏라고 하는 것이며, 여래는 근본을 뽑아서 영원히 끊어버렸기 때문에
비루非漏라고 하는 것이다.

✿

〔다섯 번째 물음과 답〕

問 "大通智勝佛 十劫坐道場 佛法不現前 不得成佛道 未審此意如何
乞師指示" 師云 "大通者 是自己於處處 達其萬法無性無相 名爲大通.
智勝者 於一切處不疑 不得一法 名爲智勝. 佛者 心淸淨 光明透徹法界
得名爲佛. 十劫坐道場者 十波羅密是. 佛法不現前者 佛本不生 法本
不滅 云何更有現前. 不得成佛道者 佛不應更作佛. 古人云 '佛常在世
間 而不染世間法'

물었다.

"대통지승불[227]은 10겁을 도량에 앉아 있었는데, 불법이 드러나지
않아 불도를 이루지 못했다[228]고 하는데, 이 뜻이 무엇인지 잘 모르겠습

---

227 법화경 제3권, 「화성유품化城喩品」에 다음과 같이 전한다.

佛告諸比丘 "乃往過去無量無邊不可思議阿僧祇劫 爾時有佛 名大通智勝如來
應供 正遍知 明行足 善逝 世間解 無上士 調御丈夫 天人師 佛 世尊. 其國名好成
劫名大相"

부처님께서 모든 비구들에게 말씀하셨다.

"과거 무량무변의 헤아릴 수 없는 아승기겁에 그때 어떤 부처님이 계셨으니,
대통지승여래·응공·정변지·명행족·선서·세간해·조어장부·천인사·불·세
존이시다. 그 나라의 이름은 호성好成이고, 겁의 이름은 대상大相이다.

228 이어서 다음과 같이 전한다.

大通智勝佛壽五百四十萬億那由他劫. 其佛本坐道場 破魔軍已 垂得阿耨多羅
三藐三菩提 而諸佛法不現在前. 如是一小劫乃至十小劫 結加趺坐 身心不動
而諸佛法猶不在前. (중략) 諸比丘 大通智勝佛過十小劫 諸佛之法乃現在前
成阿耨多羅三藐三菩提.

니다. 청컨대, 선사께서 가리켜 보여주십시오."[229]

선사가 말했다.

"대통大通이라는 것은 곳곳에서 자기 자신이 만법은 성품도 없고 형상도 없음을 통달하는 것을 이름하여 대통이라고 한다.

지승智勝이라는 것은 일체처에서 한 법도 얻을 수 없다(不得一法)는 것을 의심하지 않는 것을 이름하여 지승이라고 한다.

불佛이라는 것은 마음이 청정하고 광명이 법계를 철저하게 꿰뚫는 것을 이름하여 불이라고 한다.

10겁을 도량에 앉았다(十劫坐道場)는 것은 십바라밀[230]을 닦았다는 것이다.

불법이 드러나지 않았다(佛法不現前)는 것은 부처는 본래 생하는 것도 아니고, 법은 본래 멸하는 것도 아닌데,[231] 어떻게 다시 드러나는

대통지승불의 수명은 540만억 나유타겁이었다. 그 부처님께서는 본래 도량에 앉아 마군을 부셔버리고 나서 아뇩다라삼먁삼보리를 드리우려고 하였는데, 제불이 앞에 드러나지 않았다. 이와 같이 1소겁부터 10소겁에 이르기까지 결가부좌를 하고 몸과 마음을 움직이지 않았는데, 제불의 법이 여전히 앞에 드러나지 않았다. (중략, 이 기간 하늘과 사천왕이 끊임없이 공양을 올림) 모든 비구들이여, 대통지승불은 10소겁이 지나서야 제불의 법이 앞에 드러나 아뇩다라삼먁삼보리를 이루었다.

229 『무문관無門關』 제9칙, 선문염송집 제1권 40칙에서도 이 물음을 가지고 하나의 고칙으로 전하고 있으니 참고하기 바란다.

230 육바라밀에 방편方便·원願·력力·지智를 더한 것이다.

231 유마경 「입불이법문품」에 다음과 같이 전한다.
會中有菩薩名法自在 說言 "諸仁者 生滅爲二 法本不生 今則無滅 得此無生法忍 是爲入不二法門"

것이 있겠는가?(라는 뜻이다.)

'불도를 이루지 못했다(不得成佛道)'는 것은 부처는 다시 부처가 되지 않는다는 것이다. 고인이 말했다.

'부처는 항상 세간에 있으면서도
세간법에 물들지 않는다.'[232]

❀

道流 爾欲得作佛 莫隨萬物. 心生種種法生 心滅種種法滅. 一心不生 萬法無咎. 世與出世 無佛無法 亦不現前 亦不曾失. 設有者 皆是名言 章句 接引小兒 施設藥病 表顯名句. 且名句不自名句 還是爾目前 昭昭 靈靈 鑒覺聞知照燭底 安一切名句. 大德 造五無間業 方得解脫.

도류여! 그대들이 만약 부처가 되고자 한다면 (일체) 만물을 따르지 말라.[233] (고인이 말했다.)

(중략, 유마힐이 여러 보살들에게 각자 생각하는 입불이법문을 말해보라는 권유)

회중에 법자재法自在보살이 말했다.

"여러분! 생과 멸을 둘이라고 하지만, 법은 본래 생함이 없기에 지금 멸도 없는 것입니다. 이렇게 무생법인無生法忍을 얻는 것, 이것이 입불이법문入不二 法門입니다."

232 『여래장엄지혜광명입일체불경계경如來藏嚴智慧光明入一切佛境界經』에서 문수 사리가 전하는 말이다. (성철 저, 임제록 평석, p.453 / 김태완 역주, 임제어록, p.249)

'마음이 생하면
갖가지 법이 생하고,
마음이 멸하면
갖가지 법이 멸한다.'[234]

(또)

'한 마음이 생하지 않으면
만법에 허물이 없다.'[235] (고 하였다.)

---

233 광등록에서는 '莫隨萬物'을 '莫隨境緣分別(경계와 인연을 따라 분별하지 말라)'로
전한다. (전게서, p.758)
이하의 내용은 두 개의 게송으로 나누었다. 역자는 이 부분을 임제가 대중에게
고인의 말들을 상기시키는 것으로 해석하였다.

234 마명馬鳴의 『대승기신론大乘起信論』 상권에 다음과 같이 전한다.

(중략) 是故三界一切皆以心爲自性. 離心則無六塵境界.何以故. 一切諸法以
心爲主從妄念起 凡所分別皆分別自心 心不見心無相可得. 是故當知. 一切世
間境界之相 皆依衆生無明妄念而得建立. 如鏡中像無體可得. 唯從虛妄分別心
轉. 心生則種種法生 心滅則種種法滅故.

(중략) 삼계는 일체 모두 마음으로 자성을 삼는다. 마음을 떠나면 육진경계도
없다. 무슨 까닭인가? 일체제법은 마음을 주인으로 삼고 망념을 일으켜 따르기
때문이다. 무릇 분별하는 것은 모두 자기 마음으로 분별하는 것이다. 마음은
마음을 보지 못하고, 얻을 상도 없다. 이런 까닭에 마땅히 알라! 일체세간의
경계의 모습은 모두 중생의 무명 망념을 의지해서 건립된 것이니, 마치 거울
속의 형상과 같아서 그 체를 얻을 수가 없다. 오직 허망하게 분별하는 마음을
따라 구를 뿐이다. 마음이 생하면 갖가지 법이 생하고, 마음이 멸하면 갖가지
법이 멸하기 때문이다.

(또, 그런 까닭에)

'세간과 출세간에는
부처도 없고, 법도 없으며,
앞에 드러나는 것도 아니고
잃어버린 적도 없다.'[236]

설사 (부처와 법이) 있더라도 모두가 이름과 말과 문장이고, 어린
아이를 달래는 것이며, 병에 따라 약을 베푸는 것이고, 표현한 이름과
글귀일 뿐이다. 또한 이름과 글귀는 스스로 이름과 글귀가 아니지만,
도리어 그대들 눈앞에서 소소영령하게 보고 느끼고 듣고 알며 비추는
것이 일체의 이름과 글귀를 붙이는 것이다.

대덕들이여! 오무간업[237]을 지어야 바야흐로 해탈을 얻게 된다."[238]

---

235 신심명에 다음과 같이 전한다.

一心不生　　한 미음이 생하지 않으면

萬法無咎　　만법에 허물이 없다.

無咎無法　　허물이 없으면 법도 없고

不生不心　　남도 없고 마음도 없다 .

236 선사가 강조한 것으로 게송 형식으로 번역하였다.

237 5무간업의 교학적인 뜻은 오역죄五逆罪로 ①아버지를 죽이고, ②어머니를
죽이고, ③아라한을 죽이고, ④승가의 화합을 깨뜨리고, ⑤부처의 몸에 피를
나게 하는 것 등으로 인해 무간지옥의 괴로움을 받게 되는 것을 뜻한다.
관련하여 유마경 「제자품」에 다음과 같이 전한다.

須菩提白佛言 "世尊 我不堪任詣彼問疾. 所以者何 憶念我昔 入其舍從乞食.
時維摩詰取我鉢 盛滿飯 謂我言 '唯 須菩提 若能於食等者 諸法亦等 諸法等者

於食亦等 如是行乞 乃可取食. 若須菩提 不斷婬怒癡 亦不與俱 不壞於身 而隨
一相 不滅癡愛 起於明脫 以五逆相而得解脫 亦不解不縛 不見四諦 非不見諦
非得果 非不得果 非凡夫 非離凡夫法 非聖人 非不聖人 雖成就一切法 而離諸法
相 乃可取食."

수보리가 부처님께 말씀드렸다.

"세존이시여! 저는 그에게 문병 가는 것을 감당할 수 없습니다. 왜냐하면
제가 지난날 그의 집에 가서 걸식을 했던 것이 기억났기 때문입니다. 그때
유마힐이 제 발우를 취해서 음식을 가득 채우고는 저에게 다음과 같이 말했습니
다.

'바라건대, 수보리여! 만약 음식에 대해 평등할 수 있으면 제법에도 평등할
것이고, 제법에 평등하면 음식에도 평등할 것이니, 이와 같이 탁발(乞)을 해야
음식을 얻을 수 있습니다.

만약 수보리여! 음란(婬, 또는 탐냄), 노여움(怒, 또는 성냄), 어리석음(癡)을
끊지 않고 또한 함께하지도 않는다면, 이 몸을 부수지 않고 또한 일상一相을
따른다면, 어리석음과 애욕을 없애지 않고 또한 지혜와 해탈(明脫)을 일으킨다
면, 5역의 모습(五逆相)으로도 해탈을 얻는다면, 또한 풀린 것도 아니고 묶인
것도 아니라면, 4제四諦를 보지 않았지만 4제를 보지 않은 것도 아니라면,
과果를 얻은 것도 아니지만 과를 얻지 않은 것도 아니라면, 범부는 아니지만
범부의 법을 여읜 것도 아니라면, 성인은 아니지만 성인이 아닌 것도 아니라
면, 비록 일체법을 성취했을지라도 제법의 상을 여의었다면, 음식을 취할
수 있는 것입니다."

이를 임제 선사는 또 다른 차원으로 승화시켜 이야기를 전개하는데, 바로
여섯 번째 물음과 답이다.

238 본 다섯 번째 물음과 답은 광등록에서도 동일하게 전한다.

✿

〔여섯 번째 물음과 답〕

問 "如何是五無間業" 師云 "殺父害母 出佛身血 破和合僧 焚燒經像等 此是五無間業" 云 "如何是父" 師云 "無明是父. 爾一念心 求起滅處不 得 如響應空. 隨處無事 名爲殺父" 云 "如何是母" 師云 "貪愛爲母. 爾一念心 入欲界中 求其貪愛 唯見諸法空相. 處處無著 名爲害母" 云 "如何是出佛身血" 師云 "爾向淸淨法界中 無一念心生解 便處處黑暗 是出佛身血" 云 "如何是破和合僧" 師云 "爾一念心 正達煩惱結使 如空 無所依 是破和合僧" 云 "如何是焚燒經像" 師云 "見因緣空 心空法空 一念決定斷 逈然無事 便是焚燒經像"

물었다.

"어떤 것이 오무간업五無間業입니까?"

선사가 말했다.

"아버지를 죽이고, 어머니를 죽이며, 부처의 몸에 피를 내고, 화합승 단을 깨뜨리며, 경전과 불상 등을 불사르는 것, 이것이 오무간업이다."

말했다.

"어떤 것이 아버지입니까?"

선사가 말했다.

"무명無明이 아버지다. 그대들 한 생각 마음이 일어나고 꺼지는 것을 찾을 수 없으니, (이는) 마치 메아리가 허공에서 응하는 것과 같다. (이와 같이) 가는 곳마다 일이 없는 것(隨處無事)을 아버지를 죽인다고 한다."

말했다.

"어떤 것이 어머니입니까?"

선사가 말했다.

"탐애(貪愛, 탐착과 애착)가 어머니다. 그대들 한 생각 마음이 욕계에 들어가 그 탐하고 좋아하는 것을 구하지만, 오직 제법의 공한 모습만 보일 뿐이다. (이와 같이) 곳곳에 집착이 없는 것(處處無著)을 어머니를 죽인다고 한다."

말했다.

"어떤 것이 부처의 몸에 피를 내는 것입니까?"

선사가 말했다.

"그대들이 청정법계에서 한 생각 마음이 이해(解, 알음알이)를 내지 않고 바로 곳곳이 컴컴하고 어두우면,[239] 이것이 부처의 몸에 피를 내는 것이다."

말했다.

"어떤 것이 화합승단을 깨뜨리는 것입니까?"

선사가 말했다.

---

[239] '흑암(黑暗, 컴컴하고 어둡다)'은 무분별(無分別, 평등)을 뜻한다. 참고로 명과 암은 차별과 평등을 뜻한다.
광등록에서는 흑암黑暗을 무분별無分別로 전한다.

"그대들 한 생각 마음이 번뇌에 속박되고 부림당하는 것[240]을 바르게 통달해서 허공처럼 의지할 것이 없으면, 이것이 화합승단을 깨뜨리는 것이다."

말했다.
"어떤 것이 경전과 불상을 불사르는 것입니까?"
선사가 말했다.
"인연도 공하고 마음도 공하며 법도 공하다는 것을 보고, 한 생각을 결정코 끊어서 아득히 멀리 일이 없으면(逈然無事), (이것이) 바로 경전과 불상을 불사르는 것이다."

⚜

大德 若如是達得 免被他凡聖名礙. 爾一念心 秖向空拳指上生寔解 根境法中虛捏怪. 自輕而退屈言 '我是凡夫 他是聖人' 禿屢生 有甚死 急 披他師子皮 却作野干鳴. 大丈夫漢 不作丈夫氣息 自家屋裏物不肯 信 秖麼向外覓 上他古人閑名句 倚陰博陽 不能特達. 逢境便緣 逢塵便 執 觸處惑起 自無准定. 道流 莫取山僧說處. 何故 說無憑據. 一期間圖 畫虛空 如彩畫像等喩.

※밑줄 친 부분의 '寔'는 '實'로 해석하였다.

---

240 결사結使는 번뇌의 뜻으로, 중생을 결박하여 미혹에서 벗어나지 못하게 하므로 결結, 중생의 마음을 마구 부려 산란하게 하므로 사使라고 함. (시공 불교사전)

※ 밑줄 친 '倚陰博陽(의음박양)'은 '倚陰傅陽(의음부양)'으로 해석하였다.

※ 准定(준정): 규례에 준하여 정함. / 반드시. 꼭.

대덕들이여! 이와 같이 통달하면 저 범부니 성인이니 하는 이름의
장애에서 벗어나게 된다. (하지만) 그대들 한 생각 마음(一念心)이
다만 빈주먹[241]이나 손가락에서 참되다는 견해를 내고, 6근·6경·6법
(18계) 가운데에서 헛되이 괴이한 짓을 하고 있다.[242] (그리고는) 자신
을 가벼이 여기고 퇴굴심을 내어 '나는 범부요, 그는 성인이다'라고
하고 있으니, 민둥머리 중생들아! 무슨 죽을 만큼 급한 것이 있어
저 사자의 가죽을 걸쳐 입고 여우의 울음소리 내는 것인가?[243]

---

[241] 방거사의 시에 다음과 같이 전한다.

未識龍宮莫說珠　용궁도 모르면서 구슬을 말하지 말라!

從來言說與君殊　지금껏 말한 것 그대와 다르네.

空拳祇是嬰兒信　빈손은 단지 어린애가 믿을 뿐이거늘,

豈得將來誑老夫　어찌 들고 와서 늙은이를 속이려 하는가. (졸역, 방거사어록·

시 역주, p.448)

[242] 증도가에 다음과 같이 전한다.

亦愚癡亦小騃　　또한 어리석은 이들 또한 어린애같이 놀라니

空拳指上生實解　빈주먹 손가락에 참되다는 견해를 내네.

執指爲月枉施功　손가락을 달로 집착하여 잘못 공부를 하고

根境法中虛捏怪　6근·6경·6법 가운데에서 괴이한 짓을 하는구나.

[243] 방거사의 시에 다음과 같이 전한다.

白衣不執相　백의(유마)는 상을 집착하지 않고

眞理從空生　공생(수보리)은 진리를 따랐으니

祇爲心無礙　다만 마음에 걸림이 없으면

智慧出縱橫　지혜는 종횡으로(자유자재하게) 나오리라.

대장부가 장부의 기백도 내지 못하고, 자기 집안에 있는 것도 믿으려
고 하지 않으며, 단지 밖에서나 찾으면서 저 고인의 쓸데없는 이름과
글귀나 숭상하면서 음에 기대고 양에 붙는다면(倚陰傳陽)[244] 뛰어나게
통달할 수가 없다.

'경계를 만나면 바로 반연하고,
육진을 만나면 바로 집착하며,
닿는 곳마다 미혹을 일으키기에
스스로를 확실하게 바로잡을 수 없다.'

도류여! 산승이 (이렇게) 말한 것도 취하지 말라. 왜냐하면 (내)
말에 증명할 만한 근거가 없기 때문이다. (이는) 그때그때마다 허공에
그림을 그린 것이니, 마치 채화상등彩畵像等의 비유와 같은 것이다."[245]

唯論師子吼　오직 사자후를 논할 뿐
不許野干鳴　야간(야우)의 울음소리는 허락하지 않나니,
菩提稱最妙　보리를 가장 묘한 것이라고 일컫고
猶呵是假名　비유하거나 꾸짖는 것은 가명이라네. (전게서, pp.366~367)
244 고인의 뛰어난 말씀을 음양의 조화에 맞춘다는 뜻으로 이해하였다. 참고로
　　광등록에서는 '의음박양倚陰博陽'으로 전한다.
245 『대승입능가경大乘入楞伽經』(7권본)에 다음과 같이 전한다.
　　楞伽王 譬如壁上彩畵衆生無有覺知 世間衆生悉亦如是無業無報 諸法亦然 無
　　聞無說. (1권)
　　"능가楞伽왕이여! 비유하면 벽 위에 채색을 써서 그린 그림 속 중생에게는
　　느끼고 알 수 있는 것이 없는 것처럼, 세간의 중생도 모두 또한 이와 같이

업도 없고 보報도 없다. 제법諸法 또한 그러해서 들을 것도 없고 말한 것도
없다."

게송으로도 전한다. (2권)

若說眞實者	만약 진실을 설할지라도
彼心無眞實	저 마음에는 진실이 없으니
譬如海波浪	비유하면 바다의 물결과
鏡中像及夢	거울 속의 상과 꿈과 같고
俱時而顯現	한꺼번에 드러나는 것이
心境界亦然	마음의 경계 또한 그러하다.
境界不具故	경계를 함께하지 않기 때문에
次第而轉生	차례로 변화해 나오는 것이다.
識以能了知	식識이 능히 요지함으로써
意復意謂然	의意도 의를 연하는 것이니,
五識了現境	5식五識은 드러난 경계를 분별하면서도
無有定次第	정해진 순서가 없다. (이는)
譬如工畫師	비유하면 그림 그리는 스승과
及畫師弟子	그림 그리는 스승의 제자가
布彩圖衆像	베에다 채색을 해서 여러 모습을 그리는 것과 같다.
我說亦如是	내가 설한 것 또한 이와 같다.
彩色中無文	채색에 문장도 없고
非筆亦非素	글자도 없고 또한 바탕도 없지만
爲悅衆生故	중생을 기쁘게 하기 위해서
綺煥成衆像	비단을 밝게(아름답게) 해서 여러 모습을 이루는 것이다.
言說則變異	언설言說은 바로 변하고 달라지고
眞實離文字	진실은 문자를 여의었으니
我所住實法	나는 실법實法에 머물러
爲諸修行說	여러 수행자를 위해 설하는 것이다.

㉿

道流 莫將佛爲究竟. 我見猶如廁孔. 菩薩羅漢 盡是枷鎖 縛人底物.
所以 文殊仗劍 殺於瞿曇 鴦掘持刀 害於釋氏. 道流 無佛可得. 乃至三
乘五性 圓頓敎迹 皆是一期藥病相治 並無實法. 設有 皆是相似. 表顯
路布 文字差排 且如是說.

※枷鎖(가쇄) : 칼(목에 씌우는 형틀)과 족쇄. (비유) 압박과 속박. 멍에.

도류여! 부처를 구경(究竟, 궁극의 경지)이라고 하지 말라. 나는 뒷간의
구멍(廁孔)[246]처럼 본다. 보살과 나한도 모두 칼과 족쇄이고, 사람을
얽어매는 물건이다. 그런 까닭에 문수가 칼을 쥐고 구담(瞿曇, 부처)을

---

246 측공廁孔과 관련하여 대반열반경 제19권에 다음과 같이 전한다.

善男子 譬如有人 墮大海水 抱持死屍 則得度脫 菩薩摩訶薩 修大涅槃 行布施時
亦復如是 如彼死屍. 善男子 譬如有人 閉在深獄 門戶堅牢 唯有廁孔 便從中出
到無礙處 菩薩摩訶薩 修大涅槃 行布施時 亦復如是.

선남자여! 비유하면 어떤 사람이 큰 바다에 빠지면 시신이라도 끌어안아야
벗어날 수 있는 것처럼, 보살마하살이 대열반을 수행하고 보시를 행할 때에도
이와 같아서 저 시신처럼 하는 것이다.

(또) 선남자여! 비유하면 어떤 사람이 깊은 옥에 갇혀 문은 단단해서 쉽게
부서지지 않지만, 오직 뒷간의 구멍만이 있어 바로 거기로 나와 걸림 없는
곳으로 가려고 하는 것처럼, 보살마하살이 대열반을 수행하고 보시를 행할
때에도 또한 이와 같은 것이다.

선사의 비유가 열반경의 비유와 완전히 동일하지는 않지만, 악취가 나는
더러운 것으로만 비유하는 것도 적절치 않다.

죽이려 하였고,[247] 앙굴(鴦掘, 앙굴리말라)이 칼을 들고 석씨釋氏를 죽이려고 하였던 것이다.[248]

도류여! 부처는 가히 얻을 것이 없다. 나아가 삼승三乘과 오성五性,[249] 원돈圓頓[250]의 가르침에 이르기까지 모두 잠시 그때그때 병에 따라

---

247 『대보적경大寶積經』 제105권에 나오는 이야기로 아래 【참조】 35를 살펴보기 바란다.

248 『불설앙굴마경佛說鴦掘摩經』을 참조하기 바란다.

249 오성五性: 법상종法相宗에서, 선천적으로 정해져 있는 중생의 소질을 다섯 가지로 차별한 것.

　①보살정성菩薩定性: 보살의 소질을 지니고 있는 자.

　②연각정성緣覺定性: 연각의 소질을 지니고 있는 자.

　③성문정성聲聞定性: 성문의 소질을 지니고 있는 자.

　④부정성不定性: 보살·연각·성문 가운데 어떤 소질인지 정해지지 않은 자.

　⑤무성無性: 청정한 성품으로 될 가능성이 전혀 없는 자. (시공 불교사전)

250 원돈의 가르침(圓頓敎)은 천태종의 교의로 이해하였다.

　원돈圓頓: 원돈지관은 한 마디로 한 순간 일어나는 중생의 마음의 참된 모습이 부사의不思議라는 것을 관찰하는 관심법觀心法을 말한다. 지의는 『마하지관摩訶止觀』에서 화법사교에 근거한 다양한 불교수행법들을 정리했지만, 이러한 노력의 궁극적인 목적은 원교圓敎에 근거해서 성립하는 수행법인 원돈지관의 의미를 밝히는 것에 있었다. 그에 따르면, 원돈지관은 대승불교의 수행법이다. 이는 '마하지관'의 마하가 산스크리트어의 mahā의 역어로서, mahāyāna 즉 대승大乘을 가리킨다는 것에서 알 수 있다. 주지하다시피 대승불교는 용수의 공사상에 근거해서 성립했다. 지의는 대승불교의 공사상을 용수의 『중론中論』, 「관사제품觀四諦品」, 24장, 18게인 "중생인연법, 아설즉시공, 역위시가명, 역시중도의(衆因緣生法 我說卽是空 亦爲是假名 亦是中道義)"에 근거해서 이해했다. 용수에 따르면, 모든 존재는 조건에 의존해서 존재하기 때문에 자성이 없다. 그는 자성이 없는 것을 가리켜 공이라고 하고, 조건에 의존해서 현상적으로

약을 써서 치료하는 것이지, 모두 실법(實法, 진실한 법)이 없다. 설사 있더라도 모두 비슷할 뿐이다. (이는 모두) 표현한 문서[251]이고, 문자를 달리 배열하여 이와 같이 말한 것일 뿐이다.

존재하는 모습을 가로, 이와 같이 모든 존재가 공이면서 동시에 가로 존재하는 모습을 가리켜 중도로 설명했다. 용수에게서 공·가·중은 모든 현상이 조건에 의존해서 일어난다는 불교의 궁극적인 진리인 연기緣起에 근거해서 논리적으로 도출된 개념으로서, 이 셋은 모두 같은 의미를 갖는다.

4세기경 구마라즙이 용수의 공사상을 중국에 소개한 뒤, 중국의 불교도들은 용수의 공사상에 근거해서 대승불교를 이해하고 주장했다. 그러나 공사상에 대한 이들의 이해나 주장은 하나로 통일되지도 않았고 심지어 공사상을 오해하기도 했다. 지의는 그가 활약하던 당시, 공사상과 관련된 중국인들의 이해 방식을 장교藏敎, 통교通敎, 별교別敎, 원교圓敎의 화법사교化法四敎로 분류하고, 이 가운데 원교를 공사상을 가장 완전하고 타당하게 이해하는 가르침으로 평가했다.

원교에 따르면, 공·가·중은 즉공卽空·즉가卽假·즉중卽中의 원융圓融한 관계로서 하나의 연기적 현상을 세 가지 측면에서 설명한 이론이다. 지의는 이러한 원교에 근거하는 대승불교의 수행법을 원돈지관으로 정의했다. 만약 공·가·중을 지혜의 정도에 따라 드러나는 독립된 세 개의 진리로서 이해한다면, 궁극적인 깨달음을 얻기 위한 수행은 점차적일 수밖에 없다. 그러나 원교는 공·가·중을 원융한 관계로 이해하기 때문에, 궁극적인 깨달음은 단계적인 수행 과정 없이 한 순간에 완전하게(頓) 성취된다. 이것이 대승불교의 수행법으로서 성립하는 원돈지관의 의미이다. (서울대학교 철학사상연구소)

251 노포路布=露布: 고대에 밀봉하지 않은 서신이나 공문(古代沒有封口的書信公文). 고대 군대의 승전보(古代軍隊的捷報). 고시 또는 선포(告示 宣布)를 뜻한다. (중화민국 국어사전에서 발췌.)

道流 有一般禿子 便向裏許著功 擬求出世之法 錯了也. 若人求佛 是人
失佛 若人求道 是人失道 若人求祖 是人失祖. 大德 莫錯. 我且不取
爾解經論. 我亦不取 爾國王大臣. 我亦不取 爾辯似懸河. 我亦不取
爾聰明智慧. 唯要爾眞正見解.

※裏許(이허): 속내평. 겉으로 드러나지 아니한 속마음이나 일의 내막.
※懸河(현하): 급류. 물의 흐름이 급한 내. 폭포. 거침없는 웅변.

도류여! 일반의 머리 깎은 놈들이 마음속으로 애를 쓰면서 출세간의
법을 구하려고 하는데, (이는) 잘못된 것이다. 만약 어떤 사람이 부처를
구하면 이 사람은 부처를 잃는 것이고, 어떤 사람이 도를 구하면
이 사람은 도를 잃는 것이며, 어떤 사람이 조사를 구하면 이 사람은
조사를 잃는 것이다.

　대덕들이여! 잘못 알지 말라. 나는 무엇보다도 그대들이 경론을
이해하고 있다는 것을 받아들이지 않는다. 나는 또한 그대들의 국왕과
대신도 받아들이지 않는다. 나는 또한 그대들이 급히 흐르는 물처럼
유창하게 하는 말도 받아들이지 않는다. 나는 또한 그대들의 총명과
지혜도 받아들이지 않는다. 오직 그대들의 진정견해眞正見解만을 원할
뿐이다.

道流 設解得百本經論 不如一箇無事底阿師. 爾解得 卽輕蔑他人 勝負

修羅. 人我無明 長地獄業 如善星比丘 解十二分教 生身陷地獄 大地不
容 不如無事休歇去. 飢來喫飯 睡來合眼 愚人笑我 智乃知焉. 道流
莫向文字中求. 心動疲勞 吸冷氣無益 不如一念緣起無生 超出三乘權
學菩薩.

도류여! 설사 백 권의 경과 논을 알았다고 하더라도 한 명의 일없는
스님보다 못하다. 그대들은 (무엇인가 조금이라도) 알면, 바로 다른
사람들을 가벼이 업신여기고 아수라처럼 승부를 겨룬다. 아상과 인상
의 무명은 오래도록 지옥의 업이 되니, 마치 선성비구善星比丘가 12분
교를 알고도 산 채로 지옥에 빠져 대지도 용납하지 않은 것과 같아서,[252]
일 없이 쉬는 것만 못한 것이다. (그런 까닭에 고인이 말했다.)

'배고프면 밥 먹고
졸리면 잠을 자니,

---

252 대반열반경(36권 본) 제31권, 「가섭품迦葉品」에 다음과 같이 전한다.
   (중략, 세존이 전에 선성비구와 나누었던 이야기를 가섭에게 전하면서) 선성비
   구는 12부경을 읽고 외워 4선정을 얻었지만 한 게송 한 글자의 뜻도 알지
   못하고 나쁜 친구를 가까이하여 4선정을 잃어버렸다. 4선정을 잃고는 나쁜
   소견이 생겨 이렇게 말했다.
   "부처도 없고 법도 없으며 열반도 없다. 사문 구담은 상을 보는 법을 잘 알아
   다른 이의 마음을 안다."
   (중략, 이전에 세존과 선성이 했던 대화 내용, 확인 차 함께 선성에게 감)
   세존과 가섭이 선성이 있는 곳으로 가자, 선성은 부처님 오시는 것을 멀리서
   보고 나쁜 마음을 내었는데, 산 채로 아비지옥에 떨어졌다. (이운허 옮김,
   열반경II, pp.738~739)

어리석은 사람은 나를 비웃겠지만
지혜로운 사람은 알 것이다.'[253]

도류여! 문자에서 구하지 말라. 마음이 움직이면 피곤하고, (경전
을 읽느라) 찬 공기를 마시면 이익될 것이 없으니, (이는) 일념으로
연기와 무생으로 삼승권학의 보살(三乘權學菩薩)을 뛰어넘는 것만 못
한 것이다."[254]

---

253 남악 나찬 화상의 말씀으로 【참조】 23을 참조하기 바란다.
254 『신화엄경론新華嚴經論』 제1권에 다음과 같이 전한다.

(중략) 維摩經云 "觀身實相 觀佛亦然 我觀如來 前際不來 後際不去 今卽不住"
如阿閦佛品廣明. 是故權根小見樂欲希奇 菩薩稱根粗施接引 令生樂學方授實
門 不可執化成眞恒迷智境 識權就實 遷入法界之門 有作之法難成隨緣 無作易
辦 作者勞而無功 不作隨緣自就 無功之功 功不虛棄 有功之功 功皆無常 多劫積
修終歸敗壞 不如一念緣起無生 超彼三乘權學等見.

유마경에 이르기를 "자신의 실상을 관하는 것은 부처를 관하는 것과 마찬가지
이다. 내가 여래를 관觀하니, 전제(前際, 과거)는 오는 것이 아니고, 후제(後際,
미래)는 가는 것이 아니며, 지금은 머무는 것도 아니다"라고 했다. (이는)
「아촉불품」에서 밝히고 있다. 이런 까닭에 방편으로 좁은 견해의 근기는
희귀하고 기이한 것을 좋아하고 바라기 때문에 보살이 근기에 맞춰 대략적으로
제접하여 이끈 것이니, 이는 (먼저) 중생으로 하여금 배우는 것을 즐겁게
해서 바야흐로 실교(實敎, 진실한 가르침)를 주려는 것이다. (그러므로) 방편으로
보인 신통변화를 참되고 영원한 것으로 집착해서 지혜의 경계를 미혹해서는
안 된다. 방편임을 알고 진실로 나아가 법계의 문에 들어가야 한다. 작위(作爲,
조작)가 있는 법은 성취하기 어렵지만, 인연을 따르면서 작위가 없다면
이루기가 쉽다. 작위하면 수고롭기만 할 뿐 공功이 없고, 작위하지 않아야
인연 따라 저절로 성취하게 된다. 공이 없는 공(無功之功)은 공이 헛되이 버려지

지 않지만, 공이 있는 공(有功之功)은 공이 다 무상해서 여러 겁을 쌓아도
끝내 무너지게 되니, 이는 일념一念의 연기緣起와 무생無生으로 저 삼승권학三乘
權學의 견해들을 초월함만 못한 것이다.

본 여섯 번째 물음과 답은 광등록에서도 동일하게 전한다.

【참조】
35. 문수가 칼을 쥐고 부처를 죽이려고 하다
대보적경大寶積經 제105권, 「신통증설품神通證說品」에 다음과 같이 전한다.
(동국대학교 불교 기록 문화유산 아카이브에서 제공한 통합대장경에서 발췌하였다.)
爾時會中有五百菩薩 已得四禪成就五通. 然是菩薩依禪坐起 雖未得法忍亦不
誹謗. 時諸菩薩宿命通故 自見往昔所行惡業 或殺父殺母殺阿羅漢 或毀佛寺破
塔壞僧. 彼等明見如是餘業 深生憂悔常不離心 於甚深法不能證入 我心分別彼
罪未忘 是故不能獲深法忍.

그때 모임 가운데 있던 5백의 보살은 이미 4선四禪을 얻었고 5통(五通, 6신통
중 누진통을 제외한 것)을 성취하였다. 그러나 이 보살들은 선정에 의지하여
앉고 일어나면서 아직 법인法忍을 얻지는 못하였으나, 역시 비방하지는 않았다.
그때 그 모든 보살들은 숙명통宿命通이 있었기에 옛날에 스스로 지은 나쁜
업으로 아버지를 죽이고, 어머니를 죽이고, 아라한을 죽이고, 혹은 부처님과
절을 헐고 탑을 무너뜨렸으며, 승가를 파괴하기도 하였던 일들을 보았다. 그들이
이와 같이 남아 있는 업을 분명하게 보자, 깊은 근심과 뉘우침이 생겨나면서
항상 마음에서 떠나지 않았기에 매우 깊은 법을 깨달아 들어가지 못하였고,
'나'라는 마음으로 분별하면서 그 죄를 잊지 못하였다. 그 때문에 깊은 법인을
얻을 수 없었다.

爾時世尊爲欲除彼五百菩薩分別心故 卽以威神覺悟文殊師利 文殊師利承佛
神力從座而起 整理衣服偏袒右髆 手執利劍直趣世尊 欲行逆害. 時 佛遽告文殊
師利言 "汝住汝住 不應造逆 勿得害我 我必被害 爲善被害. 何以故 文殊師利

從本已來無我無人無有丈夫 但是內心見有我人. 內心起時 彼已害我 卽名爲害"

그때 세존께서는 그 5백 보살의 분별하는 마음을 없애주기 위하여 곧 위신력으로 문수사리를 깨우치시니, 문수사리는 부처님의 신력을 받들어 자리에서 일어나 가사를 단정히 하고는, 오른 어깨를 드러내고 손에 날카로운 칼을 잡고 곧장 세존께 나아가서 살해하려 하였다. 그 순간 부처님은 문득 문수사리에게 말씀하셨다.

"너는 멈추어라, 너는 멈추어라. 역죄逆罪를 지어서는 안 된다. 나를 해치지 말라. 나는 반드시 해를 입을 것이며, 아주 큰 해를 입을 것이다. 왜냐하면 문수사리는 본래 '아我'도 없고, '인人'도 없으며, 장부 또한 없거늘, 다만 마음속에 '아·인'이 있다고 볼 뿐이다. 마음속에서 일어날 때, 그는 벌써 나를 해친 것이므로 '해쳤다(害)'고 한 것이다."

時諸菩薩聞佛說已 咸作是念 "一切諸法悉如幻化. 是中無我 無人 無衆生 無壽命 無丈夫 無摩奴闍 無摩那婆 無父無母 無阿羅漢 無佛無法無僧 無有是逆 無作逆者 豈有墮逆. 所以者何. 今此文殊師利聰明聖達智慧超倫 諸佛世尊稱讚. 此等已得無礙甚深法忍 已曾供養無量百千億那由他諸佛世尊 於諸佛法巧分別知 能說如是眞實之法 於諸如來等念恭敬. 而忽提劍欲逼如來 世尊遽告 '且住且住 文殊師利 汝無害我 若必害者 應當善害' 所以者何 是中若有一法和合集聚 決定成就得名爲佛名法名僧 名父名母名阿羅漢 定可取者則不應盡. 然而今此一切諸法 無體無實 非有非眞 虛妄顚倒 空如幻化 是故於中無人得罪 無罪可得 誰爲殺者而得受殃" 彼諸菩薩如是觀察明了知已 卽時獲得無生法忍 歡喜踊躍 身昇虛空高七多羅樹 以偈歎曰 (중략)

그때 모든 보살들이 부처님의 말씀을 듣고 나서 모두 함께 생각하였다. "모든 법은 모두 허깨비와 같다. 이 안에는 나도 없고, 사람도 없고, 중생도 없고, 수명도 없고, 장부도 없고, 마노사(摩奴闍)도 없고, 마나바(摩那婆)도 없고, 아버지도 없고, 어머니도 없고, 아라한도 없고, 부처님도 없고, 교법도 없고, 승가도 없고, 이런 역죄도 없고, 역죄를 지을 이도 없거늘, 어찌 역죄에

❀

[결언]

大德 莫因循過日. 山僧往日 未有見處時 黑漫漫地. 光陰不可空過
腹熱心忙 奔波訪道. 後還得力 始到今日 共道流 如是話度. 勸諸道流
莫爲衣食. 看世界易過. 善知識難遇 如優曇花 時一現耳.

※漫漫(만만): (시간·벌판 따위가) 끝없다. 가없다. 가득하다.

※腹熱(복열)=腸慌腹熱(장황복열): 매우 당황하다. 허둥지둥하다.

떨어질 이가 있겠는가. 그 까닭은 지금의 이 문수사리는 총명하고 거룩하게
통달하여 지혜가 남보다 더 뛰어나기 때문에 모든 부처님들께서도 칭찬하는
것이고, 이 분은 이미 걸림 없는 깊은 법인을 얻었고 이미 일찍이 한량없는
백천억 나유타의 모든 부처님·세존께 공양하였기 때문에 모든 부처님들의
법을 훌륭하게 분별하여 알면서 이와 같은 진실한 법을 연설할 수 있으며
모든 여래를 평등하게 생각하며 공경하기 때문이다.

그런데 갑자기 칼을 쥐고 여래를 해치려 하자, 세존께서는 급히 말씀하시기를
'멈추어라, 멈추어라. 문수사리야, 너는 나를 해치지 말라. 만약 반드시 해치려
한다면 마땅히 잘 해쳐야 한다'고 하셨으니, 그 까닭이 무엇인가? 이 안에
만약 하나의 법이라도 화합된 무더기가 있으면 부처님·교법·승가·아버지·어
머니·아라한이라 이름할 수 있는 것들을 결정코 성취하겠지만, 결정코 취한다
는 생각을 가지면 하나도 이룰 수 없다. 하지만 지금 이 모든 법은 본체도
없고 실제도 없으며, 있는 것도 아니고, 진실한 것도 아니어서 허망하고 뒤바뀌
고 공한 것이 마치 허깨비와 같다. 그러므로 이 안에는 죄를 얻는 사람도
없고, 얻을 죄도 없다. 그런데 그 누가 살해를 하는 이며, 또 그 누가 재앙을
받는 이겠는가?'라고 하였다.

모든 보살들은 이와 같이 관찰하여 명료하게 알고 나자, 그 즉시 무생법인無生法
忍을 얻게 되었고, 기뻐 뛰면서 그 몸이 일곱 다라수(七多羅樹) 높이의 허공으로
솟아올라 게송으로 찬탄하였다. (중략)

※心忙(심망)＝口急心忙(구급심망): 입과 마음이 바쁘다는 뜻으로, 몹시
다급함을 형용하여 이르는 말.

※奔波(분파): 바쁘게 뛰어다니다. 분주하다.

"대덕들이여! 그럭저럭 지내면서(또는 우물쭈물 하면서) 세월을 보내지
말라. 산승은 지난날 견처見處가 없었을 때, 앞이 깜깜하기가 끝이
없었다. (하지만) 시간을 헛되이 보낼 수 없어 허둥지둥 다급하게
도를 찾아 바쁘게 뛰어다녔다. 나중에 돌아와 힘을 얻고서야 비로소
오늘에 이르러 도류와 함께 이와 같이 이야기를 나눌 수 있게 되었다.

여러 도류에게 권하노니, 옷과 먹을 것을 생각하지 말고, 세상이
부질없이 쉬이 지나가는 것을 보라. 선지식은 만나기 어려우니 마치
우담바라 꽃[255]이 때를 맞춰 한 번 드러나는 것과 같다.

---

255 優曇花(우담화, 우담바라 꽃): 영서화靈瑞花·기공화起空花라고도 한다. 인도 원산
으로서 인도에서는 보리수와 더불어 종교상 신성한 나무로 취급하고 있다.
인도 전설에서 이 꽃은 3,000년에 한 번 피는데, 이 꽃이 피면 여래如來나
전륜성왕轉輪聖王이 나타난다고 한다.
대반열반경 제2권에서는 우담발화를 다음과 같은 비유로 전한다.
善哉純陀 如優曇花 世間希有 佛出於世 亦復甚難 値佛生信 聞法復難, 佛臨涅槃
最後供養 能辦此事 復難於是.

"착하구나, 순타여! 마치 우담발화가 세간에 희유한 것처럼 부처가 세상에
나오는 것 역시 대단히 어렵고, 부처를 만나 믿음을 내고 법문을 듣는 것은
더욱 어렵다. 부처가 열반에 들려 할 때의 마지막 공양, 이 일을 능히 마련한다는
것은 (앞의) 이것들보다 더욱 어렵다."

爾諸方聞道 '有箇臨濟老漢出來' 便擬問難 敎語不得. 被山僧全體作
用 學人空開得眼 口總動不得 懵然不知 以何答我. 我向伊道 龍象蹴踏
非驢所堪. 爾諸處 秪指胸點肋 道 '我解禪解道' 三箇兩箇 到這裏不奈
何. 咄哉. 爾將這箇身心到處簸兩片皮 誑謼閭閻 喫鐵棒有日在. 非出
家兒 盡向阿修羅界攝.

※ 簸(까부를 파): 까부르다. 까불다. 일다.
※ 謼(부를 호): 부르다. (숨을) 내쉬다. 부르짖다. 호통 치다. 큰소리를 지르
　　다. 슬프다. 아! 탄식의 소리.
※ 閭閻(여염): 백성의 살림집이 많이 모여 있는 곳.

그대들은 제방에서 '임제라는 늙은이가 (세상에) 나왔다'고 하는 말을
듣고는, 곧바로 (찾아와) 어려운 질문을 해서 (산승으로 하여금) 말문
이 막히게 하려고 한다. (하지만) 산승에게 전체작용全體作用을 당하면
학인들은 부질없이 눈만 크게 뜨고 입은 도무지 달싹거리지도 못하면
서 어리석게도 어떻게 내게 답을 해야 할지 모른다. (그러면) 나는
그대들에게 말한다.

'용상이 차고 밟는 것은
　나귀가 감당할 바가 아니다.'[256]

256 유마경, 「부사의품不思議品」에서는 다음과 같이 전한다.
　　所以者何 住不可思議解脫菩薩 有威德力 故現行逼迫 示諸衆生 如是難事. 凡夫

그대들은 이곳저곳에서 (자신만만하게) 손가락으로 가슴팍을 가리키면서[257] '나는 선을 안다·도를 안다' 말하지만, 두 사람 세 사람 (내가 있는) 여기에 이르러서는 어찌하지 못한다. 쯧쯧!

그대들이 이런 몸과 마음을 가지고 가는 곳마다 두 조각 가죽(兩片皮, 입술)을 까불면서 여염집(선남선녀들)을 속이고 호통을 친다면, (반드시) 쇠방망이를 맞을 날이 있을 것이다. (그런 놈들은) 출가인이 아니니, 모두 아수라의 세계에 끌려갈 것이다.

❀

夫如至理之道 非諍論而求激揚 鏗鏘以摧外道. 至於佛祖相承 更無別意. 設有言敎 落在化儀三乘五性 人天因果. 如圓頓之敎 又且不然

下劣 無有力勢 不能如是逼迫菩薩. 譬如龍象蹴踏 非驢所堪 是名 住不可思議解脫菩薩智慧方便之門.

왜냐하면 불가사의해탈에 머무는 보살은 위덕의 힘(威德力)이 있기 때문에 핍박을 드러내서 모든 중생에게 이와 같은 어려운 일을 보이는 것입니다. 범부는 하열해서 힘이 없기 때문에 이와 같이 보살을 핍박할 수가 없는 것입니다. 비유하면 용과 코끼리가 차고 밟는 것은 나귀가 감당할 수 있는 것이 아닌 것과 같으니, 이를 일러 '불가사의 해탈에 머무는 보살의 지혜와 방편의 문이라고 하는 것입니다.'

또한, 증도가에서는 다음과 같이 인용한다.
龍象蹴踏潤無邊　용상이 차고 밟음에 윤택함이 끝이 없고
三乘五性皆醒悟　3승과 5성이 모두 깨치네.

257 지흉점륵指胸點肋은 지점(指點, 손가락으로 가리키다)과 흉륵(胸肋, 흉골, 늑골)의 합성어로 자기 자신을 손가락으로 가리킨다는 뜻이다.

童子善財 皆不求過. 大德 莫錯用心. 如大海不停死屍. 秖麼擔却 擬天
下走 自起見障 以礙於心. 日上無雲 麗天普照 眼中無翳 空裏無花.

※至於(지어): ~으로 말하면. ~에 관해서는. (=至如, 至若)

※鏗鏘(갱장): 낭랑하다. / 鏗(금옥 소리 갱). 鏘(금옥 소리 장).

※化儀(화의): 중생을 도의 길로 이끌어 이롭게 하는 방법.

무릇 도의 지극한 이치는 격양되게 논쟁을 해서 구하는 것도 아니고,
낭랑하면서 힘찬 소리(鏗鏘, 鏗鏘有力)로 외도를 꺾는 것도 아니다.
(또한) 부처와 조사가 서로 이어온 것으로 말하면, 결코 다른 뜻이
있는 것도 아니다. 설사 말로 가르친 것이 있더라도 (그것은) 삼승과
오성의 교화방법이고,[258] 인천의 인과에 떨어진 것이다. (하지만) 원돈
의 가르침(圓頓之敎, 선종禪宗)[259]에서 보면 더더욱 그런 것이 아니니,
선재동자는 (법을 구하기 위해 53선지식을) 모두 찾아다닌 것이 아

---

258 삼승(성문·연각·보살)과 오성(특히 법상종, 유식에서 말하는 다섯 가지 종성: 보
   살정성菩薩定性·연각정성緣覺定性·성문정성聲聞定性·부정성不定性·무성無性)을
   교화하는 방법이라는 뜻이다.

259 원교와 원돈지교는 다르다. 참고로 원교는 아래와 같다.
   원교圓敎: ①천태종의 교판敎判에서, 세존이 체득한 깨달음을 그대로 설한,
   가장 완전한 가르침. 법화경이 여기에 해당함. ②화엄종의 교판에서, 원만하고
   완전한 일승一乘을 설하는 법화경·화엄경의 궁극적인 가르침을 말함. (시공
   불교사전)
   증도가에서는 원돈교(圓頓之敎)를 다음과 같이 전한다.
   圓頓敎勿人情   원돈교에는 인정이 없으니
   有疑不決直須爭 의심을 해결하지 못하면 바로 다퉈야 한다.

니다.[260]

대덕들이여! 마음을 잘못 쓰지 말라. 마치 큰 바다가 송장을 머물지 않게 하는 것[261]처럼 해야 한다. 다만 (송장과 같은 언어문자를) 짊어지고 천하를 달리려고 하니, 스스로 견해의 장애를 일으켜 마음에 장애가 되는 것이다.

'해 뜬 하늘에 구름이 없으면
(빛은) 맑은 하늘을 널리 비추고,
눈에 병이 없으면
허공에 꽃이 없다.'[262]

❋

道流 爾欲得如法 但莫生疑. 展則彌綸法界 收則絲髮不立. 歷歷孤明 未曾欠少 眼不見耳不聞. 喚作什麼物. 古人云 '說似一物則不中' 爾但 自家看 更有什麼. 說亦無盡 各自著力. 珍重"

---

260 교학에서는 선재동자가 53선지식을 찾아다닌 끝에 깨달음을 얻은 것이라고 하지만, 선종의 견해에서는 이미 선재동자 또한 깨달은 존재라는 뜻을 내포하는 것이다.

261 불보살의 덕을 바다에 비유하여 열 가지 모습으로 비유하는 것을 대해십상大海十相이라고 한다. ①점점 더 깊어진다. ②시체를 머물게 두지 않는다. ③여러 강물을 모두 받아준다. ④어디서든 한 맛이다. ⑤한량없는 보배가 있다. ⑥밑바닥을 알 수가 없다. ⑦넓고 크기가 한량없다. ⑧고래와 같은 큰 동물이 산다. ⑨조수가 시간을 어기지 않는다. ⑩큰 비를 모두 받는다.

262 앞의 말을 강조하기 위해 선사가 게송으로 말한 것으로 이해하였다.

※絲髮(사발): 실과 머리카락. 아주 작음의 비유.

도류여! 그대들이 여법함(＝진정견해)을 얻고자 하면, 다만 의심을
내지 말라.

　'펼치면 법계를 두루 싸고,

　거두면 실 끝도 세울 수가 없다.'[263]

---

263 마음을 강조하기 위한 선사의 게송으로 이해, 번역하였다.

　한편, 종경록宗鏡錄 제97권에서는 다음과 같이 전한다.

　牛頭融大師絶觀論問云 "何者是心" 荅 "六根所觀立悉是心" 問 "心若爲" 荅
"心寂滅" 問 "何者爲體" 荅 "心爲體" 問 "何者爲宗" 荅 "心爲宗" 問 "何者爲本"
荅 "心爲本" 問 "若爲是定慧雙遊" 云 "心性寂滅爲定 常解寂滅爲慧" 問 "何者是
智" 云 "境起解是智" "何者是境" 云 "自身心性爲境" 問 "何者是舒" 云 "照用爲舒"
"何者爲卷" 云 "心寂滅無去來爲卷 舒則彌遊法界 卷則足迹難尋" 問 "何者是法
界" 云 "邊表不可得名爲法界"

　우두 융(牛頭融, 우두법융) 대사의 『절관론絶觀論』에서 물었다.

　"어떤 것이 마음인가?"

　"육근으로 관하는 것 모두가 마음이다."

　"마음이란 어떤 것인가?"

　"마음은 적멸한다."

　"어떤 것이 체體인가?"

　"마음이 체다."

　"어떤 것이 종宗인가?"

　"마음이 종이다."

　"어떤 것이 본本인가?"

　"마음이 본이다."

(또한) 역력하고 홀로 밝아서 모자란 적이 없지만, 눈으로도 보지
못하고 귀로도 듣지 못한다.[264] (그렇다면) 무엇이라고 불러야 하겠는
가? 고인이 말하기를 '설사 한 물건이라도 맞지 않다.'[265]고 하였다.

"어떤 것이 선정과 지혜를 쌍으로 노니는 것인가?"

"심성의 적멸을 선정으로 삼고, 일상적 앎의 적멸을 지혜로 삼는 것이다."

"어떤 것이 지혜인가?"

"경계에서 일어나는 앎이 지혜이다"

"어떤 것이 경계인가?"

"자신의 심성을 경계로 삼는 것이다."

"어떤 것이 펴는 것(舒)인가?"

"비춤과 작용이 펴는 것이다."

"어떤 것이 마는 것(卷)인가?"

"마음이 적멸하여 오고감이 없는 것을 마는 것이라 하는데, 펴면 법계에 두루
노닐고 말면 흔적도 찾기 어렵다."

"어떤 것이 법계인가?"

"끝도 얻을 수 없는 것을 법계라 한다"고 하였다.

264 전등록 제30권, 배도 화상의 「일발가—鉢歌」에서는 다음과 같이 전한다. 전문은
아래 【참조】 36을 살펴보기 바란다.

塵勞滅盡眞如在 번뇌가 모두 멸하면 진여는 있으니

一顆圓明無價珠 한 알의 둥글고 밝은 무가주無價珠라네.

眼不見耳不聞 눈으로 보지 못하고 귀로 듣지 못하나

不見不聞眞見聞 보지 못하고 듣지 못하는 것이 진짜 보고 듣는 것이다.

265 '說似一物則不中'과 관련하여 전등록 제5권, '남악 회양 선사' 편에 다음과
같이 전한다.

祖問 "什麼處來" 曰 "嵩山來" 祖曰 "什麼物恁麼來" 曰 "說似一物卽不中" 祖曰
"還可修證否" 曰 "修證卽不無 汚染卽不得" 祖曰 "只此不汚染諸佛之所護念
汝旣如是吾亦如是西天般若多羅讖 汝足下出一馬駒 蹋殺天下人 並在汝心不
須速說" 師豁然契會 執侍左右一十五載. 唐先天二年始往衡嶽居般若寺.

(그러므로) 그대들은 오직 자기 자신(自家)을 보라. (이 외에) 또 무엇이 있겠는가! 말하면 또 끝이 없으니, 각자 힘을 써라!"

"(오랫동안 서서 듣느라) 수고들 했다."[266]

육조가 물었다. "어디서 왔는가?"

회양이 말했다. "숭산에서 왔습니다."

육조가 말했다. "어떤 물건이 이렇게 왔는가?"

회양이 말했다. "한 물건(어떤 것)이라 해도 맞지 않습니다."

육조가 말했다. "닦아서 증득할 수 있겠는가?"

회양이 말했다. "닦아 증득함이 없는 것은 아니지만, 더러움에 물들지는 않습니다."

육조가 말했다. "다만 이 더러움에 물들지 않는 것이 모든 부처가 호념하는 바이다. 그대도 이미 이와 같고 나 또한 이와 같다. 서천의 반야다라가 예언하기를 '그대의 발밑에 망아지 하나가 나와 천하 사람을 밟아 죽일 것이다'고 했는데, 모두 그대 마음속에 두고 모름지기 너무 급히 말하지 말라."

선사가 활연히 계합하고는 곁에서 15년을 시봉하였다. 당 선천(先天, 예종의 말년 연호, 712~713) 2년에야 비로소 형악으로 가서 반야사에 머물렀다.

266 본 결론은 광등록에서도 동일하게 전한다.

【참조】

36. 배도 화상의 「일발가一鉢歌」

遏喇喇藺眊眊	알라라 요괄괄
總是悠悠造休儸	모두 유유자적한 척하며 어리석고 경박하게 만드는구나.
如饑喫鹽加得渴	마치 배는 고픈데 소금을 먹으면 갈증을 더하듯
枉却一生頭欒欒	부질없이 일생에 처음부터 허물에 허물을 더하네.
究竟不能知始末	끝내 시작과 끝을 모르니
抛却死屍何處脫	죽은 시체로 던져지게 되면 어디서 해탈하리오.

勸君努力求解脫　그대에게 권하노니, 힘써 해탈을 구하라.
閑事到頭須結撮　부질없는 일이라도 끝에 가서는 모름지기 매듭이 지어지게
　　　　　　　　마련이다.
火落身上當須撥　불이 몸에 떨어지면 마땅히 떨어버려야 하나니
莫待臨時叫菩薩　죽을 때를 기다렸다가 보살을 부르지 말라.
丈夫語話須豁豁　장부의 말이란 모름지기 툭 트여야 하나니
莫學癡人受摩捋　어리석은 이가 애지중지 어루만지는 것을 배우지 말고,
趁時結裹學擺撥　좀 더 일찌감치 보따리로 싸서 털어버리는 것을 배워라.
也學柔和也麤糲　거친 밥 먹는 것에 친해지는 것을 배우고
也剃頭也披褐　머리 깎고 베옷을 걸치는 것을 배우며
也學凡夫生活　범부의 생활도 배워라.
直語向君君未達　곧은 말은 그대들에게 해줘도 요달하지 못하니
更作長歌歌一鉢　다시 긴 노래 일발가를 짓노라.

一鉢歌　　일발가!
多中一一中多　많음 속에 하나요, 하나 속에 많음이네.
莫笑野人歌一鉢　야인이 일발가를 부르는 것, 비웃지 말라.
曾將一鉢度娑婆　일찍이 발우 하나를 가지고 사바세계에 자리 잡고 살았다.
靑天寥寥月初上　푸른 하늘이 고요하고 고요할 때 달이 처음 솟아오르니
此時影空含萬象　이때 그림자가 공하여 만상을 머금는다.
幾處浮生自是非　몇 곳에서나 덧없이 살면서 스스로 옳고 그름을 따졌던가.
一源淸淨無來往　하나의 근원이 청정하여 오고감이 없거늘
更莫將心造水泡　다시는 마음으로 물거품을 만들지 말라.
百毛流血是誰敎　온갖 털구멍에서 피가 나는 것은 누가 시키는 것인가.
不如靜坐眞如地　진여의 자리에 고요히 앉아
頂上從他鵲作巢　정수리 위에 저 까치가 둥지를 짓게 내버려 두는 것만 못하다.
萬代金輪聖王子　만대의 금륜성왕의 자식이라도
只遮眞如靈覺是　다만 이 진여의 영각靈覺일 뿐이다.

菩提樹下度衆生　보리수 아래에서 중생을 제도하고

度盡衆生不生死　남김없이 중생을 제도하고도 나고 죽지를 않으니

不生不死眞丈夫　나지도 않고 죽지도 않는 것이 진짜 대장부요,

無形無相大毘盧　무형무상의 대비로자나부처로다.

塵勞滅盡眞如在　번뇌가 모두 멸하면 진여는 있으니

一顆圓明無價珠　한 알의 둥글고 밝은 무가주無價珠로다.

眼不見耳不聞　눈으로 보지 못하고 귀로 듣지 못하나

不見不聞眞見聞　보지 못하고 듣지 못하는 것이 참으로 보고 듣는 것이다.

從來一句無言說　지금까지 한 마디도 말한 것이 없거늘

今日千言强爲分　오늘 천 마디 말로 억지로 나누어 한다.

强爲分須諦聽　억지로 나눠서 하더라도 모름지기 자세히 들어야 한다.

人人盡有眞如性　사람마다 모두에게 진여의 성품이 있으니

恰似黃金在鑛中　마치 황금이 광석 속에 있어

鍊去鍊來金體淨　제련하고 제련하면 황금의 모습은 청정해진다.

眞是妄妄是眞　참된 것이 허망한 것이요, 허망한 것이 참된 것이니,

若除眞妄更無人　만약 참된 것과 허망한 것을 없애면 다시 사람도 없게 된다.

眞心莫謾生煩惱　참된 마음으로 번뇌를 함부로 내지 말고,

衣食隨時養色身　옷 입고 밥 먹으면서 때에 따라 색신을 길러라.

好也著弱也著　좋아하는 것도 집착이고, 나약해지는 것도 집착이니,

一切無心無染著　일체에 무심해서 물드는 것이 없고

亦無惡亦無好　또한 미워하는 것도 없고 좋아하는 것도 없어야

二際坦然平等道　양쪽에 평탄한 평등한 도이다.

麤也餐細也餐　거친 것도 먹고 부드러운 것도 먹되

莫學凡夫相上觀　범부의 상에서 보는 것을 배우지 말라.

也無麤也無細　거친 것도 없고 부드러운 것도 없으니

上方香積無根蔕　상방의 향적 세계에는 뿌리도 꼭지도 없다.

坐亦行行亦坐　앉는 것도 행하는 것이고, 행하는 것도 앉는 것이니

生死樹下菩提果　생사의 나무 아래 보리의 열매가 있다.

亦無坐亦無行　또한 앉음도 없고 행함도 없으니

無生何用覓無生　남이 없거늘 어찌 남이 없음을 찾을 필요가 있겠는가.

生亦得死亦得　남도 좋고 죽음도 좋다.

處處當來見彌勒　곳곳에서 미래의 미륵을 보니

亦無生亦無死　역시 남도 없고 죽음도 없어

三世如來總如此　삼세여래가 모두 이와 같다.

離則著著則離　떠나면 집착하고, 집착하면 떠나니

幻化門中無實義　환화문에는 실다운 뜻이 없다.

無可離無可著　떠날 것도 없고, 집착할 것도 없으니

何處更求無病藥　어디서 또 무병약을 구하리오.

語時默默時語　말을 할 때 침묵하고, 침묵할 때 말을 하니

語默縱橫無處所　말과 침묵이 자유자재하여 처소가 없다.

亦無語亦無默　또한 말도 하지 않고 침묵도 하지 않으니

莫喚東西作南北　동서를 남북으로 부르지 말라.

嗔卽喜喜卽嗔　성냄이 기쁨이요, 기쁨이 성냄이니

我自降魔轉法輪　나 스스로 마구니를 항복받고 법륜을 굴린다.

亦無嗔亦無喜　또한 성냄도 없고 기쁨도 없으니

水不離波波卽水　물이 물결을 떠나지 않고 물결이 곧 물이다.

慳時捨捨時慳　인색할 때 버리고, 버릴 때 인색하니

不離內外及中間　안과 밖 그리고 중간을 떠나지 않는다.

亦無慳亦無捨　또한 인색함도 없고 버림도 없으니

寂寂寥寥無可把　고요하고 텅 빈 것은 잡을 수가 없다.

苦時樂樂時苦　괴로울 때 즐겁고, 즐거울 때 괴로우니

只遮修行斷門戶　다만 이 수행으로 문호를 끊을 뿐이다.

亦無苦亦無樂　역시 괴로움도 없고 즐거움도 없으니

本來自在無繩索　본래 자재하여 묶을 줄이 없다.

垢卽淨淨卽垢　더러움이 깨끗함이요, 깨끗함이 더러움이니

兩邊畢竟無前後　양변에는 필경 앞뒤가 없다.

亦無垢亦無淨　또한 더러움도 없고 깨끗함도 없으니
大千同一眞如性　삼천대천세계가 동일한 진여의 성품이다.
藥是病病是藥　약이 병이고, 병이 약이니
到頭兩事須拈却　결국에는 두 일을 모름지기 집어내버려야 한다.
亦無藥亦無病　또한 약도 없고 병도 없으니
正是眞如靈覺性　바로 진여의 신령스런 깨달음의 성품이다.
魔作佛佛作魔　마구니가 부처가 되고, 부처가 마구니가 되니
鏡裏尋形水上波　거울 속에서 형상을 찾고 물에서 물결을 찾는다.
亦無魔亦無佛　또한 마구니도 없고 부처도 없으니
三世本來無一物　삼세는 본래 한 물건도 없다.
凡卽聖聖卽凡　범부가 성인이고, 성인이 범부이니
色裏膠青水裏鹹　색 속에 아교요, 푸른 물에 짠 맛이다.
亦無凡亦無聖　또한 범부도 없고 성인도 없으니
萬行總持無一行　온갖 행을 모두 지녀도 한 행도 없다.
眞中假假中眞　참됨 속에 거짓이요, 거짓 속에 참됨이니
自是凡夫起妄塵　범부가 스스로 허망한 티끌을 일으키는 것이다.
亦無眞亦無假　또한 참됨도 없고 거짓도 없으니
若不喚時何應喏　부르지 않는데, 어찌 "예!" 하고 답하리오.
本來無姓亦無名　본래 성도 없고 이름도 없으니
只麼騰騰信脚行　다만 이렇게 등등하게 발 가는 대로 가서
有時廛市并屠肆　어떤 때는 저자 거리 푸줏간에 들른다.
一朵紅蓮火上生　한 떨기 홍련이 불에서 피어나
也曾策杖遊京洛　일찍이 지팡이를 짚고 서울을 다녔으니
身似浮雲無定著　몸은 뜬 구름과 같아서 정한 곳이 없다.
幻化由來似寄居　환화는 본래 더부살이와 같거늘
他家觸處更清虛　저 집에 닿으면 다시 맑고 텅 비게 된다.
若覓戒　만약 계를 찾는다면
三毒瘡痍幾時瘥　삼독의 상처는 언제나 나을 것이며,

若覓禪	만약 선을 찾는다면
我自縱橫汩碢眠	나 자신 마음대로 떨어지는 돌처럼 잠에 빠질 것이다.
大可憐不是顚	대단히 불쌍하구나, 전도되지도 않았는데
世間出世天中天	세간·출세간·천중천
時人不會此中意	요즘 사람들은 이 뜻을 모르니
打著南邊動北邊	남쪽을 쳤는데 북쪽이 움직인다.
若覓法雞足山中問迦葉	만약 법을 찾는다면 계족산에 있는 가섭에게 물어라,
大士持衣在此中	대사(=가섭)는 옷을 갖고 이 속에 있지만
本來不用求專甲	본래 아무개 한 사람만 구하지 않는다.
若覓經法性眞源無可聽	만약 경전을 찾는다면 법성의 참 근원은 들을 수 없고,
若覓律窮子不須教走出	만약 계율을 찾는다면 가난한 자식은 뛰쳐나가게 할 필요가 없고,
若覓修八萬浮圖何處求	만약 수행을 찾는다면 팔 만의 부도浮圖는 어디서 구하리오.
只知黃葉止啼哭	누런 잎으로 큰 소리로 우는 것을 그치려는 것임을 알 뿐,
不覺黑雲遮日頭	검은 구름이 해를 가리는 것도 모른다.
莫怪狂言無次第	미친 소리를 순서도 없이 한다고 괴이하게 여기지 말라.
篩羅漸入麤中細	사라(=체)는 거침 속에서 세밀함으로 점차 들어가지만
只遮麤中細也無	다만 이 거침 속에는 세밀함도 없으니
卽是圓明眞實諦	바로 이것이 원만하고 밝은 진실의 이치로다.
眞實諦本非眞	진실의 이치는 본래 진실하지 않으니
但是名聞卽是塵	다만 이름만 들어도 바로 티끌이 된다.
若向塵中解眞實	만약 티끌 속에서 진실을 안다면
便是堂堂出世人	바로 당당한 출가인이다.
出世人莫造作	출가한 이들이여! 조작하지 말라.
獨行獨步空索索	홀로 다니고 홀로 거니니 쓸쓸하게 텅 비었다.
無生無死無涅槃	남도 없고 죽음도 없고 열반도 없으니

本來生死不相干　본래 생사와는 관계가 없다.

無是非無動靜　옳고 그름도 없고, 움직이고 고요함도 없으니

莫謾將身入空井　공연히 몸을 가지고 공의 우물(空井)에 들어가지 말라.

無善惡無去來　선과 악도 없고, 오고 감도 없으며

亦無明鏡掛高臺　높은 대에 걸 명경도 없다.

山僧見解只如此　산승의 견해는 다만 이와 같을 뿐이니,

不信從他造劫灰　(이것을) 믿지 못하면 저들을 따라 겁회劫灰를 지어라.

III. 감변勘辨

1. 호랑이 수염을 잡아당기다

黃蘗因入廚次 問飯頭 "作什麼" 飯頭云 "揀衆僧米" 黃蘗云 "一日喫多
少" 飯頭云 "二石五" 黃蘗云 "莫太多麼" 飯頭云 "猶恐少在" 黃蘗便打.

※廚(부엌 주): 부엌. 주방. 요리사. 궤櫃. 장롱. 찬장.

※石(돌 석): 섬(1섬＝10말).

황벽黃蘗이 공양간에 들어가, 반두(飯頭, 공양주)[1]에게 물었다.

---

1 반두飯頭는 선원의 육지사六知事 가운데 전좌(典座, 식사·의복·방석·이부자리 등을
  담당)의 직책 아래 식사를 담당하는 소임을 뜻한다. 공양주라고도 불린다.
  사찰의 육지사는 다음과 같다.

직책	임무	별칭
수좌首座	수행자들을 지도 감독	제1좌第一座·좌원座元·입승立僧·선두禪頭·수중首衆
서기書記	문서 관리	서장書狀·기실記室·외사外史·외기外記
장주藏主	대장경 관리	지장知藏·장사藏司
지객知客	손님을 살피는 직책	전객典客·객사客司·전빈典賓
지욕知浴	선원의 욕실 관리	욕사浴司·욕주浴主
지전知殿	불전佛殿을 관리	전주殿主·전사殿司

"뭘 하는가?"

반두가 말했다.

"대중이 먹을 쌀을 일고 있습니다."

황벽이 말했다.

"하루에 얼마나 먹는가?"

반두가 말했다.

"두 섬 닷 말입니다."

황벽이 말했다.

"너무 많지 않은가?"

반두가 말했다.

"(아니요) 오히려 적을까 걱정입니다."

(그러자) 황벽이 바로 쳤다.

❀

飯頭却擧似師. 師云 "我爲汝勘這老漢" 纔到侍立次 黃蘗擧前話. 師云 "飯頭不會 請和尚代一轉語" 師便問 "莫太多麽" 黃蘗云 "何不道 來日更

참고로 선원의 육두수六頭首는 다음과 같다.

직책	임무	별칭
도사都寺	사무 총괄	원주院主·사주寺主
감사監寺	사무 감독	감원監院
부사副寺	회계·출납 등을 담당	
유나維那	규율과 질서를 담당	열중悅衆
전좌典座	식사·의복·방석·이부자리 등을 담당	반두 포함
직세直歲	1년 동안 잡무를 담당, 울력 동원권	

喫一頓"師云"說什麼來日 即今便喫"道了便掌. 黃蘗云"這風顚漢
又來這裏 捋虎鬚"師便喝出去.

※侍立(시립): 웃어른을 모시고 섬.

※一頓(일돈): 식사의 한 끼. 잠시 멈추다. 한 번 쉬다.

※風顚漢(풍전한): 미치광이.

※捋(집어 딸 랄): 집어 따다. 쓰다듬다. 어루만지다. 문지르다. 비벼 꼬다.

반두가 (승당으로) 돌아가, 선사에게 앞에 있었던 일을 말했다.[2]

(그러자) 선사가 말했다.

"내가 너를 위해 이 노인네(=노장)에게 따져 보겠다."

(그리고는 곧바로 황벽의 처소에) 가자마자 모시고 서 있는데,[3] 황벽
이 앞의 이야기를 거론했다.

선사가 말했다.

"반두가 알지 못하니, 청컨대 화상께서 일전어一轉語[4]를 대신해 주십
시오."

(그리고는) 바로 선사가 물었다.

"너무 많지 않습니까?"

황벽이 말했다.

---

2 거사擧似는 원래 '물건을 사람에게 보인다'는 뜻인데, 선가에서는 말로써 고칙을
   들어 보이거나, 앞에 있었던 일을 타인에게 전할 때 사용한다.

3 시립侍立은 본래 수수시립(垂手侍立, 두 손을 드리우고 모시고 서 있는 것)을 뜻한다.

4 일전어一轉語: 미혹한 마음을 싹 바꿔 깨달음에 들게 하는 간단명료한 한 마디
   말. (시공 불교사전) / 전미개오轉迷開悟의 말.

"어째서 내일 또 한 끼 먹겠다고 말하지 않는가?"

선사가 말했다.

"무슨 내일(또 한 끼 먹겠다는 그따위 말씀)을 말하십니까, 바로 지금 당장 드시지요."

(그리고는) 말이 끝나자, 바로 손바닥으로 (한 대) 후려갈겼다.

황벽이 말했다.

"이 미친놈이 또 여기에 와서 호랑이 수염을 잡아당기는구나!"[5]

선사가 바로 "할!" 하고, 나가버렸다.[6]

---

5 날호수捋虎鬚는 호랑이 수염을 만지다. 모험하는 것을 비유한 말로, 중국 오吳나라 의 주환朱桓이 멀리 떠날 즈음에, 손권에게 청하여 그의 수염을 만진 고사에서 온 말(『삼국지三國志』권56·『오지吳志』「주환전朱桓傳」)이라고 한다.

6 풍전한風顚漢은 일반적으로는 미치광이라는 뜻이지만, 여기서는 달리 해석을 해야 한다. 뛰어남을 비유적으로 표현한 것이다.

이 이야기는 선문염송집 제10권(N.398, 황벽희운 관련 고칙 부분)에서도 동일하게 전한다.

조당집과 전등록에서는 전하지 않는다.

광등록에서는 다음과 같이 전한다(내용 동일, 번역 생략. 다만 사용하는 단어가 다르니 살펴보기 바란다).

黃蘗因入廚見飯頭 問"作什麼"飯頭云"揀衆僧米"蘗云"日喫多少"飯頭云"兩石 五"蘗云"莫太多"飯頭云"猶恐少在"蘗便打. 飯頭卻擧似師. 師云"我爲汝勘者老 漢去"纔到蘗處 侍立次 蘗便擧前因緣. 師云"飯頭不會 請和尙代一轉語"師便問 "莫太多"蘗云"何不道 來日更喫一頓"師云"說什麼來日 卽今便喫"道了便掌. 蘗云"者風顚漢 又來者裏 將虎鬚"師便喝 出去.

❀

後潙山問仰山"此二尊宿意作麽生"仰山云"和尙作麽生"潙山云"養子
方知父慈"仰山云"不然"潙山云"子又作麽生"仰山云"大似勾賊破家"

※尊宿(존숙): 덕이 높고 나이가 많은 사람(德尊年長者)의 경칭.
※勾(올가미 구): 올가미. 함정. 책략. 갈고리. 휘어지다. (잡아)당기다.
유혹하다. / 句의 속자俗字.

뒤에, 위산이 앙산[7]에게 물었다.

"이 두 존숙의 뜻이 무엇인가?"

앙산이 말했다.

"화상께서는 어떻습니까?"

위산이 말했다.

"자식을 길러봐야 아비의 자애로움을 알 수 있다."

앙산이 말했다.

"그렇지 않습니다."

위산이 말했다.

---

7 위산영우(潙山靈祐, 771~853): 당대의 스님. 위앙종. 남악의 문하. 위산은 주석
산명. 속성은 조趙씨. 제자 앙산혜적과 함께 선풍을 크게 거양하여, 그 법계를
위앙종이라 함. 15세에 출가, 경과 율을 공부하고 백장회해 문하로 들어가 법을
이음. 시호는 대원大圓선사. (전게서, p.512)
앙산혜적(仰山慧寂, 803~887): 당대의 스님. 앙산은 주석 산명. 속성은 섭葉씨.
17세에 출가하여 두 개의 손가락을 잘라서 서원을 세우고 삭발을 함. 위산영우에
게 참학하여 법을 이음. 시호는 징허澄虛 대사, 지통智通 선사. (전게서, p.441)

"그대는 어떠한가?"

앙산이 말했다.

"도적놈을 끌어들여 집안이 망한 것과 똑같습니다."

2. 세 스님을 치다

師問僧 "什麼處來" 僧便喝. 師便揖坐. 僧擬議. 師便打. 師見僧來 便竪
起拂子. 僧禮拜. 師便打. 又見僧來 亦竪起拂子. 僧不顧. 師亦打.

※揖(읍할 읍): 읍하다. 공수拱手한 손을 얼굴 앞으로 들고 허리를 앞으로
   공손히 구부렸다 펴면서 손을 내리는 인사.
※不顧(불고): 돌아보지 않다. 돌보지 않다. 고려하지 않다. 꺼리지 않다.
   상관하지 않다.

선사가 어떤 스님에게 물었다.
   "어디서 오는가?"
   스님이 "할!" 했다.
   (그러자) 선사가 바로 읍揖을 하고, 자리에 앉게 하였다.
   스님이 머뭇거렸다.
   선사가 바로 쳤다.

   (또, 선사가) 어떤 스님이 오는 것을 보고, 바로 불자拂子를 세웠다.[8]
   스님이 절을 했다.

선사가 바로 쳤다.

(또) 어떤 스님이 오는 것을 보고, 역시 불자를 세웠다.
스님이 쳐다보지 않았다.
선사가 역시 쳤다.[9]

---

8 수기불자竪起拂子에 관해서는 앞의 【참조】 10을 살펴보기 바란다.
9 이 이야기는 선문염송집 제16권(N. 618)에서도 동일하게 전한다.
조당집 제19권에서는 다음과 같이 전한다.

因僧侍立次 師竪起拂子. 僧便礼拜 師便打之. 后因僧侍立次 師竪起拂子 其僧并
不顧 師亦打之. 云門代云 "只宜專甲" (내용 동일, 번역은 부록을 참조할 것.)

여기서는 ①세 편의 대화 가운데 첫 번째 이야기(임제가 읍좌하자, 스님이 머뭇거린
것)는 전하지 않는다. ②또한 두 편 모두 학인이 임제 곁에서 모시고 서 있는(侍立)
상황에서 일어난 것으로 전한다.

전등록 제27권 '제방잡거諸方雜擧·징徵·염拈·대대·별어別語' 편에서는 다음과
같이 전한다.

臨濟見僧來擧起拂子 僧禮拜. 師便打. 別僧來 師擧拂子. 僧並不顧. 師亦打. 又一
僧來參 師擧拂子 僧曰 "謝和尙見示" 師亦打(雲門代云 "只疑老漢" 大覺云 "得卽得
猶未見臨濟機在")

임제가 어떤 스님이 오는 것을 보고 불자를 들어 세웠다.
스님이 절을 했다.
임제가 바로 쳤다.

다른 스님이 오자, 임제가 불자를 들어 세웠다.
스님이 아예 쳐다보지도 않았다.
임제가 역시 쳤다.

또 어떤 스님이 와서 참례하자, 임제가 불자를 세웠다.
스님이 말했다. "화상께서 보여주셔서 감사합니다."
임제가 역시 쳤다.

〔운문이 대신 말했다.
"다만 노장을 의심할 뿐이다."
대각이 말했다.
"얻기는 얻었으나, 임제의 기봉을 아직 보지 못했다."〕

여기서는 세 편의 이야기 모두 임제가 불자를 들었을 때, 세 스님 모두 각기
다른 답(또는 행동)을 하고, 이에 임제는 똑같이 친 것으로 전한다.
광등록에서는 본서와 동일하게 전한다.

3. 임제가 혀를 내밀다

師一日同普化赴施主家齋次 師問 "毛吞巨海 芥納須彌 爲是神通妙用
本體如然" 普化踏倒飯床. 師云 "太麤生" 普化云 "這裏是什麼所在 說
麤說細"

선사가 하루는 보화普化[10]와 함께 시주의 집에 가서 공양을 하고 있는데,
선사가 물었다.

　"'털 하나가 큰 바다를 삼키고, 겨자씨 하나가 수미산을 (거두어)
들인다'[11]고 하는데, (이는) 신통묘용인가, 본체여연인가?"[12]

---

10 진주보화(鎭州普化, ?~861): 당대의 스님. 마조문하. 보화종의 개조. 진주는
　주석 지명. 반산보적盤山寶積의 교화를 받고 깊이 깨달음. 임제의현과 사귀었고,
　임제를 도와 교화에 힘씀. 당 함통 초에 스스로 입적을 예고하고, 전신탈거全身脫
　去하는 이적을 보임. (전게서, p.632)
　참고로 전등록 제10권에서는 다음과 같이 전한다.
　鎭州普化和尙者不知何許人也. 師事盤山 密受眞訣. 而佯狂出言無度.
　진주 보화 화상은 어디 사람인지 모른다. 보화는 반산을 스승으로 모시고
　참 비결을 은밀히 전수 받았다. 그리고는 미친 척하면서 절제 없이 말을 하였다.
11 '毛吞巨海 芥納須彌'와 '神通妙用'에 관련해서는 아래 【참조】 37, 38, 39를 살펴보

(그러자) 보화가 밥상을 발로 걷어차 엎어버렸다.

선사가 말했다.

"몹시 거칠군!"

보화가 말했다.

"여기에 무엇이 있기에 거칠다느니 섬세하다느니 하는 것인가?"

❀

師來日又同普化赴齋 問"今日供養 何似昨日"普化依前踏倒飯床. 師
云"得卽得 太麤生"普化云"瞎漢 佛法說什麼麤細"師乃吐舌.

※吐舌(토설): 혀를 내밀다. 혀를 내두르다. (놀라움·찬탄의 제스처)

선사가 다음날 또 보화와 함께 (시주의 집에) 공양하러 가서 물었다.

"오늘 공양은 어제와 비교해 어떤가?"

(그러자) 보화가 이전과 같이 밥상을 발로 차 엎어버렸다.

기 바란다.

12 신통력에 의한 오묘한 작용인가? 아니면 본래 모습(=원래)이 그러한 것인가?
라는 뜻이다. 신통묘용과 관련해서는 【참조】39를 살펴보기 바란다. 본체여연本
體如然과 관련해서는 남악나찬화상가에 다음과 같이 전한다. (전문은 앞의 【참조】
23을 살펴보기 바란다.)

不是癡鈍　어리석고 둔한 것이 아니고

本體如然　본체가 그러한 것이니

要去卽去　가고자 하면 바로 가고

要住卽住　머물고자 하면 바로 머문다.

선사가 말했다.

"맞기는 맞네만, 몹시 거칠군!"

보화가 말했다.

"눈 먼 사람아! 불법에 무슨 거칠다느니 섬세하다느니 하는 것인가?"

선사가 이내 혀를 (쭉) 내밀었다.[13]

---

13 '吐舌(토설, 혀를 내밀다)'과 관련해서는 아래【참조】40을 살펴보기 바란다.

이 이야기는 선문염송집 제13권(N.514, 진주보화 관련 고칙 부분)에서 다음과 같이 전한다.

普化與臨濟 在施主家齋 濟問 "毛吞巨海 芥納須彌 爲復是神通妙用 爲復是本爾如然" 師遂趯倒飯床. 濟云 "太鹵生" 師云 "這裏是甚所在 說麤說細" 濟休去. 明日 又同一家赴齋 濟問 "今日供養 何似昨日" 師又趯倒飯床. 濟云 "得卽得 太鹵生" 師云 "瞎漢 佛法說甚麤細" 濟乃休去. (一本 濟乃吐舌向天). (내용 동일, 번역 생략)

여기서는 마지막에 임제가 혀를 내밀었다는 표현 대신 '그만두었다(休去)'고 하면서, 다른 책의 표현(임제가 혀를 내밀고 하늘을 향했다)을 함께 전한다.

조당집과 전등록에서는 전하지 않는다.
광등록에서는 본서와 동일하게 전한다.

【참조】
37. 모탄거해毛吞巨海(유마경 제6, 부사의품不思議品)

又以四大海水 入一毛孔 不嬈魚鼈黿鼉黿屬水性之屬 而彼大海 本相如故. 諸龍鬼神 阿修羅等 不覺不知 己之所入 於此衆生 亦無所嬈. 又舍利弗 住不可思議解脫菩薩 斷取三千大千世界 如陶家輪 著右掌中 擲過恒河沙世界之外 其中衆生 不覺不知 己之所往. 又復還置本處 都不使人 有往來想 而此世界 本相如故.

또한 사대해의 물을 하나의 털구멍에 넣어도 물고기, 자라, 큰 자라 악어, 수성水性의 무리들을 괴롭게 하지 않고, 그 대해는 본래의 모습이 예전과 같습니다. (또한) 모든 용과 귀신, 아수라 등은 자기들이 들어가는 것도 느끼지도 못하고 알지도 못하지만, 이 중생들 역시 괴로움을 받는 것이 없습니다. 또한 사리불이여! 불가사의 해탈에 머무는 보살은 삼천대천세계를 잘라서 마치 도공(陶家)이 수레를 돌리듯 오른 손에 놓고 항하사 세계 밖으로 던져버려도 그 안에 있는 중생들은 자기들이 (어디로) 가는 지를 느끼지도 알지도 못합니다. 또한 다시 본래 자리(本處)로 되돌려놔도 전혀 사람들로 하여금 갔다 왔다는 생각이 없게 하고, 이 세계는 본래 모습이 예전과 같습니다.

38. 개납수미芥納須彌(전게서)

維摩詰言 "唯 舍利弗 諸佛菩薩 有解脫 名不可思議. 若菩薩住 是解脫者 以須彌之高廣 內芥子中 無所增減. 須彌山王 本相如故 而四天王 忉利諸天 不覺不知己之所入. 唯應度者 乃見須彌 入芥子中 是名 住不思議解脫法門.

유마힐이 말했다.

"그렇습니다, 사리불이여! 제불과 보살에게는 해탈이 있으니, 이름이 '불가사의 不可思議'입니다. 만약 보살이 이 해탈에 머물면 높고 넓은 수미산을 겨자씨 안에 넣어도 늘어나거나 줄어드는 것이 없습니다. 수미산(須彌山王)은 본래 모습이 예전과 같지만, 사천왕과 도리천의 제천들은 자기들이 들어가는 것을 느끼지도 알지도 못합니다. 오직 마땅히 제도 받을 만한 사람(應度者)만이 수미산이 겨자 안에 들어가는 것을 볼 수 있으니, 이를 일러 '부사의 해탈법문에 머문다(住不思議解脫法門)'고 하는 것입니다.

39. 신통묘용神通妙用

一日石頭問曰 "子見老僧以來 日用事作麼生" 士曰 "若問日用事 卽無開口處" 頭曰 "知子恁麼 方始問子" 士乃呈偈曰 "日用事無別 唯吾自偶諧 頭頭非取捨 處處沒張乖 朱紫誰爲號 丘山絶點埃 神通幷妙用 運水與搬柴" 頭然之曰 "子以緇

耶 素耶" 士曰 "願從所慕" 遂不剃染.

하루는 석두가 물었다.

"그대는 노승을 본 이래로 날마다 하는 일(日用事)은 어떤가?"

거사가 말했다.

"날마다 하는 일을 물으시면 입을 열 곳이 없습니다."

석두가 말했다.

"그대가 그렇다는 것을 알기에 그대에게 묻는 것이네."

(그러자) 거사가 이에 게偈를 지어 바쳤다.

日用事無別	날마다 하는 일 별 다른 것 없어
唯吾自偶諧	오직 나 스스로 잘 지낼 뿐,
頭頭非取捨	낱낱이 취하거나 버리지 않으니
處處沒張乖	곳곳에 어긋나는 것도 없다.

朱紫誰爲號	붉은색 옷과 자줏빛 옷 누구를 위한 이름인가?
丘山絶點埃	이 산에는 한 점 티끌도 없다.
神通幷妙用	신통과 묘용이여!
運水與搬柴	물 긷고 나무하는 것이로다.

석두가 그러하다고 하며, 말했다.

"그대는 스님(緇)으로 살 것인가, 거사(素)로 살 것인가?"

거사가 말했다.

"원컨대 사모하는 이를 따를 뿐입니다."

그리고는 머리를 깎지도 않고 물들인 옷도 입지 않았다. (졸역, 방거사어록·시역주, pp.41~43)

또한 '신통묘용 본체여연'이라는 말은 이후에 원오극근이 벽암록 81칙의 수시垂示에서 다음과 같이 인용한다.

垂示云 "攙旗奪鼓 千聖莫窮 坐斷誵訛 萬機不到 不是神通妙用 亦非本體如然 且道 憑箇什麼 得恁麼奇特"

깃발과 북을 빼앗아 버리니 일천 성인도 막을 수 없고, 난해한 것을 꺾어버리니 일만 가지 기량도 이에 미칠 수 없다. 이것은 신통묘용도 아니요, 본체여연도 아니다. 자, 말해보라! 무엇에 의지하였기에 이렇듯 대단한 것인가?

40. 토설吐舌
경덕전등록 제6권, '백장산 회해 선사' 편에 다음과 같이 전한다.

一日師謂衆曰 "佛法不是小事. 老僧昔再蒙馬大師一喝 直得三日耳聾眼黑" 黃蘗 聞擧不覺吐舌曰 "某甲不識馬祖 要且不見馬祖" 師云 "汝已後當嗣馬祖" 黃蘗云 "某甲不嗣馬祖" 曰 "作麼生" 曰 "已後喪我兒孫" 師曰 "如是如是"

하루는 선사(백장회해)가 대중에게 말했다.

"불법은 작은 일이 아니다. 노승이 지난날 마 대사를 두 번 참례했는데, 대사의 일할(一喝)을 듣고는 곧바로 3일 동안 귀가 먹고 눈이 캄캄했다."

황벽이 이를 듣고는 자기도 모르는 사이에 혀를 내밀며 말했다.

"저는 마조를 모르지만, 앞으로도 마조를 뵙지 않겠습니다."

선사가 말했다.

"그대는 앞으로 마조의 법맥을 계승해야 한다."

황벽이 말했다.

"저는 마조의 법맥을 잇지 않겠습니다."

선사가 말했다.

"어째서?"

황벽이 말했다.

"앞으로 저의 자손들을 상실하는 일이기 때문입니다."

선사가 말했다.

"그렇지, 그렇지." (졸역, 원오심요 역주, p.181)

4. 범부인가, 성인인가?

師一日 與河陽木塔長老 同在僧堂地爐內坐. 因說 普化每日在街市
掣風掣顚 "知他是凡是聖" 言猶未了 普化入來. 師便問 "汝是凡是聖"
普化云 "汝且道 我是凡是聖" 師便喝. 普化以手指云 "河陽新婦子 木塔
老婆禪 臨濟小廝兒 却具一隻眼" 師云 "這賊" 普化云 "賊賊" 便出去.

※小廝(소시): (조기백화) 사환. 사동. 머슴애. (廝兒: 남자 애)

선사가 하루는 하양과 목탑, 두 장로[14]와 승당의 지로(地爐, 승당 안의
화로) 안에 함께 앉아 있었다. (그때) 보화가 매일 시내 길거리에서
미친 짓[15]을 하는 것을 가지고 이야기하고 있었다.

"누가 알겠어, 그가 범부인지 성인인지? ···."

이야기가 아직 끝나지도 않았는데, 보화가 들어왔다.

(그러자) 선사가 물었다.

"그대는 범부인가, 성인인가?"

---

14 하양과 목탑 두 장로에 관해 알려진 것이 없다.
15 체풍체전掣風掣顚은 앞서 풍전한風顚漢과 같은 의미이다.

보화가 말했다.

"그대가 먼저 말해봐라! 내가 범부인가, 성인인가?"

선사가 바로 "할!" 했다.

보화가 손으로 가리키며 말했다.

"하양은 새색시 선이고, 목탑은 노파 선이다.[16] 임제 꼬마 녀석이 오히려 일척안(一隻眼, 한쪽 눈)[17]을 갖췄구나."

선사가 말했다.

"이 도적놈아!"

보화가 말했다.

"도적놈아, 도적놈아!"

(그리고는) 바로 나가버렸다.[18]

---

16 신부자新婦子에 관해서는 앞의 시중 편, 註130을 참조하기 바란다.

노파선老婆禪: 선림에서 스승이 학인을 제접해서 인도할 때 거듭 친절하게 신신당부하는 선풍을 뜻한다. 노파선이라는 한 마디 말에는 경멸의 뜻도 있다. 스승이 바로 학인의 근성에 따라 선교방편으로 제접해서 교화하는 것이다. 만약 줄곧 말하고 보여서 배려가 과분하면 학인이 스스로 탐색을 하고 지혜를 개발하는 기회를 의심할 염려가 있다. 실제로는 선종의 불립문자·교외별전의 종지를 위배하는 것이다. (禪林中 師家接引學人時 一再親切叮嚀之禪風 老婆禪一語 或有輕蔑之意 以師家當依學人根性 善巧接化 若一味說示 過分關切 恐有礙學人自行探索 開發智慧之機會 實有悖禪宗 不立文字 敎外別傳之宗旨, 불광대사전)

17 일척안一隻眼: 이른바 정문안頂門眼과 같다. 진정으로 대상을 보는 하나의 눈. (與所謂頂門眼同 眞正見物之一個眼也, 정복보, 불학대사전)

18 이 이야기는 선문염송집 제13권(N.513)에서는 다음과 같이 전한다.

普化 因臨濟院有齋 河陽木塔 乃同臨濟在僧堂內坐. 才說及 "普化 每日在街市 掣風掣顚 知他 是凡是聖" 言猶未了 師從外入來. 濟便問 "汝是凡是聖" 師曰

"汝道 我是凡是聖" 濟便喝. 師乃指兩尊宿云 "河陽新婦子 木塔老婆禪 臨濟小廝
兒 只具一隻眼" 濟曰 "這賊" 師曰 "賊賊" 便出去. (내용 동일, 번역 생략)
여기서는 보화가 임제원에 재齋가 있어 간 것으로 전한다. 또한 '却具一隻眼'
을 '只具一隻眼'으로 전한다.

전등록 제10권에서는 다음과 같이 전한다.
一日入臨濟院 臨濟曰 "賊賊" 師亦曰 "賊賊" 同入僧堂 臨濟指聖僧問 "是凡是聖"
師曰 "是聖" 臨濟曰 "作遮箇語話" 師乃撼鐸唱曰 "河陽新婦子 木塔老婆禪. 臨濟
小廝兒 只具一隻眼"
하루는 임제원에 갔는데, 임제가 말했다. "도적놈아, 도적놈아!"
보화 역시 말했다. "도적놈아, 도적놈아!"
(그리고는) 함께 승당에 들어갔는데, 임제가 성승(聖僧, 문수보살상)을 가리키며
물었다. "범부인가, 성인인가?"
보화가 말했다. "성인이다."
임제가 말했다. "이런 말을 하다니."
보화가 요령을 흔들며 외쳤다. "하양은 새색시 선이고, 목탑은 노파의 선이다.
임제 꼬마 녀석이 오직 일척안을 갖췄다."

조당집 제17권 '보화화상' 편에서는 다음과 같이 전한다.
林際與師看聖僧次 林際云 "是凡是聖" 師云 "是聖" 林際便喝 "咄" 師便撫掌大笑.
임제와 보화가 성승을 보고 있는데, 임제가 말했다. "범부인가, 성인인가?"
보화가 말했다. "성인이다."
임제가 바로 고함을 치며 말했다. "쯧쯧!"
보화가 손뼉을 치며 크게 웃었다.

여기서는 전등록과 달리 화양과 목탑이 등장하지 않는다.
광등록에서는 본서와 동일하게 전한다.

5. 나귀 한 마리

一日 普化在僧堂前 喫生菜. 師見 云"大似一頭驢" 普化便作驢鳴.
師云"這賊" 普化云"賊賊" 便出去.

하루는 보화가 승당 앞에서 야채를 먹고 있었다.

　선사가 보고, 말했다.

　"마치 한 마리 나귀 같구먼."

　(그러자) 보화가 바로 나귀 울음소리를 냈다.

　선사가 말했다.

　"이 도적놈아!"

　보화가 말했다.

　"도적놈아, 도적놈아!"

　(그리고는) 바로 나가버렸다.[19]

---

19 이 이야기는 선문염송집 제13권(N.515)에서도 동일하게 전한다.
　전등록 제10권 '보화 화상'편에서는 다음과 같이 전한다.
　嘗暮入臨濟院喫生菜飯 臨濟曰"遮漢大似一頭驢" 師便作驢鳴 臨濟乃休. 師曰
　"臨濟小廝兒 只具一隻眼"(僧問法眼 "未審臨濟當時下得什麼語" 法眼云"臨濟

留與後人")

일찍이 저녁에 임제원에 들어가 야채를 먹고 있는데, 임제가 말했다.

"이 친구가 마치 한 마리 나귀 같구먼."

보화가 나귀 우는 소리를 냈다.

임제가 그만 쉬었다.

보화가 말했다.

"임제 꼬마 녀석이 다만 한쪽 눈을 갖췄구나."

〔어떤 스님이 법안에게 물었다.

"임제가 당시 무슨 말을 했어야 하는지 잘 모르겠습니다."

법안이 말했다.

"임제가 뒷사람들에게 (말을 아껴) 남겨준 것이다."〕

조당집 제17권 '보화 화상' 편에서는 다음과 같이 전한다.

師尋常暮宿塚間 朝遊城市 把鈴云 "明頭來也打 暗頭來也打" 林際和尙聞此消息
教侍者探師. 侍者來問師 "不明不暗時事作摩生" 師曰 "明日大悲院有齋" 侍者歸
來擧似 林際便歡喜云 "作摩生得見他" 非久之間 普化自上來林際. 林際便歡喜排
批飯食 對坐喫. 師凡是下底物 摠喫卻. 林際云 "普化喫食 似一頭驢" 師便下座
兩手托地 便造驢聲. 林際無語. 師云 "林際廝兒 只具一隻眼" 後有人擧似長慶
長慶代林際進語云 "也且從更作摩生" 又代普化云 "被長老申此一問 直得酩酩
酊酊"

선사는 평소 밤에 무덤 사이에서 자고, 낮에는 저잣거리를 돌아다니며 손에
방울을 들고 다음과 같이 외쳤다.

"밝음으로 와도 치고, 어둠으로 와도 친다."

임제 화상이 이 소식을 듣고, 시자에게 선사를 찾아보도록 하였다.

시자가 선사를 찾아와 물었다.

"밝지도 않고 어둡지도 않을 때의 일은 어떠합니까?"

선사가 말했다.

"내일 대비원大悲院에서 공양이 있다."

시자가 돌아와서 이 사실을 전하자, 임제가 기뻐하며 말했다.

"어떻게 해야 그를 만날 수 있을까?"

얼마 지나지 않아 선사가 직접 임제원에 올라오자, 임제가 기뻐하면서 음식을 마련해 마주 앉아 먹었다.

선사가 밑바닥에 있는 것까지 모두 먹어 버렸다.

(그러자) 임제가 말했다.

"보화가 밥 먹는 것이 마치 한 마리 나귀 같구먼!"

선사가 바로 자리에서 내려와 두 손을 땅에 대고 나귀 소리를 냈다.

(그러자) 임제가 말이 없었다.

선사가 말했다.

"임제 꼬마 녀석이 다만 한쪽 눈을 갖췄구나."

뒤에 어떤 사람이 장경章敬에게 앞의 일을 이야기하자, 장경이 임제를 대신해 말했다.

"그렇게 한들 무슨 소용이 있으리까?"

또 보화를 대신해 말했다.

"장로에게 물음 하나를 받고 곤드레만드레 취해버렸다."

광등록에서는 다음과 같이 전한다.

一日 普化在僧堂前 喫生菜. 師見 云 "大似一頭驢" 普化便作驢鳴. 師云 "者賊" 普化云 "賊賊" (내용 동일, 번역 생략)

여기서는 끝에 '便出去'가 없다.

6. 임제가 보화를 의심해왔다

因普化常於街市搖鈴云 "明頭來明頭打 暗頭來暗頭打 四方八面來旋
風打 虛空來連架打" 師令侍者去 纔見如是道 便把住云 "總不與麼來時
如何" 普化托開 云 "來日大悲院裏有齋" 侍者回擧似師. 師云 "我從來
疑著這漢"

※旋風(선풍): 회오리바람. 선풍.
※連架(연가): 곡식을 타작할 때 사용하는 도리깨. '連暇(연가)'라고도 한다.

보화가 늘 거리에서 요령을 흔들며 말했다.
 "밝음으로 오면 밝음으로 치고,
  어둠으로 오면 어둠으로 치며,
  사방팔방으로 오면 회오리바람으로 치고,
  허공으로 오면 도리깨로 친다."

 선사가 시자를 보내, (보화가) 이와 같이 말하는 것을 보면 바로
(멱살을) 꽉 잡고, "모두 그렇게 오지 않을 때는 어떻습니까?" 하고,

묻게 했다.

(시자가 가서 시킨 대로 하자) 보화가 탁 밀치며 말했다.

"내일 대비원에서 공양이 있다."

시자가 돌아와 임제에게 앞의 일을 전하자, 선사가 말했다.

"나는 지금까지 이 자를 의심해왔다."[20]

---

20 이 이야기는 선문염송집 제13권(N.512)에서는 다음과 같이 전한다.

鎭州普化 居常入市振鐸云 "明頭來明頭打 暗頭來暗頭打 四方八面來旋風打 虛空來連架打" 一日臨濟 令僧捉住云 "總不與麼來時如何" 師拓開 云 "來日大悲院 裏有齋" 僧廻擧似臨濟 師濟云 "我從來疑著這漢" (내용 동일, 번역 생략)

여기서는 시자가 아닌 '어떤 스님(한 스님)'으로 전한다.

전등록 제10권 '보화 화상' 편에 다음과 같이 전한다.

暨盤山順世乃於北地行化 或城市或塚間 振一鐸云 "明頭來也打 暗頭來也打" 一日臨濟令僧捉住云 "不明不暗時如何" 答云 "來日大悲院裏有齋"

반산(보적)이 세상을 떠나자, 북쪽 지역을 돌아다니며 교화를 하였는데, 마을이 건 무덤이건 간에 (관계없이 어디서나) 요령을 떨치며 말했다.

"밝음으로 와도 치고, 어둠으로 와도 친다."

하루는 임제가 한 스님에게 (보화를) 잡고, (다음과 같이) 말하도록 했다.

"밝지도 않고 어둡지도 않을 때는 어떻게 할 것인가?"

보화가 말했다.

"내일 대비원에서 공양이 있다."

여기서는 ①"四方八面來旋風打 虛空來連架打"가 없고, ②시자가 돌아와 전하는 내용이 없다.

조당집에서는 전하는 것은 바로 앞의 註19를 참조하기 바란다.

광등록에서는 본서와 동일하게 전한다.

7. 무사無事했다고 말하지 말라

有一老宿參師 未曾人事 便問 "禮拜卽是 不禮拜卽是" 師便喝. 老宿便
禮拜. 師云 "好箇草賊" 老宿云 "賊賊" 便出去. 師云 "莫道無事好" 首座
侍立次 師云 "還有過也無" 首座云 "有" 師云 "賓家有過 主家有過" 首座
云 "二俱有過" 師云 "過在什麼處" 首座便出去. 師云 "莫道無事好" 後有
僧擧似南泉 南泉云 "官馬相踏"

어떤 노숙(老宿, 노장)이 선사를 찾아와 뵈면서, 인사도 하지 않고
바로 물었다.

"절하는 게 맞습니까, 절하지 않는 게 맞습니까?"

선사가 "할!" 했다.

(그러자) 노숙이 바로 절을 했다.

선사가 말했다.

"대단한 도적놈이로구먼."

노숙이 말했다.

"도적놈아, 도적놈아!"

그리고는 바로 나가버렸다.

선사가 말했다.

"무사無事했다고 말하지 말라."

수좌가 모시고 서 있는데, 선사가 말했다.

"허물이 있는가?"

수좌가 말했다.

"있습니다."

선사가 말했다.

"손님에게 허물이 있는가, 주인에게 허물이 있는가?"

수좌가 말했다.

"둘 다 허물이 있습니다."

선사가 말했다.

"허물이 어디에 있는가?"

(그러자) 수좌가 바로 나가버렸다.

선사가 말했다.

"무사無事했다고 말하지 말라."[21]

---

21 이 이야기는 선문염송집 제16권(N.627)에서는 다음과 같이 전한다.

臨濟因僧叅 未人事 乃問 "禮拜卽是 不禮拜卽是" 師便喝. 僧遂禮拜. 師云 "這賊" 僧云 "賊賊" 便出去. 師云 "莫道無事好" 首座侍立次 師問 "還有過也無" 座云 "有" 師云 "賓家有過 主家有過" 座云 "二俱有過" 師云 "過在什麼處" 座便出去. 師云 "莫道無事好" (내용 동일, 번역 생략)

여기서는 ①노숙老宿을 어떤 승僧으로 전하고, ②'好箇草賊'을 '這賊'이라고 전한다.

뒤에 어떤 스님이 남전南泉[22]에게 앞의 이야기를 전했다.

남전이 말했다.

"관청의 말들이 서로 다투는구나!"[23]

조당집과 전등록에서는 전하지 않는다.

광등록에서는 본서와 (남전의 말과 함께) 동일하게 전한다.

22 남전보원(南泉普願, 748-834): 당대의 스님. 남악 문하. 남전은 주석 산명. 마조도일에게 참학하여 그의 법을 이음. 남전산에 머물며 사립簑笠을 쓰고 소를 치며 산에 올라 나무를 하고 밭을 일구며 선풍을 펼침. 스스로 왕 노사王老師라고 칭하면서 30년간 한 번도 하산하지 않음. 조주종심, 장사경잠, 자호이종 등 많은 제자를 배출함. (전게서, p.103)

23 선문염송집 제16권에서도 남전의 염拈을 동일하게 전한다.

참고로 남전이 이 이야기에 평을 한 것에 대해서는 역사적으로 고려해 볼 일이다. 왜냐하면 남전은 834년에, 임제는 867년에 입적하였기 때문이다.

8. 나무말뚝일 뿐

師因入軍營赴齋 門首見員僚. 師指露柱問 "是凡是聖" 員僚無語. 師打
露柱 云 "直饒道得 也祇是箇木橛" 便入去.

선사가 군영軍營에 (초대받아) 공양 하러 가서, 문 앞에서 관료를
만났다.

　선사가 노주露柱[24]를 가리키며 말했다.

　"(이것은) 범부인가, 성인인가?"

　관료가 말이 없었다.

　선사가 노주를 치며 말했다.

　"설사 말을 하더라도 단지 하나의 나무말뚝일 뿐이다."

　그리고는 바로 (군영으로) 들어갔다.[25]

---

24 '노주露柱'에 관해서는 시중 편, 註163을 참조하기 바란다.

25 이 이야기는 선문염송집, 조당집, 전등록 모두 전하지 않는다.
　광등록에서는 동일하게 전한다.

9. 원주와 전좌를 점검하다

師問院主 "什麼處來" 主云 "州中糶黃米去來" 師云 "糶得盡麼" 主云 "糶得盡" 師以杖面前畵一畵 云 "還糶得這箇麼" 主便喝 師便打. 典座至 師擧前語 典座云 "院主不會和尙意" 師云 "爾作麼生" 典座便禮拜. 師亦打.

※糶(쌀 팔 조): 쌀을 팔다. 팔 쌀.
※黃米(황미): 기장쌀. / 黃糯(황나): 차좁쌀.

선사가 원주院主[26]에게 물었다.
"어디서 오는가?"
원주가 말했다.
"고을 관청에 황미黃米를 팔러 갔다 옵니다."
선사가 말했다.
"다 팔았는가?"
선사가 말했다.

---

26 6지사六知事 중 하나(감변 편, 註1 참조). 선원의 사무 일체를 주관하는 소임.

"(네,) 다 팔았습니다."

선사가 주장자로 얼굴 앞에다가 한 획을 긋고, 말했다.

"(그래, 그럼) 이것도 팔 수 있는가?"

원주가 바로 "할!" 했다.

(그러자) 선사가 바로 쳤다.

전좌典座[27]가 오자, 선사가 앞의 이야기를 거론했다.

(그러자) 전좌가 말했다.

"원주는 화상의 뜻을 모릅니다."

선사가 말했다.

"그대는 어떤가?"

전좌가 바로 절을 했다.

(그러자) 선사가 역시 쳤다.[28]

---

27 6지사 중의 하나. 식사·의복·방석·이부자리 등을 담당하는 직책.

28 선문염송집 제16권(N.615)에서는 다음과 같이 전한다.

臨濟問院主 "甚處來" 主云 "州中糶黃米來" 師云 "糶得盡麼" 主云 "糶得盡" 師以
杖畫一畫 云 "還糶得這个麼" 主便喝. 師便打. 典座至 師遂舉前話 座云 "院主不
會和尚意" 師云 "你又作麼生" 座便禮拜 師又打. (내용 동일, 번역 생략)

여기서는 단어를 달리 사용하는 차이만 있을 뿐이다.

조당집과 전등록에서는 전하지 않는다.

광등록에서는 본서와 동일하게 전한다.

10. 좌주를 통해 낙보를 점검하다

有座主來相看次 師問 "座主講何經說" 主云 "某甲荒虛 粗習百法論"
師云 "有一人於三乘十二分敎明得 有一人於三乘十二分敎明不得 是
同是別" 主云 "明得卽同 明不得卽別" 樂普爲侍者 在師後立 云 "座主
這裏是什麼所在 說同說別" 師回首 問侍者 "汝又作麼生" 侍者便喝.
師送座主回來 遂問侍者 "適來是汝喝老僧" 侍者云 "是" 師便打.

※밑줄 친 부분의 經說은 經論의 誤字다.

어떤 좌주座主[29]가 와서 서로 인사를 나누는데, 선사가 물었다.

"좌주는 어떤 경론을 강의하시오?"

좌주가 말했다.

"저는 송구스럽습니다만, 백법론(百法論, 유식 관련 논서)[30]을 대강이

---

29 좌주座主에 관한 사전적인 뜻은 앞의 【참조】 3을 살펴보기 바란다.

30 황허荒虛=허황虛荒으로 이해, '황망하게도', '허황되게도', '송구스럽게도' 등의
   겸손으로 해석하였다. 참고로 중국어사전에서는 허황을 '황당荒唐·황탄荒誕·허
   부황당虛浮荒唐·황탄무수荒誕无稽·부절실제不切實際'의 뜻으로도 전한다.
   백법론百法論: 『대승백법명문론大乘百法明門論』의 약어. 1권으로 이루어졌고,

나마 익혔습니다."

선사가 말했다.

"한 사람은 삼승십이분교에 밝고, 한 사람은 삼승십이분교에 밝지 못하면, (이 둘은) 같은 것이오, 다른 것이오?"

좌주가 말했다.

"밝으면 같고, 밝지 못하면 다릅니다."

(그때) 낙보樂普[31]가 시자의 소임을 맡고 있었는데, 선사 뒤에 서 있다가 말했다.

"좌주여! 여기에 무엇이 있다고, 같다느니 다르다느니 합니까?"

선사가 고개를 돌려 시자에게 물었다.

"너는 어떠한가?"

시자가 "할!" 했다.

천친天親지었으며 당唐의 현장玄奘이 번역. 『유가사지론瑜伽師地論』의 본지분本地分에 나오는 제법을 오위백법五位百法으로 요약하고, 그 이름을 열거한 책. (시공 불교사전)

참고로 조당집 제19권 '임제화상' 편을 근거로 하면, 임제는 고안대우와 아주 심도 있게 유식을 논할 정도로 유식에 밝은 것으로 전한다. 부록 '1. 조당집에서 전하는 임제 선사' 편을 참조하기 바란다.

31 낙보원안(樂普元安, 洛浦元安, 834~898): 당대의 스님. 청원靑原스님 문하. 낙보는 주석 산명. 속성은 담淡씨. 섬서성 봉상현 출신. 20세에 출가. 임제의현에게 도를 묻고, 협산선회 회하에서 심요를 얻음. 후에 호남성의 낙포와 낭주의 소계에 머물면서 승려들을 지도함. (전게서, p.94)

선사가 좌주를 보내고 돌아와 시자에게 물었다.

"방금 너는 노승(老僧, 나)에게 '할!'을 한 것이었냐?"

시자가 말했다.

"(예) 그렇습니다."

(그러자) 선사가 바로 쳤다.[32]

---

32 이 이야기는 선문염송집, 조당집, 전등록 모두 전하지 않는다.
 광등록에서는 동일하게 전한다.

11. 덕산을 통해 낙보를 점검하다

師聞第二代德山垂示云"道得也三十棒 道不得也三十棒"師令樂普去
問"道得爲什麼也三十棒"待伊打汝 接住棒送一送 看他作麼生. 普到
彼 如敎而問 德山便打. 普接住送一送. 德山便歸方丈. 普回擧似師
師云"我從來疑著這漢. 雖然如是 汝還見德山麼"普擬議 師便打.

    선사는 제2대 덕산德山[33]이 대중에게 법문하기를[34] "대답해도 삼십
방이고, 대답하지 않아도 삼십 방이다"[35]라고 한다는 것을 들었다.

---

33 제1대 덕산은 삼각총인三角總印을 뜻한다.

  삼각총인(三角總印, 생몰연대 미상): 당대의 스님. 강서 마조도일 선의 법을 이음.
(인명규범검색, 역자 정리)

  제2대 덕산은 덕산선감을 뜻한다.

  덕산선감(德山宣鑑, 782~865): 당대의 스님. 청원靑原 문하. 덕산은 주석 산명.
속성은 주周씨. 20세에 출가하여 처음에는 경과 율을 공부, 금강반야경에 정통하
여 주금강周金剛이라고 불리기도 함. 용담숭신龍潭崇信에게 참학하여 그의 법을
이어받음. 덕산에 머물면서 선풍을 널리 선양함. 시호는 견성대사見性大師.
(전게서, p.160)

34 수시垂示는 수어시중垂語示衆의 준말. 수어垂語·수설垂說·시중示衆이라고도
한다.

(그리하여) 선사는 낙보에게 (덕산에) 가서 "대답을 하는데, 어째서 삼십 방입니까?"라고 묻고, (이에) 덕산이 너를 치면, 방망이를 잡아 한 번에 던져버리고, 덕산이 어떻게 하는가를 보게 하였다.

낙보가 덕산에 도착해 가르쳐준 대로 묻자, 덕산이 바로 쳤다.
(그러자 바로 이어서) 낙보가 방망이를 잡아 한 번에 던져버렸다.
(그러자) 덕산이 바로 방장실로 돌아가 버렸다.

낙보가 돌아와 선사에게 앞의 일을 전했다.
(그러자) 선사가 말했다.
"내가 지금까지 이 자를 의심했다. (나는) 그렇다 쳐도, (그래) 너는 덕산을 보았는가?"
낙보가 머뭇거리자,
선사가 바로 쳤다.[36]

---

35 상기 덕산의 법문과 관련하여 전등록 제15권에서는 다음과 같이 전한다.

師上堂曰 "問卽有過 不問又乖" 有僧出禮拜 師便打 僧曰 "某甲始禮拜 爲什麼便打" 師曰 "待汝開口 堪作什麼"

덕산이 상당하여 말했다. "물으면 허물이 있고, 묻지 않아도 어긋난다."
어떤 스님이 나와 절을 하자, 덕산이 바로 쳤다.
스님이 말했다. "제가 막 절을 하는데, 어째서 바로 친 것입니까?"
덕산이 말했다. "네가 입을 열면 뭘 할 수 있는데?"

관련한 원오극근의 착어(著語, 촌평)는 아래 【참조】 41을 살펴보기 바란다.

36 이 이야기는 선문염송집 제16권(N.632)에서는 다음과 같이 전한다.

臨濟聞德山垂示云 "道道 道得也三十棒 道不得也三十棒" 師令侍者(樂普)去 見

他如是道 便問 "道得爲甚也三十棒" 待伊若打 你接住杖推一推. 者去一如指教 德山被一推倒. 便歸方丈 閉却門. 者回擧似師 師云 "我從來疑著這漢 雖然如是 你還見德山麽" 者擬議 師便打. (내용 동일, 번역 생략)

여기서는 ①덕산의 시중을 "말하라, 말해! 대답해도 30방이고, 대답하지 않아도 30방이다"고 전하고, ②덕산이 방장실로 들어가 문을 닫아버렸다(便歸方丈 閉却 門)고 전한다.

조당집 제19권 '임제화상' 편에서는 다음과 같이 전한다.
因德山見僧參愛趁打 師委得. 令侍者到德山 "打汝 汝便接取柱杖 以柱杖打一 下" 侍者遂到德山 皆依師指 德山便歸丈室. 侍者却歸擧似 師云 "從來疑這个老 漢" (내용 동일, 번역은 부록을 참조할 것.)

여기서는 ①임제가 덕산이 학인들이 참례하면 쳐서 쫓아내곤 하였다는 것을 알고 시자를 보낸 것으로, ②덕산이 낙보를 치면 주장자를 잡고 거꾸로 덕산을 칠 것을 요구하고 있다. 또한 임제가 덕산을 지금까지 의심했다는 말로 이야기를 종결한다.

전등록 제15권, '낭주 덕산 선감 선사' 편에서는 다음과 같이 전한다.
師尋常遇僧到參 多以拄杖打. 臨濟聞之遣侍者來參 教令德山若打汝但接取拄 杖當胸一拄. 侍者到方禮拜 師乃打. 侍者接得拄杖與一拄 師歸方丈. 侍者迴擧 似臨濟. 濟云 "後來疑遮箇漢"(巖頭云 "德山老人 尋常只據目前一箇杖子 佛來亦 打祖來亦打 爭奈較些子" 東禪齊云 "只如臨濟道我從前疑遮漢 是肯底語不肯語 爲當別有道理 試斷看") (내용 동일, 번역 생략)

여기서도 조당집과 마찬가지로 덕산이 평소에 참례하러 온 스님들을 자주 주장자로 쳤다는 표현과 함께, 임제가 덕산을 지금까지 의심했다는 말로 이야기를 종결한다. 괄호의 암두와 동선제의 염을 번역하면 아래와 같다.
〔암두가 말했다.
"덕산 노인은 평소에 다만 눈앞의 주장자 하나만을 의지해서 부처가 와도 치고 조사가 와도 쳤을 뿐인데, 어찌 조금이라도 비교할 수 있겠는가?"
동선제가 말했다.
"다만 임제가 '나는 지금까지 이 사람을 의심했다'는 말이 긍정하는 말인가,
긍정하지 않는 말인가? 다른 도리가 있어야 하는 것인가? 시험 삼아 판단해
봐라!"]

광등록에서는 본서와 동일하게 전한다.

【참조】
41. 원오극근의 『격절록擊節錄』 제1칙(본 고칙은 전등록 제15권에서도 전한다.)
擧, 德山示衆云 "今夜不答 (言猶在耳) 問話者 三十棒" (打云 "喫棒了也") 時有僧
出禮拜 山便打 (忘前失後漢) 僧云 "某甲話也未問" (却較些子) 山云 "你是甚處
人" (換却眼睛) 僧云 "新羅人" (却換德山眼睛) 山云 "未踏船舷 好打三十棒"
(大小德山 作這般去就) 法眼拈云 "大小德山話 作兩橛" (漆桶夜生光) 圓明拈云
"大小德山 龍頭蛇尾" (烏 龜鑽破壁)

덕산(德山, 덕산선감)이 대중에게 말했다. "오늘 밤엔 대답하지 않겠다.
〔이 말이 아직까지도 귀에 쟁쟁하다.〕
묻는 자는 삼십 방이야!"
〔(선상)을 치고 말했다. "(이미 삼십) 방망이를 먹었다!"〕
그때 어떤 스님이 나와 절을 하자, 덕산이 바로 쳤다.
〔이러지도 저러지도 못하게 된 놈이로다!〕
스님이 말했다. "저는 아직 묻지도 않았습니다."
〔오히려 조금은 괜찮군.〕
덕산이 말했다. "그대는 어디 사람인가?"
〔눈동자를 바꿔버리는구나!〕
스님이 말했다. "신라 사람입니다."
〔도리어 덕산의 눈동자를 바꿔버렸다.〕
덕산이 말했다. "뱃머리를 밟기도 전에 30방을 쳤어야 한다."

〔덕산 정도 되는 양반이 맨날 이런 식이군.〕

법안(法眼, 법안문익)이 염(拈, 거론)해서 말했다. "별 것 아닌 덕산의 말이 두 개의 말뚝이 되었다."
〔칠통 같은 밤에 빛이 난다.〕
원명(圓明, 덕산연밀)이 염해서 말했다. "별 것 아닌 덕산이 용두사미가 되었도다."
〔와(烏)! 거북의 등을 뚫고 벽을 부수는구나(龜鑽破壁).〕

12. 왕상시를 점검하다

王常侍一日訪師 同師於僧堂前看 乃問 "這一堂僧還看經麼" 師云 "不
看經" 侍云 "還學禪麼" 師云 "不學禪" 侍云 "經又不看 禪又不學 畢竟作
箇什麼" 師云 "總敎伊成佛作祖去" 侍云 "金屑雖貴 落眼成翳 又作麼生"
師云 "將爲爾是箇俗漢"

왕상시가 하루는 선사를 찾아와, 선사와 함께 승당 앞을 살피고는
이내 물었다.

"이 안의 스님들도 경을 봅니까?"

선사가 말했다.

"경을 보지 않습니다."

왕상시가 말했다.

"(그럼) 선을 배웁니까?"

선사가 말했다.

"선도 배우지 않습니다."

왕상시가 말했다.

"경도 안 보고, 선도 배우지 않으면 필경엔 뭘 합니까?"

선사가 말했다.

"모두 저들로 하여금 부처가 되고 조사가 되도록 합니다."

왕상시가 말했다.

"금가루가 비록 귀하지만 눈에 넣으면 병이 된다[37]고 하던데, 어떻게

---

37 '金屑雖貴 落眼成翳'와 관련하여 전등록 제7권, '흥선 유관 선사' 편에 다음과 같이 전한다.

元和四年 憲宗詔至闕下 白居易嘗詣師問曰 "旣曰禪師 何以說法" 師曰 "無上菩 提者 被於身爲律 說於口爲法 行於心爲禪 應用者三其致一也 譬如 江河淮漢 在處立名 名雖不一 水性無二 律卽是法 法不離禪 云何於中 妄起分別" 又問 "旣無分別 何以修心" 師云 "心本無損傷 云何要修理 無論垢與淨 一切勿起念" 又問 "垢卽不可念 淨無念可乎" 師曰 "如人眼睛上 一物不可住 金屑雖珍寶 在眼 亦爲病" 又問 "無修無念又何異凡夫耶" 師曰 "凡夫無明二乘執著 離此二病是曰 眞修. 眞修者不得勤不得忘勤卽近執著 忘卽落無明 此爲心要云爾"

원화元和 4년(809) 헌종憲宗이 조서로 불러 궁궐(闕下)에 이르자, 백거이白居易가 시험 삼아 나아가서 선사에게 물었다. "선사禪師라고 하던데, 무엇으로 법을 설하십니까?"

선사가 말했다. "무상보리無上菩提라는 것은 몸에 걸치면 율律이 되고, 입으로 말하면 법法이 되며, 마음으로 행하면 선禪이 되니, 응용해서 쓰면 셋이지만 그것은 하나에 이르는 것입니다. 비유하면 강江과 하河, 회淮와 한漢은 곳에 따라 이름을 세운 것이니, 이름은 비록 하나가 아니지만 물의 성품(水性)은 둘이 아닌 것처럼 율이 곧 법이고 법은 선을 여의지 않습니다. 그런데 어째서 그 가운데서 허망하게 분별을 일으키는 것입니까?"

또 물었다. "이미 분별이 없다면, 무엇으로 마음을 닦습니까?"

선사가 말했다. "마음은 본래 손상되는 것이 없거늘, 어째서 고칠 필요가 있겠습니까? 더러움과 깨끗함을 논하지 말고, 일체의 생각(念)을 일으키지 마시오."

또 물었다. "더러움은 생각하지 않을 수 있지만, 깨끗함은 생각하지 않는 것이 가능하겠습니까?"

생각하십니까?"

선사가 말했다.

"그대를 일개 속인이라 여겼었는데…."[38]

선사가 말했다. "마치 사람의 눈동자에는 한 물건도 머물 수 없는 것처럼, 금가루가 비록 보배일지라도 눈에 넣으면 병이 되는 것과 같습니다."

또 물었다. "닦음도 없고 생각함도 없으면 범부와 무엇이 다르겠습니까?" 선사가 말했다. "범부凡夫는 무명無明이고 이승二乘은 집착執著이니, 이 두 병을 여의는 것을 '참된 수행(眞修)'이라고 합니다. 참된 수행이라는 것은 부지런히 힘쓰는 것도 안 되고 잊는 것도 안 되니, 힘쓰는 것은 집착에 가깝고 잊는 것은 무명에 떨어지는 것입니다. 이것을 심요心要라고 말하는 것입니다." (졸역, 『마조어록 역주』, pp.432~433, 2019, 운주사)

38 이 이야기는 선문염송집 제16권(N.623)에서는 다음과 같이 전한다.

臨濟因王常侍來訪 師同入僧堂內看 侍云 "者一堂僧 還看經否"師云 "不看經" 侍云 "還坐禪否" 師云 "不坐禪" 侍云 "旣不坐禪 又不看經 作个什麼" 師云 "總教伊 成佛作祖去" 侍云 "金屑雖貴 落眼成翳" 師云 "將謂你俗漢" (내용 동일, 번역 생략)

여기서는 선을 배운다는 표현을 좌선한다는 표현으로 전하는 차이가 있을 뿐이다.

조당집과 전등록에서는 전하지 않는다.

광등록에서는 본서와 거의 동일하게 전한다. 다만 앞의 '同師於僧堂前看'을 '同師於僧堂內(선사와 승당 안에 함께 있다가)'로 전하는 차이만 있다.

13. 노지백우露地白牛

師問杏山 "如何是露地白牛" 山云 "哞哞" 師云 "啞那" 山云 "長老作麼生"
師云 "這畜生"

※露地(노지): 가리거나 덮여 있지 않은 땅. 집 밖의 공터. 빈터.
※哞(짖을 후, 물어뜯을 우, 진언 훔): 짖다. (소가) 울다. 소리 지르다.
으르렁거리다. (후) / 물어뜯다. (개 두 마리가) 싸우다. 으르렁거리는
소리. (우) / 진언(眞言: 진실하여 거짓이 없는 말이라는 뜻으로, 비밀스러운
어구를 이르는 말). (훔)

선사가 행산杏山[39]에게 물었다.
"어떤 것이 노지백우露地白牛인가?"[40]
행산이 말했다.

---

[39] 행산(杏山, 생몰연대 미상): 자세한 사항은 알 수 없다. 인명규범검색에 의하면
행산감홍杏山鑒洪, 또는 탁주감홍涿州鑒洪이라고 하며, 운암담성(雲巖曇晟, 782~
841)의 법을 이은 것으로 전한다. 전등록 제14권, '담주 석실 선도 화상' 편에
행산의 이름이 나온다.
[40] 노지백우露地白牛와 관련한 자세한 것은 아래 【참조】 39를 살펴보기 바란다.

"음매, 음매."

선사가 말했다.

"벙어리냐?"

행산이 말했다.

"장로는 어떻습니까?"

선사가 말했다.

"이 축생아!"[41]

---

41 이 이야기는 전등록 제12권에서는 다음과 같이 전한다.

師問木口和尙 "如何是露地白牛" 木口曰 "吽" 師曰 "啞" 木口曰 "老兄作麼生" 師曰 "遮畜生" (내용 동일, 번역은 부록을 참조할 것.)

여기서는 행산이 아닌 목구 화상과 나눈 이야기로 전한다. 다만 행산과 목구가 동일인물인지는 알 수 없다.

선문염송집과 조당집에서는 전하지 않는다.

광등록에서는 '吽吽'를 '叫叫(규규, 동물 우는 소리)'로 전한다. 그 외는 모두 동일하다.

【참조】

42. 노지백우露地白牛

(비유) 법화경 비유품에서 말한 문 밖 노지에 대백우의 수레를 놓은 것으로, 대승법을 비유한 것이다. 벽암록 94칙, 수시에서는 "노지백우, 눈이 날카롭고 귀가 예리하다"고 한다. (譬喩. 法華經譬喩品所說立於門外露地之大白牛車也 譬大乘法 碧巖九十四則垂示曰 "露地白牛 眼卓朔 耳卓朔", 정복보, 불학대사전)

참고로 벽암록 94칙의 수시垂示는 다음과 같다.

垂示云 "聲前一句 千聖不傳 面前一絲 長時無間 淨裸裸赤灑灑 露地白牛. 眼卓

朔 耳卓朔 金毛獅子 則且置 且道. 作麼生是露地白牛"

말이 있기 이전의 일구는 일천 성인들도 전할 수 없고, 눈앞의 한 생각(面前一絲, 의식의 흐름)은 늘 이어지니 정나나 적쇄쇄한 노지백우다. 눈빛이 날카롭고 귀가 예리한 금모사자金毛獅子는 잠시 제쳐 두고, 자! 말해보라. 어떤 것이 노지백우인가?

노지露地는 문 밖의 빈 땅, 평안무사한 장소를 비유한 것이다. 백우白牛는 청정한 소를 가리킨다. 법화경 비유품에서는 백우로 일승의 교법을 비유한다. 이로부터 털끝만큼도 번뇌의 오염이 없는 청정 경지를 노지백우라고 한다. 종용록 제12칙에서는 "우리 납승들의 집안에서는 노지백우도 마음 내키지 않게 본다"고 하였다. (露地 爲門外之空地 喩平安無事之場所. 白牛 意指淸淨之牛 法華經譬喩品中 以白牛譬喩一乘敎法 從而指無絲毫煩惱汚染之淸淨境地爲露地白牛 從容錄第十二則"我衲僧家慵看露地白牛", 불광대사전)

참고로 종용록 제12칙 시중示衆은 다음과 같다.
示衆云 才士筆耕 辯士舌耕. 我衲僧家 慵看露地白牛 不顧無根瑞草. 如何度日.
재사才士는 붓으로 밭을 갈고, 변사辯士는 혀로 밭을 간다. 그러나 우리 납승가衲僧家에서는 노지백우도 마음 내키지 않게 보고, 무근서초(無根瑞草, 뿌리 없는 상서로운 풀)도 돌아보지 않는다. 그러면 (우리 납승은) 어떻게 세월을 보낼 것인가?

노지백우와 관련한 또 다른 선문답.
① 선문염송집 제18권(N. 736)에 다음과 같이 전한다.
投子因僧問 "如何是露地白牛" 師曰 "叱叱"僧云 "喫餕何物" 師曰 "喫喫"
투자에게 어떤 스님이 물었다.
"어떤 것이 노지백우露地白牛입니까?"
"질질(叱叱)."

"무엇을 먹습니까?"

"끽끽(喫喫)."

② 조주어록에 다음과 같이 전한다(투자가 묻고, 조주가 답한 것이다).

問 "如何是露地白牛" 師云 "月下不用色" 云 "食噉何物" 師云 "古今嚼不著" 云 "請師答話" 師云 "老僧合與麼"

(투자가) 물었다. "어떤 것이 노지백우입니까?"

(조주가) 말했다. "달 아래에서는 색이 필요 없다."

물었다. "무엇을 먹습니까?"

말했다. "고금에 씹을 것이 없다."

물었다. "청컨대, 스님께서 답을 해주십시오."

말했다. "노승은 이렇게 합한다."

14. 방과 할

師問樂普云 "從上來 一人行棒 一人行喝 阿那箇親" 普云 "總不親" 師云
"親處作麼生" 普便喝 師乃打.

선사가 낙보樂普에게 물었다.[42]

"지금까지 한 사람은 방(棒)을 하고, 한 사람은 할(喝)을 해왔는데,
어떤 것이 더 친절한가?"

낙보가 말했다.

"모두 다 친절하지 않습니다."

선사가 말했다.

"친절한 것은 어떠한 것인가?"

낙보가 바로 "할!" 했다.

(그러자) 선사가 이내 쳤다.[43]

---

[42] 앞의 '11. 덕산을 통해 낙보를 점검하다' 편과 함께 보기 바란다.

[43] 이 이야기는 선문염송집 제16권(N.630)에서는 다음과 같이 전한다.

臨濟問洛浦 "從上一人行棒 一人行喝 那个最親" 浦云 "總不親" 師云 "親處作麼
生" 浦便喝 師便打. (내용 동일, 번역 생략)

여기서는 親을 最親(가장 친절한 것)으로 전한다.

조당집 제19권에서는 다음과 같이 전한다.
師問落浦 "從上有一人行棒 有一人行喝 還有親疏也无" 落浦云 "如某甲所見
兩人總不親" 師云 "親處作摩生" 落浦遂喝 師便打之. (내용 동일, 번역은 부록
'1. 조당집에서 전하는 임제 선사' 편을 참조하기 바란다.)
여기서는 親을 親疏(가깝고 멈, 친근하고 소원함)로 전한다.

전등록 제12권에서는 본서와 동일하게 전한다. (부록 '2. 전등록에서 전하는
임제 의현 선사' 편을 참조하기 바란다.)
광등록에서는 전하지 않는다.

15. 어떤 스님을 점검하다

師見僧來 展開兩手. 僧無語. 師云 "會麼" 云 "不會" 師云 "渾崙擘不開
與爾兩文錢"

선사가 어떤 스님이 오는 것을 보고, 두 손을 내밀어 폈다.[44]

(그러자) 스님이 말이 없었다.

선사가 말했다.

"알겠는가?"

스님이 말했다.

"모르겠습니다."

선사가 말했다.

"혼륜[45]을 쪼개지 못하니, 너에게 돈 두 푼을 준다."[46]

---

44 전개양수展開兩手=전수展手=수수垂手: 중생구제, 자비의 행 등을 뜻한다.

45 혼륜渾崙: 혼륜渾淪·혼륜混淪·골륜鶻淪·혼륜渾圇·홀륜囫圇·곤륜崑崙이라고도
한다. 원래는 천지가 형성되기 이전, 음양이 나뉘기 전, 암흑이 분명하기 이전,
한 덩어리의 분명하지 못하고 혼탁한 상태를 가리킨다. 선림에서는 불분명의
가를 수 없는 하나, 또는 어떤 것을 나눌 수 없는 것으로 전환해 가리킨다.
또한 차별이 없는 평등한 진성을 가리킨다. 가장 빠른 것으로는 『열자列子』

「천서편天瑞篇」에 "기와 형과 질을 갖춰 서로 분리되지 않았기 때문에 혼륜이라고 부른다"고 하였다. 〔(禪林用語) 又作渾淪 混淪 鶻淪 渾圇 囫圇 崑崙 原指天地未形成前 陰陽未分 暗黑不明 一團迷濛混濁之狀態 禪林中 轉指不分明 渾然一片 或物之不可分 又指無差別而平等之眞性 最早出於列子天瑞篇 "氣形質具而未相離 故曰 渾淪", 불광대사전〕

한편, 혼륜을 곤륜산으로 해석할 때 ①중국 전설 속의 서방에 있는 산(서왕모가 산다는 불사의 물이 흐르는 산)을 상징하기도 하고, ②중국 서쪽의 곤륜산맥을 뜻할 수도 있다.

46 양문전(兩文錢, 두 푼, 동전 두 닢)을 초혜전(草鞋錢, 짚신 값)이라고도 하는데, 여기에는 행각하라, 공부하라는 뜻이 있다.

이 이야기는 선문염송집, 조당집, 전등록 모두 전하지 않는다.
광등록에서는 동일하게 전한다.

16. 안녕하십니까?

大覺到參 師擧起拂子. 大覺敷坐具 師擲下拂子. 大覺收坐具 入僧堂.
衆僧云"這僧莫是和尙親故 不禮拜 又不喫棒"師聞令喚覺. 覺出 師云
"大衆道 汝未參長老"覺云"不審"便自歸衆.

※親故(친고): 친척과 고구姑舅를 아울러 이르는 말. 친구.

대각大覺[47]이 참례하러 왔는데, 선사가 불자拂子를 들어 올렸다.[48]
　대각이 좌구를 펴자, 선사가 불자를 던져버렸다.
　(그러자) 대각이 좌구를 거두고, 승당으로 들어갔다.

　(이 광경을 보고) 대중 스님들이 말했다.
　"이 스님은 화상과 친구인가? 절도 하지 않고 ,방망이도 맞지 않게."

---

47 위부대각(魏府大覺, 생몰연대 미상): 위부는 출신 지명. 임제의현의 법을 이음.
　전등록 제12권에 기연어구가 전한다. (전게서, pp.511~512)
　한편, 대각을 임제·진존숙 등과 함께 황벽희운黃檗希運의 제자라고 주장하는
　경우도 있다.
48 '擧起拂子'는 앞의 【참조】 10, 竪起拂子를 살펴보기 바란다.

선사가 듣고, 대각을 불러 오게 했다.

대각이 나오자, 선사가 말했다.

"대중들이 너는 장로(長老, 나)에게 참례도 하지 않는다고 한다."

대각이 말했다.

"안녕하십니까?"

그리고는 곧장 스스로 대중 속으로 돌아갔다.[49]

---

[49] 이 이야기는 선문염송집 제18권(N.753, 위부대각 관련 부분 고칙)에서는 다음과 같이 전한다.

魏府大覺禪師到臨濟. 濟見乃竪起拂子 師便展坐具. 濟擲下拂子 師便收坐具 參衆去. 其時衆議 "此僧莫是和尙親故 又不喫棒 又不禮拜"濟聞乃令侍者喚適來 新到來. 師便至 濟云 "師僧道 '你來參長老 又不禮拜 又不喫棒 莫是長老親故'"師 乃珍重 下去. (내용 동일, 번역 생략)

여기서는 ①선사가 대각을 '새로 온 스님(新到)'으로 부르고, ②'불심(不審, 안녕하 십니까?)'을 '진중(珍重, 안녕히 계십시오)'으로 전하며, ③'便自歸衆'을 '下去'로 전한다.

조당집에서는 전하지 않는다.

전등록 제12권에서는 본서와 동일하게 전한다(부록 참조).

광등록에서는 전하지 않는다.

17. 조주를 만나다

趙州行脚時參師. 遇師洗脚次 州便問"如何是祖師西來意" 師云"恰值老僧洗脚" 州近前作聽勢 師云"更要第二杓惡水潑在" 州便下去.

※恰値(흡치) : 마침 …에 즈음하여. 바로 …의 때를 당하여.

조주趙州[50]가 행각行脚을 할 때, 선사를 만났다.[51]

(그때) 선사가 발을 씻고 있었는데, 조주가 물었다.[52]

"어떤 것이 조사가 서쪽에서 온 뜻인가?"

---

50 조주종심(趙州從諗, 778~897) : 당대 스님. 남악 문하. 조주는 주석 지명. 속성은 학郝씨 산동성 조주 출신. 남전보원南泉普願에게 참학하여 법을 이음. 나이 80에 조주성 동쪽 관음원에 머물면서 40년 동안 선풍을 날림. 시호는 진제대사眞際大師. (선학사전, p.599)

51 조주는 오랜 세월 행각한 것으로 유명하다(80세가 되어서야 행각을 마치고 관음원에 주석하였다). 또한 '참參'이란 말에는 '윗사람을 나아가 뵙다(알현하다)'는 뜻이 있는데, 이는 최초 어록 편집자가 임제 선사를 높이기 위해 억지로 쓴 표현이다.

52 이하의 내용은 조주록에 실려 있는 것과 정반대이다. 바로 아래 註54를 참조하기 바란다.

선사가 말했다.

"마침 제가 발을 씻고 있던 중이라서…."[53]

(그러자) 조주가 가까이 와서 듣는 자세를 취했다.

선사가 말했다.

"다시 두 번째 구정물을 뿌려야겠구먼."

조주가 바로 내려갔다.[54]

---

53 노승老僧보다는 산승山僧이라고 하는 것이 맞다. 편집자의 과도한 임제 추앙이 아닌가 싶다. 임제가 자신을 낮춰 말한 것으로 번역했다.

54 조주록에서는 다음과 같이 전한다.

師因到臨濟 方始洗脚. 臨濟便問 "如何是祖師西來意" 師云 "正值洗脚" 臨濟乃近前側聆. 師云 "若會便會 不會更莫啗啄作麼" 臨濟拂袖去. 師云 "三十年行脚 今日爲人錯下注脚"

조주(師)가 임제에 도착해서 막 발을 씻고 있었다.
임제가 바로 물었다. "어떤 것이 조사가 서쪽에서 온 뜻입니까?"
조주가 말했다. "마침 발을 씻고 있던 중이었네."
임제가 이에 가까이 와서 들으려 했다.
조주가 말했다. "알면 바로 아는 것이지, 모르면 다시 쪼지 말라, (그래서) 뭘 하겠다는 것이야?"
임제가 소매를 떨치고 가버렸다.
조주가 말했다. "30년을 행각을 했는데, 오늘 어떤 사람 때문에 다리에 물을 잘못 부었구먼."

이 이야기는 선문염송집, 조당집, 전등록에서는 전하지 않는다.
광등록에서는 동일하게 전한다.

18. 절을 하려는데

有定上座到參問"如何是佛法大意"師下繩床 擒住與一掌 便托開. 定
佇立. 傍僧云"定上座 何不禮拜"定方禮拜 忽然大悟.

※佇立(저립): 우두커니 섬. 오랫동안 서 있다.
※繩床(승상): 끈을 얽어 만든 의자.

정定 상좌가 와서 참례하고 물었다.
  "어떤 것이 불법의 대의입니까?"
  선사가 승상에서 내려와 (멱살을) 잡고 손바닥으로 한 대 후려갈기고
는, 바로 밀쳐버렸다.
  (그러자) 정 상좌가 우두커니 섰다.
  옆에 있던 (어떤) 스님이 말했다.
  "정 상좌! 어째서 절하지 않는 것인가?"
  정 상좌가 막 절을 하다가, 홀연히 대오하였다.[55]

---

[55] 이 이야기는 4서 모두 전하지 않는다.
  벽암록 제32칙 본칙과 평창에서는 정 상좌를 다음과 같이 이야기한다. 참고로

원오극근 선사는 정 상좌를 대단한 인물로 평가한다.

〔本則과 著語〕

擧 定上座 問臨濟 如何是佛法大意 (多少人到此茫然 猶有這箇在 訝郞當作什麼)
濟下禪床擒住 與一掌 便托開 (今日捉敗 老婆心切 天下衲僧跳不出) 定佇立
(已落鬼窟裏 蹉過了也 未免失卻鼻孔) 傍僧云 定上座何不禮拜 (冷地裏有人覰
破 全得他力 東家人死西家人助哀) 定方禮拜 (將勤補拙) 忽然大悟 (如暗得燈
如貧得寶 將錯就錯 且道 定上座見箇什麼便禮拜)

정 상좌가 임제에게 물었다.

"어떤 것이 불법의 큰 뜻입니까?"

〔많은 사람들이 여기에 이르러 어쩔 줄 몰라 한다. 아직도 이런 것이 있는가?
이 멍청한 이가 뭘 하는가?〕

임제가 선상禪床에서 내려와 (멱살을) 붙잡고 한 대 후려갈겼다. 그리고는
바로 밀쳐 내버렸다.

〔오늘 (이 멍청한 친구를) 잡았다. 노파심이 간절하다. 천하의 납승들이 벗어날
수 없다.〕

정 상좌가 우두커니 서 있었다.

〔이미 귀신 굴에 떨어졌다. 지나가버렸다. 콧구멍을 잃어버리는 것을 면치
못한다.〕

옆에 있던 스님이 말했다.

"정 상좌! 어째서 절하지 않는 것인가?"

〔냉정하게 간파한 사람이 있다. 전적으로 남의 덕을 보고 있다. 동쪽집 사람이
죽었는데, 서쪽집 사람이 슬퍼하고 있다.〕

정 상좌가 막 절을 하다가

〔근면함으로 어리석음을 보완하고 있다.〕

홀연히 대오하였다.

〔어둠 속에서 등불을 얻은 것과 같고, 가난뱅이가 보배를 얻은 것 같다. 실수에
실수를 더하고 있다. 자, 말해보라! 정 상좌가 무엇을 봤기에 바로 절을 했는가?〕

看他恁麽 直出直入 直往直來 乃是臨濟正宗 有恁麽作用 若透得去 便可翻天作
地 自得受用 定上座是這般漢 被臨濟一掌 禮拜起來 便知落處 他是向北人 最朴
直. 旣得之後 更不出世. (중략)

그(정상좌)가 이렇게 바로 나가고 바로 들어가며, 바로 가고 바로 오는 것을
봐라. 바로 이것이 임제의 올바른 종지宗旨이기에 이런 작용이 있는 것이다.
만약 이것을 꿰뚫으면 곧바로 하늘을 뒤집어 땅으로 만들고 스스로 얻어 사용할
수 있는 것이다.

정 상좌가 바로 이런 사람이니, 임제에게 한 대 얻어맞고 절을 하고 일어서다가
바로 낙처落處를 알게 되었던 것이다.

그는 북방인(向北人)이라 대단히 솔직하고 꾸민 데가 없었다. 깨달음을 얻은
뒤로는 다시는 세상에 나오지 않았다.

19. 십이면관음의 진짜 얼굴

麻谷到參 敷坐具問 "十二面觀音 阿那面正" 師下繩床 一手收坐具 一
手搊麻谷 云 "十二面觀音向什麼處去也" 麻谷轉身擬坐繩床. 師拈拄
杖打. 麻谷接却 相捉入方丈.

※ 搊(탈 추): 타다. (악기를 손가락으로) 타다. 동여매다. 붙들어 매다.

마곡麻谷[56]이 참례하러 와서, 좌구를 펴고 물었다.

"십이면관음은 어느 얼굴이 진짜입니까?"[57]

선사가 승상에서 내려와 한 손으로는 좌구를 거두고,[58] 한 손으로는
마곡을 붙잡고 말했다.

"십이면관음은 어디로 갔는가?"

마곡이 몸을 돌려 승상에 앉으려고 했다.

(그러자) 선사가 주장자를 들어 쳤다.

---

56 앞의 상당 '2. 대비천수천안의 진짜 눈'과 함께 살펴보기 바란다.
57 본신의 얼굴과 그 머리 위의 11면의 관음을 합한 것을 뜻한다.
58 마곡이 편 좌구를 빼앗았다는 뜻이다.

마곡이 주장자를 잡고는, 서로 붙잡고 방장실로 들어갔다.[59]

---

[59] 이 이야기는 선문염송집 제16권(N.622)에서는 다음과 같이 전한다.

臨濟陞座 麻谷問 "大悲千手眼 那个是正眼" 師云 "大悲千手眼 那个是正眼 速道 速道" 谷拽師下座 却自坐 師廻身云 "不審" 谷擬議 師却拽谷下座復坐. 谷便出 去.(一本云 "十二面觀音 那个是正面")

임제가 자리에 오르자, 마곡이 물었다.

"대비천수천안의 눈은 어떤 것이 진짜 눈입니까?"

임제가 말했다.

"대비천수천안의 눈은 어떤 것이 진짜 눈인가? 빨리 말해라, 빨리 말해라!"

마곡이 임제를 아래 자리로 끌어내리고, 도리어 자신이 앉았다.

임제가 몸을 돌리고 말했다.

"안녕하십니까?"

마곡이 머뭇거렸다.

(그러자) 임제가 다시 마곡을 아래 자리로 끌어내리고, 다시 앉았다.

마곡이 바로 나가버렸다.

(어떤 책에서는 "십이면관음은 어떤 얼굴이 진짜 얼굴입니까?"라고 한다.)

즉, 선문염송집에서는 상당 '2. 대비천수천안의 진짜 눈'과 혼용하고 있음을 알 수 있다.

전등록 제12권에서는 다음과 같이 전한다.

麻谷(第二世)到 參敷坐具問 "十二面觀音 阿那面正" 師下繩床 一手收坐具 一手 搊麻谷 云 "十二面觀音向什麼處去也" 麻谷轉身擬坐繩床. 師拈拄杖打 麻谷接 却 相捉入方丈. (내용 동일, 번역은 부록을 참조할 것.)

여기서는 마곡을 마곡 제2세라고 전한다.

조당집에서는 전하지 않는다.

광등록에서 전하는 것은 상당 '2. 대비천수천안의 진짜 눈'과 혼용하고 있다.

20. 할(喝)의 뜻

師問僧 "有時一喝 如金剛王寶劍 有時一喝 如踞地金毛師子 有時一喝 如探竿影草 有時一喝 不作一喝用 汝作麼生會" 僧擬議 師便喝.

선사가 어떤 스님에게 물었다.

"어떤 때의 일할(一喝)은 금강왕보검과 같고,

어떤 때의 일할은 두 발을 버티고 앉아 있는 금모사자와 같으며,

어떤 때의 일할은 탐간·영초[60]와 같고,

어떤 때의 일할은 할로써의 작용을 하지 않는다.[61]

그대는 (이것에 대해) 어떻게 알고 있는가?"

스님이 머뭇거렸다.

(그러자) 선사가 바로 "할!"했다.[62]

---

60 탐간과 영초, 모두 어부가 고기를 잡기 위해 그물을 쳐서 낚는 방법. 불교 선종에서는 이것을 빌어 후학을 깨치게 하고 근기에 따라 방편의 법문을 베푸는 것에 비유한다. (探竿 影草 皆爲漁民聚魚而下網撈捕的方法 佛敎禪宗借以喩開悟後學隨機施予方便法門, 대만 국어사전)

61 이 네 개의 할을 임제사할臨濟四喝이라고 한다.

62 이 이야기는 4서 모두 전하지 않는다.

21. 비구니를 점검하다

師問一尼 "善來惡來" 尼便喝 師拈棒 云 "更道更道" 尼又喝 師便打.

선사가 한 비구니에게 물었다.

"잘 왔는가, 잘못 왔는가?"[63]

비구니가 "할!" 했다.

선사가가 방망이를 들고, 말했다.

"다시 말해봐라, 다시 말해봐!"

비구니가 또 "할!" 했다.

선사가 바로 쳤다.[64]

---

63 참고로 선래善來라는 말은 초기경전에서는 '선래비구善來比丘(어서 오라, 비구여!, 잘 왔다, 비구여!)'라는 말로 오는 사람을 환영하는 말로 쓰였다. 또한 선래비구라는 말에는 부처님 재세 시에 일정한 의식 절차 없이 출가하려는 이에게 "어서 오라, 비구여!"라고 함으로써 구족계具足戒를 받은 것으로 간주하였다.

64 이 이야기는 선문염송집, 조당집, 전등록에서는 전하지 않는다. 광등록에서는 동일하게 전한다.

22. 용아가 물은 조사가 서쪽에서 온 뜻

龍牙問 "如何是祖師西來意" 師云 "與我過禪板來" 牙便過禪板與師.
師接得便打. 牙云 "打卽任打 要且無祖師意"

※禪板(선판): 오랜 시간 좌선하여 피로할 때 몸을 기대는 도구.

용아龍牙[65]가 (선사에게) 물었다.

"어떤 것이 조사가 서쪽에서 온 뜻입니까?"

선사가 말했다.

"내게 선판禪板[66]을 건네주게."

용아가 선판을 선사에게 건넸다.

선사가 받고는, 바로 쳤다.

---

65 용아거둔(龍牙居遁, 835~923): 당말 5대의 스님. 청원 문하. 용아는 주석 산명.
동산양개에게 참학하여 그의 법을 이음. (전게서, p.487)

66 선판禪板은 선판禪版·기판倚版이라고도 한다. 승려들이 좌선할 때 피로를 없애기
위해 손을 편안하게 두거나 몸을 기대는 판으로 사용하였다. 손을 편히
둘 때는 선판을 가로로 해서 무릎 위에 둔다. (又作禪版 倚版 僧衆坐禪時 爲消除疲勞
用以安手或靠身之板. 安手時 則把禪板橫放在兩膝上, 불광대사전)

용아가 말했다.

"치려면 마음대로 치십시오. (그러나) 조사의 뜻은 없습니다."

❀

牙後到翠微問"如何是祖師西來意"微云"與我過蒲團來"牙便過蒲團
與翠微 翠微接得便打. 牙云"打卽任打 要且無祖師意"

※蒲團(포단): 부들로 둥글게 틀어 만들어서 깔고 앉는 방석. 승려가 좌선할
  때에 쓰기도 함. 이불.

용아가 후에 취미翠微[67]에게 가서 물었다.

"어떤 것이 조사가 서쪽에서 온 뜻입니까?"

취미가 말했다.

"내게 좌복(蒲團)[68]을 건네주게."

용아가 바로 좌복을 건넸다.

취미가 받고는 바로 쳤다.

"치려면 마음대로 치십시오. (그러나) 조사의 뜻은 없습니다."

---

67 취미무학(翠微無學, 생몰연대 미상): 당대의 스님. 청원 문하. 취미는 주석 산명.
   어려서 출가하여 단하천연에게 참학한 후 그의 법을 이어받고 취미산에 머물면
   서 종풍을 널리 선양하는 한편, 인도에서 건너온 운납들에게 법을 설함. 투자대동
   에게 그의 법을 부촉하고 입적함. (전게서, p.668)

68 포단蒲團은 승려들이 좌선을 하고 무릎을 대고 절을 할 때 사용하는 것이다.
   부들로 짜서 사용하는데, 그 모양이 둥글어서 포단이라고 한다. (僧人坐禪及跪拜
   所用也. 織蒲爲之 厥狀團圓 故曰蒲團, 불학대사전)

❀

牙住院後 有僧入室請益 云"和尙行脚時 參二尊宿因緣 還肯他也無"
牙云"肯卽深肯 要且無祖師意"

※請益(청익): 수행자가 자신의 의문을 풀기 위해 스승을 찾아뵙고 질문하여
  가르침을 청함.

용아가 후에 주지로 있는데,[69] 어떤 스님이 입실入室해서 청익請益[70]을
하였다.

"화상께서 행각하실 때 두 존숙(임제와 취미)을 참례했던 인연을
인정하십니까?"

용아가 말했다.

"인정하기는 깊이 인정하지만, 조사의 뜻은 없다."[71]

---

69 절에 머문다는 말은 행각을 마쳤다는 뜻이 포함된 것으로 선원의 주지로 있음을
   뜻한다. 벽암록 제20칙 '용아서래의龍牙西來意' 편에서는 묘제선원妙濟禪院에
   주석한 것으로 전한다.

70 청익이라는 말은 원래 『예기禮記』·『논어論語』에서 쓰인 말이다.

71 이 이야기는 선문염송집 제21권(N.894)에서 다음과 같이 전한다.

   潭州龍牙山 居遁禪師 初參翠微乃問"如何是祖師西來意"微云"與我過禪板來"
   師取禪板與翠微 微接得便打. 師云"打卽任打 要且無祖師意"又問臨濟"如何是
   祖師西來意"濟云"與我過蒲團來"師取蒲團與翠微 濟接得便打. 師云"打卽任打
   要且無祖師意"師住後有僧問"和尙行脚時 問二尊宿祖師意 未審二尊宿道眼明
   也未"師云"明卽 明也 要且無祖師意"(내용 동일, 번역 생략)

   ①여기서는 용아가 취미에게 먼저 물은 것으로 ②취미가 선판을, 임제가 포단을
   건네줄 것을 요구한 것으로 ③용아가 행각하며 물었을 때 취미와 임제가 깨달았

는지를 묻는 것으로 전하는 차이가 있다.

전등록傳燈錄 제17권 '호남 용아산 거둔 선사' 편에서는 다음과 같이 전한다.
師在翠微時 "問如何是祖師意" 翠微曰 "與我將禪板來" 師遂過禪板 翠微接得便
打. 師曰 "打卽任打 要且無祖師意" 又問臨濟 "如何是祖師意" 臨濟曰 "與我將蒲
團來" 師乃過蒲團 "臨濟接得便打" 師曰 "打卽任打 要且無祖師意" 後有僧問
"和尙行脚時 問二尊宿祖師意 未審二尊宿道眼明也未" 師曰 "明卽明也 要且無
祖師意" (내용 동일, 번역 생략)

여기서도 선문염송집에서 묻는 순서와 내용이 동일하다.

조당집에서는 전하지 않는다.
광등록에서는 본서와 동일하게 전한다.

23. 경산의 대중을 흐트러뜨리다

徑山有五百衆 少人參請. 黃蘗令師到徑山 乃謂師曰"汝到彼作麽生"
師云"某甲到彼 自有方便"師到徑山 裝腰上法堂見徑山. 徑山方擧頭
師便喝. 徑山擬開口 師拂袖便行. 尋有僧問徑山"這僧適來 有什麽言
句 便喝和尙"徑山云"這僧從黃蘗會裏來 爾要知麽. 且問取他"徑山五
百衆 太半分散.

※尋(찾을 심): 갑자기. 이윽고. 얼마 되지 아니하여.
※太半(태반): 대부분. 절반이 지남. 보통 3분의 2 이상을 가리킴.

경산徑山[72]에게 오백의 대중이 있었는데, 참례하여 청익하는(參請)

---

72 여기서의 경산은 누군지 정확히 알 수가 없다. 아래 경산도흠과 혼돈해서는
안 된다. 이후 이곳은 임제종 선사들의 주석처가 된다.
경산도흠(徑山道欽, 714~792): 당대의 스님. 경산은 주석 산명. 속성은 주朱씨.
소주 곤산 출신. 처음에는 유교를 공부했지만 28세에 우연히 학림현소를 만나서
출가. 임안의 경산에 머묾. 당 대종代宗이 도흠의 도풍을 흠모하여 귀의하고
제자가 됨. (전게서, p.29)
경산徑山은 절강성 항주에 위치한다.

이가 거의 없었다.

황벽이 선사에게 경산에 갈 것을 명하고, 바로 선사에게 말했다.

"너는 거기 가서 어떻게 하겠는가?"

선사가 말했다.

"제가 거기에 가면 자연히 (거기에 맞는) 방편이 있을 것입니다."

선사가 경산에 도착해 봇짐을 허리에 찬 채, 법당에 올라 경산을 만났다.

경산이 막 고개를 들려고 하는데, 선사가 바로 "할!" 했다.

경산이 입을 떼려고 하자, 선사가 소매를 떨치고 가버렸다.

이윽고, 어떤 스님이 경산에게 물었다.

"이 스님이 방금 무슨 언구가 있었기에, 화상께 '할!' 한 것입니까?"

경산이 말했다.

"이 스님은 황벽의 회상에서 왔는데, 너는 알고 싶은가? 그에게 (직접) 물어라."

(그 후) 경산의 오백대중 절반 이상이 뿔뿔이 흩어졌다.[73]

---

73 이 이야기는 선문염송집, 조당집, 전등록에서는 전하지 않는다.

광등록에서는 '分散(뿔뿔이 흩어짐)'을 '奔趁(분진, 달려가 뒤따랐다)'이라고 전한다.

24. 보화의 관을 준비하다

普化一日 於街市中 就人乞直裰 人皆與之 普化俱不要. 師令院主買棺
一具 普化歸來 師云 "我與汝做得箇直裰了也" 普化便自擔去 繞街市叫
云 "臨濟與我做直裰了也. 我往東門遷化去" 市人競隨看之 普化云 "我
今日未 來日往南門遷化去" 如是三日 人皆不信. 至第四日 無人隨看
獨出城外 自入棺內 偗路行人釘之. 卽時傳布 市人競往開棺 乃見全身
脫去. 秪聞空中鈴響隱隱而去.

※偗(남자의 미칭 천, 사위 청): 아름답다. 곱다. 예쁘다. (남에게) 부탁하다.
　의뢰하다.

보화(普化, 진주보화)가 하루는 저잣거리에서 사람들에게 다가가서
직철(直裰, 장삼)[74]을 빌었는데, 사람들마다 모두 (스님에게) 직철을
주면 보화는 모두 필요 없다고 하였다.

---

74 직철直裰: 승려가 입는 옷의 한 가지이다. 소매가 매우 넓고 허리에는 충분한
　여분을 두고 큼직한 주름을 잡은 승복으로, 윗옷인 편삼偏衫과 아랫도리에
　입는 군자裙子를 합쳐 꿰매었으므로 직철이라 한다. 우리나라의 장삼과 같다.

선사가 원주에게 관을 한 짝 사가지고 오라고 했는데, 보화가 돌아오
자 선사가 말했다.

"내가 그대에게 주려고 직철을 하나 장만해두었네."

보화가 곧장 직접 짊어지고 거리를 돌아다니며 크게 외쳤다.

"임제가 내게 직철을 지어 주었다. 나는 동쪽 문으로 가서 죽겠다."

마을 사람들이 앞다퉈 보러 가자, 보화가 말했다.

"오늘은 아직 아니다. 내일 남쪽 문으로 가서 죽겠다."

이와 같이 사흘을 하자, 사람들 모두 믿지를 않았다.

나흘째가 되어서야 쫓아와 보는 사람이 아무도 없자, 홀로 성 밖으로
나가 스스로 관 속에 들어가서, 길 가는 사람에게 (관 뚜껑에) 못을
박아 줄 것을 부탁하였다.

곧바로 (이 소식이) 전파되었고, 마을 사람들이 앞다퉈 가서 관을
열었는데, (뜻밖에도) 온몸이 빠져나간 것(全身脫去)을 보았다.

(그때) 다만 공중에서 요령소리가 은은하게 울리며 사라져 갈 뿐이
었다.[75]

---

75 이 이야기는 선문염송집 제13권(N.516)에 다음과 같이 전한다.

普化一日 於街市中 就人乞直裰 人皆與之 師俱不要. 臨濟令院主買棺一具 師歸
來 濟云 "我與汝做得箇直裰了也" 師便自擔去 繞街市叫云 "臨濟與我做直裰了
也. 我往東門遷化去" 市人競隨看之 師云 "我今日未 來日往南門遷化去" 如是三
日 人已不信. 至第四日 無人隨看 獨出北門外 自入棺內 全身脫去. (내용 동일,
번역 생략)

여기서는 ①성문 밖을 북문 밖으로 전하고, ②길가는 이에게 못을 박아달라고
부탁하는 내용이 없으며, ③뒷부분의 내용(다만 공중에서~)이 없다.

전등록 제10권 '진주보화 화상' 편에 다음과 같이 전한다.

師唐咸通初將示滅 乃入市謂人曰 "乞一箇直裰" 人或與披襖或與布裘 皆不受 振鐸而去. 時臨濟令人送與一棺 師笑曰 "臨濟厮兒饒舌" 便受之 乃告辭曰 "普化 明日去東門死也" 郡人相率送出城 師厲聲曰 "今日葬不合靑烏" 乃曰 "第二日南 門遷化" 人亦隨之 又曰 "明日出西門方吉" 人出漸稀 出已還返 人意稍怠 第四日 自擎棺出北門外 振鐸入棺而逝. 郡人奔走出城 揭棺視之已不見 唯聞鐸聲漸遠 莫測其由.

보화가 당나라 함통(咸通, 의종의 연호, 860~873) 초에 입멸하려 할 때, 마을에 들어가 사람들에게 말했다.

"직철(=장삼) 한 벌을 주시오."

사람들이 해진 옷을 주기도 하고, 새로 지은 겨울옷을 주기도 했는데, 모두 받지 않고 방울을 흔들며 가버렸다.

그때 임제가 사람을 시켜 관 한 짝을 보내줬는데, 보화가 웃으며 말했다.

"임제 이 사내놈이 쓸데없는 말을 지껄였구먼."

그리고는 바로 관을 받고, 작별을 고하는 말을 하였다.

"나는 내일 동문으로 가서 죽을 것이야."

고을 사람들이 서로 따라서 배웅하러 성 밖으로 나갔다.

보화가 언성을 높여 말했다.

"오늘 장사 지내는 것은 풍수지리(靑烏, 청오)에 맞지 않다."

그리고는 이어서 말했다.

"내일 남문으로 가서 죽을 것이야."

사람들이 또 따라가자, 또 말했다.

"내일 서문으로 나가면 길할 것이다."

사람들 나오는 것이 점차 줄어들고 나왔던 사람들도 다시 돌아가면서 사람들 생각이 거의 없게 되자, 나흘째 되는 날 직접 관을 매고 북문 밖으로 나가 방울을 흔들면서 관으로 들어가 죽었다.

고을사람들이 바삐 성 밖으로 나가 관을 열어 봤는데, 이미 시신은 보이질 않고, 다만 방울 소리가 점점 멀어져가는 것만을 들었을 뿐, 그 이유를 알 수가 없었다.

여기서는 ①장사 지내는 것을 풍수를 핑계 삼아 세 번을 미루었고, ②자신이 스스로 방울을 흔들며 관에 들어간 것으로 전하는 차이가 있다.

조당집 제17권에서는 다음과 같이 전한다.

師得一日手擎函板 遶郭辭人云 "我遷化去" 衆人雲集 相隨東門而出 云 "今日不好" 二日南門 <u>二日西門</u> 人衆漸小 不信. 第四日北門而出. 更無一人隨之. 自甓甃 隧門而卒矣. (밑줄 친 二日일은 三日의 誤字다.)

선사가 하루는 손에 함(函板, 관)을 들고 성곽을 돌면서 사람들에게 작별 인사를 하며 말했다.

"나는 (이제) 죽을 것이다."

사람들이 구름같이 모여 서로 따르면서 동쪽 문으로 나오자, 말했다.

"오늘은 좋지 못하구먼."

(그렇게) 둘째 날에는 남쪽 문에서, 사흘째에는 서쪽 문에서 (똑같이 하였는데), 사람들이 점점 줄어들면서 믿지 않았다.

나흘째 되는 날에 북쪽 문으로 나갔는데, 아무도 따르는 이가 없었다.

(그러자) 스스로 굴에다가 벽돌을 쌓고 죽었다.

여기서는 선사가 관을 준비해줬다는 말이 없다.

광등록에는 끝 부분의 '祇聞空中鈴響隱隱而去'가 없다.

IV. 행록行錄

1. 대오 인연

師初在黃蘗會下 行業純一. 首座乃歎曰 "雖是後生 與衆有異" 遂問
"上座在此多少時" 師云 "三年" 首座云 "曾參問也無" 師云 "不曾參問
不知問箇什麼" 首座云 "汝何不去問堂頭和尙 如何是佛法的的大意"

※行業(행업): 불도를 닦음. 고락의 과보를 받을 선악의 행위. 몸, 입, 뜻에
　의하여 짓는 모든 행위를 뜻함.

※後生(후생): 뒤에 낳은 사람. 또는, 후대에 태어난 사람. 뒤에 생김. 오는
　세상에 다시 태어날 삶.

선사가 처음에 황벽의 회하에 있으면서[1] 한결같이 진실하게 불도를
닦았다(行業純一).

　(이에) 수좌[2]가 칭찬하며 말했다.

---

1 광등록에서는 "황벽 회하에 3년 있으면서(師在黃蘗會中三年)"라고 구체적으로
　기술하고 있다.

2 수좌를 목주도명睦州道明이라고 주장하는 경우(선문염송집)도 있다.
　수좌首座는 승당의 6두수 중 첫째를 말하며, 제1좌第一座·좌원座元·선두禪頭·수
　중首衆·입승立僧이라고도 한다.

"비록 후생(後生, 후배)이지만, 대중들과는 다른 데가 있구먼!"

(그리고는) 물었다.

"상좌[3]는 여기에 얼마나 있었는가?"

선사가 말했다.

"3년 되었습니다."

수좌가 말했다.

"(당두화상께) 참례해서 물은 적이 있는가?"

"참례해서 물은 적도 없고, 무엇을 물어야 할지도 잘 모르겠습니다."

수좌가 말했다.

"그대는 어째서 당두 화상[4]께 가서 '어떤 것이 불법의 분명하고 분명한 큰 뜻입니까(如何是佛法的的大意)?'라고 묻지 않는가?"[5]

목주도명(睦州道明, 생몰연대 미상): 당대의 스님. 남악의 문하. 목주는 주석 지명. 도종道蹤·진존숙陳尊宿·진포혜陳蒲鞋라고도 함. 속성은 진陳씨이며 황벽희운의 제자. 목주 용흥사에 주석하며 1천여 명을 모아 종풍을 펼쳤기 때문에 '진존숙'이라 하고, 짚신을 팔아 어머니를 모셨으므로 '진포혜'라고 함. (전게서, p.210)

3 상좌上座는 본래 출가 연수가 꽤 많은 사람에 대한 존칭으로 장로長老라고도 한다. 여기서는 출가 연도와는 관계없이 수행이 모범이 되기에 존경의 뜻으로 상좌라 부른 것이다. 출가해서 9년까지를 하좌下座, 19년까지를 중좌中座, 20년에서 49년까지를 상좌上座, 50년 이상을 기로장로耆舊長老라고 한다.

4 당두堂頭: 선림에서 불리는 것으로 방장의 다른 이름이며, 주지가 거처한다. 이로 인해 주지를 당두화상이라 부른다. (禪林之稱 方丈之異名 住持人之居處也 因而住持云堂頭和尙, 불학대사전)

5 전등록 제12권에서 전하는 것은 바로 아래 註6을 참조하기 바란다. 전등록에서는 임제와 수좌가 나눈 구체적인 이야기는 없다. 다만 황벽에게 물어 볼 것을 수좌가 권고했다고 전할 뿐이다.

❀

師便去問 聲未絶 黃蘗便打. 師下來 首座云 "問話作麼生" 師云 "某甲問
聲未絶 和尙便打. 某甲不會" 首座云 "但更去問" 師又去問 黃蘗又打.
如是三度發問 三度被打.

※但(다만 단): 다만. 오직. 그러나. 그렇지만. 기탄없이. 거리낌 없이.

선사가 바로 가서 물었는데, 말이 끝나기도 전에 황벽이 바로 쳤다.
　선사가 (승당으로) 내려오자, 수좌가 말했다.
　"물어본 일은 어찌 되었는가?"
　선사가 말했다.
　"제가 여쭙는데, 말도 끝나기 전에 화상께서 바로 치셨습니다. 저는
잘 모르겠습니다."
　수좌가 말했다.
　"꺼려하지 말고, 다시 가서 묻게나."

　선사가 또 가서 물었는데, 황벽이 또 쳤다.
　이와 같이 세 번 묻고, 세 번 맞았다(三度發問 三度被打).[6]

---

6 상당 '1. 왕상시의 청법' 편 註10과 '5. 임제호지' 편을 참조하기 바란다.
　전등록 제12권에서는 다음과 같이 전한다.
　初在黃蘗 隨衆參侍. 時堂中第一座勉令問話 師乃問 "如何是祖師西來的的意"
　黃蘗便打. 如是三問三遭打. (내용 동일, 번역은 부록을 참조할 것.)
　여기서는 임제에 대한 수좌의 칭찬은 없고, 다만 황벽에게 물을 것을 강력히

❀

師來白首座云 "幸蒙慈悲 令某甲問訊和尙 三度發問 三度被打. 自恨
障緣. 不領深旨 今且辭去" 首座云 "汝若去時 須辭和尙去" 師禮拜退.

※問訊(문신): 묻다. 안부를 묻다. 합장하고 인사하다.
※辭去(사거): 작별하고 떠남. 인사를 하고 떠남.

선사가 (내려) 와서 수좌에게 말했다.

"다행히도 (수좌의) 자비를 입어 제가 화상께 물을 수 있게 해주셨는
데, 세 번 묻고 세 번 맞았습니다. 제 업장이 원망스럽습니다. 깊은
뜻을 깨닫지 못했으니, 지금 인사드리고 떠나겠습니다."

수좌가 말했다.

"그대가 떠나겠다면 모름지기 화상께 하직인사는 하고 떠나게나."

선사가 절을 하고 물러났다.[7]

❀

首座先到和尙處 云 "問話底後生 甚是如法. 若來辭時 方便接他. 向後
穿鑿 成一株大樹 與天下人作廕涼去在" 師去辭黃蘗 蘗云 "不得往別處

권고하고 있다. 또한 물음을 '如何是祖師西來的的意'로 전하고 있다.
7 전등록 제12권에서는 다음과 같이 전한다.

遂告辭 第一座云 "早承激勸問話 唯蒙和尙賜棒 所恨愚魯 且往諸方行脚去" (내용
동일, 번역은 부록을 참조할 것.)

여기서는 하직인사를 하고 떠나라는 수좌의 말이 없다.

去 汝向高安灘頭大愚處去 必爲汝說"

※穿鑿(천착): 구멍을 뚫음. 학문을 깊이 연구함.

※廕(덮을 음): 덮다. 보호하다. 감싸다. 그늘.

※灘(여울 탄): 여울. 모래톱(모래사장). 사주. 사람이 만든 작은 섬. 개펄.

수좌가 (선사보다) 먼저 화상의 처소에 가서 말했다.

"물은 이가 후생이지만, 대단히 여법합니다. 만약 와서 하직인사를 하면 방편으로 그를 맞아주십시오. 앞으로 꿰뚫게 되면 한 그루 큰 나무가 되어 천하인을 덮어 시원하게 해 줄 것입니다."

선사가 황벽에게 가서 하직인사를 하자, 황벽이 말했다.

"다른 곳으로 가지 말고, 고안高安[8]의 여울 가에 대우大愚[9]가 머물고 있는 곳으로 가라. 반드시 너를 위해 말해줄 것이다."[10]

---

8 강서성江西省에 위치한다.

9 고안대우(高安大愚, 생몰연대 미상): 당대의 스님. 마조 문하. 고안은 주석 지명. 귀종지상의 법을 이었으며 홍주 고안에 은거함. 임제의현을 깨달음으로 이끈 선승. (전게서, p.43)

10 전등록 제12권에서는 다음과 같이 전한다.

上座遂告黃蘗云 "義玄雖是後生 却甚奇特 來辭時 願和尚更垂提誘" 來日師辭黃蘗 黃蘗指往大愚. (내용 동일, 번역은 부록을 참조할 것.)

여기서는 임제가 기특하다고 할 뿐, 앞으로 천하인을 덮어 시원하게 할 것이라는 말은 전하지 않는다.

✿

師到大愚 大愚問 "什麼處來" 師云 "黃蘗處來" 大愚云 "黃蘗有何言句"
師云 "某甲三度問 佛法的的大意 三度被打 不知某甲有過無過" 大愚云
"黃蘗與麼老婆爲汝得徹困 更來這裏 問有過無過" 師於言下大悟 云
"元來黃蘗佛法無多子" 大愚搊住云 "這尿床鬼子 適來道 有過無過 如
今却道 黃蘗佛法無多子. 爾見箇什麼道理. 速道速道" 師於大愚脅下
築三拳. 大愚托開 云 "汝師黃蘗 非干我事"

※築(쌓을 축): 쌓다. 다지다. 짓다. 날개를 치다. (절구, 방아의) 공이.
　건축물.
※脅(위협할 협, 옆구리 협): 위협하다. 으르다. 꾸짖다. 겨드랑이. 옆구리.

선사가 대우에게 가자, 대우가 물었다.
　"어디서 왔는가?"
　선사가 말했다.
　"황벽의 처소에서 왔습니다."
　대우가 말했다.
　"황벽에게 무슨 말이 있던가?"
　선사가 말했다.
　"제가 세 번 불법의 분명하고 분명한 큰 뜻을 물었는데, 세 번 맞았습
니다. 제게 허물이 있는지 허물이 없는지, 잘 모르겠습니다."
　대우가 말했다.
　"황벽이 그렇게 노파심으로 너를 위해 힘들여 꿰뚫어 줬거늘, 다시
여기 와서 허물이 있는지 허물이 없는지를 묻는 것이냐!"

선사가 (이) 말끝에 크게 깨닫고, 말했다.

"원래 황벽의 불법은 간단명료하구먼(元來黃蘗佛法無多子)."

(그러자) 대우가 (멱살을) 잡고, 말했다.

"이 오줌싸개 녀석아! 좀 전에는 '허물이 있는지, 허물이 없는지' 하더니만, 이제 와서는 도리어 '황벽의 불법은 간단명료하다'고 하는 것이냐! 너는 (대체) 무슨 도리를 본 것이냐? 빨리 말해라, 빨리 말해!"

선사가 대우의 옆구리를 주먹으로 세 번 쥐어박았다.

(그러자) 대우가 밀치며 말했다.

"너의 스승은 황벽이다. 나의 일과는 상관없다."[11]

❀

師辭大愚 却回黃蘗. 黃蘗見來 便問 "這漢來來去去 有什麼了期" 師云 "秖爲老婆心切" 便人事了 侍立. 黃蘗問 "什麼處去來" 師云 "昨奉慈旨 令 參大愚去來" 黃蘗云 "大愚有何言句" 師遂舉前話 黃蘗云 "作麼生得 這漢來 待痛與一頓" 師云 "說什麼待來 卽今便喫" 隨後便掌. 黃蘗云

---

11 전등록 제12권에서는 다음과 같이 전한다.

師遂參大愚 愚問曰 "什麼處來" 曰 "黃蘗來" 愚曰 "黃蘗有何言敎" 曰 "義玄親問西 來的的意 蒙和尙便打 如是三問三轉被打 不知過在什麼處" 愚曰 "黃蘗恁麼老婆 爲汝得徹困 猶覓過在" 師於是大悟云 "佛法也無多子" 愚乃搊師衣領云 "適來道 我不會 而今又道無多子 是多少來 是多少來" 師向愚肋下打一拳 愚托開云 "汝師 黃蘗 非干我事" (내용 동일, 번역은 부록을 참조할 것.)

여기서는 ①'이런 침상에다 오줌이나 싸는 도깨비 같은 놈아!'라는 표현이 없다. ②'是多少來 是多少來(얼마냐, 얼마야?)'라는 표현이 첨언되었다.

"這風顚漢却來這裏捋虎鬚" 師便喝. 黃蘗云"侍者 引這風顚漢參堂去"

※旨令(지령): (제왕의) 명령.
※捋(집어 딸 날): 집어 따다. 쓰다듬다. 어루만지다. 문지르다. 비벼 꼬다.

선사가 대우에게 하직인사를 하고, 다시 황벽에게 돌아갔다.

황벽이 (선사가 돌아) 온 것을 보고, 바로 물었다.

"이 놈이 계속해서 왔다 갔다만 하니, (그렇게 해서) 무슨 마칠 날이 있겠는가!"

선사가 말했다.

"오직 (화상의) 노파심이 간절하시기 때문입니다."

(그리고는) 바로 인사를 마치고, 모시고 섰다.

황벽이 물었다.

"어디 갔다 왔는가?"

선사가 말했다.

"지난번 (화상의) 자비로운 뜻을 받들어 대우를 참례하러 갔다 왔습니다."

황벽이 말했다.

"(그래!) 대우에게 무슨 말이 있던가?"

선사가 앞의 일을 이야기하자, 황벽이 말했다.

"어찌 해야 좋을까? 이놈이 오면 (그때) 호되게 한방 먹여야겠다."

선사가 말했다.

"무슨 때가 오면 이라고 말씀하십니까? 바로 지금 당장 먹이시지요."

(그리고는) 뒤이어 곧장 손바닥으로 (한 대) 후려갈겼다.

황벽이 말했다.

"이 미친놈이 도리어 여기 와서 호랑이 수염을 잡아당기는구나."

(그러자) 선사가 바로 "할!" 했다.

황벽이 말했다.

"시자야! 이 미친놈을 끌어다 승당에서 참구하게 하라."[12]

---

12 참당參堂은 본래 새로 계를 받은 사미가 처음으로 참선을 하기 위해 승당에
들어가는 것이고, (또한) 그 일원이 되는 것이다. (新戒之沙彌 初參入僧堂也, 불학대
사전 / 沙彌新加入爲僧堂之一員 稱爲參堂, 불광대사전)

전등록 제12권에서는 다음과 같이 전한다.

師却返黃蘗 黃蘗問云 "汝迴太速生" 師云 "只爲老婆心切" 黃蘗云 "遮大愚老漢待
見與打一頓" 師云 "說什麽待見卽今便打" 遂鼓黃蘗一掌. 黃蘗哈哈大笑. (내용
동일, 번역은 부록을 참조할 것.)

여기서는 임제가 황벽을 손바닥으로 한 대 후려갈기자, 황벽이 가가대소하였다고
전할 뿐, 호랑이 수염을 잡아당기느니, 시자를 부르느니 하는 이야기는 없다.

전등록에서 전하는 것은 부분마다 나누어 살폈으나(전등록의 전문 번역은 부록을
참조할 것), 선문염송집 제15권(N.607)에서 전하는 것은 아래와 같이 전체를
수록한다.

鎭主臨濟義玄禪師 在黃蘗會 因第一座勉令問黃蘗 "如何是佛法的的意" 蘗便打
如是三度 乃辭 蘗令見大愚 愚云 "什麽處來" 師云 "黃蘗來" "黃蘗有何言口"
師云 "某甲三問佛法的的意 三度喫棒 不知有過無過" 愚云 "黃蘗恁麽老婆 爲你
得徹困 更來問有過無過" 師於言下大悟云 "元來黃蘗佛法無多子" 愚扭住云 "者
尿床鬼子 適來道有過無過 如今却道佛法無多子 你見个什麽道理 速道速道" 師

✿

後潙山擧此話 問仰山 "臨濟當時 得大愚力 得黃檗力" 仰山云 "非但騎
虎頭 亦解把虎尾"

뒤에 위산이 이 이야기를 들어 앙산에게 물었다.

"임제가 당시 대우의 힘을 얻었는가, 황벽의 힘을 얻었는가?"

앙산이 말했다.

"호랑이 머리에 올라탔을 뿐만 아니라, 호랑이 꼬리도 잡을 줄 알았던
것입니다."[13]

便向大愚肋築三拳 愚托開云 汝師黃檗 非干我事"(時陳尊宿爲首座)

내용은 전체적으로 동일하여 번역은 생략한다. 다만 여기서는 ① 수좌(제1좌)가
진존숙(목주도명)이라고 분명하게 밝히고 있다.

조당집에서는 전혀 다르게 전하고 있다. 부록 '1. 조당집에서 전하는 임제
선사' 편을 참조하기 바란다.

광등록에서도 전체적으로 동일하게 전한다. 다만 단어 사용에 있어 시대적인
차이가 있을 뿐이다.

13 선문염송집 제15권(N.607)에서는 다음과 같이 전한다.

潙山擧此話 問仰山 "臨濟當時 得大愚力 得黃檗力" 仰山云 "非但拶虎須 亦解把
虎尾"(내용 동일, 번역 생략)

여기서는 '호랑이 수염을 잡아당겼을 뿐만 아니라, 호랑이 꼬리도 잡을 줄
알았다'고 전한다.

전등록과 조당집에서는 상기의 위산과 앙산의 이야기를 전하지 않는다.

광등록에서는 앙산이 한 말을 "非但拶虎鬚 亦解把虎頭(수염과 머리)"로 전한다.

2. 소나무를 심다

師栽松次 黃蘗問 "深山裏栽許多 作什麼" 師云 "一與山門作境致 二與
後人作標榜" 道了 將钁頭打地三下. 黃蘗云 "雖然如是 子已喫吾三十
棒了也" 師又以钁頭打地三下 作嘘嘘聲. 黃蘗云 "吾宗到汝 大興於世"

※境致(경치)는 景致로 해석하였다(境과 景은 발음이 같다).
※標榜(표방): 어떠한 명목을 붙여 주의 주장을 앞에 내세움. 남의 선행을
  칭찬하고 기록하여 여러 사람에게 보임.
※嘘(불 허): 불다. 숨을 바깥으로 내보내다. 울다. 흐느껴 울다. 거짓말하다.
  풍치다. 탄식하다.

선사가 소나무를 심고 있는데, 황벽이 물었다.
"깊은 산속에 그렇게나 많이 심어서 뭘 하려는 것인가?"
선사가 말했다.
"첫째는 산문의 경치를 위함이고, 둘째는 뒷사람에게 표방이 되어
주려는 것입니다."
말을 마치고, 괭이로 땅을 세 번 쳤다.
황벽이 말했다.

"그렇기는 하지만, 너는 이미 내게 삼십 방을 맞았다."

선사가 또 괭이로 땅을 세 번 치고, "허!" 하는 소리를 냈다.[14]

황벽이 말했다.

"나의 종지가 그대에 이르러 세상에 크게 일어날 것이다."[15]

---

14 '허허성噓噓聲'은 '喝一喝(할!을 한 번 하다)'처럼 '허! 하고 한 번 소리를 냈다(噓一噓聲)'로 해석하였다.

15 이 이야기는 선문염송집 제15권(N.610)에 다음과 같이 전한다.

臨濟在黃蘗 栽松次 蘗云 "深山裏栽許多松 作什麽" 師云 "一與山門作境致 二與後人作標榜" 道了 便將钁打地三下. 蘗云 "雖然如是 已喫吾三十棒了也" 師以钁柱地 作噓噓聲. 蘗云 "吾宗到汝 大興於世" (내용 동일, 번역 생략)

여기서는 임제가 황벽의 말(이미 내게 삼십 방을 맞았다)을 들은 다음에 괭이를 땅에 세운 것으로 전한다.

조당집에서는 전하지 않는다.

전등록 제12권에서는 다음과 같이 전한다.

師與黃蘗栽杉 黃蘗曰 "深山裏栽許多樹作麽" 師曰 "與後人作古記" 乃將鍬拍地兩下. 黃蘗拈起拄杖曰 "汝喫我棒了也" 師作噓噓聲 黃蘗曰 "吾宗到汝 此記方出" (내용 동일, 번역 생략)

여기서는 ①소나무가 아닌 삼나무를 심은 것으로 전하고, ②나무를 심는 이유를 '與後人作古記'라고 하며, ③'大興於世'를 '此記方出'로 전하는 차이가 있다.

광등록에서는 다음과 같이 전한다.

師又因栽松次 蘗問 "深山裡栽許多松 作什麽" 師云 "一與山門作景致 二與後人作標榜" 道了 將钁頭打地一兩下. 蘗云 "雖然如是 子已喫吾三十棒了也" 師又以钁頭打地兩下噓噓. 蘗云 "吾宗到汝 大興於世" (내용 동일, 번역 생략)

✾

後潙山擧此語 問仰山 "黃蘗當時 秖囑臨濟一人 更有人在"仰山云"有
秖是年代深遠 不欲擧似和尙"潙山云"雖然如是 吾亦要知 汝但擧看"
仰山云"一人指南吳越令行 遇大風卽止(讖風穴和尙也)"

※指南(지남): 남쪽을 가리킴. 이끌어 가르치거나 가리킴. 교수함.

후에 위산이 이 이야기를 들어서, 앙산에게 물었다.

"황벽이 당시에 임제 한 사람에게만 부촉한 것인가, 또 어떤 사람이
있는가?"

앙산이 말했다.

"있습니다. 그렇기는 하지만, 연대가 너무 멀어서 화상께 말씀드리
지 않으려는 것입니다."

위산이 말했다.

"그렇지만 나 또한 알고 싶으니, 그대는 거론해보라."

앙산이 말했다.

"한 사람이 남쪽을 가리키며 오월吳越로 가서 법령을 행하다가 대풍
을 만나면 멈출 것입니다."〔풍혈화상을 예언한 것이다.〕[16]

여기서는 '三下'를 '一兩下'와 '兩下'로 전한다.

16 풍혈연소(風穴延沼, 896~973): 송대의 스님. 임제종. 풍혈은 주석 산명. 속성은
유劉씨. 항주 출신. 진사시험에 실패한 뒤, 개원사에서 출가. 지공 스님에게
삭발수계하고 천태天台를 공부하다가 경청도부·남원혜옹에게 참학 후, 남원의
법을 이음. 풍혈사를 개당하여 임제의현의 종풍을 더욱 성하게 함. (전게서,
p.695)

선문염송집 제15권(N.610)에서는 다음과 같이 전한다.

潙山擧此話問仰山 "當初黃蘗 祇囑付臨濟一人 更別有在" 山云 "有卽有 祇是年代深 不欲擧似和尙" 潙山云 "雖然如是 吾亦要知" 山云 "有一人指南吳越令行 遇大風卽 止" (내용 동일, 번역 생략)

조당집에서는 전하지 않는다.

전등록 제12권에서는 다음과 같이 전한다.

潙山擧問仰山 "且道 黃蘗後語但囑臨濟 爲復別有意旨" 仰山云 "亦囑臨濟亦記向 後" 潙山云 "向後作麼生" 仰山云 "一人指南吳越令行" 南塔和尙注云 "獨坐震威此記 方出" 又云 "若遇大風此記亦出" 潙山云 "如是如是" (내용 동일, 번역은 부록을 참조 할 것.)

여기서는 "대풍을 만나면 멈출 것입니다"는 말이 없다.

광등록에서는 본서와 동일하게 전한다.

3. 승상을 엎어버리다

師侍立德山次 山云 "今日困" 師云 "這老漢寐語作什麼" 山便打. 師掀
倒繩床 山便休.

선사가 덕산德山[17]을 모시고 서 있는데, 덕산이 말했다.

"오늘은 (좀) 피곤하구나!"

선사가 말했다.

"이 노장이 무슨 잠꼬대를 하는 거야!"

덕산이 바로 쳤다.

선사가 승상을 번쩍 들어 엎어버렸다.

(그러자) 덕산이 바로 쉬었다.[18]

---

17 덕산선감(德山宣鑑, 782~865)을 뜻한다. 감변 편, 註33을 참조하기 바란다.

18 이 이야기는 선문염송집 제16권(N.625)에서는 다음과 같이 전한다.

臨濟一日侍立德山次 山顧謂曰 "老僧今日困" 師曰 "這老漢寐語作什麼" 山擬拈
棒 師便掀倒繩床.

여기서는 ①덕산이 방망이를 들려고 하자, 임제가 승상을 엎어버린(山擬拈棒)
것으로 전한다. ②덕산이 바로 쉬었다는 표현은 없다.

조당집, 전등록, 광등록에서는 전하지 않는다.

4. 황벽을 넘어뜨리다

師普請鋤地次 見黃蘗來 拄钁而立. 黃蘗云"這漢 困那" 師云"钁也未擧
困箇什麼" 黃蘗便打. 師接住棒 一送送倒. 黃蘗喚維那"維那 扶起我"
維那近前扶 云"和尙爭容得這風顚漢無禮" 黃蘗纔起 便打維那. 師钁
地 云"諸方火葬 我這裏一時活埋"

※밑줄 친 '送倒(송도)'는 '疾倒(질도)'로 이해하였다. / 疾(병 질): 빨리.

선사가 대중울력(普請)[19]으로 김을 매다가 황벽이 오는 것을 보고,
괭이에 기대어 섰다.

　황벽이 말했다.

　"이놈아! 피곤하냐?"

　선사가 말했다.

---

19 보청普請은 선림에서 대중이 모여 일하는 것을 말한다. 승사략에 이르기를
"함께 일하는 것을 보청이라 한다"고 하며, 전등록 「선문규식禪門規式」에
이르기를 "보청을 행하는 법은 상하가 균등하게 힘을 쓰는 것이다"고 하였다
(禪林集衆作務曰普請 僧史略上曰 "共作者 謂之普請" 傳燈錄禪門規式曰 "行普請之法
上下均力也", 불학대사전). 우리나라에서는 이를 대중울력이라고 한다.

"괭이도 들지 않았는데, 피곤할 것이 뭐가 있겠습니까?"

황벽이 바로 쳤다.

(그러자) 선사가 방망이를 붙잡아 한 번에 던져버리고, (황벽을) 잽싸게 넘어뜨렸다.

황벽이 유나[20]를 불러 말했다.

"유나야! 나를 부축해 일으켜라!"

유나가 가까이 와서 부축해 일으키며 말했다.

"화상께서는 어찌 이 미친놈의 무례함을 용납하십니까?"

황벽이 일어나자마자, 바로 유나를 쳤다.

(그러자) 선사가 괭이질을 하며 말했다.

"제방에서는 화장을 하지만, 나의 이곳에서는 한꺼번에 산 채로 묻어버린다."[21]

---

20 유나維那는 ①사찰의 여러 가지 일을 지도하고 단속하는 직책, 또는 그 일을 맡은 승려. ②육지사六知事의 하나. 선원의 규율과 질서를 다스리는 직책, 또는 그 일을 맡은 승려를 뜻한다. (시공 불교사전)

21 이 이야기는 선문염송집 제16권(N.608)에서도 동일하게 전한다. 조당집에서는 전하지 않는다.

전등록 제12권에서는 다음과 같이 전한다.

黃蘗一日普請鋤茶園 黃蘗後至. 師問訊按钁而立 黃蘗曰 "莫是困邪" 曰 "才钁地何言困" 黃蘗舉拄杖便打. 師接杖推倒和尙. 黃蘗呼維那 "維那拽起我來" 維那拽起曰 "和尙爭容得遮風漢" 黃蘗却打維那. 師自钁地云 "諸方卽火葬 我遮裏活埋" (내용 동일, 번역은 부록을 참조할 것.)

밑줄 친 부분의 황벽은 임제로 이해하였다. 여기서는 ①차밭(茶園)에서 김을 매고 있었던 것으로, ②황벽이 늦게 온 것으로, ③'괭이도 들지 않았는데~'를

✿

後潙山問仰山 "黃蘗打維那意作麼生" 仰山云 "正賊走却 邏蹤人喫棒"

※邏(순라 나): 순라(巡邏: 순찰하는 사람). 돌다. 순찰하다. 순행하다. 연하煙霞
따위가 산에 끼다. 두르다. 막다. 차단하다.

뒤에 위산이 앙산에게 물었다.

"황벽이 유나를 친 뜻이 어떠한가?"

앙산이 말했다.

"진짜 도둑은 달아나버렸는데, 뒤쫓던 순라군이 방망이를 맞은 격입
니다."[22]

'괭이를 막 들자마자~'로, ④주장자를 던져버렸다는 말 없이, 주장자를 잡고
황벽을 밀쳐 넘어뜨린 것으로 전한다.

광등록에서도 동일하게 전한다. 다만 '钁也未舉(괭이도 들지 않았는데)'를 '钁也來
舉(괭이를 들었을 뿐인데)'로 전하는 차이가 있을 뿐이다.

[22] 선문염송집 제16권(N.608)에서도 상기 본문과 동일하게 전한다.
조당집에서는 전하지 않는다.

전등록 제12권에서는 다음과 같이 전한다.
潙山問仰山 "只如 黃蘗與臨濟 此時意作麼生" 仰山云 "作賊人走却 邏賊人喫棒"
潙山云 "如是如是" (내용 동일, 번역은 부록을 참조할 것.)
여기서는 끝에 위산의 "如是如是(그렇지, 그렇지!)"가 첨언되었다.

광등록에서는 본서와 동일하게 전한다.

5. 황벽이 자신의 입을 치다

師一日在僧堂前坐 見黃蘗來 便閉却目. 黃蘗乃作怖勢 便歸方丈. 師
隨至方丈禮謝. 首座在黃蘗處侍立 黃蘗云"此僧雖是後生 却知有此
事"首座云"老和尙脚跟不點地 却證據箇後生"黃蘗自於口上打一摑.
首座云"知卽得"

※禮謝(예사): 공경하는 뜻으로 사례함.
※摑(칠 괵): 치다. 후려갈기다. 잡다.

선사가 하루는 승당 앞에 앉아 있는데, 황벽이 오는 것을 보고 바로
눈을 감아버렸다.

　황벽이 두려워하는 자세를 취하고는 바로 방장실로 돌아갔다.

　선사가 뒤따라 방장실로 가서 감사의 절을 했다.[23]

　(그때) 수좌가 황벽의 처소에서 모시고 서 있는데, 황벽이 말했다.

---

23 여기서의 '예사禮謝'는 무례의 용서를 구하는 절이 아니다. 선사가 눈을
　감아버리자, 이에 황벽이 두려워하는 자세를 취하고 방장실로 돌아간 이유가
　분명히 있다는 것을 알아야 한다.

"이 중이 비록 후생이지만, 도리어 이 일이 있다는 것을 안다."

수좌가 말했다.

"노화상은 발꿈치가 땅에 닿지도 않았는데 도리어 이 후생을 증명하
시는군요."[24]

---

24 '脚跟不點地(발꿈치가 땅에 닿지도 않았다)'와 관련하여 운문록 중권에서는
    다음과 같이 전한다.

    擧 雪峯示衆云 "世界闊一丈 古鏡闊一丈 世界闊一尺 古鏡闊一尺" 玄沙指面前火
    鑪云 "火鑪闊多少" 峯云 "似古鏡闊" 沙云 "這老漢脚跟未點地在" 後東使拈問僧
    "爲復古鏡致火鑪與麼大 火鑪致古鏡與麼大" 西院云 "與麼問人也未可在" 師云
    "餿飯泥茶鑪"

    (운문이 다음과 같이) 설봉雪峯의 시중示衆을 들었다.
    "세계의 넓이가 한 장이면 고경의 넓이도 한 장이고, 세계의 넓이가 한 자면
    고경의 넓이도 한 자다."
    현사玄沙가 바로 앞에 화로를 가리키며 말했다.
    "화로의 넓이는 얼마나 됩니까?"
    설봉이 말했다.
    "고경의 넓이와 같다."
    현사가 말했다.
    "이 노인네는 발꿈치가 땅에 닿지도 않았다."

    후에 동사東使가 염拈해서 어떤 스님에게 물었다.
    "고경이 화로만큼 큰 것인가, 화로가 고경만큼 큰 것인가?"
    서원西院이 말했다.
    "이렇게 묻는 사람은 지금까지 없었다."

    운문이 말했다.
    "밥을 쉬게 하는 진흙으로 만든 화로다."

(그러자) 황벽이 자신의 입을 한 대 쳤다.

수좌가 말했다.

"알면 됐습니다."[25]

---

25 이 이야기는 선문염송집, 조당집, 전등록에서는 전하지 않는다.

광등록에서는 다음과 같이 전한다.

師一日在僧堂前坐 見黃蘗來 閉御目. 蘗見乃作怖勢 便歸方丈. 師隨後上方丈禮謝. 首座在蘗處侍立 黃蘗云 "此僧雖是後生 卻知有此事" 首座云 "老和尙卻證據箇後生" 蘗自於口上摑. 首座云 "知卽得 知卽得" (내용 동일, 번역 생략)

다만 여기서는 '脚跟不點地'라는 말 없이 "노화상께서는 이 후생을 증명하시는군요"라고 하고 있으며, 말미에 '知卽得(알면 됐습니다)'을 반복하는 차이가 있다.

6. 황벽이 임제와 수좌를 점검하다

師在堂中睡. 黃蘗下來見 以拄杖打板頭一下. 師擧頭見是黃蘗 却睡. 黃蘗又打板頭一下. 却往上間 見首座坐禪 乃云 "下間後生却坐禪 汝 這裏妄想作什麽" 首座云 "這老漢作什麽" 黃蘗打板頭一下 便出去.

선사가 승당에서 졸고 있었다.

황벽이 내려와 보고, 주장자로 선상(板頭, 禪床)[26]을 한 번 쳤다.

선사가 고개를 들어 황벽인 것을 보고, 다시 졸았다.

(그러자) 황벽이 또 선판을 한 번 쳤다.

(그리고는) 다시 상판(上間, 上板)으로 가서 수좌가 좌선하는 것을 보고, 말했다.

"하판(下間, 下板)에 후생은 좌선을 하고 있는데, 너는 여기서 망상을

---

26 판두板頭: 승당 안에 각 판판의 맨 처음에 위치한 것을 가리킨다. 예를 들면 동북·서북·서남·동남에 네 개의 평상이 있고, 항상 평상에는 각기 5인이 앉는다. 계납에 따라 앉게 되는데, 네 평상의 앞자리를 합해 4판두라고 한다. 순서에 따라 수좌판두·후당판두·입승판두·서당판두라고 부른다. (指僧堂中各板單之初位, 如東北 西北 西南 東南四床 每床各有五人 依戒臘之次第居坐 四床之初位合稱四板頭, 依次稱爲首座板頭 後堂板頭 立僧板頭 西堂板頭, 불광대사전)

떨어 뭘 하는 것인가?"

수좌가 말했다.

"이 노장이 뭐라는 것이야?"

황벽이 선판을 한 번 치고, 바로 나가버렸다.[27]

❀

後潙山問仰山 "黃蘗入僧堂意作麽生" 仰山云 "兩彩一賽"

---

27 이 이야기는 선문염송집 제16권(N.624)에서는 다음과 같이 전한다.

臨済在黃蘗堂中打睡. 蘗下來見 以杖打板頭一下. 師擧頭見又却睡. 蘗又擊板頭一下. 却去上間 見首座坐禪 乃云 "下間後生却坐禪 你在這裏妄想作麽" 首座云 "者老漢作什麽" 蘗打板頭一下 便出去. (내용 동일, 번역 생략)

여기서는 단지 단어를 달리 쓸 뿐, 내용 모두 동일하다.

조당집에서는 전하지 않는다.

전등록 제12권에서는 다음과 같이 전한다.

師一日在黃蘗僧堂裏睡. 黃蘗入來 以拄杖於床邊敲三下. 師擧首見是和尚却睡. 黃蘗打席三下去 上間見第一座 黃蘗曰 "遮醉漢 豈不如下間禪客坐禪 汝只管瞢睡" 上座曰 "遮老和尚患風邪" 黃蘗打之. (내용 동일, 번역은 부록을 참조할 것.)

여기서는 ①평상 끝을 두드렸다고 하고, ②임제와 수좌를 보다 더 노골적인 표현으로 비교하고 있으며, ③수좌 또한 보다 더 심한 말로 대꾸를 하고 있다. 〔밑줄 친 부분의 '瞢'은 '瞤(어두울 박: 눈이 어둡다)'으로 이해하였다.〕

광등록에서는 본서와 동일하게 전한다.

＊彩(채색 채): 채색, 고운 빛깔. 무늬. 빛, 윤기, 광택. 모양. 도박, 노름.
＊賽(굿할 새): 굿하다. 내기하다. 굿. 주사위.

후에 위산이 앙산에게 물었다.

"황벽이 승당에 들어간 뜻은 어떠한가?"

앙산이 말했다.

"두 개의 주사위가 같은 무늬(숫자)이네요."[28]

---

28 兩彩一賽는 주사위 두 개를 던져서 높은 숫자가 나오는 것을 겨루는데 두
   개가 같은 숫자(문양)가 나온 것을 뜻한다. 번역은 아래 전등록에서 전하는
   一彩兩賽를 따랐다. 兩彩一賽이라 표기한 것은 무늬가 같다(彩一)는 말을 강조하
   기 위해 도치법을 쓴 것으로 이해하였다.
   이 이야기는 선문염송집 제16권(N.624)에서도 동일하게 전한다.

   전등록에서는 다음과 같이 전한다.
   潙山擧問仰山 "只如黃蘗意作麽生" 仰山云 "一彩兩賽" (내용 동일, 번역 생략)

   광등록에서도 '兩彩一賽'로 전한다.

7. 임제의 괭이

一日普請次 師在後行. 黃蘗回頭 見師空手 乃問"钁頭在什麽處"師云
"有一人將去了也"黃蘗云"近前來 共汝商量箇事"師便近前 黃蘗竪起
钁頭 云"祇這箇 天下人拈掇不起"師就手掣得 竪起云"爲什麽却在某
甲手裏"黃蘗云"今日大有人普請"便歸院.

※ 拈掇(염철): 꺼내다. 제기하다.
※ 就手(취수): 하는 김에 하다. … 하고 곧. 즉시.
※ 大有(대유): 뒤의 말을 강조하는 뜻이다.

하루는 대중울력(普請)을 하러 가는데, 선사가 (대중) 뒤에서 따라가
고 있었다.

　황벽이 고개를 돌려 선사가 빈손인 것을 보고, 물었다.
　"괭이는 어디에 뒀는가?"
　선사가 말했다.
　"어떤 사람이 가져가버렸습니다."
　황벽이 말했다.

"가까이 와라, 너와 함께 이 일을 따져봐야겠다."

선사가 가까이 오자, 황벽이 괭이를 세우고 말했다.

"다만 이것만은 천하 사람들이 집어서 세울 수가 없다."

선사가 바로 손으로 잡아당겨 세우고는 말했다.

"(이것이) 어째서 제 손에 있는 것입니까?"

황벽이 말했다.

"오늘 대중울력을 한 사람이 분명히 있구먼."

(그리고는) 바로 절로 돌아갔다.[29]

❀

後潙山問仰山 "钁頭在黃蘗手裏 爲什麼却被臨濟奪却" 仰山云 "賊是

---

29 이 이야기는 선문염송집 제15권(N.609)에서 동일하게 전한다.
조당집에서는 전하지 않는다.

전등록 제12권에서는 다음과 같이 전한다.
黃蘗一日普請鋤薏穀次 師在後行. 黃蘗迴頭 見師空手乃問 "钁頭在什麼處" 師
云 "有人將去了也" 黃蘗云 "近前來共汝商量" 師近前叉手 黃蘗豎起钁頭云 "只這
箇天下人拈掇不起 還有人拈掇得起麼" 師就手掣得豎起云 "爲什麼却在義玄手
裏" 黃蘗云 "今日自有人普請" 便歸院. (내용 동일, 번역 생략, 부록 참조)
여기서는 ①율무 밭에서 김을 매고 있었다(鋤薏穀次)고 구체적으로 전하고,
②임제가 가까이 와서 차수叉手를 하자 황벽이 괭이를 세웠다고 하며, ③자신의
법명, 즉 의현義玄을 사용하고, ④"今日自有人普請"으로 전하는 차이가 있다.

광등록에서도 "今日自有人普請"으로 전하는 것을 제외하고, 본서와 동일하게
전한다.

小人 智過君子"

※小人(소인): 나이 어린 사람. 몸집이 몹시 작은 사람. 간사하고 도량이
  좁은 사람. 무식하고 천한 사람. 자기의 겸칭.

뒤에 위산이 앙산에게 물었다.

"괭이가 황벽의 손 안에 있었는데, 어째서 임제에게 빼앗겼는가?"
앙산이 말했다.
"도적이 나이는 어리지만, 지혜는 군자를 뛰어넘었습니다."[30]

---

30 선문염송집 제15권(N.609)에서도 동일하게 전한다.
   潙山擧此話 問仰山 "钁頭在黃蘗手裏 爲什麽却被臨濟奪却" 仰山云 "賊是小人
   智過君子" (내용 동일, 번역 생략)

   전등록 제12권에서는 다음과 같이 전한다.
   潙山因仰山侍立次 方擧此話未了 仰山便問 "钁在黃蘗手裏 爲什麽被臨濟奪却"
   潙山云 "賊是小人 智過君子" (내용 동일, 번역 생략)

   다만 여기서는 묻고 답하는 것이 바뀌었다. 이는 아마도 전등록 편집 과정에서의
   실수인 듯하다. 왜냐하면 본서에서 인용하는 위산과 앙산의 대화는 (황벽과
   임제의 법거량에 대해) 모두 위산이 앙산을 점검하기 위해 묻고, 이에 앙산이
   답을 하는 것으로 이루어졌기 때문이다.

   광등록에서는 본서와 동일하게 전한다.

8. 위산·앙산과 만나다

師爲黃蘗馳書去潙山. 時仰山作知客 接得書 便問 "這箇是黃蘗底 那箇是專使底" 師便掌. 仰山約住云 "老兄知是般事 便休" 同去見潙山. 潙山便問 "黃蘗師兄多少衆" 師云 "七百衆" 潙山云 "什麼人爲導首" 師云 "適來已達書了也" 師却問潙山 "和尙此間多少衆" 潙山云 "一千五百衆" 師云 "太多生" 潙山云 "黃蘗師兄亦不少"

※馳書(치서): 급히 편지를 보냄. 또는 그 편지.
※專使(전사): 특별한 임무를 띤 사절.

선사가 황벽의 편지를 전하려고 위산에 갔다. 그때 앙산이 지객知客[31]의 소임을 맡고 있었는데, 편지를 받고 바로 물었다.
"이것은 황벽의 것입니다. 어떤 것이 스님의 것입니까?"
(그러자) 선사가 바로 손바닥으로 후려갈겼다.
앙산이 (손을) 잡고 말했다.

---

31 지객知客: 육두수六頭首의 하나. 선원에서 손님을 보살피는 직책, 또는 그 일을 맡은 승려.

"노형께서 이 일을 아시니, 그만둡시다."

(그리고는) 함께 위산을 뵈러 갔다.

위산이 물었다.

"황벽 사형께서는 대중이 얼마나 되는가?"

선사가 말했다.

"칠백 대중이 있습니다."

위산이 말했다.

"누가 (대중을) 이끄는 수좌인가?"[32]

선사가 말했다.

"방금 편지를 전달했습니다."

(그리고는) 선사가 반대로 위산에게 물었다.

"화상의 이곳은 대중이 얼마나 됩니까?"

위산이 말했다.

"천오백 대중이네."

선사가 말했다.

"대단히 많군요."

위산이 말했다.

"황벽 사형 또한 적지 않구면."

---

32 황벽 회하의 제1좌(수좌)가 누군지를 묻는 것으로 이해하였다.

❀

師辭潙山 仰山送出 云"汝向後北去 有箇住處"師云"豈有與麼事"仰山
云"但去 已後有一人佐輔老兄在. 此人祇是有頭無尾 有始無終"

선사가 위산에게 하직인사를 하자, 앙산이 전송하며 말했다.

"그대는 이후에 북쪽으로 가면 머물 곳이 있을 것입니다."

선사가 말했다.

"어찌 그런 일이 있겠소?"

앙산이 말했다.

"다만 가기만 하시오. (그러면) 이후에 어떤 한 사람이 노형을 보좌할
것입니다. (그런데) 이 사람은 단지 머리는 있어도 꼬리가 없고, 시작은
있어도 끝이 없습니다."[33]

❀

師後倒鎭州 普化已在彼中. 師出世 普化佐贊於師. 師住未久 普化全
身脫去.

※밑줄 친 부분의 '倒'는 '到'의 誤字다.

※佐贊(좌찬)＝贊佐(찬좌) : 협력하여 돕다.

---

33 유두무미有頭無尾와 유시무종有始無終은 일반적으로 '시작은 있고 끝이 없다',
'시작만 하고 끝을 맺지 못한다'는 뜻으로 같은 의미이다. 하지만 여기서는
감 잡을 수 없는 사람, 예측불허의 인물이라는 뜻으로 이해하였다.

선사가 후에 진주鎭州에 갔는데, 보화普化가 이미 거기에 있었다. 선사가 세상에 나오자[34] 보화가 스님을 도왔는데, 선사가 머문 지 오래지 않아 보화는 전신탈거全身脫去하였다.[35]

---

34 세상에 나왔다(出世, 出現於世)는 말은 절의 주지가 되어 중생구제를 하기 시작했다는 뜻이다.

35 이 이야기는 선문염송집, 조당집, 전등록에서는 전하지 않는다.
   광등록에서는 동일하게 전한다.

9. 임제의 하안거

師因半夏上黃蘗 見和尙看經. 師云"我將謂是箇人 元來是揞黑豆老和
尙"住數日乃辭去. 黃蘗云"汝破夏來 不終夏去"師云"某甲暫來禮拜
和尙"黃蘗遂打趁令去. 師行數里 疑此事 却回終夏.

＊揞(숨길 암): 숨기다. 감추다. 덮다. 덮어씌우다. (몸에) 바르다.

선사가 여름 안거 중간(半夏)에 황벽산에 올랐다가 화상이 경전을
읽고 있는 것을 보았다.
　선사가 말했다.
　"저는 (화상을) 이 사람(是箇人, 一介丈夫)이라고 여겼는데, 원래
검은 콩이나 주워 먹는 노화상이셨군요."[36]

　(그리고는) 며칠 머물다가 하직인사를 하러 갔다.

---

36 '揞'은 전등록에서는 '唵(한 줌 입에 넣다)'으로 전하는데, 이를 근거로 '주워
　먹다'로 의역하였다. 참고로 揞과 唵은 발음이 [ǎn]으로 같다. 바로 아래 註38을
　참조하기 바란다.

황벽이 말했다.

"너는 안거를 깨뜨리고 오더니, 또 안거도 마치지 않고 가느냐?"[37]

선사가 말했다.

"저는 잠시 화상께 인사나 드리러 왔던 것입니다."

황벽이 마침내 후려갈기고 쫓아내버렸다.

선사가 몇 리를 가다가 이 일(此事)을 의심하고는, 다시 돌아와 여름 안거를 마쳤다.[38]

---

37 파하破夏는 안거를 깨뜨리는 것, 안거의 금족제도(외출 금지 제도)를 지키지 않는 것, 법계를 벗어나 밖으로 돌아다니는 것이다. (破安居也 不守安居禁足之制 出法界而外遊也, 불학대사전).

또한 ①안거를 깨뜨리는 것, 하안거를 마치지 못하고 중도에 퇴출되는 것을 말하며, 일하 90일의 안거에는 밖으로 다니는 것을 금하였는데, 중도에 퇴출해서 원만하게 달성하지 못하는 것을 파하라고 칭한다. ②안거가 절반 지난 것을 가리키는데, 그래서 일하의 반이 된 것을 파하라고 한다. (又作破安居 夏安居未竟而 中途退出之謂 一夏九旬之安居不許外遊 若中途退出不能達成圓滿者 稱爲破夏. 指安居已 過半夏之時 亦卽一夏之半 故稱破夏, 불광대사전)

참고로 안거 첫날(시작)은 여름 안거의 제도를 맺는다는 뜻에서 결하結夏·결제結 制라고 하였고, 안거 90일이 지난 것을 과하過夏, 안거 제도를 푸는 것(일하를 마치는 것)을 해하解夏·해제解制·하만夏滿·하해夏解라고 하였다.

38 이 이야기는 전등록 제12권에서는 다음과 같이 전한다.

師因半夏上黃蘗山 見和尙看經 師曰 "我將謂是箇人 元來是唵黑豆老和尙" 住數 日乃辭去 黃蘗曰 "汝破夏來不終夏去" 曰 "某甲暫來禮拜和尙" 黃蘗遂打趁令去. 師行數里 疑此事 却迴終夏. (내용 동일, 번역은 부록을 참조할 것.)

여기서는 '揞(숨길 암)'을 '唵(머금을 암)'으로 전한다.

선문염송집, 조당집, 광등록에서는 전하지 않는다.

10. 황벽이 선판과 궤안을 건네다

師一日辭黃蘗 蘗問 "什麼處去" 師云 "不是河南 便歸河北" 黃蘗便打.
師約住與一掌. 黃蘗大笑. 乃喚侍者 將百丈先師禪板机案來. 師云
"侍者 將火來" 黃蘗云 "雖然如是 汝但將去 已後坐却天下人舌頭去在"

※坐却은 挫却(꺾어버리다)으로 해석하였다.

선사가 하루는 황벽에게 하직인사를 하자, 황벽이 물었다.
 "어디로 가는가?"
 선사가 말했다.
 "하남 아니면 하북으로 돌아가렵니다."
 황벽이 바로 쳤다.
 선사가 잡고는 손바닥으로 한 대 후려갈겼다.
 (그러자) 황벽이 크게 웃었다.
 (그리고는) 이내 시자를 불러 백장선사의 선판과 궤안을 가져오게
했다.
 선사가 말했다.

"시자야! 불도 가지고 와라."

황벽이 말했다.

"그렇기는 해도 가지고 가라. 이후에 천하 사람들의 혀를 꺾어버릴
것이다."³⁹

---

39 이 이야기는 선문염송집 제15권(N.611)에 다음과 같이 전한다.

臨濟辭黃蘗 蘗問 "什麼處去" 師云 "不是河南 便是河北" 蘗便打. 師約住棒 遂與
一掌. 蘗呵呵大笑. 喚侍者 "將先師禪板拂子來" 師召侍者 "將火來" 蘗云 "汝但將
去 已後坐却天下人舌頭去在"(내용 동일, 번역 생략)

여기서는 ①不是河南 便歸河北을 不是河南 便是河北으로 전하고, ②大笑를
呵呵大笑로 전하며, ③선판과 궤안을 선판과 불자로 전하고, ④雖然如是나
전등록의 不然과 같은 말은 전하지 않는다.

조당집에서는 전하지 않는다.

전등록 제12권에서는 다음과 같이 전한다.

師一日辭黃蘗 黃蘗曰 "什麼處去" 曰 "不是河南 卽河北去" 黃蘗拈起拄杖便打.
師捉住拄杖曰 "遮老漢 莫盲枷瞎棒 已後錯打人" 黃蘗喚侍者 "把將几案禪板來"
師曰 "侍者 把將火來" 黃蘗曰 "不然 子但將去 已後坐斷天下人舌頭在" 師卽便發
去. (내용 동일, 번역 생략, 부록 참조)

여기서는 ①約住를 捉住拄杖으로 전하고, ②황벽이 치자 임제가 잡고 손바닥으
로 후려갈긴 것 대신 "遮老漢莫盲枷瞎棒 已後錯打人(이 노장, 눈 먼 칼과 눈
먼 방망이로 이후에 사람을 잘못 치지 마십시오)"이라고 하며, ③雖然如是를 不然으
로 전하며, ④끝에 師卽便發去를 새로이 전한다.

광등록에서는 본서와 동일하게 전한다.

❀

後潙山問仰山 "臨濟莫辜負他黃蘗也無" 仰山云 "不然" 潙山云 "子又作
麽生" 仰山云 "知恩方解報恩" 潙山云 "從上古人還有相似底也無" 仰山
云 "有 秖是年代深遠 不欲擧似和尙" 潙山云 "雖然如是 吾亦要知 子但
擧看" 仰山云 "秖如楞嚴會上阿難讚佛云 '將此深心 奉塵刹 是則名爲
報佛恩' 豈不是報恩之事" 潙山云 "如是如是 見與師齊 減師半德 見過
於師 方堪傳授"

후에 위산이 앙산에게 물었다.

"임제가 저 황벽을 저버린 것이냐?"

앙산이 말했다.

"그렇지 않습니다."

위산이 말했다.

"너는 어떻게 생각하는가?"

앙산이 말했다.

"은혜를 알아야 은혜를 갚을 줄 압니다."[40]

위산이 말했다.

"예로부터 고인에게도 (이와) 비슷한 것이 있었는가?"

앙산이 말했다.

"있었습니다. 그렇지만 시대가 너무 멀어서 화상께 말씀드리고 싶지
않습니다."

---

40 "은혜를 알아야 은혜를 갚을 줄 안다(知恩方解報恩)"는 말과 관련하여서는
아래 【참조】 43을 살펴보기 바란다.

위산이 말했다.

"그렇더라도 나 또한 알고 싶으니, 너는 말해보라."

앙산이 말했다.

"다만 능엄 회상楞嚴會上에서 아난이 부처님을 찬탄하며 말하기를 '이 깊은 마음을 가지고 티끌 같은 세계를 받드는 것, 이것이 곧 부처님의 은혜를 갚는 것이다'고 하였습니다. (그러므로 이것이) 어찌 은혜를 갚는 일이 아니겠습니까?"

위산이 말했다.

"그렇지, 그렇지! 견지가 스승과 같으면 스승의 덕을 반으로 줄이는 것이고, 견지가 스승을 뛰어넘어야 전수 받을 수 있는 것이다."[41]

---

41 위산과 앙산의 본 이야기는 선문염송집 제15권(N.611)에서도 동일하게 전한다. 참고로 "견지가 스승과 같으면~전수 받을 수 있다(見與師齊 減師半德 見過於師 方堪傳授)"는 말은 백장과 황벽의 대화, 덕산과 암두의 대화에서도 인용한다.

전등록에서는 전하지 않는다.
광등록에서는 본서와 동일하게 전한다.

【참조】
43. 은혜를 알아야 은혜를 갚을 줄 안다(知恩方解報恩)
① 수능엄경首楞嚴經 제9권, '상음의 열 가지 마장(想陰十魔障)' 중에서
阿難當知 是十種魔 於末世時 在我法中 出家修道 或附人體 或自現形 皆言已成 正遍知覺 讚歎婬欲 破佛律儀 先惡魔師 與魔弟子 婬婬相傳 如是邪精 魅其心腑 近則九生 多踰百世 令眞修行 總爲魔眷 命終之後 必爲魔民 失正遍知 墮無間獄 汝今未須 先取寂滅 縱得無學 留願入彼 末法之中 起大慈悲 救度正心 深信衆生 令不著魔 得正知見. 我今度汝 已出生死 汝遵佛語 名報佛恩.

아난아! 마땅히 알라. 이러한 열 가지 마魔가 말세에 나의 법 가운데 출가해서

도를 닦는 이에게 있기도 하고, 혹은 사람들의 몸에 달라붙기도 하며, 혹은 스스로 형체를 드러내기도 하면서, 모두 말하기를 '이미 정변지각正遍知覺을 이루었다'고 하고, 음욕을 찬탄하며 부처의 율의를 깨뜨리고, 무엇보다 악마의 스승과 제자가 음녀婬와 음녀婬으로 서로 전하게 되느니라. 이와 같은 삿된 정기가 그 심장과 오장육부를 유혹해서 가까우면 구 생, 많으면 백 생을 넘으면서 참되게 수행하는 사람들로 하여금 모두 마의 권속이 되게 하고, 목숨이 다한 뒤에도 반드시 마의 백성이 되어 정변지正遍知를 잃고 무간지옥에 떨어지게 할 것이니라.

그러므로 그대들은 지금 모름지기 먼저 적멸寂滅을 취하지 않아야 하니, 설사 더 이상 배울 것이 없음(無學, 아라한)을 얻었더라도, 원을 남겨 저 말법에 들어가서도 대자비를 일으키고 바른 마음으로 깊게 믿는 중생들을 구하고 제도해서, 마가 달라붙지 않고 정지견正知見을 얻게 해야 하느니라. 내가 지금 그대를 제도하여 생사를 벗어나게 했으니, 그대가 부처의 말을 따르는 것을 일러 '부처의 은혜에 보답하는 것이다(報佛恩)'고 하는 것이니라.

②아난의 찬탄 게송(능엄경 제3권 중에서)

妙湛總持不動尊　미묘한 총지의 부동존이시여!
首楞嚴王世希有　수능엄왕께서는 세상에 희유하시니
銷我億劫顚倒想　저의 억겁토록 전도된 생각을 없애주시고
不歷僧祇獲法身　아승기겁을 겪지 않고도 법신을 얻게 하시옵니다.
願今得果成寶王　원컨대, 지금 과위를 얻고 보배 왕이 되어
還度如是恒沙衆　이와 같은 항사의 많은 중생을 제도하고자 합니다.
將此深心奉塵刹　이 같은 깊은 마음으로 티끌 같은 세상을 받드는 것
是則名爲報佛恩　이것을 일러 부처님 은혜에 보답하는 것이라 합니다.
伏請世尊爲證明　엎드려 청하나니, 세존께서 증명해주소서.
五濁惡世誓先入　오탁악세에 맹세코 먼저 들어가서
如一衆生未成佛　일체중생을 성불 못하면
終不於此取泥洹　끝내 여기서 열반을 취하지 않으오리다.

大雄大力大慈悲	대력과 대자비의 대웅이시여!
希更審除微細惑	바라건대, 다시 미세한 미혹을 자세히 없애시어
令我早登無上覺	저로 하여금 빨리 위없는 깨달음에 올라
於十方界坐道場	시방계의 도량에 앉게 하소서.
舜若多性可銷亡	순야타(=공)의 성품은 없앨 수 있어도
爍迦囉心無動轉	삭가라(=금강견고)의 마음은 흔들림이 없으리다.

11. 탑주와 만나다

師到達磨塔頭. 塔主云 "長老先禮佛 先禮祖" 師云 "佛祖俱不禮" 塔主云 "佛祖與長老是什麼冤家" 師便拂袖而出.

선사가 달마의 탑[42]에 갔다.

탑주[43]가 말했다.

"장로는 부처님께 먼저 절을 하시겠습니까? 조사께 먼저 절을 하시겠습니까?"

선사가 말했다.

"부처와 조사 모두에게 절하지 않겠소."

탑주가 말했다.

"부처와 조사가 장로와 무슨 원수라도 됩니까?"

선사가 바로 소매를 떨치고 나가버렸다.[44]

---

42 달마의 탑은 하남성河南省 웅이산熊耳山 오판吳坂에 있다.

43 탑주塔主는 선림의 직책으로 탑을 관리하는 사람을 뜻한다. (禪林之職名 守塔者, 불학대사전)

44 이 이야기는 전등록 제12권에서는 다음과 같이 전한다.

師到熊耳塔頭 塔主問 "先禮佛先禮祖" 師曰 "祖佛俱不禮" 塔主曰 "祖佛與長老有
什麼冤家俱不禮" 師無對. (又別擧云 師問塔主 "先禮佛先禮祖" 塔主曰 "祖佛是
什麼人弟子" 師拂袖便去) (내용 동일, 번역은 부록을 참조할 것.)

다만 여기서는 탑주의 말에 임제가 대답이 없었다(師無對)고 하며, 다른 책에서
전하는 것을 아래와 같이 소개하고 있다.
선사가 탑주에게 물었다.
"부처님께 먼저 절합니까? 조사께 먼저 절합니까?"
탑주가 말했다.
"조사와 부처는 누구의 제자입니까?"
선사가 소매를 떨치고 가버렸다.

선문염송집과 조당집에서는 전하지 않는다.
광등록에서는 본서와 동일하게 전한다('達磨塔頭'를 '初祖塔頭'로 전하는 차이만
있을 뿐이다).

12. 용광과 만나다

師行脚時 到龍光. 光上堂 師出問云 "不展鋒鋩 如何得勝" 光據坐.
師云 "大善知識 豈無方便" 光瞪目 云 "嗄" 師以手指云 "這老漢今日敗
闕也"

※밑줄 친 부분의 '云'은 불필요한 단어다.

※瞪(바로 볼 징/쟁/쳉): 바로 보다, 주시하다. 노려보다, 쏘아보다. 눈 똑바로
뜨고 보다. (징)

※嗄(잠길 사, 목멜 애, 먹을 하): (목이) 잠기다. / 목메다. (목이) 막히다.
목메다. (울어서 목이) 쉬다. (애) / 밥을 먹다. 반찬. (하) / (감탄사)
의문이나 반문을 나타냄.

선사가 행각할 때, 용광龍光[45]에게 갔다.

　용광이 상당하자, 선사가 나와 물었다.

　"칼끝도 드러내지 않고, 어떻게 해야 이길 수 있겠습니까?"

　용광이 가만히 앉아 있었다(據坐).[46]

---

45 용광龍光에 관한 자세한 내용은 전하는 것이 없다.

46 거좌(據坐, 가만히 앉아 있었다)와 관련한 것은 아래 【참조】 44를 살펴보기 바란다.

(그러자) 선사가 말했다.

"대선지식이 어찌 방편도 없겠습니까?"

용광이 눈을 똑바로 뜨고, 말했다.

"사(嗄, 목이 메어 나오는 부정확한 소리)!"[47]

선사가 손으로 가리키며 말했다.

"이 노장이 오늘 낭패를 봤구먼."[48]

---

47 '사嗄!'에 대한 용례는 다음과 같다.

問 "如何是說時默" 師云 "淸機歷掌" 進云 "如何是默時說" 師云 "嗄" 進云 "不默不說時如何" 師將棒趁. (운문록)

물었다. "어떤 것이 말할 때 침묵하는 것입니까?"
운문이 말했다. "맑은 기가 손바닥을 지나간다."
말했다. "어떤 것이 침묵할 때 말하는 것입니까?
선사가 말했다. "사嗄!"
말했다. "침묵하지도 않고 말하지도 않을 때는 어떻습니까?
스님이 방망이로 쫓아냈다.

48 이 이야기는 선문염송집 제15권(N.612)에서는 다음과 같이 전한다.

臨濟問龍光 "不展機鋒 如何得勝" 光據坐. 師云 "大善知識 豈無方便" 光乃瞪目曰 "嗄" 師以手指曰 "這老漢今日敗闕也" 便行. (내용 동일, 번역 생략)

여기서는 ①상당上堂의 상황이 없고, ②봉망鋒鋩을 기봉機鋒으로 ③임제가 말을 하고 난 뒤 '바로 갔다(便行)'고 전하는 차이가 있다.

조당집과 전등록에서는 전하지 않는다.
광등록에서는 본서와 동일하게 전한다.

【참조】
44. 거좌(據坐, 가만히 앉아 있었다)

벽암록 제65칙 「외도무문유무外道問佛有無」 편에 다음과 같이 전한다.

[本則과 著語]

擧 外道問佛 "不問有言 不問無言" (雖然不是屋裏人 也有些子香氣 雙劍倚空飛 賴是不問) 世尊良久 (莫謗世尊 其聲如雷 坐者立者皆動他不得) 外道讚歎云 "世尊 大慈大悲 開我迷雲 令我得入" (伶俐漢 一撥便轉 盤裏明珠)外道去後 阿難 問佛 "外道有何所證 而言得入"(不妨令入疑著 也要大家知 錮鏴著生鐵) 佛云 "如世良馬 見鞭影而行" (且道 喚什麼作鞭影 打一拂子 棒頭有眼明如日 要識眞 金火裏看 拾得口喫飯)

외도가 부처님께 물었다.

"유언有言으로도 묻지 않고, 무언無言으로도 묻지 않습니다."

[비록 같은 집 사람은 아니지만 그래도 약간의 향기가 있다. 쌍검이 허공에 의지해 날고 있다. 다행히 묻는 바가 없다.]

세존께서 양구良久하셨다.

[세존을 비방하지 말라. 그 말소리가 마치 우레와 같다. 앉은 사람이나 선 사람이나 모두 다 세존을 움직일 수가 없다.]

외도가 찬탄하면서 말했다.

"대자대비하신 세존이시여, 저의 미혹의 구름을 열어 깨달음에 들게 해주셨습 니다."

[영리하다. 한번 건드리기만 했는데 즉시 구르고 있다. 쟁반 위의 밝은 구슬같이 자재하다.]

외도가 간 뒤에, 아난이 부처님께 물었다.

"외도가 어떤 것을 증득했기에 깨달음에 들었다고 하십니까?"

[사람들로 하여금 아주 의심하게 만든다. 그대들도 알아야 한다. 땜질을 하는데 생철을 쓰고 있다.]

부처님께서 말씀하셨다.

"세간의 양마良馬는 채찍 그림자만 봐도 나아간다."

[자, 말해보라! 어떤 것을 일러서 채찍 그림자라고 하는가? 불자로 한 번 쳤다. 방망이 끝에 눈이 있어서 그 밝기가 해와 같으니, 진금眞金을 알려면 불속에

넣어보아야 한다. 입에다 밥을 쳐 넣어라.〕

〔評唱〕

此事若在言句上 三乘十二分敎 豈是無言句. 或道無言便是 又何消祖師西來作什麼. 只如從上來 許多公案 畢竟如何見其下落. 這一則公案 話會者不少 有底喚作良久 有底喚作據坐 有底喚作默然不對 且喜沒交涉. 幾曾摸索得著來 此事其實 不在言句上 亦不離言句中. 若稍有擬議 則千里萬里去也. 看他外道省悟後方知亦不在此 亦不在彼 亦不在是 亦不在不是. 且道 是箇什麼.

이 일이 만약 언구에 있으면 삼승십이분교에 어찌 언구가 없겠는가? 혹은 무언無言이 바로 그것이라고 한다면, 조사가 왜 서쪽에서 왔겠는가? 그건 그렇고, 예로부터 전해온 그 많은 공안들을 필경 어떻게 해야 그 낙처落處를 볼 수 있겠는가? 이 일칙 공안을 말하는 이가 적지 않은데, 어떤 이는 양구(良久, 오랜 시간 말이 없음)라고 하고, 어떤 이는 거좌(據坐 가만히 앉아 있는 것)라 하고, 어떤 이는 "묵연부대(默然不對, 침묵하고 대답하지 않는 것)라고 하는데, 이는 전혀 관계가 없다. 그렇게 해서 몇 사람이나 더듬어 찾았는가?
이 일은 사실 언구에 있지도 않고, 또한 언구를 떠나서 있지도 않다. 만약 조금이라도 망설이고 주저하면 즉시 천리만리 멀어진다. 저 외도를 보라. 깨달은 뒤에 바야흐로 여기에 있지도 않고, 또한 저기에 있지도 않으며, 또한 옳음에도 있지 않고, 옳지 않음에도 있지 않다는 것을 알게 된 것이다.
자, 말해보라! 이것이 무엇인가?

양구良久: 선림의 용어로 원래 뜻은 꽤 긴 시간을 뜻하는데, 선림에서는 무언무어의 상태로 가리키는 것으로 바뀌었다. 스승이 학인을 제접할 때, 학인이 의문을 꺼내거나, 자기의 견해를 드러내거나, 스승의 문제에 회답하면 스승은 양구의 고요한 태도로 인가나 혹은 반대를 표시한다. (禪林用語 原意爲許久之時間 於禪林中轉指無言無語之狀態 師家接引學人時 學人提出疑問 或呈上自己之見解 或答覆其師之問題 師家常以良久之靜默態度來表示認可或反對, 불광대사전)
묵연默然: 유마회상에서 불이법문을 드러낸 것으로 31성인이 각자 불이의 법상

을 말했지만, 문수는 언설이 없는 것이 불이법문이라고 말하고, 유마는 최후에 침묵하고 말이 없었다. (維摩會上顯不二法門 三十一聖 各說不二之法相 文殊說無言無說 是爲不二法門 維摩於最後默然無言, 불학대사전)

13. 평화상과 만나다

到三峯. 平和尙問曰 "什麼處來" 師云 "黃蘗來" 平云 "黃蘗有何言句" 師云 "金牛昨夜遭塗炭 直至如今不見蹤" 平云 "金風吹玉管 那箇是知音" 師云 "直透萬重關 不住淸霄內" 平云 "子這一問太高生" 師云 "龍生金鳳子 衝破碧琉璃" 平云 "且坐 喫茶" 又問 "近離甚處" 師云 "龍光" 平云 "龍光近日如何" 師便出去.

※ 塗炭(도탄) : 진흙탕에 빠지고 숯불에 탄다는 뜻.

※ 金風(금풍) : 가을바람.

※ 衝破(충파) : 돌파하다. 타파하다. / 대질러서 쳐부숨.

삼봉三峯에 갔다. 평화상平和尙[49]이 물었다.

"어디서 오는가?"

선사가 말했다.

"황벽에서 옵니다."

평화상이 말했다.

---

[49] 평화상平和尙에 관한 자세한 내용은 전하는 것이 없다.

"황벽에게 무슨 말이 있던가?"

선사가 말했다.

"금빛 소가 어젯밤 도탄에 빠져 지금까지도 자취를 볼 수 없습니다."

평화상이 말했다.

"가을바람에 옥피리를 부니, 누가 (이) 소리를 알겠는가?"

선사가 말했다.

"만 겹의 관문을 바로 꿰뚫어 맑은 하늘에도 머물지 않습니다."

평화상이 말했다.

"그대의 이 한 마디 물음이 아주 대단하구먼."

선사가 말했다.

"용이 금빛 봉황을 낳아 푸른 유리를 깨뜨려버렸습니다."[50]

평화상이 말했다.

"자, 앉아서 차나 한 잔 들게나."

(그리고는) 또 물었다.

"최근에 어디서 왔는가?"

선사가 말했다.

"용광에서 왔습니다."

평화상이 말했다.

"용광은 요즘 어떻던가?"

선사가 바로 나가버렸다.[51]

---

50 광등록에서는 "용이 금빛 봉황을 낳아 푸른 물결(파도)의 흐름을 깨뜨렸습니다 (龍生金鳳子 衝破碧波流)"라고 전한다.

51 이 이야기는 선문염송집, 조당집, 전등록에서는 전하지 않는다.

14. 대자와 만나다

到大慈 慈在方丈內坐. 師問 "端居丈室時如何" 慈云 "寒松一色千年別
野老拈花萬國春" 師云 "今古永超圓智體 三山鎖斷萬重關" 慈便喝 師
亦喝 慈云 "作麼" 師拂袖便出.

대자大慈[52]에게 갔는데, (그때) 대자가 방장실에 앉아 있었다.
선사가 말했다.

---

[52] 大慈寰中(대자환중, 780~862)에 관해 전등록 제9권 '항주 대자산 환중 선사'
편에 다음과 같이 전한다.

杭州大慈山寰中禪師蒲坂人也 姓盧氏. 頂骨圓聳其聲如鍾. 少丁母憂廬于墓所
服闋 思報罔極. 於并州童子寺出家 嵩嶽登戒習諸律學 後參百丈受心印 辭往南
嶽 常樂寺結茅于山頂.

항주杭州 대자산大慈山 환중寰中 선사는 포판 사람으로 성은 노盧씨다. 정수리
뼈가 둥글게 솟았고, 음성이 종소리 같았다. 어릴 때 부모를 잃자 무덤 곁에
초막을 짓고 상복을 입은 채 망극한 은혜에 보답하려고 했다. 병주并州 동자사童
子寺에서 출가하고, 숭악嵩嶽에서 계를 받았으며 여러 율학을 배웠다. 후에
백장을 참례하여 심인을 받았다. 하직을 하고 남악 상주사로 가서, 산꼭대기에
띠집을 지었다.

"방장실에 단정히 (앉아) 계실 때 어떻습니까?"

대자가 말했다.

"찬 소나무[53]의 한결같은 색은 천년토록 빼어나고,

시골 노인이 꽃을 드니 온 나라가 봄이로다."

선사가 말했다.

"예나 지금이나 대원경지의 본체를 영원히 뛰어넘었지만

세 개의 산[54]은 만 겹의 관문으로 잠겨 있도다."

대자가 "할!" 했다.

선사 역시 "할!" 했다.

대자가 말했다.

"어떤가?"

선사가 소매를 떨치고 바로 나가버렸다.[55]

---

53 한송(寒松, 찬 소나무)은 한겨울 소나무를 뜻한다.

54 여기서의 삼산三山은 신선이 산다는 봉래산蓬萊山, 방장산方丈山, 영주산瀛洲山이
   아니다. 불법을 이해하는 그 어떤 고정관념의 틀을 상징적으로 말하는 것이다.

55 이 이야기는 선문염송집, 조당집 전등록에서는 전하지 않는다.
   광등록에서는 본서와 동일하게 전한다.

15. 화엄과 만나다

到襄州華嚴 嚴倚拄杖作睡勢. 師云 "老和尙瞌睡作麼" 嚴云 "作家禪
客 宛爾不同" 師云 "侍者 點茶來 與和尙喫" 嚴乃喚維那 "第三位安排這
上座"

※瞌睡(갑수): 말뚝잠을 자다. 졸다. 졸리다.

양주의 화엄華嚴[56]에게 갔는데, 화엄이 주장자에 기대 졸고 있는 자세를
취하였다.
　선사가 말했다.
　"노화상께서 졸고 계시면 어떻게 합니까?"
　화엄이 말했다.
　"작가선객이라 완연하게 다르구먼."
　선사가 말했다.
　"시자야! 차를 달여 화상께서 드시도록 해라."

---

56 화엄에 관해 알려진 내용이 없다.
　양주襄州는 호북성에 위치한다.

화엄이 유나를 불러 말했다.

"세 번째 자리에 이 상좌를 모셔라."[57]

---

[57] 세 번째 자리에 앉히라(第三位安排這上座)는 말과 관련하여 무문관 제25칙에서는 다음과 같이 전한다.

仰山和尚夢見 往彌勒所 安第三座. 有一尊者 白槌云 "今日當第三座說法" 山乃 起白槌云 "摩訶衍法 離四句絶百非 諦聽諦聽"

앙산(仰山, 앙산혜적)화상이 꿈에 미륵처소에 가서 (자신이) 제3좌에 앉아 있는 것을 보았다.

어떤 존자가 백추를 치며 말했다.

"오늘은 제3좌가 설법을 해야 합니다."

(그러자) 앙산이 일어나 백추를 치고 말했다.

"마하연(대승)법은 사구를 떠나고 백비를 끊었으니 자세히 듣고, 자세히 들어라."

참고로 제3위를 후당수좌後堂首座라고도 한다.

이 이야기는 선문염송집, 조당집 전등록에서는 전하지 않는다.

광등록에서는 동일하게 전한다.

16. 취봉과 만나다

到翠峯. 峯問 "甚處來" 師云 "黃蘗來" 峯云 "黃蘗有何言句 指示於人"
師云 "黃蘗無言句" 峯云 "爲什麽無" 師云 "設有 亦無擧處" 峯云 "但擧看"
師云 "一箭過西天"

취봉翠峯[58]에게 갔다.

취봉이 물었다.

"어디서 오는가?"

선사가 말했다.

"황벽에서 왔습니다."

취봉이 말했다.

"황벽은 무슨 말로 사람들에게 가리키는가?"

선사가 말했다.

"황벽은 말이 없습니다."

취봉이 말했다.

"어째서 없는가?"

---

[58] 취봉에 관해 알려진 것이 없다.

선사가 말했다.

"설사 있더라도 역시 거론할 것이 없습니다."

취봉이 말했다.

"그렇더라도 (한 번) 거론해봐라."

선사가 말했다.

"화살 하나가 서천으로 지나가버렸습니다."[59]

---

[59] 전과서천箭過西天과 관련한 전례로 전등록 제12권, '목주 도명' 편에 다음과 같이 전한다.

問 "如何是觸途無滯底句" 師云 "我不恁麼道" 云 "師作麼生道" 師云 "箭過西天十萬里 向大唐國裏等候"

어떤 이가 물었다.

"어떤 것이 하는 것마다 막히지 않는 말입니까?"

목주가 말했다.

"나는 그렇게 말하지 않겠다."

스님이 말했다.

"선사께서는 어떻게 말씀하시겠습니까?"

목주가 말했다.

"화살이 서천 10만 리를 지나 대당국을 향해 오기를 기다린다."

'箭過西天', '箭過新羅'는 자취가 없음을 표현하는 말이다.

이 이야기는 선문염송집 조당집, 전등록에서는 전하지 않는다.

광등록에서는 본서와 동일하게 전한다.

17. 상전과 만나다

到象田. 師問 "不凡不聖 請師 速道" 田云 "老僧秖與麼" 師便喝云 "許多
禿子 在這裏覓什麼椀"

※椀(주발 완) : 놋쇠로 만든 밥그릇.

상전象田[60]에게 갔다.

　선사가 물었다.

　"범부도 아니고 성인도 아닌 것을 청컨대 스님께서는 빨리 말해주십
시오."

　상전이 말했다.

　"노승은 다만 이럴 뿐이네."

　선사가 "할!" 하고, 말했다.

　"머리나 깎은 많은 놈들이 여기서 뭔 밥그릇을 찾고 있는 것이야!"[61]

---

60 상전에 관한 알려진 내용이 없다.

61 이 이야기는 선문염송집 조당집, 전등록에서는 전하지 않는다.
　광등록에서는 본서와 동일하게 전한다.

18. 명화와 만나다

到明化. 化問 "來來去去 作什麼" 師云 "秖徒踏破草鞋" 化云 "畢竟作麼
生" 師云 "老漢話頭也不識"

명화明化[62]에게 갔다.

　명화가 물었다.

　"왔다 갔다 하며, 뭘 하는 건가?"

　선사가 말했다.

　"다만 부질없이 짚신만 닳게 할 뿐입니다."

　명화가 말했다.

　"필경에는 어떠한가?"

　선사가 말했다.

　"이 늙은이가 말귀도 모르는구먼!"[63]

---

19. 노파를 만나다

往鳳林 路逢一婆. 婆問 "甚處去" 師云 "鳳林去" 婆云 "恰値鳳林不在"
師云 "甚處去" 婆便行. 師乃喚婆. 婆回頭 師便打.

봉림鳳林[64]에게 가다가, 길에서 한 노파[65]를 만났다.

　노파가 물었다.

　"어디 가시오?"

　선사가 말했다.

　"봉림에게 갑니다."

　노파가 말했다.

　"때마침 봉림은 (자리에) 없습니다."

　선사가 말했다.

　"어디 가셨소?"

64　봉림에 관해 알려진 내용이 없다.

65　선사들의 행각 중에 노파를 만나 점검하는 이야기가 종종 있다. 예를 들면
　　덕산이 만난 떡을 팔던 노파, 조주가 오대산 가는 길에서 만난 노파 등이
　　있다.

(그러자) 노파가 바로 가버렸다.

선사가 이내 "노파여!" 하고 불렀다.

노파가 고개를 돌렸다.

선사가 바로 쳤다.[66]

---

66 이 이야기는 선문염송집 조당집, 전등록에서는 전하지 않는다.
광등록에서는 본서와 동일하게 전한다.

20. 봉림과 만나다

到鳳林 林問 "有事相借問 得麼" 師云 "何得剜肉作瘡" 林云 "海月澄無
影 遊魚獨自迷" 師云 "海月旣無影 遊魚何得迷" 鳳林云 "觀風知浪起
翫水野帆飄" 師云 "孤輪獨照江山靜 自笑一聲天地驚" 林云 "任將三寸
輝天地 一句臨機試道看" 師云 "路逢劍客須呈劍 不是詩人莫獻詩" 鳳
林便休. 師乃有頌 "大道絶同 任向西東 石火莫及 電光罔通"

※借問(차문): (글에서) 남에게 모르는 것을 물음. 상대자가 없이 허청대고
　가정하여 물음. / (존칭) 말씀 좀 여쭙겠는데요.

※剜(깎을 완): 깎다. 도려내다.

※翫(희롱할 완): 희롱하다. 장난하다. 가지고 놀다. 깔보다. 탐하다. 구경하
　다. 욕심내다. 익히다. 연습하다. 노리개. 장난감.

봉림鳳林에게 갔다.

　봉림이 물었다.

　"물어 볼 것이 있는데, 괜찮겠소?"

　선사가 말했다.

　"뭐 하러 긁어 부스럼을 내려 하십니까?"[67]

봉림이 말했다.

"바다에 뜬 달은 맑아서 그림자도 없는데,

물속에서 노는 고기가 홀로 스스로를 미혹한다."[68]

선사가 말했다.

"바다에 뜬 달은 (맑아서) 그림자도 없는데,

물속에서 노는 고기가 어찌 미혹되리오."

---

67 유마경 제자품에 다음과 같이 전한다.

唯 富樓那 先當入定 觀此人心 然後說法. 無以穢食置於寶器. 當知是比丘心之所念. 無以琉璃同彼水精. 汝不能知衆生根源 無得發起以小乘法. 彼自無瘡 勿傷之也. 欲行大道 莫示小徑. 無以大海 內於牛跡. 無以日光 等彼螢火.

바라건대, 부루나富樓那여! 먼저 정정에 들어 이 사람의 마음을 관해야 하고, 그런 다음 법을 설해야 합니다. 더러운 음식(穢食)을 보배로운 그릇(寶器)에 담지 마시오. 이 비구가 마음으로 생각하고 있는 것을 알아야 합니다. 유리琉璃를 저 수정水精과 같다고 하지 마십시오. 그대는 중생의 근원(根源, 근기)을 알지 못하니 소승법小乘法으로 일으켜서는 안 됩니다. 저들 자신에게는 상처가 없으니 상처를 내지 마십시오. 대도大道를 행하고자 하면 작은 길(小徑)을 보지 마십시오. 대해大海를 소의 발자국(牛跡)에 들이지 마시오. 햇빛을 저 반딧불(螢火)과 같게 하지 마시오.

68 전등록 제15권, '협산 선회 선사' 편에 다음과 같이 전한다.

僧問 "如何是道" 師曰 "太陽溢目萬里不掛片雲" 曰 "如何得會" 師曰 "清淨之水游魚自迷"

어떤 스님이 물었다.

"어떤 것이 도입니까?"

"태양이 눈에 넘치니 만 리에 조각구름 한 점 걸리지 않는다."

"어떻게 압니까?"

"청정한 물에 노니는 물고기가 제 스스로를 미혹한다."

봉림이 말했다.

"바람을 살펴 물결이 일어나는 것을 알고,

물을 가늠하여 작은 배에 돛을 올린다."

선사가 말했다.

"외로운 달 홀로 비춰 강산은 고요한데,

스스로 웃는 한 소리에 천지가 놀란다."

봉림이 말했다.

"세 치 혀로 천지를 비추는 것은 마음대로 하더라도,

기연에 임해서 한 마디를 시험 삼아 말해보라."[69]

---

69 봉림은 앞에 "孤輪獨照江山靜 自笑一聲天地驚"을 임제의 말로 인정하지 않은
것 같다. 그 근거로 조당집 제4권, '약산 화상' 편에 다음과 같이 전한다.

師因一夜月明上藥山頂 中夜而大笑一聲 澧陽東來 去藥山九十里 澧陽人其夜同
聞笑聲 盡曰 "是東家聲" 來處展轉尋問 互東推 直至藥山 徒衆曰 "夜聞和尙山頂
笑" 李相公讚曰 "選得幽居愜野情 終年無送亦無迎 有時直上孤峯頂 月下披雲笑
一聲"

선사가 어느 달 밝은 밤에 약산에 올라 한밤중에 한바탕 크게 웃었는데, (그
소리가) 예양澧陽 동쪽에서 와서 약산 90리까지 들렸다. 예양 사람들이 그날
밤 모두 똑같이 웃음소리를 듣고는, 모두 말했다.
"이는 동쪽 집의 소리다."
소리가 난 곳을 차츰차츰 찾으면서 서로 동쪽으로 옮기면서 약산에 이르렀다.
대중들이 말하였다.
"지난밤에 화상께서 산마루에서 웃으시는 소리를 들었다."
이에 상공 이고가 다음과 같이 찬탄하였다.

選得幽居愜野情 그윽하게 사는 것 택해 소박한 정취에 만족하고
終年無送亦無迎 해가 다하도록 보내는 것도 없고, 맞이하는 것도 없네.
有時直上孤峰頂 때로 곧장 고봉정상에 올라

선사가 말했다.

"길에서 검객을 만나면 모름지기 검을 바치고,

시인이 아니면 시를 주지 말라."[70]

(그러자) 봉림이 바로 쉬었다.

선사가 게송을 했다.

"대도는 같은 것도 끊어지고

마음대로 동서를 향하네.

석화石火도 미치지 못하고

전광電光도 통하지 못하네."[71]

月下披雲笑一聲　달 아래 구름 헤치고 한바탕 웃네."

[70] 아래 시의 일부분으로 저자는 알려져 있지 않다.

路逢劍客須呈劍　길에서 검객을 만나면 모름지기 검을 바치고

不遇詩人莫獻詩　시인이 아니면 시를 주지 말라.

愚鈍猛犬逐土塊　우둔한 맹견은 흙덩이를 좇지만

怜悧獅子應咬人　영리한 사자는 사람을 문다.

[71] 이 이야기는 선문염송집 제15권(N.613)에서도 동일하게 전한다.

臨濟到鳳林 林問 "有事相借問得麼" 師云 "何得剜肉作瘡" 林云 "海月澄無影
遊魚獨自迷" 師云 "海月旣無影 遊魚何得迷" 林云 "觀風看浪起 翫水野帆飄"
師云 "孤輪獨照江山靜 自笑一聲天地驚" 林云 "任將三寸輝天地 一句臨機試道
看" 師云 "路逢釖客須呈釖 不是詩人莫獻詩" 林便休 師乃有頌 "大道絶同 任向西
東 石火莫及 電光罔通" (내용 동일, 번역 생략)

여기서는 ①觀風知浪起 觀風看浪起(바람을 살펴 물결이 일어나는 것을 보고)로
전하고, ②電光罔通을 電光迋通(번갯불도 통하기 어렵다, 迋: 어지러운 모양 광)으
로 전하는 차이가 있다.

❀

潙山問仰山 "石火莫及 電光罔通 從上諸聖 將什麼爲人" 仰山云 "和尚
意作麼生" 潙山云 "但有言說 都無寔義" 仰山云 "不然" 潙山云 "子又作
麼生" 仰山云 "官不容針 私通車馬"

위산이 앙산에게 물었다.

"(임제가 말하기를) 석화도 미치지 못하고 전광도 통하지 못한다고
했는데, (그렇다면) 예로부터 모든 성인은 무엇을 가지고 사람을 위했
는가?"

앙산이 말했다.

"화상의 뜻은 어떠하십니까?"

위산이 말했다.

"단지 말만 있을 뿐, 전혀 참된 뜻이 없다."[72]

앙산이 말했다.

"그렇지 않습니다."

위산이 말했다.

"그대는 어떠한가?"

전등록과 조당집에서는 전하지 않는다.

광등록에서는 본서와 동일하게 전한다.

[72] 능엄경 제3권에 자주 나오는 표현이다.

(중략) 皆是識心 分別計度 但有言說 都無實義

모두가 식심으로 분별하고 계탁하는 것이어서 단지 말만 있을 뿐, 전혀 진실
된 뜻(實義)이 없다.

앙산이 말했다.

"공적으로는 바늘도 용납하지 않지만, 사적으로는 수레나 말도 통합니다."[73]

---

73 이 이야기에 대한 위산과 앙산의 대화 또한 선문염송집 제15권(N.613)에서도 동일하게 전한다.

또한 광등록에서도 동일하게 전한다.

21. 금우와 만나다

到金牛. 牛見師來 橫按拄杖 當門踞坐. 師以手敲拄杖三下 却歸堂中
第一位坐. 牛下來見 乃問 "夫賓主相見 各具威儀 上座從何而來 太無
禮生" 師云 "老和尙道什麼" 牛擬開口 師便打. 牛作倒勢 師又打. 牛云
"今日不著便"

※ 踞坐(거좌) : 걸터앉다. / 쪼그리고 앉다.
※ 不著(불착) : 할 수 없다. … 하지 못하다. … 하지 마라.

금우金牛[74]에게 갔다.

금우가 선사가 오는 것을 보고, 주장자를 가로로 누이고 문 앞에
걸터앉았다.

선사가 손으로 주장자를 세 번 두드리고, 승당으로 돌아가 첫 번째
자리(第一位坐, 수좌의 자리)에 앉았다.

금우가 내려와서 보고, 이내 물었다.

---

74 진주금우(鎭州金牛, 생몰연대 미상) : 당대의 스님. 하북성 진주 출신. 마조도일의
   법사法嗣. (전게서, p.632)

"무릇 손님과 주인이 서로 만나면 각기 위의를 갖추어야 하거늘,[75]
상좌는 어디서 왔기에 예의라고는 조금도 없는 것인가!"

선사가 말했다.

"노화상께서는 (지금) 무슨 말씀을 하시는 것입니까?"

금우가 입을 떼려 하자, 선사가 쳤다.

금우가 넘어지는 자세를 취하자, 선사가 또 쳤다.

금우가 말했다.

"오늘은 편치 못하다."[76]

---

[75] 각구위의各具威儀와 관련해서는 아래 【참조】 45를 살펴보기 바란다.

[76] 이 이야기는 선문염송집 제8권(N.283)에서는 다음과 같이 전한다.

金牛因臨濟來 乃橫按拄杖 方丈前坐. 濟遂拊掌三下 歸堂去. 師却下去人事了
便問 "賓主相見 各具軌儀 上座何得無禮" 濟云 "道什麼" 師擬開口 濟便打一坐
具. 師作倒勢 濟又打一坐具 師曰 "不著便" 遂歸方丈.

금우가 임제가 오자, 주장자를 가로로 누이고 방장실 앞에 앉았다.
임제가 손뼉을 세 번 치고, 승당으로 돌아갔다.
금우가 도리어 내려가서 인사를 하고, 바로 물었다.
"손님과 주인이 만나면 각기 법도와 예의가 있어야 하거늘, 상좌는 어째서
무례한 것인가?"
임제가 말했다.
"무슨 말씀이십니까?"
금우가 입을 떼려 하자, 임제가 좌복으로 한 대 쳤다.
금우가 넘어지는 자세를 취하자, 임제가 또 좌복으로 한 대 쳤다.
금우가 말했다. "편치 못하다."
그리고는 방장실로 돌아갔다.

여기서는 임제가 ①임제가 주장자를 세 번 친 것이 아니라 손뼉을 세 번

✿

潙山問仰山 "此二尊宿 還有勝負也無" 仰山云 "勝卽總勝 負卽總負"

위산이 앙산에게 물었다.

"이 두 존숙에게 이기고 짐이 있었는가?"

앙산이 말했다.

"이겼다면 모두가 이긴 것이고, 졌다면 모두가 진 것입니다."[77]

친 것으로, ②제1좌에 앉았다는 표현은 없고, ③임제가 금우를 칠 때 좌복을 사용한 것으로 전하며, ④마지막에 금우가 방장실로 돌아간 것으로 이야기를 맺고 있다.

조당집과 전등록에서는 전하지 않는다.

광등록에서는 본서와 동일하게 전한다.

[77] 이 이야기는 선문염송집 제8권(N.283)에서는 다음과 같이 전한다.

潙山擧此話 問仰山 "此二尊宿 還有勝劣也無" 仰山云 "勝卽總勝 劣卽總劣" (내용 동일, 번역 생략)

다만 여기서는 부負를 열劣로 전하는 차이가 있을 뿐이다.

광등록에서는 본서와 동일하게 전한다.

【참조】

45. 각구위의各具威儀(전등록 제5권, '온주 영가 현각 선사' 편)

初到振錫携瓶 繞祖三匝 祖曰 "夫沙門者具三千威儀八萬細行 大德自何方而來 生大我慢" 師曰 "生死事大 無常迅速" 祖曰 "何不體取無生 了無速乎" 曰 "體卽無 生 了本無速" 祖曰 "如是如是" 于時大衆無不愕然. 師方具威儀參禮 須臾告辭 祖曰 "返太速乎" 師曰 "本自非動 豈有速耶" 祖曰 "誰知非動" 曰 "仁者自生分別"

祖曰 "汝甚得無生之意" 曰 "無生豈有意耶" 祖曰 "無意誰當分別" 曰 "分別亦非意" 祖歎曰 "善哉善哉 少留一宿" 時謂一宿覺矣.

(영가가 조계에) 처음 도착해, 석장을 떨치고 병을 손에 든 채 조사(육조 혜능)를 세 번 돌자, 6조가 말했다.

"무릇 사문이라면 모름지기 3천 가지 위의와 8만 가지 세행을 갖추어야 하는데, 대덕은 어디서 왔기에 대아만大我慢을 내는가?"

선사가 말했다. "생사의 일이 크고 무상은 신속합니다."

6조가 말했다. "어째서 무생無生을 체득해서 신속함이 없음을 깨닫지 못하는가?"

선사가 말했다. "체體에는 생이 없고 깨달음에는 본래 신속함이 없습니다."

6조가 말했다. "그렇지, 그렇지!"

이때, 대중이 놀라지 않은 사람이 없었다.

선사가 그제야 비로소 위의를 갖추어 절을 하고, 이내 하직을 고하였다.

6조가 말했다. "돌아감이 너무 빠르지 않은가?"

선사가 말했다. "본래 스스로 움직임이 없거늘, 어찌 빠름이 있겠습니까?"

6조가 말했다. "누가 움직이지 않음을 아는가?"

선사가 말했다. "스님께서 스스로 분별을 내십니다."

6조가 말했다. "그대는 무생無生의 뜻을 깊이 터득했구나."

선사가 말했다. "생겨남이 없는데 어찌 뜻이 있겠습니까?"

6조가 말했다. "뜻이 없다면 누가 분별하는가?"

선사가 말했다. "분별하더라도 역시 뜻이 아닙니다."

6조가 탄복하면서 말했다. "훌륭하다, 훌륭해! 잠시 하루라도 묵었다 가라."

22. 임종과 부촉

師臨遷化時據坐 云 "吾滅後 不得滅却吾正法眼藏" 三聖出云 "爭敢滅 却和尙正法眼藏" 師云 "已後有人問 爾向他道什麽" 三聖便喝. 師云 "誰知 吾正法眼藏 向這瞎驢邊滅却" 言訖端然示寂.

※端然(단연): 바르게 정돈된 모양. (형용사) 단정하다.
※示寂(시적): 보살이나 높은 승려의 죽음.

선사가 천화(遷化, 입적)하려 할 때 자리에 가만히 앉아 있다가 말했다.
"내가 죽은 뒤에 나의 정법안장[78]이 멸각되어서는 안 된다."

---

78 정법안장正法眼藏과 관련하여 선문염송집 제1권(N.5)에 다음과 같이 전한다.
世尊在靈山說法 天雨四花 世尊遂拈花示衆 迦葉微笑 世尊云 "吾有正法眼藏 咐囑摩訶迦葉"(一本 世尊靑蓮目顧視迦葉 迦葉微笑)

세존이 영산에서 설법을 하고 있는데, 하늘에서 사방으로 꽃이 내렸다.
세존이 그 꽃을 들어 대중에게 보이자, 가섭이 웃었다.
세존이 말했다.
"나에게 정법안장이 있는데, 마하가섭에게 부촉하노라."
〔어떤 책에는 '세존이 푸른 연꽃 같은 눈으로 가섭을 돌아보니, 가섭이 웃었다'고

삼성三聖[79]이 나와 말했다.

"어찌 감히 화상의 정법안장을 멸각할 수 있겠습니까?"

선사가 말했다.

"이후에 어떤 사람이 물으면, 너는 그에게 뭐라 말할 것이냐?"

삼성이 "할!" 했다.

선사가 말했다.

"누가 알았겠는가? 나의 정법안장이 이 눈 먼 나귀에게 멸각되리란 것을!"

말을 마치고, 단정히 (앉아) 입적하였다.[80]

적고 있다.]

79 삼성혜연(三聖慧然, 생몰연대 미상): 임제의현의 법사. 의현의 법을 얻은 후 여러 총림에 역참한 뒤, 진주 삼성원에 머묾. (전게서, p.337)

80 이 이야기는 선문염송집 제16권(N.635)에서는 다음과 같이 전한다.

臨濟遷化時 三聖爲院主. 師上堂云 "吾去世後 不得滅却吾正法眼藏" 聖云 "爭敢滅却和尚正法眼藏" 師云 "忽有人問 你作麼生道" 聖便喝. 師云 "誰知 吾正法眼藏 向者瞎驢邊滅却" (내용 동일, 번역 생략)

여기서는 ①당시에 삼성이 원주의 소임을 맡고 있었고, ②삼성과 나눈 이야기는 입적하기 직전 상당上堂해서 말씀한 것으로 전한다.

조당집에는 선사의 임종과 관련한 이야기가 전하지 않는다.

전등록 제12권에서는 다음과 같이 전한다.

師唐咸通七年丙戌四月十日 將示滅乃說傳法偈曰 "沿流不止問如何 眞照無邊說似他 離相離名如不稟 吹毛用了急須磨" 偈畢坐逝.

선사가 당唐 함통 7년 병술 4월 10일 입멸을 보이려 할 때, 전법게를 했다.

沿流不止問如何　흐름을 따라 그치지 않을 때 어떤가 하고 물으면
眞照無邊說似他　참된 비춤은 끝이 없다고 그에게 말해줘라.
離相離名如不稟　모습도 여의고 이름도 여의어서 본래 줄 수 없으니
吹毛用了急須磨　취모검을 다 썼으면 급히 갈아 두어라."
게를 마치고, 앉은 채 입적하였다.

여기서는 삼성과의 대화는 전하지 않고, 전법게(임종게)만을 전한다.
참고로 벽암록 제49칙 평창에서는 상기의 이야기를 전하면서 다음과 같이
말하고 있다.
"삼성은 임제의 진정한 자식이어서 이와 같이 주고받을 수 있었던 것이다(他是臨
濟眞子 方敢如此酬唱)."

광등록에서는 ①천화할 무렵 상당법문으로 정법안장을 멸하지 말 것을 당부하
였고, ②이에 삼성이 대중 가운데서 나와 이에 관한 문답을 하였으며, ③삼성과
의 문답이 끝난 뒤 바로 이어서 게송(상기 전등록 12권)을 하였고, ④게송을
마치고 법좌에서 단정하게 앉아 천화한 것(法座上端然示寂)으로 전한다.

23. 선사의 전기[81]

師諱義玄 曹州南華人也. 俗姓邢氏 幼而穎異 長以孝聞. 及落髮受具
居於講肆 精究毘尼 博賾經論. 俄而歎曰 "此濟世之醫方也 非教外別
傳之旨" 卽更衣游方.

※邢(성씨 형): 성의 하나.
※講肆(강사): 강원. / 肆(방자할 사): 멋대로 하다. 점포. 펴다.
※賾(깊숙할 색): 깊숙하다. 심오하다. 도리.
※俄(아까 아): 아까. 갑자기. 잠시.
※更衣(경의): (옷을) 갈아입다.

선사의 휘(諱, 법명)는 의현義玄이고, 조주曹州 남화南華 사람이다.
속성은 형邢씨이고, 어려서 남달리 빼어났으며, 커서도 효성이 자자했
다. 머리를 깎고 구족계를 받고는 강원에 머물면서 비니(毘尼, 율장,
계율)를 정밀하게 연구하였으며, 경론에도 두루 심오하였다.

---

81 본 내용을 탑기塔記로 전하는 경우도 있다(이 주장은 『고존숙어록古尊宿語錄』을
   근거로 한 것이다). 역자는 본 내용은 당시 삼성혜연이 어록을 편집하면서 사형인
   진주 보수 소 화상에게 선사의 전기를 청한 것으로 이해하였다.

(그러다가, 어느 날) 갑자기 탄식하며 말하기를 "이것은 세상을 구제하는 처방이지, 교외별전의 뜻은 아니다"고 하고, 곧장 옷을 갈아입고[82] 행각을 하였다.

❀

首參黃檗 次謁大愚 其機緣語句 載于行錄. 旣受黃檗印可 尋抵河北鎭州城東南隅 臨潭沱河側小院住持. 其臨濟因地得名. 時普化先在彼 佯狂混衆 聖凡莫測. 師至卽佐之 師正旺化 普化全身脫去. 乃符仰山小釋迦之懸記也.

※佯狂(양광): 거짓으로 꾸며서 미친 체함, 또는 그렇게 하는 짓.
※懸記(현기): 부처가 미래의 일에 대하여 미리 말하여 둔 일.

맨 먼저 황벽黃檗을 참례하고, 다음에 대우大愚를 뵈었는데, 그 기연어구機緣語句가 행록行錄에 실려 있다.

황벽으로부터 인가印可를 받고서 얼마 되지 않아 하북河北의 진주성鎭州城 동남쪽 호타滹沱 강변의 조그마한 절에 주지로 머물렀다. 임제臨濟는 지명 때문에 얻은 이름이다.

그때 보화普化가 먼저 그곳에 와서 거짓으로 미친 척하면서 대중들과 섞여 살았는데, 성인인지 범부인지 (아무도) 알 수가 없었다. 선사가 도착하자 바로 도왔는데, 선사가 바로 왕성하게 교화를 할 때 보화는 전신탈거全身脫去 하였다. 이는 소석가小釋迦 앙산仰山[83]의 예언에 부합

---

82 당시 일반승과 선승의 복색이 달랐다고 한다.

하는 것이었다.

✿

適丁兵革 師卽棄去. 太尉默君和 於城中 捨宅爲寺 亦以臨濟爲額 迎師
居焉. 後拂衣南邁至河府 府主王常侍 延以師禮. 住未幾 卽來大名府
興化寺 居于東堂.

※適丁(적정): 마침 ～을 만나다.
※額(이마 액): 이마. 현판.
※拂衣(불의)＝拂袖(불수): 옷소매를 떨치다.

마침 난리(兵革, 전쟁)가 나서 선사가 (주지 소임을) 그만두고 떠났다.
　태위太尉 묵군화默君和[84]가 성안에 있는 자기 집을 희사해 절로 만들
고, 또한 임제로 현액懸額을 하고 선사를 맞이하여 머물렀다.
　후에 옷소매를 떨치며 남쪽을 지나 하부河府에 이르렀는데, 부주府主
왕상시王常侍가 스승의 예로 모셨다.
　머문 지 얼마 되지 않아 대명부大名府 홍화사興化寺로 와서 동당東堂

---

83 어느 날 한 범승梵僧이 "특별히 동토(東土, 중국)에 와서 문수를 뵈려 했는데,
　도리어 소석가를 만났다(特來東土禮文殊 卻遇小釋迦)"는 말에 '앙산 소석가仰山小
　釋迦'라 불리게 되었다. (중국역대불교 인명사전, '혜적慧寂' 편 / 성철스님의 임제록
　평석, p.578)

84 太尉(태위): 옛날 무관의 최상위로, 승상丞相과 비등한 벼슬자리. 후한後漢 이후
　삼공三公의 하나가 됨.
　묵군화默君和에 대해서는 알려진 내용이 없다.

에 머물렀다.

✿

師無疾 忽一日 攝衣據坐 與三聖問答畢 寂然而逝. 時唐咸通八年丁亥
孟陬月十日也. 門人以師全身 建塔于大名府西北隅. 勅諡慧照禪師
塔號澄靈. 合掌稽首 記師大略 住鎭州保壽 嗣法小師 延沼謹書.

※咸通(함통): 당나라 17대 의종懿宗 이최李漼의 연호(860~874).
※孟陬(맹추): 음력 정월(＝맹춘孟春).

선사는 병이 없었는데, 홀연히 하루는 옷깃을 여미고 자리에 앉아
삼성(三聖, 삼성혜연)과 문답을 마치고 입적하였다. 그때가 당나라
함통咸通 8년, 정해(867년) 음력 정월 10일이었다.[85]

문인들이 선사의 전신을 대명부 서북쪽에 탑을 세워 모셨다.

칙령으로 혜조선사慧照禪師라는 시호를 내렸고, 탑의 이름은 징령澄
靈이다.[86]

머리 숙여 합장하고 임제 선사의 대략을 기록한다.

진주 보수사에 머물고 있는

법제자 연소延沼 삼가 씀[87]

---

85 조당집 제19권과 전등록 제12권에서는 함통咸通 7년 병술년(866) 4월 10일로
전한다(부록 '1. 조당집에서 전하는 임제 선사' 편 참조).

86 조당집 제19권에서는 탑명을 징허澄虛로 전한다.

---

87 법제자 연소는 진주 보수 소 화상을 뜻한다.

전등록 제12권에 임제의현의 법손으로 22명을 기록하고 있다. 진주 보수 소 화상은 그 가운데 한 명이다.

참고로 본 어록은 원문 말미에 대명부의 홍화 존장이 교감을 한 것으로 밝히고 있으며, 또한 본 어록의 판본은 영향永享 9년(1437)에 법성사에 있는 동경소에서 판각한 것으로 기록하고 있다(住大名府興化嗣法小師存獎校勘 永享九年八月十五日 板在法性寺東經所).

영향永享은 (에이쿄エイコウ라고도 함) 〔후한서後漢書〕 室町むろまち 시대, 後花園 天皇ごはなぞのてんのう 조朝의 연호. 1429~1441년까지 사용된 연호이다.

V. 보유補遺

1. 사조용四照用[1]

示衆云 "我有時先照後用 有時先用後照 有時照用同時 有時照用不同時. 先照後用有人在 先用後照有法在. 照用同時 駈耕夫之牛 奪飢人之食 敲骨取髓 痛下鍼錐 照用不同時 有問有答 立賓立主 合水和泥 應機接物 若是過量人 向未擧已前 撩起便行 猶較些子"

※撩起(요기): 걷어 올리다. 말아 올리다.

대중에게 말했다.

"나는 어떤 때는 먼저 비추고 뒤에 행하며(先照後用),
어떤 때는 먼저 행하고 뒤에 비추며(先用後照),
어떤 때는 비춤과 행함을 동시에 하며(照用同時),
어떤 때는 비춤과 행함을 동시에 하지 않는다(照用不同時).

먼저 비추고 뒤에 행할 때는 사람이 있고,
먼저 행하고 뒤에 비출 때는 법이 있다.

---

1 명판明版 고존숙어록古尊宿語錄과 인천안목人天眼目에서 전한다.

비춤과 행함을 동시에 할 때는 밭가는 농부의 소를 빼앗고, 굶주린 사람의 밥을 빼앗으며, 뼈를 두드려 골수를 얻고, 아프게 침을 놓는다.

비춤과 행함을 동시에 하지 않을 때는 물음이 있으면 답이 있고, 손님이 있으면 주인이 있고, 물과 진흙을 화합하고, 근기에 따라 중생을 제접한다.

만약 과량인過量人이라면 들어 보이기 전에 바로 걷어 올리고 가버릴 것이니, (그래야) 그런대로 조금은 낫다."

2. 보화와 극부²

師見普化 乃云 "我在南方馳書 到溈山時 知爾先在此住 待我來. 乃我
來 得汝佐贊 我今欲建立黃檗宗旨 汝切須爲我成祿" 普化珍重下去.
克符後至 師亦如是道. 符亦珍重下去. 三日後 普化却上問訊 云 "和尙
前日道甚麼" 師拈棒便打下. 又三日 克符亦上 問訊乃問 "和尙前日打
普化 作什麼" 師亦拈棒便打下.

※祿(복 사): 복. 행복.

선사가 보화普化를 보고, 이내 말했다.

"내가 남방에 있으면서 (황벽의) 편지를 전하러 위산에 도착했을
때, 그대가 여기에 먼저 머물면서 내가 오기를 기다릴 것이라는 것을
(들어서) 알고 있었습니다. 내가 와서 그대의 도움을 받게 되었으니,
내 이제 황벽의 종지(黃檗宗旨)를 건립하고자 합니다. 그대는 부디
나를 위해 복(祿)이 되어주시오."

(그러자) 보화가 "안녕히 계십시오(珍重)!" 하고 내려갔다.

---

2 명판明版 고존숙어록古尊宿語錄에서 전한다.

극부克符[3]가 뒤에 오자,

선사가 역시 이와 같은 말을 하였다.

극부 또한 "안녕히 계십시오!" 하고 내려갔다.

3일 뒤에 보화가 다시 올라와 인사를 하고 말했다.

"화상께서 전날 무슨 말씀을 하셨습니까?"

선사가 방망이를 잡고, 바로 내리쳤다.

또 3일 뒤에 극부 역시 올라와 인사를 하고 물었다.

"화상께서 전날 보화를 치셨는데, 무슨 일입니까?"

선사가 역시 방망이를 잡고, 내리쳤다.

---

3 극부(克符, 생몰연대 미상): 탁주지의涿州紙衣·탁주급의涿州級衣·탁주 급의 화상涿
   州級衣和尙·극부도자克符道者·탁주급부涿州剋符라고도 한다.
   임제의현의 법을 이었고, 평소에 종이옷을 입고 다녔다고 한다.

3. 한쪽 눈을 갖추다[4]

林際上堂 師侍立次 有一僧在面前立. 師驀推倒林際前. 林際便把杖
子打三下 師云 "林際厮兒 只具一隻眼"

※厮(하인 시): 사내 종. 하인. (조기백화) 놈, 자식.
※厮兒(시아): (방언) 남자애.

선사가 상당하자, 보화가 모시고 서 있는데, 어떤 스님이 앞에 (와)
섰다.
  보화가 갑자기 (스님을) 임제 앞에 밀쳐서 쓰러뜨렸다.
  (그러자) 선사가 곧장 주장자를 들어 세 번 내리쳤다.
  보화가 말했다.
  "임제 꼬마 녀석이 다만 한쪽 눈을 갖추었다."

---

4 조당집 제17권, '보화 화상' 편에서 전한다.
  보화 화상 편에 전하는 관계로 선사는 임제林際로, 보화는 사師로 기록하고
  있다. 그래서 林際는 선사로, 師는 보화로 번역하였다.

4. 임제가 밥을 빌다[5]

臨濟持鉢 到一婆子門前 云 "家常添鉢" 婆子開門 云 "大無猒生" 師云 "飯猶未曾得 何責人無猒" 婆子閉却門.

※家常(가상)은 '家常茶飯(가상다반, 집에서 먹는 평소의 식사)의 준말로 이해하 였다.

※猒(물릴 염): 물리다. 싫증이 나다. 족하다. 넉넉하다. 편안하다. 안정되다.

임제 선사가 발우를 들고 한 노파의 집 문 앞에 이르러 말했다.

"평소 먹는 대로 발우를 채워주시오."

노파가 문을 열고 말했다.

"대단히도 만족할 줄을 모르는구먼."

선사가 말했다.

"밥도 아직 얻지 못했는데, 어째서 만족할 줄 모르는 사람이라고 꾸짖소?"

(그러자) 노파가 문을 닫아버렸다.

---

5 선문염송집 제16권(N.620)에서 전한다.

5. 임제의 할[6]

臨濟凡見僧入門 便喝.

임제는 무릇 스님이 문에 들어오는 것을 보면, 바로 "할!" 했다.

---

[6] 선문염송집 제16권(N.633)에서 전한다.

6. 임제의 호떡[7]

臨濟一日 拈餬餅示洛浦 "萬錘千般 不離這个 其理不二" 浦云 "如何是 不二之理" 師再拈起餅示之 浦云 "與麼則萬錘千般也" 師云 "屙屎見解" 浦云 "羅公照鏡"

임제가 하루는 호떡을 들어 낙포(＝낙보)에게 보이면서, (말했다.)

"천 가지 만 가지가 이것을 떠나지 않으니, 그 이치가 둘이 아니다."

낙포가 말했다.

"어떤 것이 둘이 아닌 이치입니까?"

선사가 다시 호떡을 들어 보였다.

낙포가 말했다.

"그렇다면 천 가지 만 가지로군요."

선사가 말했다.

"똥 싸는 견해로다."

낙포가 말했다.

"나공(비단)이 거울에 비치는군요."

---

7 선문염송집 제16권(N.634)에서 전한다.

VI. 부록

1. 조당집에서 전하는 임제 선사[1]

臨濟和尙嗣黃蘗 在鎭州. 師諱義玄 姓刑 曹南人也. 自契黃蘗鋒機乃
闡化於河北. 提網峻速 示教幽深. 其於樞祕 難陳示誨 略申少分.

임제 화상은 황벽의 법을 이었고, 진주鎭州에서 살았다. 선사의 이름은
의현義玄이고, 성은 형刑씨이며, 조주 남화 사람(曹南人)이다.

　황벽의 칼날 같은 기봉에 계합하고, 이내 하북으로 자리를 옮겨
교화를 폈다. 강종을 제기하는데 엄격하고 신속하였으며, 가르침을
보임에 그윽하고 깊었다. 그 가운데 비밀한 핵심은 말하기 어렵지만,
대중에게 보인 가르침을 조금이나마 간략하게 편다.

❀

師有時謂衆云 "山僧分明向你道 五陰身田內 有無位眞人 堂堂露現
無毫髮許聞隔 何不識取" 時有僧問 "如何是無位眞人?" 師便打之 云
"無位眞人是什麼不淨之物" 雪峯聞擧 云 "林際太似好手"

선사가 언젠가 대중에게 말했다.

"산승이 분명하게 그대들에게 말하노니, 오음의 몸에 무위진인이 있어 털끝만큼의 간격도 용납하지 않고 당당하게 드러나거늘, 어째서 알지 못하는 것인가?"

그때 어떤 스님이 물었다.

"어떤 것이 무위진인입니까?"

선사가 바로 치고, 말했다.

"무위진인이라니! 이 무슨 깨끗하지 못한 것인가!"

설봉雪峰[2]이 위에 거론한 것을 듣고, 말했다.

"임제林際의 솜씨답구먼."[3]

❀

師問落浦"從上有一人行棒 有一人行喝 還有親疏也無"落浦云"如某甲所見 兩个摠不親"師云"親處作麼生"落浦遂喝. 師便打之.

선사가 낙포(또는 낙보)에게 물었다.

---

2 설봉의존(雪峰義存, 822~908): 당대의 스님. 청원 문하. 설봉은 주석 사명. 속성은 증曾씨. 12세에 출가, 24세에 회창의 파불을 만나 속복을 입고 부용영훈芙蓉靈訓에게 참구함. 이후 동산양개의 회하에서 반두의 일을 맡아봄. 이때 동산양개와는 특별한 계기를 마련하지 못하고 덕산선감에게서 참구하여 법을 이음. (전게서, p.383)

3 '臨濟'를 '林際'로 표기하고 있다.

"예로부터 한 사람은 방(棒)을 하고, 한 사람은 할(喝)을 했는데, 친소(가깝고 멂, 친근함과 소원함)가 있는가?"

낙포가 말했다.

"제 소견으로는 두 사람 모두 가깝지 않습니다."

선사가 말했다.

"가까운 곳은 어떤 것인가?"

낙포가 마침내 "할!" 했다.

(그러자) 선사가 바로 쳤다.

❀

因德山見僧參愛趁打. 師委得 令侍者到德山 打汝 汝便接取柱杖 以柱杖打一下. 侍者遂到德山 皆依師指. 德山便歸丈室. 侍者却歸擧似 師云 "從來疑這个老漢"

덕산은 스님이 참례하러 오는 것을 보면 (주장자로) 쳐서 (바로) 쫓아내곤 했다. 선사가 (이를 알고) 시자를 시켜, 덕산에 가서 덕산이 너를 치면 너는 바로 주장자를 잡고 그 주장자로 한 번 치라고 했다.

시자가 마침내 덕산에 가서 모두 선사의 지시대로 했다.

(그러자) 덕산이 바로 방장실로 돌아갔다.

시자가 다시 돌아와 앞의 일을 전하자, 선사가 말했다.

"지금까지 이 노장을 의심했었다."

✿

因僧侍立次 師豎起拂子. 僧便禮拜 師便打之. 後因僧侍立次 師豎起
拂子. 其僧竝不顧 師亦打之. 雲門代云 "只宜專甲"

어떤 스님이 모시고 서 있는데, 선사가 불자를 세웠다.

스님이 바로 절을 하자, 선사가 바로 쳤다.

뒤에 어떤 스님이 모시고 서 있는데, 선사가 불자를 세웠다.

그 스님이 전혀 쳐다보지도 않자, 선사가 또 쳤다.

운문雲門[4]이 대신 말했다.

"오직 제게만 쓰셔야 합니다."

✿

黃蘗和尙告衆曰 "余昔時同參大寂道友 名曰大愚 此人諸方行脚 法眼
明徹. 今在高安 願不好群居 獨栖山舍. 與余相別時叮囑云 '他後或逢
靈利者指一人來相訪'" 于時 師在衆 聞已 便往造謁. 旣到其所 具陳上
說. 至夜間 於大愚前 說瑜伽論 譚唯識 復申問難. 大愚畢夕峭然不對.
及至旦來 謂師曰 "老僧獨居山舍 念子遠來 且延一宿 何故 夜間於吾前
無羞慚 放不淨" 言訖 杖之數下推出 關卻門. 師迴黃蘗 復陳上說. 黃蘗

---

4 운문문언(雲門文偃, 864~949): 당말 오대의 스님. 운문종의 개조. 운문은 주석
산명. 속성은 장張씨. 처음에 율을 배우고 목주도명睦州道明과 설봉의존雪峰義存
의 영수사靈樹寺를 거쳐 운문산에 살면서 절을 재흥하여 광태원光泰院이라 함.
후한의 음제로부터 광진선사匡眞禪師의 호를 받음. (전게서, p.493)

聞已 稽首曰"作者如猛火燃 喜子遇人 何乃虛往" 師又去 復見大愚.
大愚曰"前時無慚愧 今日何故又來"言訖便棒 推出門. 師復返黃蘗
啓聞和尙"此迴再返 不是空歸" 黃蘗曰"何故如此" 師曰"於一棒下
入佛境界 假使百劫 粉骨碎身 頂擎遶須彌山 經無量帀 報此深恩. 莫可
酬得" 黃蘗聞已 喜之異常 曰"子且解歇 更自出身" 師過旬日 又辭黃蘗
至大愚所. 大愚纔見 便擬棒師. 師接得棒子 則便抱倒大愚 乃就其背
毆之數拳. 大愚遂連點頭曰"吾獨居山舍 將謂空過一生 不期今日卻得
一子"先招慶和尙擧終 乃問師演侍者曰"旣因他得悟 何以卻將拳打
他"侍者曰"當時敎化全因佛 今日威拳摠屬君"師因此侍奉大愚 經十
餘年 大愚臨遷化時囑師云"子自不負平生 又乃終吾一世 已後出世傳
心 第一莫忘黃蘗"自後師於鎭府匡化 雖承黃蘗 常讚大愚 至於化門
多行喝棒.

황벽 화상이 대중에게 말했다.

"나는 지난날 대우大愚라 하는 도반과 함께 대적大寂[5]에게 참구했는
데, 이 사람은 제방을 행각하여 법안法眼이 밝고 철저하였다. 지금은
고안高安에 있는데, 무리지어 사는 것을 좋아하지 않고 홀로 산에
살기를 원했다. 나와 헤어질 때 간곡히 부탁하기를 '이후에 혹 영리한
이를 만나거든 한 사람 와서 찾도록 지시해주시오'라고 하였다."

그때 선사가 대중 가운데 있다가, 듣고는 바로 가서 찾아뵈었다.

도착하자마자 앞의 이야기를 말씀드렸다.

---

5 대적大寂은 마조도일馬祖道一 선사의 시호다.

밤이 되자, 대우 앞에서 유가론瑜珈論을 말하고, 유식唯識을 이야기하면서 거듭 되풀이하여 따져 물었다.

(하지만) 대우는 저녁이 다하도록 초연히 대답하지 않았다.

아침이 되자, 선사에게 말했다.

"노승이 홀로 산에 살면서 그대가 멀리서 온 것을 생각해 잠시 하루 묵게 하였거늘, 어째서 밤중에 내 앞에서 부끄러운 줄도 모르고 깨끗하지 못한 것을 늘어놓은 것인가?"

말을 마치고, 주장자로 수차례 쳐서 밀어내고는 문을 닫아버렸다.

선사가 황벽에게 돌아와, 다시 위의 이야기를 했다.

황벽이 듣고 나서, 머리를 조아리고 말했다.

"작자는 맹렬히 불꽃이 타오르는 것처럼 그대를 만난 것을 기뻐했거늘, 어찌하여 헛되이 갔다 온 것이냐?"

선사가 또 가서 다시 대우를 찾아뵈었다.

대우가 말했다.

"전에는 부끄러운 줄도 모르더니, 지금은 어째서 또 온 것인가?"

말을 마치고, 다시 주장자로 쳐서 문 밖으로 쫓아냈다.

선사가 다시 황벽으로 돌아와서 화상에게 말씀드렸다.

"이번에 다시 돌아왔지만, 헛되이 돌아온 것이 아닙니다."

황벽이 말했다.

"어째서 그러한가?"

선사가 말했다.

"한 방망이에 부처의 경계에 들어갔습니다. 가령 또 백겁을 분골쇄신토록 수미산을 머리에 이고 헤아릴 수없이 돌아도, 이 깊은 은혜를 갚을 수가 없을 것입니다."

황벽이 듣고는 평소와는 달리 기뻐하면서 말했다.

"그대는 잠시 쉬었다가, 다시 스스로 몸을 드러내 보여라."

선사가 열흘(旬日)이 지나, 다시 황벽에게 하직인사를 하고 대우가 있는 곳으로 갔다.

대우가 보자마자, 바로 선사를 방망이로 치려고 했다.

(그러자) 선사가 방망이를 잡고는, 바로 대우를 끌어안고 넘어졌다. 그리고는 이내 등을 수차례 주먹으로 쳤다.

대우가 마침내 연거푸 고개를 끄덕이며 말했다.

"내 홀로 산에 살면서 일생을 헛되이 보냈다 여겼거늘, 뜻밖에도 오늘 아들 하나를 얻었구나."

선先 초경(초경사의 1대 주지) 화상이 끝 부분을 거론하면서, 선사의 시자 연演에게 물었다.

"그로 인해 깨달음을 얻었거늘, 어째서 도리어 주먹으로 그를 친 것이냐?"

시자가 말했다.

"당시의 교화는 전적으로 부처님 때문이었고, 오늘의 위엄 있는 주먹은 모두 그(君)에게 속하는 것입니다."

선사는 이로 인해 대우를 10여 년이 지나도록 시봉하였다.
대우가 천화할 때 선사에게 부촉하여 말했다.

"그대는 스스로 평생 (나를) 저버리지 않았기에
또한 나도 일생을 마칠 수 있게 되었구나.
이후 세상에 나가 마음을 전하면서
무엇보다 제일 먼저 황벽을 잊지 말라."

이후에 진부鎭府로 가서 널리 교화를 폈는데, 비록 황벽을 계승하였
지만, 늘 대우를 찬탄하였다.
교화의 문에서 할과 방을 많이 하였다.

❀

有時謂衆云 "但一切時中 更莫間斷. 触目皆是 因何不會. 只爲情生智
隔 想變體殊 所以 三界輪回 受種種苦. 大德 心法無形 通貫十方 在眼
曰見 在耳曰聞 在手執捉 在脚云奔. 本是一精明 分成六和合 心若不生
隨處解脫. 大德 欲得山僧見處. 坐斷報化佛頭 十地滿心 猶如客作兒.
何以如此. 蓋爲不達三祇劫空 所以有此障. 若是眞正道流 盡不如此.
大德 山僧略爲諸人大約話破綱宗 切須自看. 可惜時光 各自努力"

어느 날 대중에게 말했다.
"다만 일체시에 다시는 끊어짐이 없게 하라. 눈에 닿는 것이 모두
그것이거늘, 어째서 알지 못하는가? 다만 정(情, 마음)이 생기면 지혜

가 막히고, 생각(想)이 변하면 체體가 달라지기 때문이니, 그래서 삼계를 윤회하고 갖가지 괴로움을 받는 것이다.

대덕들이여, 마음법(心法)은 형태가 없어 시방을 관통하나니, 눈에 있으면 본다고 하고, 귀에 있으면 듣는다고 하며, 손에 있으면 잡는다고 하고, 다리에 있으면 달린다고 한다. 본래는 일정명一精明인데, 나뉘어 6화합이 된 것이니, 마음이 생하지 않으면 이르는 곳마다 해탈이다.

대덕들이여! 산승의 견처를 얻고자 하는가? 보신불과 화신불의 머리를 꺾어버리면 십지만심도 고용인과 같다. 어째서 이와 같은가? 3기겁이 공한 것을 통달하지 못하였기 때문이니, 그래서 이러한 장애가 있는 것이다. 만약 참되고 바른 도류라면 모두 이와 같지 않을 것이다.

대덕들이여! 산승이 간략하게 여러분을 위해 강종을 대략 이야기하였으니, 부디 스스로 살펴라. 가히 시간이 아까우니 각자 노력하라."

🌸

自餘應機對答 廣彰別錄矣. 咸通七年丙戌歲四月十日示化. 諡號慧照大師 澄虛之塔.

그 나머지 근기(機)에 응해 답해 준 것은 별록別錄에 널리 게시하였다. 함통咸通 7년 병술년(866) 4월 10일 천화했다. 시호諡號는 혜조慧照대사, 탑명은 징허澄虛이다.

2. 전등록에서 전하는 임제 의현 선사

鎭州臨濟義玄禪師 曹州南華人也. 姓邢氏 幼負出塵之志. 及落髮進
具便慕禪宗.

진주 임제 의현 선사는 조주曹州 남화南華 사람이다. 성은 형邢씨이고,
어려서부터 티끌 같은 번뇌를 벗어나고자 하는 뜻을 가지고 있었다.
그리하여 마침내 삭발을 하고 구족계를 받고는 바로 선종을 흠모하
였다.[6]

✻

初在黃蘗 隨衆參侍. 時堂中第一座勉令問話 師乃問"如何是祖師西來
的的意"黃蘗便打. 如是三問三遭打.

처음에 황벽에 있으면서 대중을 따라 참구하며 모셨다.[7]
　그때 당중의 제1좌가 (황벽에게) 물어보도록 권하였다.

---

6 행록 '23. 선사의 전기' 편과 비교하기 바란다.

7 參侍(참시): 경연에 참여하여 임금을 모심.

이에 선사가 물었다.

"어떤 것이 조사가 서쪽에서 온 분명하고 분명한 뜻입니까?"

황벽이 바로 쳤다.

이와 같이 세 번 묻고 세 번 맞았다.

※

遂告辭第一座云"早承激勸問話 唯蒙和尙賜棒. 所恨愚魯. 且往諸方行脚去"上座遂告黃檗云"義玄雖是後生 却甚奇特. 來辭時 願和尙更垂提誘"來日師辭黃檗 黃檗指往大愚.

마침내 제1좌에게 떠나겠다고 하면서 말했다.

"서둘러 격력하며 권하신 것[8]을 따라 물었거늘, 다만 화상의 방망이를 맞았을 뿐입니다.[9] 우둔한 것이 한탄스럽습니다. 우선 제방으로 행각이나 떠나겠습니다."

상좌가 마침내 황벽에게 (이 사실을) 알리고 말했다.

"의현이 비록 후생이지만, 도리어 매우 기특합니다. 와서 하직인사를 할 때, 화상께서 다시 (한 번) 이끌어주시기를 바랍니다."

다음날 선사가 황벽에게 하직인사를 하자, 황벽이 대우大愚에게 갈 것을 지시했다.

---

8 激勸(격권): 격려하여 권함.

9 愚魯(우로)=愚鈍(우둔)

❀

師遂參大愚 愚問曰 "什麼處來" 曰 "黃蘗來" 愚曰 "黃蘗有何言敎" 曰
"義玄親問西來的的意 蒙和尙便打 如是三問三轉被打 不知過在什麼
處" 愚曰 "黃蘗恁麼老婆 爲汝得徹困 猶覓過在" 師於是大悟云 "佛法也
無多子" 愚乃搊師衣領云 "適來道我不會 而今又道無多子 是多少來
是多少來" 師向愚肋下打一拳 愚托開云 "汝師黃蘗 非干我事"

선사가 마침내 대우를 참례하자, 대우가 물었다.

"어디서 왔는가?"

선사가 말했다.

"황벽에서 왔습니다."

선사가 말했다.

"황벽에게 무슨 말이 있던가?"

선가 말했다.

"의현義玄이(＝제가) 직접 (조사가) 서쪽에서 온 분명하고 분명한
뜻을 물었는데, 화상께 바로 맞았습니다. 이와 같이 세 번 묻고 세
번 맞았는데, 허물이 어디에 있는지 (잘) 모르겠습니다."

대우가 말했다.

"황벽이 그렇게 노파심으로 너를 위해 철저하게 애를 썼거늘, 도리어
(여기 와서) 허물을 찾는가?"

선사가 이에 대오하고 말했다.

"불법은 간단명료한 것이구면(佛法也無多子)."

대우가 임제의 옷깃을 잡고, 말했다.

"좀 전까지만 해도 '나는 모른다'고 하더니, 이제는 또 '간단명료하다 (無多子)'고 하냐! 그래, 이것(불법)이 얼마냐, 얼마야?"

선사가 대우의 옆구리를 주먹으로 한 대 쳤다.

(그러자) 대우가 확 밀치면서 말했다.

"그대의 스승은 황벽이다. 나와는 관계없다."

❀

師却返黃檗 黃檗問云 "汝迴太速生" 師云 "只爲老婆心切" 黃檗云 "遮大愚老漢待見 與打一頓" 師云 "說什麼待見 卽今便打" 遂鼓黃檗一掌. 黃檗哈哈大笑.

선사가 황벽에게 돌아오자, 황벽이 말했다.

"네가 아주 빨리도 돌아왔구나."

선사가 말했다.

"다만 노파심이 간절하기 때문입니다."

황벽이 말했다.

"이 대우 노장을 보면 한 대 쳐야겠구나."

선사가 말했다.

"무슨 보면 쳐야겠다는 (그런) 말씀을 하십니까? (그냥) 바로 지금 치시지요."

그리고는 황벽을 손바닥으로 한 대 후려갈겼다.

(그러자) 황벽이 '하하!' 하며 크게 웃었다.[10]

❀

黃蘗一日普請鋤薏穀次 師在後行. 黃蘗迴頭 見師空手乃問"钁頭在什
麼處"師云"有人將去了也"黃蘗云"近前來 共汝商量"師近前叉手
黃蘗竪起钁頭云"只這箇天下人拈掇不起 還有人拈掇得起麼"師就手
掣得竪起云"爲什麼却在義玄手裏"黃蘗云"今日自有人普請"便歸院.
(潙山因仰山侍立次 方擧此話未了 仰山便問"钁在黃蘗手裏 爲什麼
被臨濟奪却"潙山云"賊是小人 智過君子")

황벽이 하루는 대중울력으로 율무(薏) 밭에서 김을 매고 있는데, 선사
가 뒤에서 하고 있었다.

황벽이 고개를 돌려 선사가 빈손인 것을 보고, 물었다.

"괭이는 어디에 있는가?"

선사가 말했다.

"어떤 사람이 가져가버렸습니다."

황벽이 말했다.

"가까이 와라, 너와 함께 이 일을 따져봐야겠다."

선사가 가까이 와서 차수叉手하자, 황벽이 괭이를 세우고 말했다.

"다만 이것은 천하 사람들이 집어서 세울 수가 없다. 어떤 사람이
들 수 있겠는가?"

선사가 빼앗아 즉시 세우고 말했다.

"어째서 의현義玄의 손에 있는 것입니까?"

---

10 哈哈(합합): 하하. 웃는 소리.

여기까지의 이야기는 행록 '1. 대오 인연' 편과 비교하기 바란다.

황벽이 말했다.

"오늘 진실로 대중울력을 하는 사람이 있다."

(그리고는) 바로 절(院)로 돌아갔다.

〔위산이 곁에서 모시고 서 있던 앙산에게 이 이야기를 거론하는데, 위산이 말도 끝내지도 않았는데, 앙산이 바로 물었다.

"괭이가 황벽의 손 안에 있었는데, 어째서 임제에게 빼앗겼습니까?"

위산이 말했다.

"도적이 나이는 어리지만, 지혜는 군자君子를 뛰어넘는다."〕[11]

❀

<u>黃蘗</u>一日普請鋤茶園 黃蘗後至. 師問訊 按钁而立. 黃蘗曰"莫是困邪" 曰"才钁地 何言困"黃蘗擧拄杖便打. 師接杖推倒和尙. 黃蘗呼維那 "維那拽起我來"維那拽起曰"和尙爭容得遮風漢"黃蘗却打維那. 師自 钁地云"諸方卽火葬 我遮裏活埋"(潙山問仰山"只如 黃蘗與臨濟 此時 意作麼生"仰山云"作賊人走却 邏賊人喫棒"潙山云"如是如是")

※ 밑줄 친 부분의 황벽은 임제(선사)로 바꿔 해석하였다.

선사가 대중울력(普請)으로 차밭에서 김을 매고 있는데, 황벽이 뒤에 왔다.

선사가 인사를 하고, 괭이를 짚고 섰다.

---

11 행록 '7. 임제의 괭이' 편과 비교하기 바란다.

황벽이 말했다.

"이놈아! 피곤하냐?"

선사가 말했다.

"이제 막 괭이질을 하기 시작하였는데, 어찌 피곤하다고 말하겠습니까?"

황벽이 주장자를 들어 바로 쳤다.

(그러자) 선사가 주장자를 잡고 화상을 밀어서 넘어뜨렸다.

황벽이 유나維那를 불러 말했다.

"유나야! 나를 부축해 일으켜라!"

유나가 부축해 일으키며 말했다.

"화상께서는 어찌 이 미친놈을 용납하시는 것입니까?"

황벽이 도리어 유나를 쳤다.

선사가 괭이로 땅을 파면서 말했다.

"제방에서는 화장을 하지만, 나의 여기에서는 한꺼번에 생매장을 한다."

〔뒤에 위산이 앙산에게 물었다.

"황벽과 임제가 이때 (그렇게 한) 뜻이 무엇인가?"

앙산이 말했다.

"진짜 도둑은 달아나버렸는데, 뒤를 쫓던 순라군이 방망이를 맞았습니다."

위산이 말했다.

"그렇지, 그렇지."〕[12]

✿

師一日在黃檗 僧堂裏睡. 黃檗入來 以拄杖於床邊敲三下. 師擧首見
是和尙却睡. 黃檗打席三下去. 上間見第一座 黃檗曰 "遮醉漢 豈不如
下間禪客坐禪 <u>汝只管瞠睡</u>" 上座曰 "遮老和尙患風邪" 黃檗打之. (潙
山擧問仰山 "只如黃檗意作麼生" 仰山云 "一彩兩賽")

※밑줄 친 부분의 '瞠'은 '瞑(어두울 박: 〔눈이〕 어둡다)'으로 이해하였다.

선사가 하루는 황벽에 있으면서, 승당 안에서 졸고 있었다.
　황벽이 들어와 주장자로 평상 가장자리를 세 번 두드렸다.
　선사가 고개를 들어 화상인 것을 보고 다시 졸았다.
　황벽이 자리를 세 번 치고 갔다.

　(다시) 위 칸의 제1좌(수좌)를 보고, 황벽이 말했다.
　"이 (잠에) 취한 놈아, 아래 칸에 선객이 좌선하는 것만 못하냐!
너는 단지 잠만 자고 있는 것이냐!"
　상좌가 말했다.
　"이 노화상이 미쳤나?"
　(그러자) 황벽이 쳤다.

　〔위산이 이를 거론해 앙산에게 물었다.
　"그건 그렇고, 황벽의 뜻은 어떠한가?"

---

12 행록 '4. 황벽을 넘어뜨리다' 편과 비교하기 바란다.

앙산이 말했다.

"두 개의 주사위가 같은 무늬(숫자)이네요."]^[13]

❦

師與黃檗栽杉 黃檗曰 "深山裏栽許多樹作麼" 師曰 "與後人作古記" 乃
將鍬拍地兩下. 黃檗拈起拄杖曰 "汝喫我棒了也" 師作噓噓聲 黃檗曰
"吾宗到汝 此記方出"(潙山擧問仰山 "且道 黃檗後語 但囑臨濟 爲復別
有意旨" 仰山云 "亦囑臨濟 亦記向後" 潙山云 "向後作麼生" 仰山云
"一人指南 吳越令行" 南塔和尙注云 "獨坐震威 此記方出" 又云 "若遇大
風 此記亦出" 潙山云 "如是如是")

선사가 황벽과 함께 삼나무(杉)를 심고 있었는데, 황벽이 말했다.
"깊은 산속에 그렇게 많은 나무를 심어 뭘 하겠는가?"
선사가 말했다.
"뒷사람들에게 옛 예언(古記)을 만들어주려고 합니다."^[14]
그리고는 가래로 땅을 두 번 쳤다.
황벽이 주장자를 들고 말했다.
"너는 내 방망이를 맞았다."
선사가 "허허!" 하고 소리를 내자, 황벽이 말했다.
"나의 종지가 네게 이르러서야 이 예언이 바야흐로 드러나겠구먼."

---

13 행록 '6. 황벽이 임제와 수좌를 점검하다' 편과 비교하기 바란다.
14 '古記'의 사전적인 뜻은 '옛날 기록'이지만 여기서는 예언(古記)으로 해석하였다.
   이는 아래 이어지는 앙산의 말을 따른 것이다.

〔후에 위산이 이 이야기를 들어서 앙산에게 물었다.

"자, 말해봐라! 황벽의 후어後語가 다만 임제 한 사람만을 부촉한 것인가, (아니면) 또 다른 뜻이 있는가?"

앙산이 말했다.

"임제를 부촉한 것이기도 하고, 뒷일을 예언한 것이기도 합니다."

위산이 말했다.

"뒷일은 어떤 것인가?"

앙산이 말했다.

"한 사람이 남쪽을 가리키며 오월吳越로 가서 법령을 행할 것입니다."

남탑 화상이 주注를 달아 말했다.

"홀로 앉아 위엄을 떨쳐야 이 예언이 바야흐로 드러나리라."

그리고 또 말했다.

"만약 대풍을 만나면 이 예언이 역시 드러날 것이다."

위산이 말했다.

"그렇지, 그렇지."〕[15]

❀

師因半夏上黃檗山 見和尚看經 師曰 "我將謂是箇人 元來是唵黑豆老和尚" 住數日 乃辭去 黃檗曰 "汝破夏來不終夏去" 曰 "某甲暫來禮拜和尚" 黃檗遂打趁令去 師行數里 疑此事 却迴終夏.

---

[15] 행록 '2. 소나무를 심다' 편과 비교하기 바란다.

선사가 여름 안거 중간(半夏)에 황벽산에 올라, 화상이 경전을 읽고
있는 것을 보았다.

선사가 말했다.

"저는 (화상을) 이 사람(是箇人, 또는 일개장부一介丈夫)이라고 여겼는
데, 원래 검은콩이나 주워 먹는 노화상이셨군요."

(그리고는) 며칠 머물다가 하직인사를 하러 갔다.

황벽이 말했다.

"너는 여름 안거도 깨뜨리고(破夏) 오더니, 또 안거도 마치지(終夏)
않고 가는 것이냐?"

선사가 말했다.

"저는 잠시 화상께 인사드리러 왔던 것입니다."

황벽이 마침내 후려갈기고 쫓아내버렸다.

선사가 몇 리를 가다가 이 일(此事)이 의심하고는, 다시 돌아와
여름 안거를 마쳤다.[16]

※

師一日辭黃蘗 黃蘗曰 "什麽處去" 曰 "不是河南 卽河北去" 黃蘗拈起拄
杖便打. 師捉住拄杖曰 "遮老漢 莫盲枷瞎棒 已後錯打人" 黃蘗喚侍者
"把將几案禪板來" 師曰 "侍者 把將火來" 黃蘗曰 "不然 子但將去 已後
坐斷天下人舌頭在" 師卽便發去.

---

16 행록 '9. 임제의 하안거' 편과 비교하기 바란다.

선사가 하루는 황벽에게 하직인사를 하자, 황벽이 물었다.

"어디로 가는가?"

선사가 말했다,

"하남 아니면 바로 하북으로 가겠습니다."

황벽이 주장자를 들어 바로 쳤다.

선사가 주장자를 잡고, 말했다.

"이 노장! 눈 먼 칼과 눈 먼 방망이로 이후에 사람들을 잘못 치지 마시오."

황벽이 시자를 불렀다.

"선판과 궤안을 가져오라."

선사가 말했다.

"시자야, 불도 가지고 와라!"

황벽이 말했다.

"그러지 말고, 그대는 가지고 가라. 이후에 천하인의 혀를 끊어버릴 것이다."

선사가 바로 길을 떠났다.[17]

✿

師到熊耳塔頭 塔主問"先禮佛先禮祖" 師曰"祖佛俱不禮" 塔主曰"祖佛與長老有什麼冤家俱不禮" 師無對. (又別擧云 師問塔主"先禮佛先禮祖" 塔主曰"祖佛是什麼人弟子" 師拂袖便去.)

---

17 행록 '10. 황벽이 선판과 궤안을 건네다' 편과 비교하기 바란다.

선사가 옹이탑에 이르자, 탑주가 물었다.

"부처님께 먼저 절하시겠습니까, 조사께 먼저 절하시겠습니까?"

선사가 말했다.

"조사와 부처, 모두에게 절하지 않겠소."

탑주가 말했다.

"조사와 부처에게 장로는 무슨 원한이라도 있어 모두에게 절하지 않습니까?"

선사가 말이 없었다.

〔또 다른 책에서 거론하기를 "선사가 탑주에게 묻기를 '부처님께 먼저 절합니까? 조사께 먼저 절합니까?'라고 하니, 탑주가 말하기를 '조사와 부처는 누구의 제자입니까?'라고 하자, 선사가 소매를 떨치고 바로 갔다"고 한다.〕[18]

❀

師後還鄉黨 俯徇趙人之請 住子城南臨濟禪苑 學侶奔湊. 一日上堂曰 "汝等諸人 赤肉團上有一無位眞人 常向諸人面門出入. 汝若不識 但問老僧" 時有僧問 "如何是無位眞人" 師便打云 "無位眞人是什麼乾屎橛" (後雪峯聞乃曰 "臨濟大似白拈賊")

선사가 뒤에 고향으로 돌아와 조인趙人의 간청에 성문 안[19] 남쪽 임제선

---

18 행록 '11. 탑주와 만나다' 편과 비교하기 바란다.

19 子城(자성): 외성外城에 에워싸여 있는 '內城'이나, 성문 밖에 부속되어 있는

원臨濟禪苑에 머물렀는데, 배우는 이들이 모여들었다.

하루는 상당하여 말했다.

"그대들 모두는 붉은 고깃덩이에 하나의 무위진인이 있어 늘 여러분의 얼굴로 출입한다. 그대들이 만약 알지 못한다면 다만 노승에게 물어라."

그때 어떤 스님이 물었다.

"어떤 것이 무위진인입니까?"

선사가 바로 치고, 말했다.

"무위진인이라니! 이 무슨 마른 똥 막대기인가?"

〔뒤에 설봉雪峯이 듣고 말했다.

"임제는 마치 날강도 같구면."〕[20]

❀

師問樂普云 "從上來一人行棒 一人行喝 阿那箇親" 對曰 "總不親" 師曰 "親處作麼生" 普便喝 師乃打.

선사가 낙보(＝낙포)에게 말했다.

"예로부터 한 사람은 방(棒)을 하고, 한 사람은 할(喝)을 했는데, 어떤 것이 친한가(＝가까운가)?"

낙보가 말했다.

'月城' 따위.

[20] 상당 '3. 무위진인' 편과 비교하기 바란다.

"모두 친하지 않습니다."

선사가 말했다.

"친한 것은 어떤 것인가?"

낙보가 바로 "할!" 했다.

(그러자) 선사가 이내 쳤다.[21]

❀

師問木口和尙"如何是露地白牛"木口曰"吽"師曰"啞"木口曰"老兄作
麼生"師曰"遮畜生"

선사가 목구 화상에게 물었다.

"어떤 것이 노지백우인가?"

목구가 말했다.

"흠吽!"

선사가 말했다.

"아啞!"

목구가 말했다.

"노형은 어떻습니까?"

선사가 말했다.

"이 축생아!"[22]

---

21 감변 '14. 방과 할' 편과 비교하기 바란다.

22 감변 '13. 노지백우' 편과 비교하기 바란다.

❀

大覺到參 師擧拂子 大覺敷坐具 師擲下拂子 大覺收坐具入僧堂 衆僧
曰"遮僧莫是和尙親故 不禮拜又不喫棒"師聞令喚新到僧 大覺遂出
師曰"大衆道汝未參長老"大覺云"不審"便自歸衆

대각大覺이 참례하러 오자, 선사가 불자拂子를 들어올렸다.

   대각이 좌구坐具를 펴자, 선사가 불자를 던져버렸다.

   대각이 좌구를 거두고 승당으로 들어갔다.

   대중 스님들이 말했다.

   "이 스님은 화상과 친구인가? 절도 하지 않고, 방망이도 맞지 않게."

   선사가 듣고, 새로 온 스님(新到僧)을 불러 오게 했다.

   대각이 나오자, 선사가 말했다.

   "대중들이 너는 장로(長老, 나)를 참례하지도 않는다고 한다."

   대각이 말했다.

   "안녕하십니까(不審)?"

   그리고는 곧장 스스로 대중 속으로 돌아갔다.[23]

❀

麻谷(第二世)到參 敷坐具問"十二面觀音 阿那面正"師下繩床 一手收
坐具 一手搊麻谷云"十二面觀音 向什麼處去也"麻谷轉身 擬坐繩床

---

[23] 감변 '16. 안녕하십니까?' 편과 비교하기 바란다.

師拈拄杖打 麻谷接却 相捉入方丈.

마곡(제2세)이 참례하러 와서 좌구를 펴고 물었다.

"십이면관음은 어떤 것이 진짜 얼굴입니까?"

선사가 승상에서 내려와, 한 손으로 좌구를 잡고 한 손으로는 마곡을 움켜잡고, 말했다.

"십이면관음은 어디로 갔는가?"

마곡이 몸을 돌려 승상에 앉으려고 하자, 선사가 주장자를 들고 쳤다.

마곡이 (주장자를) 잡고는, 서로 맞잡고 방장실로 들어갔다.[24]

❀

師上堂云"大衆 夫爲法者 不避喪身失命. 我於黃蘗和尙處 三度喫棒 如蒿枝拂相似. 如今更思一頓喫 誰爲我下得手"時有僧曰"某甲下得 手 和尙合喫多少"師與拄杖 其僧擬接 師便打.

선사가 상당하여 말했다.

"대중들이여! 무릇 법을 위하는 사람은 신명을 잃는 것을 피하지 않아야 한다. 나는 황벽 화상이 계신 곳에서 세 번 방망이를 맞았는데 마치 쑥 가지로 쓰다듬는 것 같았다. 지금 다시 한 번 맞고 싶은데 누가 나를 위해 해주겠는가?"

---

24 상당 '2. 대비천수천안의 진짜 눈', 감변 '19. 십이면관음의 진짜 얼굴' 편과 비교하기 바란다.

그때 어떤 스님이 말했다.

"제가 하겠습니다. 화상께서는 얼마나 맞으면 되시겠습니까?"

선사가 주장자를 주자, 그 스님이 받으려고 하였다.

(그러자) 선사가 바로 쳤다.[25]

⚜

僧問 "如何是第一句" 師曰 "三要印開朱點窄 未容擬議主賓分" 曰 "如何是第二句" 師曰 "妙解豈容無著問 漚和爭負截流機" 曰 "如何是第三句" 師曰 "看取棚頭弄傀儡 抽牽全藉裏頭人" 師又曰 "夫一句語須具三玄門 一玄門須具三要 有權有用 汝等諸人 作麽生會"

어떤 스님이 물었다.

"어떤 것이 제1구입니까?"

선사가 말했다.

"삼요의 도장을 떼면 붉은 글씨가 드러나니,

머뭇거리며 빈주를 나누는 것을 용납하지 않는다."

물었다.

"어떤 것이 제2구입니까?"

선사가 말했다.

"묘해(妙解, 문수)가 어찌 무착無著의 물음을 용납하겠는가마는,

방편상 어찌 뛰어난 근기(무착)를 저버리겠는가!"

물었다.

"어떤 것이 제3구입니까?"

선사가 말했다.

"무대 위의 꼭두각시 노는 것을 잘 봐라.

뽑아내고 끄는 것이 모두 그 뒤에 사람이 있어서 하는 것이다."

선사가 또 말했다.

"무릇 한마디 말에 모름지기 삼현문을 갖춰야 하고, 일현문에 모름지기 삼요를 갖춰야 하며, 방편도 있고 작용도 있어야 한다. 그대들 여러분은 어떻게 알고 있는가?"[26]

✿

師唐咸通七年丙戌四月十日 將示滅乃說傳法偈曰"沿流不止問如何
眞照無邊說似他 離相離名如不禀 吹毛用了急須磨"偈畢坐逝. 勅諡慧
照大師 塔曰澄靈.

선사가 당唐 함통 7년 병술 4월 10일 입멸을 보이려 할 때, 전법게傳法偈
를 했다.

---

26 상당 '9. 삼구와 삼현삼요' 편과 비교하기 바란다.

"흐름을 따라 그치지 않을 때 어떤가 하고 물으면
참된 비춤은 끝이 없다고 그에게 말해줘라.
모습도 여의고 이름도 여의어서 본래 줄 수 없으니
취모검을 다 썼으면 급히 갈아 두어라."

게를 마치고, 앉은 채 입적하였다.

칙령으로 혜조慧照 대사라는 시호가 내려졌고, 탑의 이름은 징령澄靈
이었다.[27]

---

27 행록 '23. 선사의 전기' 편과 비교하기 바란다.

참고문헌

『열반경』, 이운허 옮김, 2017, 동국역경원

『법화경』, 이운허 옮김, 1998, 동국역경원

『금강경 강의』, 남회근 지음, 신원봉 옮김, 2011, 부키

『능가경 강의』, 남회근 지음, 신원봉 옮김, 2014, 부키

『능가경 역주』, 박건주 지음, 2009, 운주사

『화엄경』, 무비 역, 1995, 민족사

『조론』, 송찬우 옮김, 2009, 경서원

『임제어록』, 정성본 역주, 2003, 한국선문화연구원

『임제록 강의』, 이기영 저, 1999, 한국불교연구원

『임제록 강설』, 무비 저, 2005, 불광출판부

『임제어록』, 김태완 역주, 2018, 침묵의 향기

『임제록』, 석지현 역주, 20019, 민족사

『성철스님의 임제록 평석』, 원택 정리, 2018, 장경각

『선학사전』, 이철교 외 편집, 1995, 불지사

『전등록』, 김월운 옮김, 2008, 동국역경원

『조당집』, 김월운 옮김, 2008, 동국역경원

『선문염송·염송설화』, 혜심·각운 지음, 월운 옮김, 2009, 동국역경원

『선림승보전』, 원철 역주, 2001, 장경각

『원오심요 역주』, 졸역, 2018, 운주사

『마조어록 역주』, 졸역, 2019, 운주사

『방거사어록·시 역주』, 졸역, 2020, 운주사

역자 후기

산을 오르다 보면 힘들 때가 꼭 있다. 그러면 늘 하는 말이 있다.

"얼마나 더 가야 하나요?"

그러면 내려오던 사람들이 하나같이 일러준다.

"거의 다 왔어요, 조금만 가면 돼요."

하지만 가도 가도 끝이 없다.

힘들어 죽겠다는 말이 거침없이 나오고, 조금만 가면 된다던 이름 모를 이들이 얄밉기만 하다. 원인을 제공한 이가 자기인 줄도 모르면서….

1년에 한 권씩 선어록을 번역한다는 것이 그렇다.

다행이도 가다보면 언젠가는 정상에 오르겠지 하는 마음으로 묵묵히 보냈던 지난 7년의 세월 덕택에 이번에 또 하나를 색칠하고 단장해서 내놓는다. 바로 네 번째 선어록 총서 『임제어록 역주臨濟語錄 譯註』이다.

매번 번역을 끝낼 무렵이 되면 체력이 바닥나곤 한다. 늘 교정을 겸해서 마지막으로 한 번 더 읽어 봐야겠다고 마음먹을 때, 그제야 삼각산 둘레길을 걷고는 했는데, 이번 역시 마찬가지다.

화계사華溪寺까지 한 시간 가량 걸리는 길을 습관적으로 KBS 제1

FM의 음악을 들으며 가곤 하는데, 앞의 절반은 클래식, 뒤는 우리 전통 음악을 듣는다. 이는 단지 걷기 시작하는 시간 때문일 뿐이다.

'FM 풍류마을'에서 '100년 전 우리의 이야기'를 연속으로 소개하는데, 하루는 "우리나라 학생들이 교복을 입기 시작한 것이 1920년경이고, 여학생은 이에 비해 10년 늦은 1930년경인데, 특히 여학생이 교복을 입게 된 것이 짙은 화장과 치장 때문에 학생과 기생을 구분하기 어려웠기 때문"이라고 전하면서, DJ의 웃음이 흘러나왔다. 덕분에 나 또한 그 순간 가파른 언덕에서 다리가 덜 아프게 되었다. 예나 지금이나 힘 자랑 하고픈 사내 녀석들의 욕심이나 아름다움에 대한 여인들의 갈망은 어쩔 수 없는 일인 것 같다.

그러고 보면, 말법·말세 아닌 때가 언제며, 또 그렇다고 극락 아닌 때는 언제였겠는가? 어제의 문제가 오늘의 문제이고, 오늘의 문제가 내일의 문제이다. 문제는 늘 똑같고, 다만 그것을 푸는 사람들이 다를 뿐이다. 2,600여 년 전 싯다르타(Siddhārtha)의 고민과 1,300년 전 의현義玄의 고민과 지금 나의 고민은 다를 것이 없다. 다만 앞선 두 어른은 고민을 해결했을 뿐이고, 나는 아직 그것을 풀지 못하고, '한 걸음만 더' 하는 희망으로 발걸음을 멈추지 않을 뿐이다.

어느덧 화계사 대웅전에 이르렀다. 삼배하며 올려다보는 부처님의 모습, 어제나 오늘이나 늘 미소만 짓고 계실 따름이다. 마치 꽃을 들어보이자 가섭이 미소로 대답하였듯, 나 또한 그렇게 답하기를 바라시는 것처럼….

"내일 다시 오겠습니다" 하고 다짐하며 뒷걸음질로 나오는데, 언제 들어왔는지 청정수淸淨水를 내리는 사미승沙彌僧의 푸른 눈이 마스크위로 유독 빛이 난다. 순간, 저 벽안의 스님 또한 싯다르타와 의현, 그리고 나의 고민과 같으리라 생각하면서도, 중생심으로 허공에 자문해본다. "이 스님, 무엇이 그리도 간절했기에 이 먼 곳까지 바다 건너 왔을까?" 그리고 잠시 스님을 위해 기도드린다. 부디 성불하소서….

돌아와 다시 컴퓨터를 켜고 좀 전 산길에서 떠오른 생각들을 가지고 어록을 다듬어본다. 그런데 어쩐지 오늘은 아무리 잘 다듬는다 해도 임제 선사께 몇 방 얻어맞을 것 같고, 그렇다고 그냥 내버려둔다 해도 몇 방 맞을 것만 같다. 부처님의 정견正見, 임제 선사의 진정견해眞正見解에 한 발 다가가지 못한 것이 아쉽게 느껴질 뿐이다.

사실 번역이란 것이 그렇다. '아' 다르고, '어' 다르다. 쉼표를 여기다 해야 하나, 저기다 해야 할지. '~하고 ~하다'라고 해야 하나, '~해서 ~하다'라고 해야 하나? 사실 이 모두가 임제 나루와 저 언덕에 다다르지 못한 나의 부족함일 뿐이다.

이런 일상의 반복을 통해 또 다시 1년 만에 『임제어록 역주』를 내놓게 되었다. 이번에도 마찬가지로 번역은 하되, 해석은 하지 않는다는 역자의 기본 원칙을 어기지 않으려고 최선의 노력을 다했다. 어록을 해석하고 이해하는 것은 각자의 몫이어야 한다. 설령 역자의 이해가 맞는다고 하더라도 그것을 말하거나 글로써 못을 박는다면 그것은 분명 선사의 말씀처럼 산 채로 매장 당할 일이다. 특히 어록의 경우, 여타의 경전이나 논서의 번역과는 분명 달라야 한다는 것을 알아야 한다. 왜냐하면 선어록들에서 일관되게 주장하는 것이 바로 언어를 뛰어넘는 것이기 때문이다. 손가락의 역할은 정확하고 분명해야 하겠지만, 달을 보는 것은 그것을 보는 이들에게 맡겨야 한다. 다만 역자의 무지에서 비롯된 번역의 허물은 눈 밝은 독자의 매서운 일침을 기다릴 뿐이다.

　작년에 시작된 코로나19가 이렇게 오래 갈 줄은 누구도 몰랐다. 아직도 이 긴 터널의 끝이 어딘지 알 수가 없다. 더욱이 얼마 전 시작된 백신 접종으로 잠시 안도의 숨을 쉬는가 싶었는데 최근 바이러스의 변이로 인해 새로운 차수의 팬더믹(대유행)이 그 누구의 예측도 불허케 한다.

　좀 지나면 괜찮겠지 하면서 일주일 미루고 한 달 미뤘던 지인들과의 만남도 어느덧 1년이 훌쩍 넘어버렸다. 지난해 봄에 바뀐 아파트 경비원들과는 아직도 정확하게 얼굴을 모른 채 인사를 나눈다. 초인종이 울리면 "누구세요? (네) 앞에 놓고 가세요" 하고, 큰 소리로 고맙다고 한다.

　흰색 마스크는 언제부턴가 검은색 마스크와 조화를 이루며 목줄과 한 세트가 되어 옷의 한 부분이 되어간다. 또한 언택트(Un+Contact)라는 말과 함께 얼마 전까지만 해도 예측 못했던 것들이 새롭게 일상이 되어 우리들 삶에 자리를 잡아간다. 재택근무·온라인 수업·무인 시스템·e-러닝 등 새로운 소통관계와 라이프 스타일이 만들어지고, 인공지능·로봇이 곳곳에서 사람을 대신해 편의를 제공한다.

　하지만 저들의 엔터키에는 용서도 관용도, 그 어떤 자비도 없다. 버튼을 누르는 순간, 되돌릴 길이 없다. '예', '아니오'의 선택만을 그것도 짧은 시간 안에 강요받는다. 이젠 이런 선택과 강요 앞에

복종하지 않으면 하루를 살기가 어렵게 되었다.

현미경으로나 봐야 보이는 미진 같은 바이러스라는 녀석이 거대한 우리 육신의 생사여탈 건을 쥐고, 기존의 우리 삶의 방식을 송두리째 바꿔 나가고 있다. 얼굴을 맞대고, 침을 튀겨 가며 열변을 토하고, 서로 부둥켜 끌어안고 기쁨과 슬픔을 나눴던, 그런 얼마 전까지의 일상으로 회귀는 과연 가능한 것일까?

다시금 일체유심조一切唯心造를 떠올릴 수밖에 없다. '미안합니다'・'당신 먼저' 하던, 이런 세상을 다시 불러올 수 있는 방법은 결국 우리들 마음뿐이다. 배려할 줄 알고 양보할 줄 아는 마음만이 마스크에 가려진 미소를 다시 드러내고, 얼굴을 맞대고 사랑을 우정을 인생을 진리를 논할 수 있는 유일한 길이다. 자리自利와 이타利他의 공존과 병행만이 진정한 삶의 회복을 위한 무이無二의 약藥이다.

늘 함께 공부하며 이번 번역에도 아낌없는 관심과 도움을 준 귀원 류내우 법사님께 깊은 감사의 말씀을 드린다. 또한 늘 옆에서 말없이 지켜봐주는 아내 보경궁 손혜원에게 고마움을 전한다. 번역을 하다 지칠 때면 충남忠南 아산牙山에 내려가곤 하는데, 그때마다 수담手談과 감로甘露로 반겨주는 김수기・김근태・박준희・곽종학 네 형님들께도 감사의 말씀을 드린다. 무엇보다 선어록총서라는 이름 아래 본서의 출간을 흔쾌히 받아준 친구, 도서출판 운주사 김시열 사장에게 감사의 말과 함께, 계속해서 문서 포교의 등불이 되어주길 간절히 기원한다.

삼각산 아래에서 덕우 강승욱 합장

찾아보기

제불·불법·부처·조사·고인·임제·황벽·위산·앙산·학인·차별·경계·공·할·방·대덕·도류·성인·범부·보살·중생·세간·출세간·미혹·구경·허공·허물·마음·방편·윤회는 찾아보기 목록에서 생략한다(목록은 시중에서 행록까지를 기준으로 하였다).

504

덕우 강승욱德雨 康勝旭

남산정일南山正日 선사禪師를 은사로 불법에 귀의하였다.

동국대학교 불교학과를 졸업하고, 동 대학 인도철학과 대학원을 수료하였다.

육군종합행정학교 교관, 5사단 군종참모를 역임하였고, 육군대학, 육군사관학교 등에서 불법을 홍포하였다.

2010년 수도방위사령부에서 전역 후, 지인들과 경전 및 선어록 강독을 하고 있다.

펴낸 책으로 『원오심요 역주』, 『마조어록 역주』, 『방거사어록·시 역주』가 있다.

E-mail : skrvh@hanmail.net

임제어록 역주

초판 1쇄 인쇄 2021년 7월 27일 | 초판 1쇄 발행 2021년 8월 6일
지은이 임제의현 | 역주 덕우 강승욱 | 펴낸이 김시열
펴낸곳 도서출판 운주사

(02832) 서울 성북구 동소문로 67-1 성심빌딩 3층

전화 (02) 926-8361 | 팩스 0505-115-8361

ISBN 978-89-5746-658-2 94220

ISBN 978-89-5746-508-0 (세트)   값 27,000원

http://cafe.daum.net/unjubooks 〈다음카페: 도서출판 운주사〉